国土空间规划陆海统筹理论与实践

刘大海　李彦平　著

科学出版社

北　京

内 容 简 介

海岸带区位优势显著、资源丰富、交通便利、产业和人才密集,是国民经济和社会发展的"黄金地带",也是国土开发利用规模最大、类型最齐、强度最高、生态环境最脆弱的地区,是我国乃至全球的关键带之一。2019年,以《中共中央 国务院关于建立国土空间规划体系并监督实施的若干意见》的印发实施为标志,我国国土空间规划实现了"多规合一"和"陆海合一",陆海统筹成为沿海地区国土空间规划编制最有代表性的关键词之一,引起了管理人员、科研工作者、规划师的共同探讨。本书基于近年来的研究与实践基础,立足海岸带地区国土空间规划编制的现实问题与长远挑战,从理论和实践两个视角详尽地介绍了新时期国土空间规划改革中关于陆海统筹的探索和思考。

本书主要供从事国土空间规划和海洋与海岸带管理的科研人员及高校师生使用,也可以供相关行业的管理与技术人员使用。

图书在版编目(CIP)数据

国土空间规划陆海统筹理论与实践/刘大海,李彦平著. —北京:科学出版社,2022.11
ISBN 978-7-03-073525-6

Ⅰ.①国… Ⅱ.①刘… ②李… Ⅲ.①国土规划-研究-中国 Ⅳ.①F129.9

中国版本图书馆 CIP 数据核字(2022)第 195200 号

责任编辑:朱 瑾 习慧丽/责任校对:郑金红
责任印制:吴兆东/封面设计:无极书装

科 学 出 版 社 出版
北京东黄城根北街 16 号
邮政编码:100717
http://www.sciencep.com
北京建宏印刷有限公司 印刷
科学出版社发行 各地新华书店经销
*
2022 年 11 月第 一 版 开本:787×1092 1/16
2023 年 6 月第二次印刷 印张:17 3/4
字数:421 000
定价:268.00 元
(如有印装质量问题,我社负责调换)

《国土空间规划陆海统筹理论与实践》
撰写人员名单

主要撰写人员　刘大海　李彦平

参与撰写人员（按姓名笔画排序）

万　浏	马雪健	王鹏飞	韦飞黎	方春洪
邢文秀	刘　晓	刘大海	刘伟峰	李彦平
李晓璇	宋虎强	林玉婷	项洪敏	钟绵生
徐　伟	曹诚为			

前　言

　　海洋是高质量发展战略要地，是高水平对外开放的重要载体，是国家安全的战略屏障，也是国际竞争与合作的关键领域。海洋强国是指在开发海洋、利用海洋、保护海洋和管控海洋方面拥有强大综合实力的国家。坚持陆海统筹、发展海洋经济、建设海洋强国，符合我国经济社会发展规律和世界发展潮流，关系着现代化建设和中华民族伟大复兴的历史进程。

　　地球表面被海洋和陆地两大主要系统覆盖，两者在空间上连续分布、交互影响，而海岸带是陆地和海洋相互交接、相互作用最强烈的地带。全球海岸带以仅 7% 的面积承载了 60% 以上的人口，我国海岸带地区 11 个省（区、市）以约占陆地 13.5% 的面积，承载了全国 50% 以上的大城市、43% 的人口和 57% 的国内生产总值。海岸带不仅具有区位优势显著、资源丰富、交通便利、产业和人才密集的优势，是国民经济和社会发展的"黄金地带"，还是国土开发利用规模最大、类型最齐、强度最高、生态环境最脆弱的地区，是我国乃至全球关键带之一。海岸带是兼具海陆资源的生态区，是陆海统筹实施综合管理的关键地带，其合理的空间布局与规划，不但关系到经济增长、粮食安全、社会发展，而且在应对污染和极端气候事件上也具有不可替代的缓冲作用，对于人类文明延续具有重要的支撑作用。

　　21 世纪，人类进入了综合开发利用海洋与保护治理海洋并重的新时期，海岸带在保障国家总体安全、促进经济社会发展、生态文明建设、文化繁荣振兴中的战略地位更加突出。近二三十年来，大规模的海岸带国土开发利用支撑了我国沿海地区经济社会高速发展，但是也带来了生态空间萎缩、环境恶化、生物多样性减少、资源浪费等一系列问题。在新的发展阶段，沿海地区一方面面临偿还资源环境旧账的压力，另一方面又要为高质量发展谋求海洋空间，这对海岸带国土空间治理体系和治理能力提出了新的考验。

　　我国一直在探索陆地与海洋的和谐之道，但在过去相当长一段时期内，海陆资源环境的固有差异与陆海管理体系二元化的困境，使得国家空间规划体系将陆地和海洋作为两个独立的部分进行规划，导致陆海规划在内在逻辑、发展驱动力、引导方式、决策影响因素、利益者参与性及科学依据等方面产生了巨大差异，严重制约了陆海区域协同发展。为了解决这一问题，2011 年《中华人民共和国国民经济和社会发展第十二个五年规划纲要》提出坚持陆海统筹，制定和实施海洋发展战略，提高海洋开发、控制、综合管理能力。2012 年，党的十八大报告首次正式提出建设海洋强国。2017 年 10 月，党的十九大报告提出坚持陆海统筹，加快建设海洋强国。陆海统筹的定位越来越明确，已经成为新时代发展的主流取向，并且随着国家需求和政策变化具有与时俱进的特征，由最初的陆海经济协同互动发展逐步演化为生态、环境、经济、资源、交通、防灾、文化、权益等多维度的综合协调发展。

当前，世界处于百年未有之大变局之中，人类正面对新形势、探索新时代，对海洋的认知和理解也在不断加深。从认识海洋、了解海洋，到经略海洋，再到对陆地和海洋生态系统整体认知的加深，进一步推动了陆域规划与海域规划系统之间的需求整合。从2018年11月开始，中央政府连续下达多份文件，强调要加快陆海统筹发展。2018年11月，《中共中央 国务院关于建立更加有效的区域协调发展新机制的意见》设置了"推动陆海统筹发展"专节。2019年4月，中共中央办公厅、国务院办公厅印发《关于统筹推进自然资源资产产权制度改革的指导意见》，提出"加强陆海统筹，以海岸线为基础，统筹编制海岸带开发保护规划，强化用途管制"。2019年5月，中共中央办公厅、国务院办公厅印发《国家生态文明试验区（海南）实施方案》，提出要把海南建设成为陆海统筹保护发展实践区，明确要推动形成陆海统筹保护发展新格局。2019年5月，《中共中央 国务院关于建立国土空间规划体系并监督实施的若干意见》提出坚持陆海统筹。作为新时代的新规划，国土空间规划体系特别强调应注重陆海统筹，把海域纳入国土空间一并考虑，总体上实现全域国土空间治理体系和治理能力现代化。因此，海岸带规划作为陆海统筹的切入点，既要发挥国土空间规划的基础性、战略性作用，又要做实做深海岸带专项规划，切实提高陆海空间治理能力，支撑统一国土空间政策的落实，推进陆海统筹的进一步发展。

回顾过去，展望未来。新一轮机构改革和国土空间规划体系的重构从根本上实现了空间规划"多规合一"和"陆海合一"的目标，但陆海长期分割治理带来的弊端在短期内仍难以根除，而且在实践中落实陆海统筹依然存在较多的理论和技术空白。因此，在国土空间规划中进一步深化陆海统筹理念，进而以空间规划统领海岸带地区各项空间利用任务，是海岸带综合管理的重要内容，也是实现沿海地区高质量发展的必由之路。作为谋划空间发展和空间治理的战略性、基础性、制度性工具，国土空间规划与陆海统筹会发生什么样的融合、互动？是否存在规划底线思维与海岸带系统思维相结合的陆海统筹最优范式？在"碳中和"目标下，如何优化或选择国土空间规划陆海统筹路径？这些都是亟待探索的问题。

本书重点关注国土空间规划改革中陆海统筹的理论基础、技术方法、管理制度等内容，具体包括陆海统筹的背景、国内外陆海统筹研究进展与实践、陆海统筹的理论基础与实现机制、我国海岸带开发与管理概况、海岸带管理的制度探索，以及山东省和烟台市、荣成市、崖州湾规划实践。

本书由自然资源部第一海洋研究所海岸带科学与海洋发展战略研究中心海洋空间规划与自然资源政策研究团队撰写。团队研究领域涵盖了空间规划、海洋环境、海洋生物、海洋经济、海洋工程等相关专业。近年来，团队承担了大量海洋与海岸带空间规划、海域和海岛管理政策、海洋生态保护、海洋生态文明建设等领域的研究任务，牵头和参与了全国、区域（长江、海岸带）、省级（山东、广东）、市级（青岛、深圳、烟台、连云港、舟山、温州、三沙）、县级（荣成）、片区（崖州湾）多层级的海洋规划实践探索，并编写了多部涉及海洋与海岸带管理的专著，积累了丰富的研究成果，为本书的出版奠定了一定的基础。

编写本书是为了加快推进国土空间规划陆海统筹进程，因此编写过程中参阅和借鉴了相关法律法规，以及大量国内外专家学者的经典教材、学术专著、高被引论文和其他公开研究成果等文献资料，在此向相关专家学者致谢，写作过程中若有疏漏或不当，希望各位读者不吝赐教，批评指正！

刘大海　李彦平

2022 年 3 月

目　　录

下篇　规划实践篇

上篇　规划理论篇

第一章

陆海统筹的背景

第一节　陆海统筹政策的发展历程

陆海统筹最初被称为"陆海统筹",由张海峰于 2004 年提出,在海洋经济领域得到了广泛认同。进入 21 世纪以来,中共中央、国务院从战略高度重视陆海统筹,采取一系列措施推进落实陆海统筹。1996 年,《中国海洋 21 世纪议程》首次提出"要根据海陆一体化的战略,统筹沿海陆地区域和海洋区域的国土开发规划,坚持区域经济协调发展的方针",这为陆海统筹理念的提出奠定了基础。2010 年 10 月,党的十七届五中全会通过的《中共中央关于制定国民经济和社会发展第十二个五年规划的建议》提出"坚持陆海统筹,制定和实施海洋发展战略",为建设海洋强国吹响了号角。同年,《全国主体功能区规划》设置"陆海统筹"专节,要求"要根据陆地国土空间与海洋国土空间的统一性,以及海洋系统的相对独立性进行开发,促进陆地国土空间与海洋国土空间协调开发"。2011 年,《中华人民共和国国民经济和社会发展第十二个五年规划纲要》提出"推进海洋经济发展",转向"重陆兴海、兴海强国、陆海统筹"的发展思路,这为推动陆海统筹发展指明了方向,对国家特别是沿海经济社会发展发挥了重要作用。2015 年 8 月印发的《全国海洋主体功能区规划》将陆海统筹作为基本原则,提出要"统筹海洋空间格局与陆域发展布局,统筹沿海地区经济社会发展与海洋空间开发利用,统筹陆源污染防治与海洋生态环境保护和修复";2015 年 9 月印发的《生态文明体制改革总体方案》提出"建立陆海统筹的污染防治机制和重点海域污染物排海总量控制制度"。同年,党的十八届五中全会通过的《中共中央关于制定国民经济和社会发展第十三个五年规划的建议》提出"拓展蓝色经济空间",要求"坚持陆海统筹,壮大海洋经济,科学开发海洋资源,保护海洋生态环境,维护我国海洋权益,建设海洋强国",促进了我国海洋经济的发展。2016年,《中华人民共和国国民经济和社会发展第十三个五年规划纲要》在"拓展蓝色经济空间"中指出"坚持陆海统筹,发展海洋经济,科学开发海洋资源,保护海洋生态环境,维护海洋权益,建设海洋强国"。2017 年 10 月,党的十九大报告提出"坚持陆海统筹,加快建设海洋强国",将陆海统筹上升到前所未有的战略高度,凸显了海洋在新时代中国特色社会主义事业发展全局中的地位和作用。

2021 年 3 月发布的《中华人民共和国国民经济和社会发展第十四个五年规划和 2035 年远景目标纲要》强调"坚持陆海统筹、人海和谐、合作共赢,协同推进海洋生态保护、海洋经济发展和海洋权益维护,加快建设海洋强国"。为切实发挥海岸带专项规划对国土空间总体规划的辅助支撑作用，加快推进省级海岸带综合保护与利用规划有关工作，2021 年 7 月自然资源部发布《自然资源部办公厅关于开展省级海岸带综合保护与利用规划编制工作的通知》，同步发布《省级海岸带综合保护与利用规划编制指南（试行）》，该指南主要包括总体要求、基础分析、战略和目标、规划分区、资源分类管控、生态环境保护修复、高质量发展引导和规划实施保障等内容，对于促进陆海两大系统优势互补、陆海经济良性循环和区域协调发展发挥了重要作用。

曹忠祥和高国力（2015）认为，"陆海统筹"是指综合考虑陆海系统中的经济、生态和社会功能，对区域发展进行统筹规划，并制定相关政策指引，以形成海陆资源的互补优势、强化陆海空间的互动性，从而构建陆地文明与海洋文明兼容的可持续发展格局。陆海统筹关乎国土安全、国家战略、经济发展和环境保护，加强陆海统筹研究是新时期国土空间规划的重要内容，也是推动生态文明建设、实现绿色可持续发展的必然要求。国土空间规划作为统筹区域空间开发、优化配置国土资源、促进经济社会发展的顶层设计，亟须打破"重陆轻海、以陆定海"的传统管控思维。

随着对海洋的探索和对陆海关系认识的不断深化，现已成为新时代国土空间规划编制的重要指导思想和原则，在构建统一的国土规划体系中发挥着关键作用。

第二节　陆海统筹的难点与困境

陆海统筹，就是立足国情，在进一步优化陆域国土开发的基础上，以提升海洋在国家发展全局中的战略地位为前提，以充分发挥海洋在资源环境保障、经济发展和国家安全维护中的作用为着力点，统筹协调海陆资源开发、产业布局、交通通道建设、生态环境保护等的关系，促进陆海两大系统实现优势互补、良性互动和协调发展。但由于"重陆轻海"、部门管理缺乏协同等，在国土空间规划中落实陆海统筹依然还面临一些亟待解决的问题。

一、陆海统筹的难点

1. 陆海规划体系存在差别且规划管理边界交叉重叠

海岸带开发利用方向多样、程度高，2018 年国务院机构改革前海岸带开发利用涉及海洋、交通、国土、水利、住建、规划、发展改革和环保等多个管理部门。各部门依据其职责与发展需求制定规划，导致海岸带地区规划庞杂。不同的环境使得陆海规划在发展驱动力、引导方式、决策影响因素、利益者参与性及科学依据等方面均有所差异。

长期以来，《中华人民共和国土地管理法》《中华人民共和国海域使用管理法》等法律规定，陆域审批的规划依据是土地利用总体规划，海域审批的规划依据是海洋功能区划，两项规划各自单独编制，导致规划间存在"相互打架"现象。首先，陆域规划侧重事先布局，形成了从总体规划到管控图则再到城市设计的完整规划管控体系，达到了精细化管理，而海洋空间规划偏重行业规范管理，多重视流程，对实际的实施过程关注较少，实施内容主要包括功能和管理要求上的指导作用，没有明确的具体规定，也没有形成系统的制度指引和规范标准。其次，对于海岸线的界定，国土部门以零米等深线作为海陆分界线，而海洋部门以海岸线作为海陆分界线，二者存在较大差异。再次，土地利用总体规划和海洋功能区划在空间上也存在较大差异，如土地利用总体规划中的允许建设区与海洋功能区划中的禁建区存在冲突，在陆海保护方面，陆域生态保护红线与海域生态保护红线存在无法衔接的问题。最后，长期以来，海岸线采用 2008 年批复的修测成果，由于未及时更新，部分区域出现与现状不符的情况，往往出现超出海岸线区域已发土地使用证的情况。因此，陆海空间的多头管理，导致规划难以实施，陆海空间难以得到有效保护。

2. 陆海产业发展不协调，融合深度不够

陆海经济优势互补，一方面海洋能够向陆地提供丰富的资源，缓解陆地经济能源和资源匮乏的困境，另一方面陆地能够向海洋提供资本、技术、管理等要素支持，延伸海洋产业链条，突破当前海洋经济粗放发展的瓶颈。目前来看，陆海经济融合发展已经取得了一定成就，但融合深度不够，互动效率也有待进一步提升。海洋经济总体上仍处于传统发展模式，同质化、小规模、低效率、高能耗甚至高污染的发展方式普遍存在。例如，虽然海洋生物资源丰富，但是针对海洋生物资源的开发利用大多处于产业链条的初始阶段，以捕捞、养殖、水产品粗加工为主，高端海洋生物医药业的发展显著落后，尚未形成一批具有核心竞争力的企业、产业集群。

我国海岸带地区承载了众多基于陆地和海洋的人类活动及其他用途。人类对海岸带的各种利用之间（如海上风能开发和渔业之间），或人类利用与自然之间（如港口的发展和保护区建设之间）都可能会产生冲突。海岸带利用之间产生冲突的一些典型表现包括：①排他性海洋空间竞争；②一种用途（如石油开发）对另一种用途（渔业）造成不利影响；③对生态系统产生负面影响；④对岸上系统产生影响。陆海产业在同一空间的布局缺乏沟通和协调，导致海岸线利用不尽有序、围填海遗留问题较多，地区之间、陆海产业之间争土地、争海域、抢岸线、抢滩涂等矛盾时有发生。

3. 陆域交通运输能力和腹地需求与港口建设不匹配

完善的陆海交通运输体系是经济资源跨区域流动的纽带，提升陆海交通运输效率对降低物流成本、促进生产要素在陆海之间流动具有重要意义。对沿海港口来说，其起点和终点均在陆上，陆域交通的运输能力、衔接程度及陆域腹地的经济发展水平是影响港口规模、布局的重要因素。从"木桶效应"来看，决定陆海交通运输效率的不是运输能力最大的一方，而是最小的一方：一方面，沿海地区是海上交通运输的枢纽，但大多处于铁路、公路路网的末端，如果陆路交通运输能力不足，即使海上运输能力再高，也难以满足货物转运需求，成为制约港口货运能力提升的瓶颈；另一方面，受内河航道水深、陆海船型差异、水利工程建设等因素制约，江（河）海联运优势也尚未得到有效发挥。仅从海洋子系统来看，港口建设规模不断扩大，运输能力理应得到较大提升，但从陆海系统整体来看，由于陆域交通运输能力和腹地需求不足以匹配港口的超前建设，港口泊位利用率低，陆海系统的整体功能未能得到有效发挥。

4. 资源开发过度与不足、浪费和低效并存

一方面，陆域资源开发过度，陆域经济受到资源环境严重制约；另一方面，海域资源丰富，开发能力不高与过度开发（近海渔业资源等）并存。一些地方粗放开发，导致海域资源开发利用率低，造成局部景观碎片化、海岸带碎片化、海岸线被低效占有、滩涂被无序圈占等现象。此外，非功能性用海占用过多沿海土地资源。除港口、码头等对海洋有必然依赖的功能性用海产业外，许多非功能性用海产业，如房地产、装备制造、化工等产业占用了过多的海岸带资源，造成了浪费。

5. 陆海生态系统未得到统一保护

海岸带生态系统是气候、地貌、水文、土壤、植被等要素在自然和人类长期共同作用下形成的，具有高度的时间和空间整体性。海岸带生态系统中各种生态类型相互交叉、相互重叠，而现实中却由多个部门以要素为依据分类管理，滨海湿地、水产种质资源、沙滩、沿海防护林等要素管理涉及海洋、农业、旅游、林业等多个部门，各部门基于自身职责，只考虑对某一类生态资源的保护，导致生态系统难以得到系统保护。海岸带生态系统极度脆弱，而开发建设活动忽视生态系统保护，系统的整体性和连贯性受到破坏，自然要素残缺不全，红树林、珊瑚礁、滨海湿地等海岸带典型生态系统大幅消失。此外，流域与海洋协同不足，流域中上游水土流失加剧、取水量增加、水利工程建设等均会引起入海河流流量和泥沙量剧烈变化，导致海水入侵、滩涂受冲刷消失、生物多样性受到严重威胁等生态问题。

海岸线和入海河流是陆海系统物质、能量、信息交换的媒介，也是污染物由陆至海传输、扩散的通道，陆上开发建设行为极易跨过两系统边界而影响海洋生态环境。根据《中国近岸海域环境质量公报》，我国近岸海域污染严重的区域大都是河口、海湾等受人类活动影响严重的区域。沿海地区和流域两侧工业生产、城镇生活、农业生产等产生的大量污染物分别通过排污口和河流进入海洋，因此海洋是陆源污染物的最终集聚地，并且污染物由陆至海的传输过程不可逆。现实中，海洋部门难以管控陆上开发建设行为，沿海地区无法也无力管控内陆排污行为，最终结果是陆域经济得到发展，但海洋环境损害成本却未计入其经济活动的开发成本，此即为陆域开发利用活动负外部性的典型表现。从系统整体功能的角度来看，以海洋污染换取陆域经济发展的模式并不能带来系统的可持续发展，若长期未能扭转该趋势，海洋子系统的综合功能将进一步降低，成为制约沿海地区高质量发展的桎梏。

长期以来，过量的陆源污染物排海、海洋无序开发和近海过度开发、风暴潮等海洋自然灾害和地质灾害多重因素叠加，造成近海环境严重污染、部分近海海域渔业资源衰退甚至枯竭、红树林锐减甚至消失、珊瑚礁受到严重破坏与威胁，导致巨大经济损失的同时，还严重降低了海岸生态系统提供服务的能力。近海环境污染的交叉复合态势，加大了防控难度，海洋生态系统功能退化，处于剧烈演变阶段，海洋环境灾害频发，海洋开发的潜在风险较高。

6. 城市发展未充分考虑海洋灾害的影响

滨海湿地在减缓风暴潮危害、控制海岸土壤侵蚀等方面发挥着重要作用，是海岸带地区抵御海洋灾害威胁的重要缓冲屏障。随着沿海地区经济社会的不断发展，人口不断向海岸带地区集聚，城市建设不断向海岸线扩张。由于忽视了海洋灾害的影响，风暴潮、海岸侵蚀、海水入侵等给海岸带地区国民经济和人员安全造成了重大损失。根据《2018年中国海洋灾害公报》，2018年我国各类海洋灾害造成的直接经济损失达47.77亿元，死亡或失踪73人。从国土空间规划的视角来看，海岸带地区开发保护空间布局不合理是海洋灾害导致损失严重的主要原因：一是沿海地区空间规划编制、重大项目建设对海洋灾害风险考虑不足，城镇、港口和工业建设占用了大量自然岸线，导致滨海湿地大面积萎缩，再加上沿海防护林保护不足、体系建设不完善，海岸带抵御风暴潮、海岸侵蚀、海水入侵等海洋灾害和应对全球气候变化的能力被严重削弱；二是城市建设不断逼近海岸线，人类活动和各类建筑在海洋灾害的直接威胁下，缺少缓冲屏障。

二、陆海统筹的困境

1. 陆海二元分割

海岸带是陆海相互作用的交错地带，包括海陆交界的水域和陆域。由于自然要素和生态过程的复杂性，海岸带成为一个既有别于一般陆地生态系统，又不同于典型海洋生态系统的独特生态系统。在我国管理实践中，海岸带陆地一侧区域适用陆地的法律制度和规划，如《中华人民共和国土地管理法》、土地利用规划、城市规划等；海洋一侧区域适用海洋的法律制度和规划，如《中华人民共和国海域使用管理法》《全国海洋主体功能区规划》《全国海洋功能区划》等。陆地与海洋各自的法律制度和规划之间缺乏充足有效的统筹协调机制，无法以最佳方式利用和保护海岸带，尤其是陆海相互作用最强烈的潮间带。这样陆海分割的制度设计和管理体制，使得海岸带地区仍处于陆海统筹发展水平整体较低，陆海空间功能布局、基础设施建设、资源配置等协调不够，区域流域和海域环境整治与灾害防治协同不足的状态，不利于落实陆海统筹的国家战略。

2. 行业部门职责冲突

海岸带既是生产活动最密集、开发程度最高的区域，又是各职能部门交叉管理、各类部门规划重叠覆盖的区域。2018年国务院机构改革方案公布之前，我国海岸带管理分属于国土、建设、环保、林业、海洋等多个部门，各部门依据自身职责分别对陆域或海域进行管理，政出多门、各自为政，实际管理缺位和"九龙治水"现象并存，亦表现为海岸带地区各类空间规划重叠、监管和执法职责分散、全民所有自然资源资产所有者职责落实不到位等，导致海岸带综合管理工作一直难以真正有效推进，陆海统筹、江（河）海联动和海岸带区域协调发展的问题长期困扰着海洋管理工作者，在陆源污染防治、海洋经济调控和围填海集约利用等方面表现得尤为突出。2018年国务院机构改革后，虽然空间规划事权统一到自然资源部，但是综合管理方面法律法规和政策规划的缺失依然会造成利益冲突和职能竞合，在实践中容易累积矛盾和问题，不利于形成促进海岸带地区在空间布局、产业发展、基础设施建设、资源开发、环境保护等方面全方位协同发展的新格局。

3. 行政辖区缺乏协调

我国拥有漫长的海岸线，海岸带地区由不同级别的行政辖区组成。多年来，东部率先发展的战略布局中已相继部署了吉林图们江区域合作开发、辽宁沿海经济带、天津滨海新区、山东半岛蓝色经济区、江苏沿海地区、上海浦东新区、浙江海洋经济发展示范区、福建海峡西岸经济区、广东珠江三角洲地区、广西北部湾经济区、海南国际旅游岛等诸多国家级沿海开发战略。但是随着海洋开发能力的不断提升和海洋产业的逐步升级，省际海洋发展竞争加剧，表现为产业结构趋同、低质化明显，甚至出现相互冲突和矛盾的现象，即使在一个沿海省域内，各个分辖区也难以形成海洋开发利用的整体统筹局面。究其原因，主要是我国尚缺乏充足有效的跨辖区统筹协调机制，行为主体没有形成全国性系统关联，各行政辖区之间在产业布局、建设规划和环境保护等方面缺乏充足而有效的统筹协调，这样的管理现状无法促进整个海岸带地区的相互融通补充和协同发展，也难以落实区域协调发展的国家重大战略。

第二章

国内外陆海统筹研究进展与实践

第一节　国外海岸带综合管理研究进展与实践

一、国外海岸带管理研究进展

（一）国外海岸带综合管理发展历程及实践

1. 海岸带综合管理的萌芽期

海岸带综合管理的萌芽期指 20 世纪 30 年代至 60 年代。在此阶段，海岸带大规模开发尚未起步，但环境污染等问题已初露端倪。阿姆斯特朗和赖纳（1986）在《美国海洋管理》一书中提到应对海洋资源进行综合管理，这是海岸带综合管理（integrated coastal zone management，ICZM）最初的概念。美国、加拿大和西欧部分国家在初步探究了环境污染与海岸带生态健康的关系后，制定了一些法律和法规来禁止黑色废弃物的排放。一般认为海岸带综合管理的发端是美国 1965 年建立旧金山湾保护与发展委员会（San Francisco Bay Conservation and Development Commission）。

2. 海岸带综合管理的形成期

海岸带综合管理的形成期指 20 世纪 70 年代至 80 年代，其发端是美国 1972 年颁布《海岸带管理法》（Coastal Zone Management Act，CZMA）。美国政府启动了早期的海岸带综合管理活动，CZMA 成为立法方面的一座里程碑，鼓励全美沿海各州制定和实施海岸带综合管理规划，之后的发展则得到了联合国环境规划署、世界银行等国际组织和机构及众多非政府组织的大力推动，英国、韩国、澳大利亚等多个国家的海岸带管理法规陆续出台。

在联合国的引领下，跨区域的海岸带综合管理协作框架逐步形成。例如，在联合国环境规划署主导下，1975 年多个国家通过了"地中海行动计划"（Mediterranean Action Plan，MAP），拉开了地中海海岸带综合管理的序幕，这是第一个政府间的地中海保护行动计划；20 世纪 80 年代，联合国经济及社会理事会的海洋经济技术处组织专家对 40 多个国家的海岸带和沿海地区进行了一次调查研究，并形成了海岸带管理与开发的相关专题报告。

总体来看，1980 年之后，海岸带综合管理的概念已经广为世界沿海国家所接受。

3. 海岸带综合管理的发展期

自 1990 年起，世界银行和欧洲投资银行开始在地中海地区联合开展海岸带综合管理。1992 年 6 月在巴西召开的联合国环境与发展大会（UNCED）通过了《21 世纪议程》，对海岸带综合管理的发展起到了非常重要的推动作用。《21 世纪议程》要求沿海国家承诺对其管辖范围内的沿海地区和海洋环境进行综合管理和可持续发展。该议程初步明确了海岸带综合管理的目标、计划、实施条件等，具有开创性的指导作用。到了 20 世纪 90 年代中期，全球已经有 95 个国家在 385 个地区开展了海岸带综合管理工作（王东宇等，2014）。2006 年，联合国教育、科学及文化组织启动海洋空间规划（Marine Spatial Planning，MSP），实施基于生态系统的海域管理。随着世界各地对海岸带综合管理的日益重视，基于生态系统的海岸带综合管理概念逐渐被采纳。在近几年，海岸带规划更加注重由空间规划手段向多类型融合手段发展，如区域综合型、行政管理型和空间管制型。将海岸带综合管理的环境内涵和战略内涵进行综合，以综合管理和规划海岸带资源与环境为目标，综合考虑海岸带地区的资源、生态等自然条件和政治经济等社会条件，从而达到高效利用海岸带资源能源、改善和保护区域环境的目的（Sorensen，2000）。全球各地纷纷大力推进海岸带管理与规划，目前许多国家都形成了具有特点的海洋空间规划体系。

4. 海岸带综合管理的规划实践

国外对海岸带综合管理规划实践都进行了不同程度的探索，如美国、欧洲国家、韩国等。

美国是较早进行海岸带立法的国家之一，其海岸带综合管理的历程大致可以划分为 20 世纪 70 年代的起步阶段、20 世纪 80 年代的调整阶段、20 世纪 90 年代的深化与发展阶段（张灵杰，2001a）。在起步阶段，美国国会通过了 CZMA，各州议会相继颁布海岸带管理相关法律法规，如罗得岛州、佛罗里达州等。在调整阶段，根据海岸带管理法律法规执行过程中的经验教训，对指导方针、政策等进行进一步修改。在深化与发展阶段，重点突出对某一地理单元或者开发利用活动进行海岸带管理规划，并将其纳入综合规划之中。

由于欧洲国家数量多、海岸带开发程度高、区域联系紧密等，欧洲国家的海岸带规划发展情况与美国、中国等疆域辽阔的国家存在很大的不同，可划分为各国内部的海岸带规划和区域一体化的海岸带规划两个领域（王东宇等，2014）。

从 20 世纪 70 年代起，欧洲各国逐步开展了海岸带规划工作，在海岸带规划中普遍存在以下问题：大部分国家使用局部性法规且未出台全国范围内的海岸带规划管理法规；各国海岸带规划中普遍将土地管制规划作为重点；公众参与被视为海岸带规划的重要内容。分散式的海岸带规划决策方法导致了海域利用的矛盾和冲突，再加上人类活动对海洋生态系统影响的不断累积，欧盟委员会推出了具有创新性和综合性的欧盟海洋综合政策，在更大程度地开发利用海洋的同时有效保护海洋环境，进而实现海洋的可持续发展（贺蓉，2008）。

为提高海岸带的环境质量，实现海岸带资源的合理分配，韩国在 1992 年的第三次国土综合开发计划中阐述了制定海岸带管理法的意向，并于 1999 年制定了海岸带综合管理规划草案（刘洪滨，2006）。2000 年，经中央海岸带管理审议会、环境保护委员会的审议、批准，韩国出台了海岸带综合管理国家规划，该规划的制定意味着韩国海岸带可持续开发、利用及保护的基本框架已形成。

（二）国外海洋空间规划实践

海洋空间资源具有有限性，其管理日益为各国所重视。自 20 世纪 70 年代以来，海洋空间规划被认为是重要的海洋空间管理工具，世界海洋空间规划体系也不断完善和发展，从早期海洋公园规划和海洋生物区划到协调用海空间矛盾的海洋功能区划，从特殊小尺度海洋空间规划到全海洋空间规划，从海洋空间政策规划到海洋空间精细化管理规划，其经济、社会和生态等内涵不断延伸，各类各级不同海洋空间规划构成国家海洋空间规划体系。海洋空间规划是重要的海洋空间管理工具，构建海洋空间规划体系是海洋生态文明建设的重要组成部分。本部分对英国、比利时、荷兰、德国、挪威、美国、澳大利亚和智利等世界主要海洋发达国家的海洋空间规划体系发展状况进行概述，结果表明：各国已逐步形成基于各自国情、适应海洋行政管理体制的海洋空间规划体系，其中既存在"国家—区域—地方"的层级控制体系，又存在"战略—结构—使用"的内容控制体系，还存在"国家管辖与地方管辖并行"的独立自由型控制体系，可为我国生态文明建设下的海洋空间规划体系研究实践及开展区域海洋管理工作提供参考。

1. 英国

英国是历史悠久的海洋国家，在 2002 年的欧洲北海部长会议中表示接受海洋空间规划，承诺将探索海洋空间规划的作用；同年，英国着手国家规划体系的改革讨论，并开始探讨海洋空间规划体系。

Tyldesley（2004a，2004b）基于土地利用规划体系和海洋特点，提出了英国海洋空间规划体系的框架构想。

（1）英国统一制定海洋和海岸带空间规划纲要，其属于非法定的海洋空间规划原则政策，范围包括联合王国全海域（领海、专属经济区和大陆架），对应的土地利用规划为英国可持续发展、生物多样性和气候变化战略（白皮书）。

（2）英格兰、苏格兰、北爱尔兰和威尔士制定各自范围内的海洋规划框架和海洋空间规划政策指南，其在规划框架内是法定的，范围包括英格兰、苏格兰、北爱尔兰和威尔士所属海域，对应的土地利用规划为地区规划政策宣言。

（3）区域根据实际需要划分海洋空间并编制海洋空间规划，其属于法定的综合海洋空间规划，范围包括 10～12n mile 生态管理海区和跨界海区等，对应的土地利用规划为区域规划政策宣言和区域空间战略。

（4）地方仅根据实际需要和存在的问题编制海洋行为规划，其属于法定的海洋空间规划，范围包括重要河口、海峡、内湾、海湾和近海，对应的土地利用规划为当地发展规划、运输规划和社区规划等。

在这一框架构想的研究基础上，英国逐步开展海洋空间规划及其体系建设的实践工作。2006～2009 年持续颁布多部规划与法律，扭转了海洋管理分散的局面，明确英国所属海域（领海、专属经济区和大陆架）的管理权限，为建立海洋空间规划体系提供制度基础。

2. 比利时

比利时管辖海域面积较小，仅包括北海部分海域，但涉及多种海洋资源的开发利用，且大部分海域的开发利用强度仍在持续增加。2003 年，比利时致力于应对海上风电开发和海砂开采与保护自然生态之间的矛盾（文超祥和刘希，2014）；划定了海上风电场和海砂开采的限制开发区域（基德等，2013），确定了欧盟自然保护区网络备选海洋保护区的优先区域，作为政府控制规划（临时）之一。2005 年，比利时提出海域总体管理设想（张秋明，2008），将土地利用规划方法应用到海洋空间规划。2012 年，比利时明确了海洋空间规划的编制内容和编制程序，融合海洋空间结构发展战略、发展目标和海域用途区划及其空间政策等（Thary and Frank，2015）。

综上所述，因管辖海洋面积较小的现实和实施国家一级管理的行政体制，比利时的海洋空间规划体系是由海洋空间战略—海洋用途区划构成的单一逻辑的控制体系。

3. 荷兰

根据荷兰的海洋管理体制，距离海岸线 1km 内的海域由沿海各省管辖，其余海域由中央政府管辖（Tyldesley，2004a）。2005 年，荷兰提出海洋空间规划发展战略，划定了具有特殊生态意义的海洋区域，建设"健康海洋、安全海洋、效益海洋"。2006 年，荷兰提出海洋空间规划措施，划分航道、军事用海区、高生态价值区、采矿工业区和生态保护区等。2009 年，荷兰明确了海域（包括近岸水域）的开发利用行为对海岸的保护、海上风电建设目标、采矿工业区的废弃再利用和航道利用细分等（李景光，2014），政府各部门根据规划并按照管理权限核发海洋开发许可。

4. 德国

德国管辖海域涉及北海和波罗的海，分别由联邦和各州管辖专属经济区及领海，其中各州一直试图将国土空间规划扩展到各自领海范围。1997 年，德国将海洋空间划分为农业、工业、航运、渔业及观光和游憩等活动区域，以保护海洋生态环境。2004 年，德国将海洋空间规划扩大到专属经济区（Douvere，2008）。2007 年，德国划分优先开发、受保护区和限制开发区（Agardy，2012）。2009 年，德国以区划法代替原空间规划草案。2012 年下萨克森州和 2015 年石勒苏益格-荷尔斯泰因州编制并实施扩大到领海的州空间规划。

综上所述，德国的海洋空间规划体系是缺少统一海洋空间规划框架—专属经济区空间规划和各州领海空间规划并行的控制体系。

5. 挪威

挪威管辖海域广阔。根据挪威海洋管理体制，内水和 1n mile 的领海海域归沿海地方管辖，并将其纳入地方当局规划管理，如霍格兰县和罗兰县将陆地空间规划扩展到海洋空间（Tyldesley，2004a），在水资源利用事项方面接受挪威水资源和能源局的协调指导（高立洪，2005）。除此以外的领海、专属经济区和大陆架海域由挪威王室海事管理机构统一管辖。为有效维持挪威海洋生态系统的结构和功能、生物多样性和生产力，挪威王室将其管辖海域划分为3个海区，并划定海洋保护区，协调渔业捕捞、油气开采和航道交通等各种海洋资源开发利用活动及产业发展用海。挪威缺少国家层面的统一的海洋空间规划，但在普及相关研究和管理知识方面建立了海洋空间规划海洋保护区北欧特别论坛，从理论和实践上讨论并指导全国实施海洋空间规划和区划（Agardy，2012）。

综上所述，挪威的海洋空间规划体系是缺少统一海洋空间规划框架，专属经济区空间规划和各地方管辖水资源规划并行，各地方管辖海域纳入"区域—郡—地方规划"水资源规划体系的控制体系。

6. 美国

根据CZMA，离岸3n mile以内的海域由各州管辖，除此以外的海域（包括3n mile外的领海、专属经济区和大陆架）由联邦政府管辖。2010年，美国正式提出"海岸带和海洋空间规划"（统称"海洋空间规划"）管理及其管理目标：①在规划制定方面，采取"大海洋生态系统"的区域管理方式，划分9个规划分区（包括五大湖区），每个规划分区由联邦、州和部落等组成规划机构；②在程序方面，联邦政府制定规划分区的区域性目标，协调各州的海洋空间需求和规划，整体推动区域发展，各州根据需求自行编制海洋空间规划；③在实践方面，俄勒冈州于1994年实施了管辖领海的管理规划，马萨诸塞州于2009年实施了海洋空间规划等，罗得岛州于2010年对特殊海域制定了管理规划。此外，美国西海岸和太平洋岛屿区域海洋空间规划机构已成立。

综上所述，美国的海洋空间规划体系是国家海洋空间规划政策框架—区域海洋空间规划—州海洋空间规划的控制体系。

7. 澳大利亚

澳大利亚内水和领海基线向海3n mile的海域由沿海各州和领地管理，3n mile外海域至200n mile专属经济区由联邦政府管理。1998年，澳大利亚提出海洋生物区域规划的重大行动计划，通过对主要管辖海域开展海洋区域规划，制定相应的配套政策，按照"大海洋生态系统"分别制定东南（2004年完成）、西南（2007年完成）、西北（2011年完成）、北部（2011年完成）和东部（2012年完成）5个联邦的海洋生物区域规划。各州和领地根据实际需要出台海岸带和沿海水域管理规章与政策，以保护海岸带和沿海水域的环境与资源：维多利亚州建立了维多利亚海洋公园和海洋保护区体系，覆盖其整个海岸带范围的一般地域和重点地域，并于2016年立法建议开展州海洋空间规划工作；南澳大利亚州于2007年研究编制了海洋生态分区管理规划。

综上所述，澳大利亚的海洋空间规划体系是国家海洋政策—区域海洋生物区划和州/领地海洋空间规划独立运行的控制体系。

8. 智利

智利向海一侧距离海岸（高潮线）80m以内的海域是地方海岸带管理范围，除此以外的海域由国家统一管理。1994年，智利成立国家海岸带与海洋管理委员会，要求开展海岸带和海洋规划。1995 年，智利确定海岸带和海洋的优先使用与发展目标，划定规划和发展区、开发区及控制管理区三大海岸带区域类型，并提出海岸带港口、工业区、旅游开发区和保护区建设指南；14 个靠海的大区均成立地区海岸带与海洋管理委员会，根据需要制定更适于本地区海岸带和海洋发展实际的地区海岸带和海洋功能区划（李景光，2014）。

综上所述，智利的海洋空间规划体系是由国家海洋政策—国家层面海岸带和海洋使用发展规划—地区层面海岸带和海洋功能区划构成的控制体系。

海洋空间规划是重要的海洋空间管理工具，海洋发达国家是国际海洋空间规划的主要发展区和实践区，已逐步形成基于各自国情、适应海洋行政管理体制的海洋空间规划体系。海洋空间规划体系由一个或多个具有较强空间层面的海洋空间规划组成，既存在"国家—区域—地方"的层级控制体系，又存在"战略—结构—使用"的内容控制体系，还存在"国家管辖与地方管辖并行"的独立自由型控制体系。

相较而言，我国海洋空间规划类型众多，涉及海洋主体功能区规划、海洋功能区划、近岸海域环境功能区规划、海岸保护和利用规划、海域使用规划，但规划体系缺乏较好的纵向和横向衔接，存在规划层级模糊和规划职责交叉重复等问题。因此，可借鉴和参考国外创新举措，进一步理顺各级各类海洋空间规划的地位和作用，以规划事项明确各层级和各部门的规划职责，提高海洋空间资源开发利用的质量和效益及海洋空间治理能力。

（三）《全球海洋空间规划（MSPglobal）指南》

1. 背景介绍

海洋空间规划是以生态系统为基础对人类海洋开发利用活动进行管理，是国际社会高度认可的海洋和海岸带管理工具。作为陆海统筹的全面战略过程，海洋空间规划旨在分析和分配海域的使用，以最大限度地减少人类活动之间的冲突，最大限度地提高效益，同时确保海洋生态系统的恢复力。

2009 年，联合国教育、科学及文化组织政府间海洋学委员会（UNESCO-IOC）发布了第一份指南，以推进基于生态系统的海洋规划和管理。世界各个国家和地区已经启动或实施 MSP 流程。

2017 年 3 月，UNESCO-IOC 与欧盟委员会海洋事务与渔业理事会（EC-DG MARE）加速全球海上/海洋空间规划进程的联合路线图如图 2-1 所示。

2021 年 10 月 5 日，联合国教育、科学及文化组织正式对外发布《全球海洋空间规划（MSPglobal）指南》（*International Guide on Marine/Maritime Spatial Planning*）。该指南是根据过去 10 年全球从事 MSP 技术、实践和概念方面研究的专业人士积累的专业知识和经验制定的。MSPglobal 邀请世界各地区的专业人士参加一个国际专家组，该专家组在两年内汇编并讨论了这一新指南的经验教训、方法、挑战和机遇，包括一系列专门的政策简报。

自然资源部第一海洋研究所海岸带科学与海洋发展战略研究中心专家与 7 位国际专家组成的全球海洋空间规划 2030 国际专家组共同编纂了该指南，该指南的读者对象为各

图 2-1　加速全球海上/海洋空间规划进程的联合路线图

国政府、利益相关者、社区等实施和设计海洋空间规划的所有相关方。此外，对于海洋部门、学术界、私营公司、咨询公司和民间社会组织来说，有助于他们更好地理解其角色的重要性，包括他们如何和何时能够为 MSP 过程作出贡献。UNESCO-IOC 于 2009 年将 MSP 定义为：分析和分配海洋区域人类活动的空间和时间分布的公共进程，以实现通过政治进程确定的生态、经济和社会目标。美国国家海洋委员会于 2013 年在其手册中对 MSP 的定义如下：海洋空间规划是一种基于科学和信息的工具，有助于提高地方和区域利益，如与海洋的多种用途、经济和能源发展优先事项及保护目标有关的管理挑战。

建立 MSP 框架的欧盟指令 2014/89/EU 将 MSP 定义为：相关成员国当局分析和组织海洋区域人类活动以实现生态、经济和社会目标的过程。通过海洋空间规划，成员国应致力于促进海上能源、海上运输、渔业和水产养殖的可持续发展，以及环境的维护、保护和改善，包括对气候变化影响的恢复力。此外，成员国可追求其他目标，如促进旅游业和原材料开采可持续发展。

2. 倡导的主要规划方法

1）整合陆地、沿海和海洋规划，创建"规划系统"

在许多情况下，沿海和海洋区域有着不明确的界限，这就解释了将沿海和海洋规划行动联系起来的必要性。通过这种方式，可以创建"规划系统"，目的是协调政策并使领土行动保持一致性，特别是沿海地区（其本身由陆海界面组成）。

虽然海洋和沿海规划的一体化是许多沿海海洋政策的一个标准要素，但它们与具有悠久历史的陆地规划的一体化程度较低。虽然沿海与海洋连接是显而易见的，但连接这三个领域的系统建设却不太常见。这是由于它们的复杂性，难以将行政权限集中在数量有限的机构。在这方面，统一的政策和规划将更有利于建立陆地和海洋空间综合管理的复杂系统。

2）基于生态系统适应的方法

MSP 将采用基于生态系统适应（ecosystem-based adaptation，EBA）的方法，确保空间分布和相关决策考虑 EBA 的原则和要素。《生物多样性公约》（2000 年）将"生态系统方法"定义为土地、水和生物资源综合管理战略，以公平方式促进养护和可持续利用。应用生态系统方法将有助于在《生物多样性公约》的 3 个目标之间取得平衡，其基础是应用适当的科学方法，侧重生物组织的层次，其中包括生物及其环境之间的基本过程、功能和相互作用。它认识到人类及其文化多样性是生态系统的一个组成部分。MSP 和 EBA 的耦合确保规划超越管辖范围，考虑累积影响，采用预防性方法，因此规划具有适应性。

3）多部门协作，以综合方式制定全面且被广泛接受的规划

规划海洋领土传统上是通过单部门政策，往往没有考虑其他部门的存在和影响，导致了一系列的冲突。部门政策并不总是考虑空间方面，这可能导致使用海域的冲突。此外，MSP 作为一种具有明确空间视角的多部门方法，旨在协调和促进部门与社会行为者之间的谈判，以解决当前冲突，并避免潜在的未来冲突。

事实上，成功的 MSP 指的是让来自不同部门和行动领域的参与者交流愿景、利益、关切，并以综合的方式共同制定一个全面的、被广泛接受的规划。MSP 框架的引入很少取代现有的部门政策或计划，但为海洋治理增加了一个更强有力的协调要素。

4）利益相关者参与方法

MSP 的指导原则之一是参与式方法。包容性参与意味着利益攸关方积极参与制定和执行满足社会需要的公共政策的过程，以提高决策过程的合法性和质量，建立信任。

由于关注点和利益的整合对 MSP 至关重要，因此在政府机构（如具有不同任务的部委）、部门和行动小组之间（横向整合）以及政府层面之间（即国家、区域、地方纵向整合）采用高效和透明的参与式方法是至关重要的。

5）跨界和跨境合作

通过跨界和跨境合作，确保规划的一致性并促进跨界协同效应，对于全球各国的海洋空间规划实践产生了深远的影响。其中，跨界 MSP 是指在海洋规划问题上有共同（约定或争议）政治边界的两个实体（如邻国、邻地区、邻省或邻市）之间的接触。

跨界海洋安全计划是指跨一个海域的多个实体（如国家、州、省）的参与，这些实体不一定在海洋规划方面有共同的问题。跨界合作的目的也可能从"试图避免边界上的明显错配"到国家间的技术合作，以确保计划的一致性和促进跨界协同效应。

3. 空间规划全流程操作

指南还就空间规划全流程操作进行了系统指导。

1）设置规划场景

（1）创建 MSP 工作组。

（2）明确现有的国家法律和体制框架。

（3）明确一个或多个国家适用和/或通过的现有国际法律、法规和协议。

（4）确定关键利益相关者。

（5）明确专门用于沿海和海洋方面的现有公共预算。

（6）定义如何在与海岸和海洋相关的现有治理和法律框架内建立 MSP。

2）设计规划过程

a. 建立计划团队，确定工作计划和时间框架

MSP 过程管理的资源（包括人员和时间）通常是有限的，重要的是确定过程中要执行的关键活动的优先级。因此，有必要制定一个切实可行（能够根据需求和期望确定工作的优先顺序）、灵活、适应性强且可以长期维持的工作计划。一个好的工作计划将直接与 MSP 过程的目标和目的相联系，并具体涉及以下要素：①生成规划所需的信息和工具；②利益相关者参与和沟通；③制定空间规划；④实施空间规划；⑤监控和评估规划过程，并检查是否获得预期结果。

b. 海洋空间规划的愿景、目标和目的草案

规划原则通常反映以下方面的基本思想。

（1）与利益相关者相关的流程需要如何进行（参与性、包容性、透明性）。

（2）规划如何制定（基于生态系统适应的方法、预防原则、适应性等）。

（3）规划需要提供什么（可持续发展、社会公正）。

建立或启动 MSP 流程时的首要任务之一是确定关键驱动因素并定义计划愿景。驱动因素可转化为草案或初始愿景，与利益相关者共享，以指导流程并确定规划区域的预期未来。定义初始共同愿景时，应考虑以下因素。

（1）它应基于利益相关者、政府部门等之间的强烈一致，反映出共同的灵感和理想的有时限的未来。

（2）愿景应该是广阔的，但在其成就方面应以一些现实主义为指导，因此同时具有挑战性，而不是容易满足和放弃的东西。

（3）愿景应为 MSP 提供重点，并阐明确定的目标和目的。

（4）愿景可以提供超越政治周期的长期 MSP 关注点。

c. 其他过程

（1）设定地理边界和级别，并制定数据和信息战略以支持规划。

（2）制定利益相关者参与战略，共同设计基于包容性、透明性和公平性的流程及其指导原则。

（3）为政府一级的决策制定治理框架。

（4）设计一个沟通和传播计划。

（5）制定初始监测、评估和适应计划，包括选择初始关键指标。

3）开展规划评估

a. 定义规划规模与范围

在开始 MSP 的任何数据汇编和进一步评估之前，需要确定规划规模，因为这是一个直接影响所需数据类型及其分辨率的重要因素。

b. 确定现有条件

空间数据和规划证据是 MSP 的核心。确定现有条件是了解正在规划的海洋空间状况的过程，这提供了关于海洋规划区当前的物理、生物、社会、经济和治理特征的信息。

在制定工作计划期间需要一项数据汇编和管理战略。有必要定义数据类别和协议，以构建公共信息系统来组织数据，这些数据将用作运行不同分析的输入。

◆**识别、理解和分析现有环境条件，包括全球环境变化**

海洋环境是一个三维生态系统，涵盖从沿海到深海的各种生态系统。虽然只有一个海洋，但其异质性和连通性应很好地融入 MSP 过程。海洋空间和资源的使用必须根据环境承载力和生态系统恢复力进行规划，并反映区域和地方背景。这意味着要将人类活动在环境中的负面影响最小化，以便它们不会破坏生态系统功能或造成生物多样性损失。

纳米比亚 MSP 的特点是其前瞻性方法，受蓝色增长预期和海洋资源保护的推动。纳米比亚 MSP 流程从一开始就将系统性保护规划作为子流程引入，包括收集有关环境条件、现有和预计人类活动的数据，并确定生物多样性高的地区。

◆**识别、理解和分析现有物理条件，包括海岸风险和构造**

一方面，物理海洋学条件对于确定某些海洋资源（如海上可再生能源）的位置至关重要。另一方面，沿海风险可能对沿海活动产生直接影响，同时也会影响沿海地区和与近海用途有关的基础设施，如港口（陆海相互作用）。

◆**确定、了解和分析现有社会条件，包括文化方面和人类福祉**

社会层面通常是精细平衡的"社会环境"或"社会经济"领域的一部分，这对于我们理解与海洋的社会关系至关重要。事实上，这些维度——社会、文化、环境和经济——就像交织在一起的层，构成了一个复杂的系统。考虑到不同的标准，可以绘制社会重要领域的地图，如文化价值观（有形和无形）、精神/宗教价值观、美学/海景价值。

◆**以多部门方法识别、理解和分析现有经济条件**

汇编信息，绘制海洋管理区重要人类活动的时空分布和密度图。编制与沿海和海洋用途有关的空间数据是管理系统规划的基石，这是将这种多部门方法与其他管理方法区别开来的主要特点。因此，需要汇编和分析关于每种用途的数据与信息以便为制定综合经济评估框架提供基础，以支持最终海洋空间规划的谈判。

◆**确定海洋用途之间当前和潜在的冲突和兼容性，包括累积影响评估**

在评估社会生态系统的不同方面之后，通过重叠的空间数据可以很容易地确定与空间竞争有关的潜在冲突区域。人们越来越认识到需要在 MSP 过程中使用累积影响工具和评估，在海洋空间规划中仍然很难找到使用的实例，但一系列方法已经在一些国家及试点 MSP 项目中使用。

第三维度（即深度）在深部区域，然而，对于大多数海洋空间规划来说，三维多部门规划还不现实。考虑到 MSP 是一个不断增加新知识的适应过程，预计第二代或第三代规划将能够在空间使用和冲突的补充分析以及分区方案中解决三维方面的问题。

美国国家海洋和大气管理局（NOAA）最近发表的一项研究，基于太平洋区域海洋使用 Atlas 项目（PROUA）的经验，描述了一种通过熟悉每种具体用途的不同利益相关者制定的空间使用概况来解决海洋活动三维问题的工具。

空间使用概况分类如下。①一般说明：开展的活动类型；通常用海活动的海洋和沿海区域，包括船只或飞机的临时过境轨道；固定和移动功能部件；与用海活动范围相关的任何其他方面。②三维空间使用：水平（海岸线、潮间带、近岸、沿海、海洋）和垂直方向（空气、海面、水柱、海底、海床）的范围。③用海活动功能部件占用的空间：用海活动的不同部件（如人员、船舶、锚、移动装置、安装的基础设施）在水平和垂直方向上的位置。④用海活动功能组件的重要性：各组成部分与用海活动的相关性，即划分为最有可能和很少使用的组成部分。⑤用海活动的操作特性：用海活动如何通过禁区（永久性或临时性，包括缓冲区）或干扰另一次用海活动（包括安全性）产生冲突。⑥空间限制：为避免与其他用途发生冲突而选择经营区域的灵活性程度，即场地依赖性，以及政府机构对该用途经营区域的监管程度，包括决定其经营的地点、方式和时间。其中，①至④与操作特征有关，⑤和⑥与其他用途相互作用的空间限制有关。

c. 确定未来条件

MSP 是一项面向未来的活动，为未来愿景制定计划。MSP 流程将与利益相关者合作，以设想、定义和创建理想的未来情景，并在短期内实现前瞻性决策，朝着理想的方向前进。因此，规划不应局限于确定和分析现有条件和维持现状，而应揭示在未来 5 年、10 年、15 年甚至 20 年内可能出现的替代未来情景。

（1）估计现有和新兴海洋部门对海洋空间的新需求。

（2）确定生物多样性保护的潜在领域。

（3）为规划区定义可能的备选方案。

（4）选择首选的空间场景。

d. 发展公共信息系统

制定基于科学性的海洋空间规划所需的数据和信息量可能很大。因此，建议在信息系统中组织和记录所有信息，同时鼓励公众参与。

4）监测、评价和适应

概述规划各阶段的监测、评价和适应活动。监测是一个持续的过程，在规划周期结束时，评价不应是一次性活动。在审查期间，需要对许多规划阶段进行审查，包括对现有和未来状况的诊断更新，以确保新的、更新的海洋空间规划的相关性。

二、国外海岸带管理与规划经验深入分析——以英国为例

（一）英国国土空间规划陆海统筹的经验

英国是最早开展空间规划实践的国家之一，近年来的海洋空间规划编制取得了积极进展（郭雨晨，2020）。英国海洋空间规划非常重视陆海规划协调，并在制度设计和编制实践中提出了具体要求。因此，本部分以英国海洋空间规划为例，对其规划编制中陆海统筹的方法进行分析，并结合我国国土空间规划体系的特点与改革要求，提出国土空间规划落实陆海统筹的方法与路径（李彦平等，2021）。由于英国由英格兰、苏格兰、威尔士和北爱尔兰 4 个地区组成，4 个地区在规划立法与行政权上各有不同，但均以英格兰模式为发展蓝本（罗超等，2018），因此，本书讨论的英国海洋空间规划以英格兰为主体。

1.英国海洋空间规划的编制过程

英国开展海洋空间规划研究较早，但实践相对较晚。2009年，英国实施《海洋与海岸带准入法》（*Marine and Coastal Access Act*），海洋管理体制发生重大变革。根据该法案，英国正式确立了海洋空间规划制度，并以环境、食品和乡村事务部下设立的执行性非部委公共机构——海洋管理组织（Marine Management Organisation）作为规划编制的组织部门。英国海洋空间规划体系包括国家和区域两个层级，规划边界向陆一侧延伸至平均大潮高潮线（陆地空间规划边界向海一侧一般延伸至平均大潮低潮线，陆海规划范围重叠）。英国国家级规划是指2011年发布的《英国海洋政策声明》（*UK Marine Policy Statement*），该声明依据《海洋与海岸带准入法》制定，明确了海洋发展的总体战略，提出了"洁净、健康、安全、极具生产力和生物多样性的海洋"愿景，是英国各海区空间规划编制的基础和依据。在区域层面，海洋管理组织在英格兰海域划分了11个规划区（同一海区的近海和远海规划同步进行），并基于各海区资源环境禀赋和发展目标，分别编制海洋空间规划。

英国海洋空间规划的编制流程大致包括以下阶段（图2-2）：海洋管理组织首先以目标区域的开发现状、未来海洋开发活动对目标区域的影响作为指标划定规划区；与各相关部门就规划参与部门、参与方式等问题达成一致，随即开展数据资料收集与问题分析，并建立数据库作为规划编制依据；在此基础上，结合《英国海洋政策声明》提出的发展愿景，同规划区内的利益相关者共同确定区域发展目标；随后，针对规划区内存在的问题提出备选解决方案，制定海洋规划草案并提交给国务大臣；国务大臣批准后向公众进行咨询以完善规划草案的内容；如果仍有未解决的问题，国务大臣将考虑是否需要进行独立调查，如果需要，将委托有关部门组织调查并给出调查结果；之后，海洋管理组织进一步修改规划草案，并再次提交给国务大臣；一旦获得批准，海洋管理组织将出

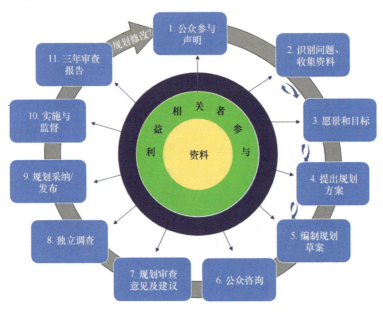

图 2-2　英国海洋空间规划编制流程图

台获批的海洋规划，定期审查、监管规划和相关政策的有效性，并向公众发布审查结果（Marine Management Organisation，2021）。

2. 英国陆海规划协调难点分析

自确立海洋空间规划制度以来，大多数沿海地方当局试图整合陆地规划和海洋规划，但在具体实践过程中，陆海规划协调存在明显挑战，其原因主要涵盖以下三个方面。

（1）自从《国家规划政策框架》（*National Planning Policy Framework*）发布以来，"国家-地方"的二级空间规划体系正式确立，陆地空间规划的事权进一步下放，主要由地方规划局负责编制和审批规划申请（周姝天等，2018），而海洋空间规划则是由海洋管理组织统一组织编制，这就导致同一地区的陆地与海洋空间规划分别由不同层级的不同部门编制，不仅增加了规划组织机构的协调难度，还极易出现陆海空间规划矛盾冲突的情况。更为重要的是，沿海地方政府作为海洋空间规划的直接利益相关者，却被排斥在海洋空间规划的编制之外，导致其利益诉求难以得到充分表达，在编制部门无法精确了解利益诉求的情况下，地方陆海协调难度进一步加大。

（2）地方陆地空间规划与区域海洋空间规划的范围不一致（后者远大于前者），而且陆地和海洋空间规划的实施周期不同，导致一个海域的海洋空间规划可能对应多个陆地空间规划，使海洋空间规划很难同时满足各陆地空间规划的要求，也加大了海洋规划人员与陆地空间规划相关部门沟通的难度。

（3）陆地空间规划起步较早，相关法律体系和规划审批流程更加成熟，陆地空间规划的编制程序、内容、深度等要求也远大于海洋空间规划，使得海洋空间规划在衔接陆地空间规划时存在明显的障碍，海洋空间规划人员需花费大量时间深入了解陆地空间规划内容，增加了陆海规划政策融合的难度。

3. 英国陆海空间规划协调的关键内容

英国国土空间规划中陆海统筹的规定和要求大多出自海洋空间规划相关政策文件中，包括英国政府发布的《英国海洋政策声明》及环境、食品和乡村事务部与海洋管理组织发布的海洋空间规划相关文件（Marine Management Organisation，2011；Department for Environment，Food and Rural Affairs，2011）等，其内容主要体现在发展和保护两个方面。

在发展方面，特别重视海洋开发利用对海岸带地区经济社会发展的带动作用，以及在陆域规划中保障海洋开发活动配套设施的建设，具体表现如下。

（1）以海洋开发利用带动海岸带地区的经济发展。将沿海社区发展作为陆海统筹的最小单元，要求陆地和海洋规划人员基于统一的数据资料，共同参与对海岸带地区经济活动的管理，从而帮助沿海社区逐步转变为经济可持续增长的核心地区，使得海岸带地区成为衔接陆地和海洋经济活动的重要纽带。

（2）加大陆地规划政策对海洋开发利用活动的支持。海洋开发利用活动在减少温室气体排放、可再生能源发展等领域能够发挥积极作用，但同时也需要陆地规划政策的支持与配合。例如，《英格兰东部海洋空间规划》（包括东部近海和远海）中，在能源开发基础设施层面，陆地相关主管部门不仅为企业提供场地和政策指导，还先后开展了三轮风电场地的租赁计划，有效保障了海洋风电工程的实施。此外，规划在国防、海砂矿产开采等领域也提出了诸多做法，通过陆地政策支持海洋开发活动的实施，从而实现经济发展、生态环境管理等规划目标（Marine Management Organisation，2015）。这种将海洋空间规划与相关陆地政策有机融合的方式，能够有效避免潜在的冲突，提高空间利用效率，推动海岸带地区经济发展和环境改善。

（3）加强公众参与。管理部门致力于通过宣传教育等方式提高各界对陆海政策的认识，尤其是对海洋和陆地都有影响的开发活动，鼓励由利益相关者共同确定影响因素的来源，并在此基础上提出协调方案，避免规划和项目落地的冲突。

在保护方面，重视对陆海过渡带生态系统和景观的保护，以及陆源污染防控和海洋灾害防御，具体包括以下三个方面。

（1）保护陆海分界线两侧的生态环境与海岸景观。海岸带是一个连续的过渡地带，很容易由划定管理边界导致生态系统割裂。因此，陆海规划人员均需考虑海岸过渡带的生态环境，并在充分掌握相关数据的基础上，将生态环境保护政策落实在各自的规划政策中。与此同时，海洋空间规划人员需重视海洋规划区内的自然景区、海岸带遗产等各类景观，认真考虑海洋开发建设对景观的潜在影响，并在海洋空间规划中设定保护目标，予以严格保护。

（2）加强对海岸侵蚀和沿海地区洪水风险的防御。《海洋与海岸带准入法》明确要求划定海岸变化管理区来应对海岸侵蚀和沿海洪水威胁。一方面，由于大多数与海岸侵蚀、洪水灾害有关的问题都发生在向岸一侧，因此在陆地规划中要求地方规划当局全面掌握可能产生海岸侵蚀和洪水风险的项目的具体信息，对项目进行合理评估后发放许可证，从而确保开发活动不会加剧洪水和海岸侵蚀的风险。另一方面，海岸侵蚀和洪水风险管理、防洪措施均发生在向海一侧，所以这也需要海洋规划人员的关注，充分衔接海岸线管理计划及相关文件、洪水指令、洪水风险管理规划等，确保海洋开发活动具备应对沿海变化和洪水风险的能力，并且不会超过海岸带的承载能力，同时充分考虑陆地规划部门划定的海岸变化管理区，确保该区域的陆海政策协调一致。

（3）保护海洋免受陆域开发利用活动的干扰。由于临岸陆域开发利用活动有可能威胁海洋生态环境，因此，海洋规划人员需充分了解陆地规划中涉及沿海地区的政策并加强同地方当局的沟通，使地方充分了解陆地开发建设对海洋的影响，与此同时，地方规划可以为尚未建设但有可能对海洋产生影响的开发活动（大桥、港口建设等）提供政策指导，例如，将其拟定位置标注在地图上，为海洋规划编制工作提供建议，避免陆域规划许可对海洋的开发与保护产生负面影响。

4. 以陆海规划协调为目标的工作流程

英国陆海规划协调的理想结果是所有陆地规划和政策均符合海洋空间规划和政策的要求。因此，在海洋空间规划中落实陆海统筹，需要将海洋开发利用活动与沿海社区发展紧密结合在一起，并采用陆海政策融合、图层叠加分析、与技术人员及管理人员交流等具体做法，制定出陆海协调的规划方案，确保陆海规划的一致性和协调性。

1）第一阶段：掌握陆地规划编制进展及政策的相关性

海岸带地区是实现陆海统筹的关键区域，涉及沿海社区发展的陆地规划政策极可能影响海洋开发利用活动（图2-3），这就要求海洋规划人员充分了解规划区内沿海社区的发展现状与趋势，重点关注陆地规划编制的进展及关键政策，尤其是在陆地规划编制处于早期阶段时，尽早与陆地规划部门建立有效的沟通机制。

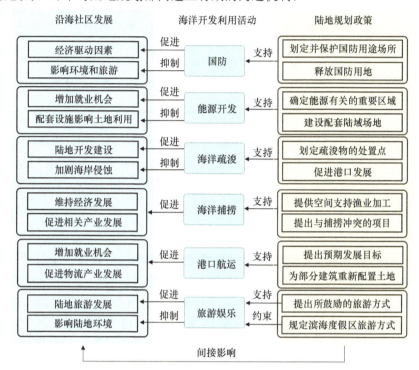

图2-3 与陆域发展有关的海洋开发利用活动及对应的陆地规划政策

2）第二阶段：审查居住区等级

居住区等级代表了社区发展的优先程度。海洋规划人员需要将沿海社区类型与陆地规划中的空间战略和居住区等级图层叠加分析，识别不同社区的发展潜力，"以陆定海"明确毗邻海域的空间发展方向。同时，海洋规划人员也要重点分析陆地空间发展战略与海洋开发利用活动之间的潜在冲突，并提出协调方案。

3）第三阶段：寻找更多的局部细节

为了进一步应对规划编制中可能出现的各种问题，海洋规划人员需研究陆地规划部门发布的资料和数据，掌握陆地规划编制各阶段的信息，从中筛选出有价值的经济社会数据，以更好地了解当地的发展需求。规划人员还可以查阅陆地规划年度监管报告，了解临岸陆域所发生的重要变化，从而更好地发挥海洋规划对沿海社区发展的促进作用（表2-1）。由于海洋空间规划与陆地上各类空间规划范围存在重叠，《英格兰东部海洋空间规划》将重叠范围内的沿海行政区标示出来，以进一步强化重叠区陆海规划的融合。

表 2-1　海洋空间规划中的"多规协调"

规划协调对象	主要内容	落实方式
陆地法定规划	与海洋规划区毗邻或受其影响的陆域规划、流域管理规划、交通规划等内容	陆海主管部门协作,陆地规划梳理、评估、整合与应用
其他管理部门的规划	海洋空间规划区内部及毗邻区域内其他管理部门制定的流域管理规划、自然景区管理规划、国家公园规划、空气质量行动计划、交通规划等法定规划,以及海岸线管理计划、第三轮海上风电场规划、海滩管理规划、海岸带遗产规划、特定行业规划(如港口)、沿海经济振兴战略等非法定规划	建立部门间合作关系,吸取各类规划的技术经验
其他可能相关的规划	其他机构制定的与海洋空间规划存在交叉的其他战略、政策、规划	建立合作关系,吸取有益内容

通过与各项法律法规、各级规划的协调,规划人员能够进一步完善海洋空间规划方案,加强同国家、地方各级管理部门间的合作交流,使不同层级管理部门的政策目标能够更好地融入海洋空间规划体系并保持连续性,从而大幅减少规划冲突、管理重叠等问题,为海洋开发利用及监管带来便利。

4)第四阶段:与陆地规划人员开展讨论

在以上阶段的基础上,海洋规划人员能够进一步明确港口建设、能源开发及基础设施建设、滨海旅游等方面既对促进地方经济发展具有重要作用,又与陆海联系紧密的空间利用政策,并且积极与陆地规划人员进行沟通,制定出陆海协调的规划方案。例如,《英格兰东部海洋空间规划》详细梳理了陆地规划政策与海洋保护开发活动之间的关联性,并明确了海洋规划人员应重点关注的不同行政区的政策,包括海水养殖、应对气候变化、碳捕获和存储、石油与天然气、可再生能源等具体内容。

5. 对我国陆海统筹规划的启示

当前我国沿海地区国土空间规划"多规合一"进程中,陆海统筹仍处于探索阶段。虽然我国与英国国土空间规划体系存在一定差异,但在实现陆海统筹的目标、内容、方式方法等诸多方面存在相似之处,因此,深入学习英国空间规划陆海统筹的制度经验能够为我国沿海地区国土空间规划编制提供可借鉴的经验,具体如下。

1)制定和完善陆海空间规划政策清单

根据英国海洋空间规划的经验,陆海空间政策融合是陆海统筹的必要前提。我国沿海地区国土空间规划编制中,陆地和海洋部分一般仍由不同的技术团队编制。受规划经验和专业技术所限,陆地和海洋空间规划人员难以深入了解对方的政策制度。因此,对规划人员来说,陆海统筹的第一步应是共享数据资料,对陆地和海洋空间的各种政策制度进行学习、交流和融合,并对生态环境、资源利用、防灾减灾、基础设施建设等关键领域陆海政策的一致性进行评估,从而明确陆海政策的矛盾点及下一步规划协调的主要方向。建议在规划启动初期,陆地/海洋规划团队基于各项空间利用任务分别提出所关注的海洋/陆地政策,通过多次研讨形成完整的政策清单,并在多次研讨过程中进行迭代,从而使陆海政策深度交叉、融合。

2）不断完善陆海统筹的技术方法

英国海洋空间规划主要使用了陆海规划图层叠加分析的方法。结合我国国土空间规划编制相关技术指南，建议沿海地区在国土空间规划"双评价"和"双评估"的基础上，进一步开展陆海统筹评价，重点内容包括：①开展陆地和海洋空间功能（包括陆地和海洋生态红线）兼容性分析，识别出空间功能矛盾的图斑，并按要求进行调整；②分析港口、滨海核电、石化、海上风电、海洋牧场等重大用海项目陆上配套设施建设及海洋产业链条延伸等与临岸陆域空间功能和管制措施的协调程度，明确海洋重大项目对陆域政策的需求，确保其符合陆地规划要求，并获得陆地政策支持；③以陆域海洋灾害高风险区为对象，分析风暴潮、海岸侵蚀、海水入侵等主要灾害影响因素及范围，进而从控制用海活动、完善海上防御工程、保护滨海湿地等方面完善防护措施；④分析重要海湾临岸陆域及入海河流两侧土地开发利用现状，根据入海污染物总量控制原则，识别出不符合污染管控的土地用途，进而提出土地用途调整或开发利用管控措施；⑤分析海岸带景观的影响因素，对邻近陆海空间提出空间管制要求，如限制建筑物高度、清退近岸养殖、加强海岸线修复等。

3）明确不同层级、不同类型规划陆海统筹的重点

英国陆海规划协调过程中，注重根据规划的层级和功能定位确定陆海统筹的内容，国家级规划仅是提出原则性、政策性要求，地方级规划则提出了具体的方法、建议和流程。我国"五级三类"的规划体系更加复杂，因此在不同层级、不同类型规划中落实陆海统筹应有所侧重。

从规划层级来看，国家层面应统筹沿海和内陆地区空间开发与保护活动，尤其应将流域、东部与西部地区等大尺度空间单元纳入陆海统筹的范畴，如基于海岸带生态环境承载能力对河流水利工程设施建设、内河航运、跨流域调水等进行整体调控；省级层面应将沿海县级区域纳入陆海统筹范围，如统一陆海主体功能定位、划定全省自然岸线并明确保护要求、统筹布局全省临港产业园区、港口建设等；市级层面应统一开展陆地和海洋空间功能分区，确保海岸线两侧陆海空间功能协调，基于湾区自然禀赋和开发利用现状等明确发展方向以实现错位发展等；县级层面应针对具有陆地和海洋影响的项目展开具体分析，对陆海功能冲突的区域进行调整等。

从规划类型来看，国土空间总体规划应对全域陆海空间保护、开发、利用、修复作出总体安排，以海岸带为重点，构建陆海一体化的国土空间开发与保护格局；海岸带专项规划要在总体规划框架的约束和指导下，对海岸带区域特定问题进行细化、深化和补充，为海岸带生态环境保护、空间与资源利用、灾害防控、人居环境提升等提供综合管理依据；其他涉及海岸带空间利用特定领域的专项规划，应强调规划的专门性，例如，交通领域的专项规划应重点关注陆海交通运输通道的衔接，构建现代化陆海综合交通运输体系。此外，沿海地区还可以探索编制海岸带保护与利用控制性详细规划，分解落实国土空间总体规划和海岸带专项规划的各项安排，对重点岸段的用途和利用强度等作出实施性安排。

4）进一步完善多部门协作机制

由于同一地区的陆地与海洋空间规划分别由不同层级的不同部门编制，因此，英国政府非常重视规划组织机构之间的沟通协调，并明确了沟通协调的流程、时间节点、内容等具体要求。在我国，规划编制一般由自然资源部门牵头，海洋（有的地方已并入自然资源部门）、发展改革、生态环境、交通运输、农业农村等多部门共同参与。因此，建议进一步完善规划编制的部门协作机制。对于海洋经济发达的地区，可设立海洋发展委员会或类似的统筹协调机构，由省委、市委、县委或政府主要领导担任负责人，定期召开联席工作会议，充分调度相关部门，协调海岸带地区各类空间开发与保护事项。联席工作会议应以海岸带综合管理为理念，定期对重点区域、重点问题进行讨论研究，包括陆海过渡带管理、围填海历史遗留问题处置、陆源污染防控、三条控制线划定、用地用海项目实施等，减少规划执行过程中的潜在冲突。

5）划定沿海地区陆海统筹核心区域

英国陆地和海洋空间规划范围刻意重叠的经验启示我们，与其以海岸线为界明确管理部门权力边界，不如反其道而行之，鼓励对海岸带交错地区的空间利用实行多部门协同治理。基于此，建议在国土空间规划中根据海岸带地理特征、海洋动力环境、开发利用现状与需求、陆海开发历史遗留问题等因素划定陆海统筹核心区域。在此区域内，各项开发与保护活动要坚持基于生态系统的海岸带综合管理理念，对生态红线、基本农田、新增建设用地、防护林保护、围填海等各敏感事项进行统筹考虑、统一谋划，减少部门政策交叉或矛盾。在"多规合一"的基础上，应进一步完善该区域行政许可、生态环境修复与治理、用地用海管理指标等管理制度，提升综合治理效率。

（二）英国海岸带综合管理的经验

海岸带地区是陆地和海洋相互作用的过渡地带，生态系统脆弱，开发活动密集，是影响和决定沿海地区经济社会高质量发展的关键区域。国际经验表明，海岸带管理事权分散、条块分割的问题不可避免，因此，在多部门协同治理的框架下，进一步深化基于陆海统筹的海岸带综合管理体制具有深刻意义。

英国作为最早开展海洋资源利用的国家之一，在海岸带综合管理方面有着丰富的经验，尤其是自 2013 年出台《英格兰海岸带协议》以来，海岸带综合管理模式进一步优化，对提高管理效率、促进陆海协调发展具有重要意义。因此，本部分通过梳理《英格兰海岸带协议》，分析英国海岸带综合管理的经验，并结合我国陆海统筹的发展战略和海岸带开发保护的现实需求提出建议，以期为新时期海岸带综合管理提供参考和借鉴。

1. 英国海岸带综合管理概况

1）英国海岸带综合管理的历程概述

英国海岸带管理的历史最早可以追溯到 20 世纪中叶。几十年来，英国出台了多项法律法规，不断深化海岸带综合管理体制改革。而且，除国会制定的法律外，英国地方政府基于自身利益也开展了有益的立法探索，二者共同组成了英国海岸带管理的制度体系。

整体来看，英国海岸带管理大致经历了以下几个阶段。

1949 年，为加强海岸带保护工作，英国政府出台了《海岸带保护法》，要求各沿海自治市成立海岸带保护委员会，行使开发利用过程中的海岸带保护权利。该法要求在海岸带地区开展任何工程建设都必须向海岸带保护委员会提交书面申请，并缴纳费用。另外，该法还对《运输法》《地方政府法》等法案的部分规定进行了修正，如拆除对航行不利的工程设施、明确海滩的管理权等。

1961 年英国皇室颁布了《皇室地产法》，该法以潮间带和 12n mile 领海属英国皇室地产这一历史传统为立法依据，规定在此区域内修建港口、码头及开展围海、填海、水产养殖、海砂开采等活动，必须获得英国皇室地产委员会的许可，并由该委员会颁发海岸或海域使用许可证，使用人需缴纳租用费（地租）。基于上述两部法律，英国初步建立了相对完备的海岸带与海域使用许可和有偿使用制度，形成了海岸带管理的基本法律框架（宋国明，2010）。

在之后的数十年里，英国相继颁布了《城乡规划法》《渔业法》《海上安全法》《领海法》等多部法律法规，以管理海岸带开发利用活动。虽然针对各类空间利用活动出台的法律法规在一定程度上促进了海岸带开发活动的有序进行，但管理权力分散的弊端一直存在，政府迫切需要加强该区域的综合管理。

进入 21 世纪后，随着用海活动的增加和国际社会对于海洋保护要求的不断提高，英国各界呼吁制定综合性的海岸带法律。由此，在 2009 年英国王室批准颁布了《海洋与海岸带准入法》。这是英国首部旨在通过改善管理体制、健全管理法规从而保护海洋和海岸带生态环境的法律，该法的主要目标是建立一套更加协调的法律体系，保障资源合理利用，协调海岸带开发与保护的矛盾。该法要求成立海洋管理组织，负责制定海洋空间规划、审批海域使用申请、海洋自然保护、海洋执法等工作，从而提高了管理效率，更好地应对海洋开发利用中的各种突发问题。同时，该法对于原有的海洋许可审批流程进行了简化，建立了新的海洋许可制度；对于海岸地区的开发利用作出了明确规定以满足人们的游憩需要；为保障近海渔业的健康发展，成立了近海渔业保护和管理局，负责近海渔业资源和海洋生物多样性的保护；该法还接受社会质询，鼓励公众参与决策，从而提高公众对海洋与海岸带活动的认识（李景光和阎季惠，2010）。总之，《海洋与海岸带准入法》的出台是英国通过海岸带综合管理进一步统筹陆海发展的立法实践，标志着英国海岸带管理制度体系进入了一个新阶段。

2）《英格兰海岸带协议》的出台背景

经过上述几个阶段的发展，英国海岸带综合管理制度不断完善，但每伴随一项海洋新事务的出现，均须建立一个相应的机构来进行管理，这使得英国海岸带管理事权一直分散于多个部门，缺乏一个统一的机构协调各项事务，导致海岸带管理效率不高。2012年，英国商业、创新和技能部（Department for Business，Innovation and Skills）在对影响沿海项目和投资的执法情况审查中指出，沿海投资项目的申请和审批涉及海洋管理组织、环境局（Environment Agency）等多个部门，各部门之间的事权划分不够明确，部门之间缺乏必要的沟通，在同一项目上无法给出一致的建议，而且缺少解决争议的有效程序，导致项目审批效率不高，阻碍了沿海地区经济社会发展（Department for Business，

Innovation and Skills，2013）。为解决这一问题，2013 年 11 月环境、食品和乡村事务部联合其他涉海监管或咨询机构、沿海地方规划部门基于《海洋与海岸带准入法》及其他相关法律，制定并签署了《英格兰海岸带协议》。该协议以服务申请人、提高项目审批效率为目标，对海岸带地区项目审批流程进行了优化，同时对各机构在海岸带项目审批中的职责也进行了相对明确的界定。

2.《英格兰海岸带协议》的主要内容

1)《英格兰海岸带协议》的目的与意义

《英格兰海岸带协议》及其配套的实施文件旨在提供一个合作框架，以便优化沿海开发项目审批程序。《英格兰海岸带协议》通过减少不必要的重复管理、提供更好的流程导向、简化评估过程及提高建议的一致性等措施来服务申请人、监管或咨询部门，以提高沿海项目开发和监管效率（Department for Environment，Food and Rural Affairs，2019）。同时，《英格兰海岸带协议》虽然是海岸带项目审批阶段的独立协议，但也补充和吸收了其他法律和政府机构主导的促进可持续发展的举措。尤为重要的是，《英格兰海岸带协议》并不会取代陆地和海洋已经实施的各项管理制度，也不直接管控微观层面的空间利用活动，更不会直接管理项目行政许可事项。总之，《英格兰海岸带协议》仅是海岸带区域空间利用管理的一个协调性的文件。

2）协议机构及对应事权

英国沿海监管体系复杂，签署《英格兰海岸带协议》的主要机构包括环境、食品和乡村事务部，以及运输部、地方规划部门、海洋管理组织、环境局、英格兰自然协会、英格兰国家公园等部门，以上机构统称为"协议机构"。此外，其他未签署《英格兰海岸带协议》的公共机构，如英格兰遗产委员会、港务局、近海渔业和保护局等，在特定情况下也需要配合协议机构完成项目的审查。地方规划部门、海洋管理组织、环境局、英格兰自然协会这 4 个机构在海岸带的许可事项及管控范围如图 2-4 所示。

地方规划部门通过选举产生各级地方议会。议会通过任命某些议员组成规划部门或小组，负责规划编制和管理（田颖和耿慧志，2019）。在《英格兰海岸带协议》中，地方规划部门负责监管平均大潮低潮线以上的开发建设活动，同时配合其他机构进行监管和审查。

海洋管理组织是英国环境、食品和乡村事务部下属的非政府部门的公共机构，是沿海活动的主要监管和负责机构。该组织主要对英格兰周边海域的海洋开发利用活动进行许可审批、监管和规划，以确保海洋开发利用的可持续性。海洋管理组织在《英格兰海岸带协议》中的主要事权包括潮汐河流、河口和海岸地区位于平均大潮高潮线以下的任何许可活动，任何需要港口修订令或港口授权令的工程，以及野生动物立法禁止的位于高潮线以下的活动等。

环境局是环境、食品和乡村事务部下属的非政府部门的公共机构，旨在保护和改善环境。该机构负责大多数河口内、河口下方或上方的工程，潮汐干流 16m 范围内和防洪构筑物 16m 范围内的工程，可能影响海滩、滨海大道或海防的工程，天然或人工潮汐河或其他河道、水库、海湾的取水、蓄水或调水，以及陆源排放、船只拆解或在 12n mile

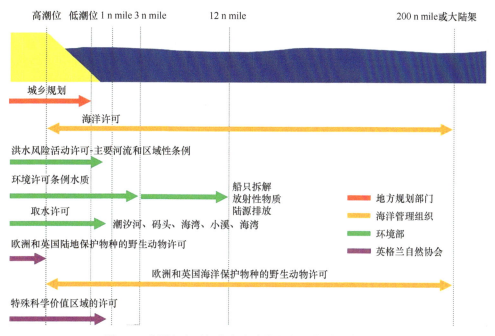

图 2-4　英国各主要机构在海岸带的许可事项及管控范围

以外的地方存放或处置放射源等的监管和许可工作。

英格兰自然协会是环境、食品和乡村事务部下属的非政府部门的公共机构，旨在保护英格兰的自然和景观，以供民众游憩。在《英格兰海岸带协议》中主要负责向具有特殊科学意义的地质遗迹所有者或拥有者发放同意书，对野生动物相关法律法规禁止的其他活动进行许可证发放等，并为可能需要开展环境影响评估或栖息地法规评估的项目提供建议。

3）适用范围

《英格兰海岸带协议》适用于沿海开发的所有申请，但已建立协调机制的申请除外。沿海开发指跨越河口和海岸带潮间带区域的单个项目，这些项目需要获得包括海洋许可和当地陆地规划部门规划许可在内的多项许可。但《英格兰海岸带协议》不适用于仅限于陆地的项目（即位于平均大潮高潮线以上的项目）。

4）管理流程

a. 筛查阶段

筛查阶段的目的是确定项目是否属于《英格兰海岸带协议》的适用范围，该阶段由首次受理机构负责。由于英格兰沿海地区的监管体系复杂，至少存在三个主要监管机构（地方规划部门、海洋管理组织和环境局），此外，许多其他公共机构在特定的地点或情形下拥有监管权（如商业、能源与产业战略部，海岸带保护局，英格兰自然协会，海港局，海事与海岸警卫队署，近海渔业及保育当局）。因此，当申请人向地方规划部门、海洋管理组织、环境局或英格兰自然协会中的任何一家机构提交项目申请时，或要求任何上述机构提供有关许可要求时，则该申请人第一次接触的上述机构即为首次受理机构。

首次受理机构的工作人员需要向申请人核实以下信息：申请人姓名和联系方式，工程的拟定位置、进度表及其性质，是否联系过任何监管或咨询机构。随后，工作人员将启动图 2-5 所示的实施流程。此外，首次受理机构的工作人员应与申请人尚未联系的其他协议机构沟通，并鼓励他们跟踪项目审批过程。同时，工作人员也需要将《英格兰海岸带协议》的有关要求告知申请人。

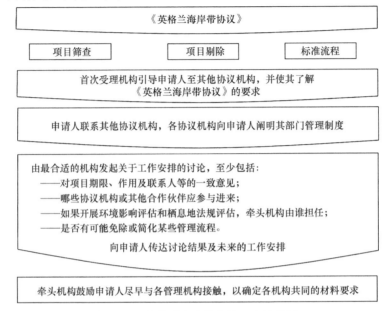

图 2-5 《英格兰海岸带协议》实施流程

b. 讨论阶段

该阶段主要由协议机构共同讨论项目评估的有关事项，在项目通过筛查后，通常由首次受理机构联系其他协议机构通过现场会议、电话会议或视频会议等方式展开前期讨论，讨论的主要内容包括：各协议机构对项目是否有充分的了解，哪些协议机构和未签署《英格兰海岸带协议》的机构应该参与审批过程，项目进度安排，每个协议机构的法定响应要求，项目的作用和联系人，收费服务的适用方式和地点，是否需要进行环境影响评估和栖息地法规评估，环境影响评估和栖息地法规评估的牵头机构由谁担任，是否存在某些可以简化的管理程序或要求等。为确保审批过程的公开透明，协议机构应建立信息共享机制（如在适当的情况下相互抄送相关信息），以确保其他协议机构在项目进展过程中了解项目进度。

讨论阶段的重点是判断项目是否需要开展环境影响评估或栖息地法规评估。如果有必要开展相关评估，则应依据住房、社区、地方政府部及环境、食品和乡村事务部的相关指南，并按照《英格兰海岸带协议》的相关要求确定牵头机构，从而带领其他机构完成评估工作。

c. 告知申请人讨论结果

完成项目讨论后，牵头机构的工作人员应告知申请人讨论结果，并鼓励申请人与所有有关机构接触，从而明确不同管理部门共同的材料要求，避免重复提交某些材料。如果经过讨论，该项目在法律可行的范围内可以简化部分管理程序，也应一并告知申请人，从而节约申请人的时间。

d. 完成项目审批

申请人应根据讨论结果，尽快向有关机构提交所需材料，从而获得不同机构的许可，各机构也应在申请过程中提供建议，并告知有关同意书、许可证的审批进度，从而帮助申请人尽快完成申请，推动项目尽快落地实施。

3. 经验借鉴

1）陆海管理部门的有效协作

在英国，海洋空间规划的范围向陆地延伸至平均大潮高潮线，而陆地空间规划的边界通常向海延伸至平均大潮低潮线，因此海洋空间规划与陆地空间规划存在一定范围的重叠。在重叠区域，陆地和海洋部门均可以依法对相关空间利用活动进行管理。这种管理范围的"刻意"重叠，促进了陆海管理部门的有效协作，有益于提升海岸带开发与保护的协调性。

与此同时，《海洋与海岸带准入法》《国家规划政策框架》《英国海洋政策声明》等相关法律法规、政策文件对海岸带管理，尤其是陆地和海洋空间规划编制的协作提出了明确要求。在制定海洋规划或者相关政策时，海洋管理部门必须与地方规划部门协作，把海洋空间规划和临岸陆地管理结合起来。通过这种方式能够为海岸带地区项目审批提供明确的政策背景，确保陆地部门能够出台相关政策支持海洋开发利用活动。同时，陆地部门也被要求对陆海过渡地带实行综合管理，重视海岸变化管理区的保护与管理，以应对沿海地区面临的各项挑战。

2）海岸带地区各类空间规划的"多规协调"

《英格兰海岸带协议》要求，开展海岸带项目审批时，管理机构须确保项目符合沿海地区各类空间规划。英国海岸带地区空间规划包括海洋和陆地两类主要规划，以及流域管理规划、自然景区管理规划、国家公园规划、空气质量行动计划、交通规划等专项规划。尽管未实行"多规合一"改革，但在规划编制过程中，英国政府高度重视各类规划的协调，并提出了落实陆海统筹的一系列要求，包括陆海规划政策融合、陆海规划协调的具体流程和建议等（Department for Environment，Food and Rural Affairs，2011；Marine Management Organisation，2011），从源头减少了规划"打架"的矛盾，进而减少了规划实施难、项目落地难的问题。

3）组建部门间协调机构

由于海岸带管理涉及多个部门事权，申请人可能很难弄清楚应向哪几个部门提出申请。此前英国海岸带项目审批存在申请人和管理机构之间缺乏沟通，导致项目在申请过程中出现停滞的现象（Department for Business，Innovation and Skills，2013）。《英格兰海岸带协议》通过设立首次受理机构，减少了申请人寻找监管机构的困扰，使其不必花费更多精力研究各管理部门的职责、管理流程和要求。申请人可以向任何一家机构提交申请，即使这家机构不是项目审批中最核心的机构。首次受理机构在对项目进行初步审查后，不仅会向申请人解释接下来其所需要做好的工作，还会联系其他协议机构确保他们能够跟踪项目申请过程。

环境影响评估或栖息地法规评估是项目申请最关键的环节之一，不同监管部门对同一项目进行环境影响评估可能会造成材料提交重叠、评估结果冲突等问题。《英格兰海岸带协议》规定各相关部门通过协商确立牵头机构，牵头机构将统一协调各参与机构的职责、工作安排，并编制一份共同的环境声明。除此之外，牵头机构会将项目讨论的各项结果告知申请人，并帮助申请人明确各项材料要求，在符合法律规定的情况下帮助申请人尽快获得各项许可（Department for Environment，Food and Rural Affairs，2019）。牵头机构的设立避免了项目申请人不清楚应向哪家机构提交评估材料的问题，同时，牵头机构联合其他相关部门，共同对项目评估进行跟踪，确保了评估过程的顺利和评估结果的一致性。

4）简化审批流程

在环境影响评估或栖息地法规评估过程中，牵头机构会鼓励申请人尽早与所有相关的监管机构接触，从而确定各机构共同的材料要求，并对申请项目给出统一的建议。这种模式类似于我国自然资源部正在开展的"多审合一"改革，不仅减少了相关协议机构的重复工作，还减轻了申请人的负担。

此外，《英格兰海岸带协议》还要求在项目讨论过程中，各机构应探索在法律可行和适当的情况下简化某些管理流程，例如，环境局可以在适当的情况下免除对洪水风险活动许可的要求；在进行环境影响评估时，如果确定根据英国《海洋工程（环境影响评估）条例》和《2017年城乡规划（环境影响评估）条例》进行环境影响评估的项目的主要影响是陆上的，海洋管理组织可以免除环境影响评估，从而提高管理效率，缩短审批时间。

5）加强协议机构之间的互动

由于之前英国海岸带管理各机构之间缺乏沟通，难以对项目给出协调一致的建议，因此《英格兰海岸带协议》采取了多项措施帮助各管理机构加强沟通。各协议机构通过组织培训加强相关工作人员对《英格兰海岸带协议》流程及其他协议机构职责的理解。在项目审批期内，各机构加强沟通，向申请人提供协调一致的建议，避免给申请人带来不必要的困扰。如果该项目需要进行环境影响评估或者栖息地法规评估，牵头机构将协调各参与机构，对项目给出统一的评估意见。各协议机构之间的互动保障了项目申请的速度，能够有效避免部门间推诿扯皮的现象。

4. 对我国海岸带综合管理的启示

海岸带地区经济活动密集、生态环境复杂，对沿海国家经济社会可持续发展具有重要意义。从1949年出台《海岸带保护法》起，英国海岸带管理体制改革已经历70余年。从这一点可以看出，海岸带管理体制改革是一个长期的、逐渐完善的、不断调整优化的过程，需要根据沿海地区经济社会发展需求不断加强和完善顶层设计。本书结合英国的管理经验和我国陆海统筹发展的具体要求，对加强我国海岸带综合管理提出以下建议。

1）加快推进海岸带立法

海岸带立法是海岸带综合管理的重要基础和保障。英国的《海洋与海岸带准入法》明确提出了加强海岸带综合管理、改进海岸带地区的整体性治理体制的要求（史晓琪，

2017），为《英格兰海岸带协议》的实施和各机构的分工协作提供了法律保障。自生态文明体制改革以来，我国海岸带立法的呼声渐强。2017 年，《中共中央 国务院关于完善主体功能区战略和制度的若干意见》提出要"推进海岸带保护管理立法"。随着陆海统筹的理念不断深化，2018 年以来国务院机构改革与国土空间规划体制改革进一步增强了我国海岸带综合管理的能力。因此，目前最为迫切的是制定一部针对海岸带管理的综合性法律，为海岸带综合管理提供立法支持。

建议通过海岸带立法，协调《中华人民共和国土地管理法》《中华人民共和国海域使用管理法》《中华人民共和国渔业法》《中华人民共和国海洋环境保护法》等各类适用于海岸带地区的法律，明确各部门事权，建立长效协调机制；坚持以陆海统筹、生态优先、节约集约利用等原则为基本遵循，加强海岸带地区河口、滨海湿地、珊瑚礁等各类生态系统保护与修复，推进渔业、岸线等资源可持续利用；明确海岸带专项规划的法律地位，推进其与其他规划的衔接，建立分区管控制度；坚持问题导向，构建海岸带空间用途管制制度体系，完善相关配套制度。

2）建立陆海统筹的国土空间规划体系

海岸带管理的困境源于该区域陆地和海洋的相互作用复杂、开发与保护的关系难以协调，因此，海岸带综合管理的核心内容是协调陆地和海洋的开发与保护活动，促进人地（海）关系和谐、陆海关系和谐。英国政府高度重视空间规划在开发利用活动中的基础性和约束性作用，要求海岸带各管理部门依据陆地或海洋空间规划开展合作，进行项目审批。因此，对我国来说，以陆海统筹的国土空间规划体系为基础，指导和约束海岸带各项开发与保护活动是协调陆地和海洋矛盾的基本遵循。

自生态文明体制改革以来，我国进一步重视陆地和海洋规划的协调与统一。2019 年 5 月，《中共中央 国务院关于建立国土空间规划体系并监督实施的若干意见》指出"国土空间规划是国家空间发展的指南、可持续发展的空间蓝图，是各类开发保护建设活动的基本依据"。因此，当前在国土空间规划体系重构中，要充分发挥沿海地区国土空间总体规划的统筹和综合平衡作用，构建陆海一体化的空间格局，并明确省、市、县不同层级总体规划在海陆资源集约高效利用、生态环境保护与修复、滨海景观保护、防灾减灾等方面的空间利用任务，确保陆海空间治理协调有序。最重要的是，要充分用好海岸带专项规划这一手段，坚持问题导向，对潮间带整体保护与利用、围填海存量资源利用、陆源污染治理、典型海洋生态系统保护及地下水、海砂合理开采等海岸带特定问题进行细化、深化和补充。

3）探索建立海岸带管理联席会议制度

2018 年自然资源部的组建，实现了陆地和海洋空间的统一规划和用途管制，但海岸带地区管理仍涉及发展改革、生态环境、农业农村、交通运输等诸多部门，因此，多部门基于各自事权加强协作仍非常有必要。英国通过鼓励国家部门和地方规划部门签署《英格兰海岸带协议》而建立起一种具有约束性和指导性的合作框架，并且在项目审批过程中，设立牵头机构负责总体协调，对我国海岸带各管理部门分工协作具有一定的参考意义。

建议国家和地方各级政府进一步探索和完善海岸带多部门协作机制，在此方面，可以借鉴山东机构改革模式——省委下设海洋发展委员会，办公室设在省自然资源厅，定期召开联席会议，由省委或省政府主要领导主持，自然资源厅、发展和改革委员会、生态环境厅等部门联动，对涉海重点问题和工作进行集中讨论。建议国家或地方可以在本级党委或政府下设协调机构，由分管领导任负责人，由自然资源或海洋部门（若保留此机构）负责具体联络，定期召开联席会议，对国土空间规划编制、国土空间用途管制、国土空间整治修复、重大项目审批等问题进行充分沟通，确保各项制度或行动协调一致。

4）进一步深化海岸带项目审批"放管服"改革

在国家"放管服"改革的大背景下，自然资源部在2019年出台了《自然资源部关于以"多规合一"为基础推进规划用地"多审合一、多证合一"改革的通知》，对规划许可和用地审批进行了改革，大幅度精简了审批事项，审批时间也得到了压缩。同时，地方政府也开展了多种尝试，例如，2017年广东省出台《广东省人民政府办公厅关于推动我省海域和无居民海岛使用"放管服"改革工作的意见》，明确要求各级主管部门要精简审批程序，向申请人一次性告知所需要件，明确要求和时间节点，配合相关部门开展关联审批。不过，目前项目审批的"放管服"改革，基本是针对单一的用地或用海项目，而海岸带地区的用地或用海项目审批往往涉及多个部门，不同部门的管理规定不可避免地存在冲突，在审批过程中极易出现部门意见不统一的情况。在此情况下，《英格兰海岸带协议》中关于强化各机构交流合作、服务申请人的做法值得借鉴。

建议海岸带地区项目审批时充分考虑各管理部门的事权和管理制度的差异，充分发挥海岸带联席会议制度优势，对同时具有陆地和海洋影响的项目进行深入沟通。如果对该项目的意见一致，则各部门间充分配合，按照相关规定进行审批；如果存在不同意见，则各部门应充分讨论，对项目审核结果形成统一意见，避免因意见不一而导致项目审批停滞。此外，建议加强各部门之间的交流和学习，通过学习其他部门的管理规定，掌握其他部门在项目审批中的出发点和审批要点，提高各部门审批意见的一致性。这种交流学习活动尤其适用于既要使用陆地，又要使用海洋的项目审批，如港口建设、临海工业建设、跨海大桥建设、海底电缆铺设及登陆站建设等。

5）强化海岸带核心区域的管控

当前国土空间管理中，一般将海岸带的范围划定为沿海县级行政区域所辖的陆地和海洋区域，但海岸带管理的难题多出现在陆海交错地带，如滨海湿地保护、围填海管控等。因此，建议从海岸带生态系统分布特征、海洋与河流等自然要素及开发利用现状等方面全面考量，并在海岸带专项规划中划定海岸带管控的核心区域。

海岸带核心区域是陆海统筹的关键区域，也是海岸带专项规划的重点区域，同时也是各涉海部门管理权限重叠的复杂区域，因此，建议在划定核心区域的基础上，进一步完善海岸建筑退缩线、陆源污染管控、海洋灾害防御区、海砂开采和地下水开采控制区等制度，加强对该区域开发与保护活动的综合管控。尤其是在项目审批时，海岸带核心区域的项目应通过联席会议进行交流沟通，充分认识项目建设的经济社会效益、对陆地和海洋生态系统的潜在威胁、陆源污染风险、海岸侵蚀风险、项目法律法规的适用性及审批要点等，确保既不损害海洋生态环境，又有益于地方经济社会发展。

第二节　国内陆海统筹研究进展与实践

一、国内陆海统筹研究进展

国内的陆海统筹规划理论研究主要集中在功能分区划定、多要素评价系统和规划管理统筹等方面（熊国平和沈天意，2021）。

在功能分区划定方面，李欣和叶果（2020）基于陆海统筹的规划原则，将海岸带空间规划管控支撑体系分为分区管控和用途分类两个方面。在分区管控层面，将海岸带的保护与修复、开发与利用两大空间管控属性作为基础，根据主体功能区定位及管制制度，明确各分区的核心管控目标、政策导向与管制规则；在用途分类层面，针对不同的分区，遵循全覆盖、不交叉、不重叠的原则，确定用途管制制度准入的国土用途。林小如等（2018）从陆域空间的关键要素、海域空间的利用方式、海洋环境的陆源污染控制及海洋资源的生态岸线保育四个方面，对以陆海统筹为主导的城市海岸带弹性与刚性相结合的空间管制进行了探讨。周鑫等（2020）构建了省级海洋功能区划实施评价的基本框架，明确了评价原则、思路、流程与方法。

在多要素评价系统方面的研究比较丰富。杨凤华（2013）提出从海洋经济角度出发，在陆海统筹背景下将循环经济作为海洋资源开发、利用和保护的指导模式，努力构建由陆地循环经济、海洋循环经济和海陆循环经济组成的海陆循环经济体系，以实现海洋经济的可持续发展。金志丰等（2016）提出了陆海统筹视角下沿海滩涂生态系统健康评价的技术方法，建立了评价指标体系、权重确定方法及综合评价方法，并选择典型地区开展了实证分析，研究结果可为沿海滩涂生态化开发统筹协调、动态管理、综合调控提供借鉴。文超祥等（2020）在识别具有陆海跨系统影响意义的关键资源基础上，提出了生态保护、关键资源开发利用等陆海统筹的关键内容；应用生态风险评价模型、关键资源的空间效益评估模型和情景模拟等方法，建立了基于生态保护和效益评估的海岸带发展情景模拟及空间格局优化的陆海统筹规划方法，满足了海岸带空间规划的底线管控、效益提升、弹性应对等多方面需要。

在规划管理统筹方面，王厚军等（2021）分析了当前海域管理面临的形势与存在的问题，对当前海岸带主要工作提出了构建基于生态系统的海域综合管理机制、开展海域资源本底调查、整合涉海规划、实施市场化配置等管理建议。姚瑞华等（2021）立足我国海洋生态环境管理现状，重点从强化制度约束性、机制协同性和政策指导性等角度分析了存在的主要问题，阐述了陆海统筹的海洋生态环境管理体系框架，并提出了构建海洋生态环境管理分区、建立陆海协同排放管控制度、完善海洋生态监管制度、建立重点区域联防联控机制和完善以海洋生态补偿和赔偿为核心的财政政策等重点任务，可为建立陆海统筹的生态环境治理制度提供参考。

总体而言，国内的规划理论涵盖范围较广并逐渐形成规划体系，对陆海统筹的功能分区划定、指标分析评价及陆海统筹管理理论发展等有一定的推动作用，但是尚未建立统一的规划标准，也未对陆海交互作用进行整体研究。目前已有许多专家学者就中国多个涉海地区进行了陆海统筹的管理探索与研究，包括辽宁省、福建省厦门市、广东省深圳市等地。

1. 辽宁省

辽宁省是东北地区唯一既沿海又沿边的省份。纪学朋等（2019）基于陆海统筹的视角，从自然环境、经济社会、海洋功能三个维度构建了适宜性评价指标体系，综合运用德尔菲法、木桶原理法、线性加权求和法及多要素空间叠置分析法等，对辽宁省的国土空间开发建设适宜性进行了评价与分析。

冯多和赵万里（2020）对辽宁省沿海经济带融入"一带一路"倡议的路径进行了分析，结果表明，辽宁省沿海经济带在地缘区位、海洋产业基础、港口物流设施和对外贸易等方面具有优势条件，但在区域联动发展、海洋产业结构转型和技术创新、海洋开发利用方式及海洋资源配置等方面存在不足，未来应进一步激发海洋资源新动能、推动陆海统筹与区域联动发展、创新跨境海洋合作机制、推动海洋产业开发与合作、推进跨境海洋经济合作区建设。

2. 河北省唐山市

唐山市是一个非典型的沿海城市，海洋开发空间大，在陆海统筹背景下评价资源环境承载力对唐山市陆海统筹发展意义重大。马玉芳等（2020）以陆海统筹为背景，从资源、环境、社会经济三个角度构建了唐山市资源环境承载力指标体系，利用层次分析法确定了指标权重，定性、定量地评价了唐山市及其沿海县（市、区）的资源环境承载力。

3. 天津市

乔延龙等（2018）从海洋生态环境综合修复整治、海洋环境监视监测体系建设和海洋综合管理模式创新三个方面总结了天津市的海洋生态文明建设成果，指出了海洋生态环境问题突出、海洋产业结构不合理、海洋管理协调机制不完善和海洋基础科研力量不足等问题。在此基础上，他们提出了天津市应树立陆海统筹发展理念、严格落实海洋功能区划、强化生态用海功能等海洋生态文明建设的思路和对策。

4. 山东省乳山市

刘刚强（2021）以乳山市为例，分析了目前陆海发展中面临的诸多困境，从生态衔接、分区管控、岸岛分类、产业协调等方面为乳山市陆海统筹发展提出了对策建议，并为乳山市海岸带综合保护与利用规划提供了依据和参考。

5. 山东省烟台市

徐鲁豪（2020）基于十九大提出的"坚持陆海统筹，加快建设海洋强国"，以陆海统筹为战略引领，研究了以海岸带为主线的滨海城市生态修复过程，串联山、水、林、田、湖、草等各类生态要素，通过分析整体陆海统筹的重要意义，以及国内外先进的海岸带管理经验，提出了基于陆海统筹的烟台市海岸带生态修复策略。

6. 山东省青岛市

于连莉等（2020）从"双评价"工作开展的宏观背景入手，总结了青岛市在参与"双评价"试评价工作阶段的工作保障机制、评价技术方法、评价成果应用及陆海评价协调的技术特色和实践经验，并进一步思考了市级"双评价"在结果公平性、传导协同性和陆海统筹评价可操作性方面存在的问题，提出通过注重底线思维、问题导向和地方特色来进一步优化评价的技术逻辑，提高评价结果对国土空间规划编制的支撑作用。

夏晖和郑轲予（2021）尝试以青岛市渔业港口为例，立足陆海统筹指导思想，明确规划发展目标和策略，研究形成了基于陆海统筹的渔业港口发展预测模型、空间布局模型，实现了对规划方法和理论的创新，对涉海基础设施进行了评价并对布局体系进行了有意义的实践探索。

7. 江苏省

成长春（2012）基于江苏省海洋经济的发展现状与特点，分析了江苏省实施陆海统筹的条件及优势，从增强海洋意识、坚持陆海统筹、优化海洋开发空间布局等方面提出了构建江苏省海洋经济优势的举措。

常玉苗和蔡柏良（2012）建立了由较易获取的统计数据构成的海洋产业竞争力评价指标体系，并通过比较江苏省的海洋产业竞争力与其他沿海省（区、市）的差距及优劣势，为科学合理规划、错位发展江苏省海洋产业提供借鉴和参考。

陈君（2018）对江苏省滨海港区陆海统筹发展的实现路径进行了分析，通过对滨海港区的自然环境特征和社会经济发展进行分析，提出了经济落后地区以项目带动港口的陆海统筹发展模式，探讨了动因和制约因素，提出了完善港区基础设施联动建设、构建多式联运集疏运体系、港产互动发展和保护陆海生态环境等发展战略。

张萍和李晓清（2018）提出紧密围绕建设陆海统筹新模式，发挥江苏省连云港市"一带一路"倡议建设交汇点先导区的优势，支撑建设淮河生态经济带等措施，实现区域共同发展。

翟仁祥和石哲羽（2021）从坚持陆海统筹战略、江海联动推进海洋空间布局，坚持科技兴海战略、加快海洋科技创新驱动发展，加快海洋产业结构优化、构建现代海洋产业体系，强化海洋生态环境保护、打造海洋生态文明系统，创新海洋服务管理政策、保障海洋支持政策落地五个方面，提出了"十四五"期间江苏高质量海洋经济强省建设的对策与建议。

江苏省位于我国江海交汇点，同时属于"长江经济带"和"21世纪海上丝绸之路"的范围，具有得天独厚的区位优势和政策契机（周秦，2018）。翟仁祥和石哲羽（2021）对江苏省"陆海统筹"路径提出了思考和建议，主要包括明确陆海统筹目标策略、优化陆海统筹整体格局、实行陆海统筹分区引导、突出陆海统筹建设重点、开展陆海统筹结对帮扶等方面，并提出了具体的行动措施建议。

8. 江苏省南通市

卫云龙（2014）对南通市产业结构现状进行了评价，构建了南通市主导产业选择指标体系和产业发展空间适宜性评价指标体系，对陆域产业发展适宜性进行了综合评价；在对南通市沿海开发的经济发展阶段性、产业结构、资源禀赋、政策需求等影响沿海开发的关键因素进行定性分析的基础上，综合确定南通市沿海应选择综合性开发模式，并提出相应的政策建议。

严卫华（2015）就南通市积极落实国家战略的现行政策体系及实施成效进行了深入分析，重点围绕南通市创新政策体系统筹陆海发展，分别在完善海陆资源配置、产业转型升级、区域协调发展、财政金融扶持、海洋生态保护、政府公共服务等方面提出了若干对策。余燕（2015）就南通市着力构建陆海统筹综合配套改革试验区升级版进行了思考。

9. 浙江省舟山市

毛博华等（2015）以舟山群岛新区为例，在分析舟山群岛新区陆海统筹基础设施建设背景和建设内容的基础上，运用投入产出模型分析了舟山群岛新区陆海统筹基础设施建设对浙江省经济增长、行业部门和三大产业的影响，结果表明，舟山群岛新区陆海统筹基础设施建设对浙江省各部门经济总产出的影响较大，对行业部门的影响较集中，对第二产业的影响最明显，对浙江省经济发展具有促进作用。

虞卓华（2016）基于舟山群岛新区的发展概况和国土资源利用现状，针对新区建设面临的土地问题，从坚持规划先行、建立用地用海规划衔接体系，坚持生态优先、创新耕地占补平衡机制，以及坚持协调联动、建立科学的海陆资源统筹利用管理机制三个方面提出了研究建议，努力构建海陆资源联动开发、综合利用的新格局，积极探索形成陆海统筹、协调发展的管理新模式。

10. 福建省

郑冬梅（2013）基于海洋经济演进规律，提出了海峡蓝色经济试验区建设的目标为蓝色经济区，阐述了陆海统筹的内在机理及发达国家的经验对于海峡蓝色经济试验区建设的启示，并在分析福建省海洋经济发展的历史机遇与现实挑战的基础上提出了实施陆海统筹的战略重点和具体对策。

刘劭春和王颖（2019）提出福建省仍需进一步提升海洋经济水平与优化海洋产业结构，福建省海洋经济对全国、福建省和福建省沿海城市经济的贡献逐步扩大，下一步福建省应把发展海洋经济作为主要抓手，具体包括优化海洋产业结构、促进海洋科技创新、加强海洋生态文明建设及建立健全陆海统筹发展机制。

张杨等（2021）基于陆海统筹的理念，以福建省可门港区现代工业园为例，针对围填海造成的生态环境问题，引入了"生态流"的概念，并且因地制宜，从构建山海通廊和生态海堤、增殖放流、退堤还水、退养还滩、无居民海岛修复和污染防治等方面构建了可门港区现代工业园围填海空间生态修复规划，从而修复该区域的生态功能，形成稳定向好的生态系统，提升生态服务价值，促进围填海存量资源可持续利用，最后通过可门港区现代工业园的经验，对其他的围填海生态修复提出了建议。

11. 福建省厦门市

王泉力和李杨帆（2018）以厦门市为例，总结了新时代生态环境建设中陆海统筹发展的对策建议，包括构建生态环境陆海统筹管理新模式、蓝色经济与生态文明协同发展新模式、基于绿色发展的弹性海岸新模式、"三个一"智慧海岸带大数据信息系统技术新体系等。

林小如等（2020）以厦门市翔安区海岸带土地利用优化的空间格局为例，得出陆海统筹、时空弹性的海岸带土地利用开发模式为海岸带空间开发与海洋生态保护提供了一种兼顾发展与保护的路径，也为海岸带空间研究在规划实践中提供了实际可行的多规统筹思路。

临海渔港作为我国陆海交界和发展海洋经济、国际贸易、海陆生产生活的重要节点，受全球变化影响，其经济、社会与环境问题日益突显，如陆海隔离、产业单一、文脉断裂、空间衰败，对其进行存量复兴成为陆海统筹、可持续发展的关键。常玮等（2020）基于生态化-活力环系统理论，以厦门市闽台中心渔港为实践案例，探究了渔港海陆经济、社会、环境、文化发展脉络，提出渔港"生态化"存量更新方法，构建了渔港"共享活力环"存量复兴路径，以期整体协调城市经济-社会-自然复合生态系统，实现我国海岸带经济高质量发展、生态系统适应性管理，为我国陆海统筹背景下滨海城市转型发展与存量更新提供借鉴方法。

12. 广东省深圳市

秦正茂等（2018）以深圳市为例，对陆海统筹下的城市海洋环境治理机制进行了探索，通过由海向陆追溯海洋环境污染来源，并由陆向海提出海洋环境污染治理对策，探索陆海统筹的海洋环境污染治理路径，从而促进深圳市可持续发展。

李孝娟等（2019）从规划思路、规划内容和实施路径三个方面提出了陆海统筹下深圳市海岸带规划的框架思路，从强化生态底线、植入海洋文化和调整海岸带产业等角度提出了6个创新的主体内容。

单樑（2021）介绍了深圳市海洋新城详细规划，在韧性城市理念下，制定"外海+内河+陆域"整体做功、分区管理的生态与综合防灾韧性体系，建立"陆域形成—规划设计—开发建设"的全过程生态用海指导框架，创新"海陆全域通则+海岸特征区细则+生态造陆过程控制"的全要素、精细化城市设计导控方式，以期为河口三角洲高度城市化地区的规划建设与管理提供经验。

13. 广东省珠海市

满德如（2017，2018）从国家战略、粤港澳合作和城市转型三个方面研判了珠海市陆海统筹发展的战略背景和现实需求，进而分析了珠海市陆海空间协同发展面临的诸多问题，并从打造陆海统筹发展总体结构、构建陆海统筹空间"一张图"、加快滨海地区功能转型和加强陆岛联动体系构建四个方面提出了珠海市实现陆海统筹"一张图"发展的策略与路径。研究认为，珠海市下一步应统筹谋划陆海空间布局，构建陆海统筹发展的总体格局，充分对接珠海市海洋功能区划，统筹确定滨海地区的用地功能布局、岸线利用区与填海区分布，并加强陆域与海岛在各领域的对接，实现陆岛联动发展。

14. 广东省湛江市

张亚文（2020）以湛江市的陆海统筹为研究对象，围绕其管理体制的创新展开了深入研究，以系统论理论、可持续发展理论、新公共管理理论为基础，详细阐述了湛江市陆海统筹的战略部署及管理体制现状，并且对管理体制中存在的问题及原因进行了深刻分析，在借鉴国内外陆海统筹管理体制经验的基础上，提出了湛江市陆海统筹管理体制的创新对策。

15. 海南省

周伟（2017）提出海南省应充分发挥自身的海洋优势和区位优势，在"陆海统筹"与"蓝绿互动"发展思路的引领下，不断推动陆域经济与海洋经济的协同发展，通过构建均衡的结构支撑和持久的动力源泉，为海南省国际旅游岛建设及其升级版打造增添新活力和新动能。

16. 广西壮族自治区

曹忠祥等（2015）针对广西壮族自治区陆海统筹发展中面临的临海港口建设超前于内陆腹地拓展、临港产业发展游离于本地生产网络、陆源污染压力逼近海洋环境容量、项目围填海造地与陆域土地规划管理脱节等矛盾，提出广西壮族自治区未来陆海统筹发展必须重点在改进围填海管理、增强港口带动力、规范临港产业发展、衔接陆海管理体系和强化海洋开发国际合作五个方面有所作为。

周伟等（2015）选择土地、海洋、水、地质环境为主要要素，构建了预警指标体系，分析了阈值确定的方法并提出了五级预警的思路，针对广西壮族自治区在陆海统筹背景下开展资源环境承载力监测预警工作提出了建议：①国土资源主管部门牵头负责，相关行业部门和综合部门参与协助；②以县级行政单元为重点，做好与中央资源环境承载力监测预警机制顶层设计对接；③建立专业与综合监测相结合的自然资源调查评价及监测预警系统；④规范技术标准，加快不同门类自然资源的调查评价和监测标准的融合衔接；⑤强化制度，完善考核。

张玉洁等（2016）结合广西壮族自治区北海市经济发展概况和总体布局，提出了北海市海洋经济发展优化布局方案。

李梦等（2017）以广西壮族自治区沿海地区为例，从资源利用、经济效益、科技支持、生态环境四个角度，通过构建陆海统筹度评价指标体系，利用层次分析法确定权重，并用耦合协调度模型计算陆海统筹度进行陆海统筹度定量评价。

谢婵媛和曹庆先（2021）基于广西壮族自治区近岸海洋生态环境现状，分析了存在的海洋环境问题，提出要加强广西壮族自治区陆海环境统筹对策研究。

刘江宜等（2021）以广西壮族自治区涠洲岛为例，综合考虑生态资产的流量和存量，建立了陆海统筹的生态资产价值评估指标体系，并形成生态保护重要性分布格局，下一步建议加强保护高价值生态资产，科学规划陆海统筹的高质量空间，绿色发展和向海发展并重，促进乡村振兴，建设美丽海岛。

总体而言，我国陆海统筹的空间规划尚处于起步阶段，陆海统筹的条件有限，支撑要素不充分，需要把过去与海洋空间规划相关的不同专业的优点和经验挖掘出来进行承接，积极应对改革带来的市场、时间、人才和技术等方面的偏差，把各专业对空间开发利用的思考（管控要求）反馈到空间规划中，以满足新时代国土空间规划的高要求。

二、我国海岸带管理概况

（一）我国海岸带规划历程

20世纪80年代，我国完成了"全国海岸带和海涂资源综合调查"，为海岸带管理和研究积累了丰富的资料。国外的研究学者把1985年《江苏省海岸带管理暂行规定》的颁布，作为我国海岸带综合管理的开端。

我国真正意义上的海岸带综合管理实践始于1994年，中国政府与联合国开发计划署（UNDP）等合作，在厦门市建立了海岸带综合管理实验区。1994～1998年厦门市开展了第一轮海岸带综合管理的实践和探索，2001年7月开展了第二轮海岸带综合管理的实践和探索。1997～2000年，我国在广西壮族自治区防城港市、广东省阳江市（海陵湾）和海南省文昌市（清澜湾）进行了海岸带综合管理试验，探索了海岸带综合管理能力建设模式。2000年7月，我国在渤海湾推广海岸带综合管理经验，开展了基于生态系统的海洋环境管理工作。2005年以来，由联合国开发计划署/全球环境基金（UNDP/GEF）资助，国家海洋局组织实施了"中国南部沿海生物多样性管理项目"（SCCBD），推进了海岸带综合管理和生态保护，初步形成了我国南部沿海生物多样性管理模式。

2004年初，山东省率先提出开展《山东省海岸带规划》的编制工作，对海岸带的资源配置、土地利用、生态保护、开发方向进行了科学、系统的规划，其编制对于充分认知和正视各种需求、合理控制和使用海岸带资源、保护和改善海岸带环境、促进海岸带地区经济和社会近期与长远期的发展意义重大。

此后，全国各沿海地区的海岸带相关规划工作广泛展开，包括省级层面的《江苏沿海地区发展规划》（2009年6月）、《山东半岛蓝色经济区发展规划》（2011年1月）和《河北沿海地区发展规划》（2011年11月），以及地方层面的《黄河三角洲高效生态经济区发展规划》（2009年12月）等（范学忠等，2010）。

2018年，自然资源部的组建为国土空间规划中陆海统筹的深化落实和海岸带规划编制奠定了组织基础，规划顶层设计和规划实践的步伐进一步加快。自然资源部2019年3月14日的部长专题会议明确海岸带专项规划编制要在省、市开展试点，重点考虑陆海统筹视角下的资源节约集约利用和生态保护，以及空间合理性的相对关系，并于4月中旬确定在山东省和青岛市开展海岸带保护与利用规划编制工作试点。

2021年，为贯彻落实《中共中央 国务院关于建立国土空间规划体系并监督实施的若干意见》，有序推进与规范省级海岸带综合保护与利用规划编制，自然资源部印发《省级海岸带综合保护与利用规划编制指南（试行）》，主要包括总体要求、基础分析、战略和目标、规划分区、资源分类管控、生态环境保护修复、高质量发展引导和规划实施保障等内容。目前，全国省市级海岸带规划编制已全面开展，海岸带规划将成为沿海地区统筹陆海空间治理的重要抓手。

（二）我国海岸带管理现状及问题

1. 管理体制方面的现状及问题

现阶段，我国海岸带地区的管理体制属于半集中式的行业部门分散管理模式，相关的管理部门之间缺乏有效的协调机制。半集中管理指的是，政府有一个专门的海岸带管理机构，但是这一机构并不包揽所有的海岸带事务，管理以协调和咨询为主，权威性不大。在我国，自然资源部代表政府行使管理海洋事务的职能，但实际有效管理的内容有限，对海洋的管理仍以部门管理为主。随着海岸带开发利用的不断深入，参与海岸带开发管理的部门日渐增多，仅在海岸带地区范围内，我国涉海部门就有 20 个左右，各部门因职责和分工不同，对海岸带地区进行不同目标或对象的管理。例如，农业农村部渔业渔政管理局具有管理海洋渔业生产的职能；交通运输部具有管理港口作业和海上航运的职能；文化和旅游部具有管理海洋旅游活动的职能等。不同的部门根据自身的职能，对同一地区往往根据不同的目标进行管理，或对同一对象从不同的角度或采取不同的方法进行控制等，再加上有些地区管理分工不明，因此容易造成部门间的不协调。

2. 立法方面的现状及问题

国外的海岸带管理法大致可以分为三种类型：第一，综合性的海岸带管理法，如美国的《海岸带管理法》、韩国的《海岸带管理法》；第二，专项性的海岸带管理法，如日本的《海岸带法》、英国的《海岸保护法》；第三，与海岸带管理有关的部门法规，这种法规较多，美国、英国、日本、法国、澳大利亚、韩国等都具备诸多这样的法规。

从我国海岸带管理法的历史沿革来看，新中国成立初期，我国就非常重视海岸带的管理工作，颁布了一些单项的部门法律规章并在 1986 年提出了《海岸带管理条例（送审稿）》，但由于种种原因而搁置了。2020 年，山东省十三届人大常委会第十五次会议批准通过青岛等五市的海岸带保护条例，山东省沿海七市均已制定海岸带保护法规，因此山东成为全国第一个实现沿海城市全部制定海岸带保护法规的省份。但从全国角度来看，我国的海岸带管理以部门管理的行业性法律法规为主，关于海岸带管理的法律法规散见于广泛的相关法律法规中，既有如《中华人民共和国宪法》《中华人民共和国海洋环境保护法》等的全国范围内使用的法律，又有如《江苏省海岸带管理条例》《青岛市海岸带规划管理规定》等的地方性法规和政府规章，既有如《中华人民共和国海域使用管理法》的涉海性法律法规，又有如《中华人民共和国矿产资源法》《中华人民共和国土地管理法》等的非涉海性法律法规。总的来看，我国的海岸带管理法律体系不健全，缺乏一部综合性的法律法规；各部门冲突非常严重，出现了"多龙闹海"的情况；地方执法主体间矛盾严重，导致执法不严或无序的情况，而开发规划出现滞后状态，已不能满足和适应发展的需要（段君伟，2008；贺蓉，2008；姜玉环和方珑杰，2009）。我国海岸带管理相关法律法规如表 2-2 所示。

表 2-2 我国海岸带管理相关法律法规

分类	法律法规
海洋环境管理	《中华人民共和国海洋环境保护法》《防治船舶污染海洋环境管理条例》《中华人民共和国海洋倾废管理条例》《中华人民共和国防治陆源污染物污染损害海洋环境管理条例》
海上交通运输安全管理	《中华人民共和国海上交通安全法》《中华人民共和国航道管理条例》
海洋资源管理	《中华人民共和国渔业法》《中华人民共和国渔业法实施细则》《中华人民共和国对外合作开采海洋石油资源条例》
海洋科研管理	《中华人民共和国涉外海洋科学研究管理规定》
海域使用管理	《中华人民共和国海域使用管理法》
其他	《中华人民共和国土地管理法》《中华人民共和国港口法》《中华人民共和国城市规划法》《中华人民共和国矿产资源法》《食盐专营办法》

三、国内海岸带综合管理与海岸带规划实践

在我国,陆海统筹最早于 2004 年被提出,并得到了广泛认同(李彦平等,2021)。近年来,沿海省市海洋功能区划将陆海统筹作为规划编制的基本原则。不过,总体来讲,由于陆地和海洋国土空间规划尚未统一,陆海统筹基本只停留在规划理念层面,难以深化落实,陆海国土空间规划的边界重叠、陆海生态红线和规划分区不协调、主体功能定位矛盾、陆海产业布局不合理等问题长期存在。在非法定规划方面,沿海地区基于管理中的现实问题,开展了大量有益的探索,并以海岸带规划为工具落实陆海统筹。在 2018 年之前,广东省、山东省、辽宁省等多个省份,以及青岛市、惠州市等多个市开展了海岸带规划编制的探索,其经验主要体现在以下四个方面。

一是以一体化规划分区促进陆海空间功能协调。规划分区是空间规划的关键环节,也是实施用途管制的基本依据。对于海岸带地区,岸线毗邻的陆海空间功能协调是陆海统筹的基本要求。

二是"以海定陆"控制海岸带陆域空间开发利用。长期以来,陆海统筹的难点在于无法管控陆上开发建设行为对海洋生态环境的负面影响。因此,"以海定陆"的理念得到广泛认同。为了应对滨海土地和岸线无序开发、局部海域污染、城市建设不断向海推进、滨海景观损害等问题,2007 年 9 月 25 日公布的《山东省海岸带规划》是国内首个以城乡建设空间管制为核心任务的海岸带规划,其规划范围为以山脊线、滨海道路、河口、湿地和潟湖等为界的海岸带陆域部分。该规划通过构建"一个总体、四个层面"的海岸带陆域空间管制体系(王东宇,2014),实现海岸带资源合理利用和有效控制(图 2-6)。

三是加强不同岸段空间功能指引与用途管制。海岸线及其毗邻区域是陆海空间开发活动最密集、矛盾最尖锐、保护难度最大的区域,各地普遍通过海岸带立法或海岸带规划对海岸线实行分类分段管控。实践中,一般基于海岸线的自然属性,结合开发利用现状与需求,将海岸线划分为严格保护岸线、限制开发岸线和优化利用岸线三种类型,并制定差异化的管控规则,从而严格保护自然岸线、控制岸线开发利用强度。此外,也可以按照功能将海岸线划分为渔业岸线、港口岸线、工业岸线、旅游娱乐岸线等类型,并分类制定管控要求和产业准入要求,以加强海岸线的优化配置,协调岸线利用矛盾,统

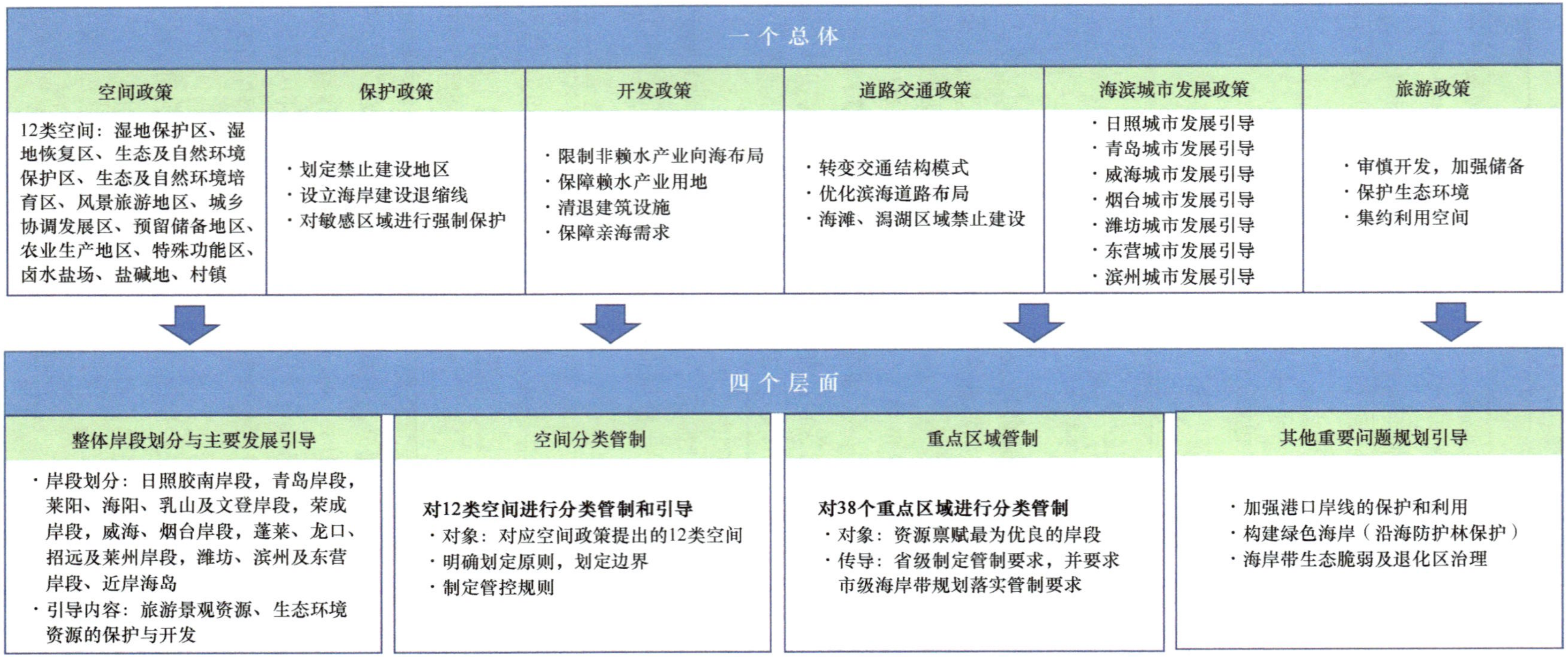

	空间政策	保护政策	开发政策	道路交通政策	海滨城市发展政策	旅游政策
一个总体	12类空间：湿地保护区、湿地恢复区、生态及自然环境培育区、风景旅游地区、城乡协调发展地区、预留储备地区、农业生产地区、特殊功能区、卤水盐场、盐碱地、村镇	· 划定禁止建设地区 · 设立海岸建设退缩线 · 对敏感区域进行强制保护	· 限制非赖水产业向海布局 · 保障赖水产业用地 · 清退建筑设施 · 保障亲海需求	· 转变交通结构模式 · 优化滨海道路布局 · 海滩、潟湖区域禁止建设	· 日照城市发展引导 · 青岛城市发展引导 · 威海城市发展引导 · 烟台城市发展引导 · 潍坊城市发展引导 · 东营城市发展引导 · 滨州城市发展引导	· 审慎开发，加强储备 · 保护生态环境 · 集约利用空间

	整体岸段划分与主要发展引导	空间分类管制	重点区域管制	其他重要问题规划引导
四个层面	· 岸段划分：日照胶南岸段、青岛岸段、荣成莱阳、海阳、威海、乳山及文登岸段、蓬莱、龙口、烟台岸段、招远及莱州岸段、潍坊、滨州及东营岸段、近岸海岛 · 引导内容：旅游景观资源、生态环境资源的保护与开发	**对12类空间进行分类管制和引导** · 对象：对应空间政策提出的12类空间 · 明确划定原则，划定边界 · 制定管控规则	**对38个重点区域进行分类管制** · 对象：资源禀赋最为优良的岸段 · 传导：省级制定管制要求，并要求市级海岸带规划落实管制要求	· 加强港口岸线的保护和利用 · 构建绿色海岸（沿海防护林保护） · 海岸带生态脆弱及退化区治理

图 2-6 《山东省海岸带规划》的海岸带陆域空间管制思路

筹陆域与海域功能，提高利用效率（林静柔和高杨，2020）。

四是划定特殊管控区和管控线以加强海岸带空间利用活动管控。海岸带陆海相互作用最强烈，开发利用活动的生态环境影响很容易跨越海岸线。例如，近岸海砂开采引起海岸侵蚀，临岸陆域地下水超采引起海水倒灌，陆源污染物入海引起近岸海洋环境质量下降等。在多年的管理实践中，我国逐渐形成了海砂管控区、地下水管控区和海岸建筑退缩线等管控制度，并不断加强陆源污染管控，以保护特定的生态、环境、资源，实现开发与保护的协调（李彦平和刘大海，2020b）。

1. 广东省经验

2017 年 10 月，《广东省海岸带综合保护与利用总体规划》由广东省人民政府和国家海洋局联合印发，作为针对海岸带空间保护与利用布局的控制性和引导性规划，重点解决陆海交错地带保护与利用、陆海统筹等问题。

一是以陆海统筹为目标，构建"一线管控、两域对接，三生协调、生态优先，多规融合、湾区发展"的海岸带保护与利用总体格局。其中，"一线管控"是指以岸线功能为基础，将广东省大陆岸线划分为优化利用、限制开发、严格保护三种类型，实施分类分段精细化管控；"两域对接"是指以海岸线为轴，统筹规划岸线两侧功能和需求，把陆地主体功能区规划与海洋主体功能区规划有效衔接，整体推进海陆经济产业发展和示范，实现陆域、海域对接；"三生协调"是指确定海岸带"三区三线"基础空间格局，推动形成海陆协调的生态、生活、生产空间总体架构；"生态优先"是指实施以生态系统为基础的海岸带综合管理，严格落实生态保护红线制度，推进环境治理、生态修复、美丽海湾和生态岛礁建设，加强海陆保护区建设，构建海岸带蓝色生态屏障，保障区域生态安全；"多规融合"是指充分发挥该规划的总体性、基础性、约束性作用，做到"一张图"管控海岸带；"湾区发展"是指以湾区为单元，按照区位及资源环境承载力和经济社会发展的需求，统筹珠江三角洲和粤东、粤西两翼的协调发展，提升湾区发展水平，明确产业发展、城市建设和生态保障要求，构建各具特色、功能互补的海岸带综合保护与利用新格局。

二是构建了陆海统筹的国土空间分区体系。该规划以《广东省主体功能区规划》和《广东省海洋主体功能区规划》为基础，依据海岸带区域资源环境承载力和空间适宜性分析研究成果，划定"三区"（海域三区为海洋生态空间、海洋生物资源利用空间和建设用海空间，陆域三区为生态空间、农业空间和城镇空间）和"三线"（海域三线为海洋生态保护红线、海洋生物资源保护线和围填海控制线，陆域三线为陆域生态保护红线、永久基本农田和城镇开发边界）；以陆海统筹为核心，将海岸带空间进一步划分为一定条件下可兼容的生态、生活及生产三类空间。

三是以海岸线管控为抓手推动规划实施。该规划将海岸线作为一个生态系统相对独立完整的区域进行综合管理，以实现对海岸线及其两侧陆域、海域自然环境资源的有效保护和合理利用。结合广东省海岸线自然资源条件、生态功能、景观价值、开发利用程度、保护现状和发展要求等，将广东全省岸线划分为优化利用岸线、限制开发岸线和严格保护岸线三种类型，共 484 段，实施分类分段精细化管控，构建科学合理的岸线功能格局。

四是坚持以海定陆，优化海岸带空间布局。对海洋优化开发区域，调整相邻陆域的产业和人口布局；对海洋重点开发区域，合理安排相接陆域的临港工业、物流和城镇等开发空间，带动陆域产业发展；对海洋限制开发区域，相应陆域禁止开展对海洋生态有较大影响的开发活动；对海洋禁止开发区域，协同建立陆海自然保护区，禁止相近陆域发展工业。

五是坚持生态优先。该规划通过构建"两屏一带、一横五纵、多点"的生态网络和"陆-海-空"三位一体的海洋生态环境观测网体系，构建海岸带生态保护多维屏障；通过合理建设保护区，积极开展山地、防护林、海湾及海岛等生态系统保护与建设，提升海岸带生态服务功能；通过规范入海排污口设置、加快海岸带地区城镇污水处理设施建设与改造、推进海岸带农村环境连片综合整治等措施，切实严格控制陆源污染物排海；该规划明确提出要持续开展海漂垃圾源头治理，完善海漂垃圾的清理防治协调机制，开展海漂垃圾和海洋微塑料监测技术研究，以及海漂垃圾防治技术示范等，切实加强陆地海洋污染防治。

六是推动多规融合。该规划在加强与海洋相关规划衔接的基础上，注重与陆域相关规划充分衔接，如主体功能区规划、沿海经济带发展规划、土地利用总体规划、城市总体规划等，为实现"多规合一"进行了有效的探索。该规划中第三章"协调海域与陆域功能对接"、第四章"优化海岸带空间格局"、第七章"推动湾区发展"都集中体现了"多规融合"的理念。

七是融入湾区发展理念。该规划以湾区为单元，基于经济社会发展的需求、区位及资源环境承载力，以统筹珠江三角洲和粤东、粤西两翼的协调发展为准则，将广东省沿海划分为柘林湾区、汕头湾区、神泉湾区、红海湾区、粤港澳大湾区、海陵湾区、水东湾区和湛江湾区，构建海岸带湾区发展新格局。该规划明确了八大湾区港口、产业、城市、生态保障，规划了保障各要素发展所需的岸线、空间等，以充分发挥广东省海岸带引领创新、聚集辐射的核心功能，推动各湾区成为"一带一路"倡议和"海上丝绸之路"的重要门户和节点，进一步加快广东省开放型海洋经济发展。

八是实行"一张图"管控。该规划制作了"广东省海岸带综合保护与利用规划管理系统"电子地图。该地图以海岸线为索引，不仅可由图形查看文字信息，还可由岸段号搜索相应的岸段位置以查询海岸带概况、海岸带利用现状及规划成果三大类信息，并可按照行政单位进行利用现状、规划成果方面的面积、长度、数量及比例等的统计分析。

2. 深圳市经验

2012 年，深圳市在全国率先实现规划、国土、海洋管理三合一，建立了陆海统筹的体制机制平台。2018 年，深圳市规划和国土资源委员会发布《深圳市海岸带综合保护与利用规划（2018—2035）》，该规划提出深圳市将对标全球海洋中心城市，推进创建"世界级绿色活力海岸带"，其亮点与特色体现在以下几方面。

一是将生态文明摆在更加突出的位置。该规划立足陆海生态安全格局，提出综合整治河流湿地、修复提升自然岸线比例、保育海域自然生境和探索河湾联治工程的措施，提高生态服务功能；将陆域基本生态控制线与海洋生态红线进行无缝对接，突出陆海生态空间的融合共生，构建全域生态系统；开展海洋灾害风险评估与区划工作，划定重点防御区，各个区域实施差异化的防护措施；同时，要求海堤工程设计与陆海详细规划进行充分衔接，一体化设计，并推荐采用生态湿地及多层自然护堤方式的海堤工程，实现防潮与亲水的共赢，构建韧性减灾体系。

二是强化民生共享，全线贯通环海绿道。该规划提出打造贯通深圳市东西两岸的全线环海绿道系统，要求环海绿道设计尽量在不破坏现有海岸线自然景观的基础上，通过湿地小径、海滨广场、滨水绿道、港口后方公共小径、沙滩漫步、登山眺望、丛林穿越等多种方式串联，形成市民亲海的公共空间。

三是凸显多元活力，呈现多彩滨海文化生活体验。该规划通过建设三类文化休闲娱乐设施，打造多彩滨海生活，包括对历史文化遗迹进行修复，新增滨海公共文化设施，建设海洋大学、科研和科普教育基地。同时，通过设置海上航线及海上运动设施，让市民通过海上的视角来体验深圳。

四是提升功能，优化海岸带产业布局。该规划以推动陆海产业功能衔接为目标，以统筹陆海经济发展为原则，进行海岸带的产业布局分工，以创新导向重塑城市空间，推动区域创新要素合理配置，优化用地用海，协调海岸带功能冲突，提升陆海利用效益。

五是划定海岸带陆域建设管控区，强化精细管控。该规划以海岸线为界，向陆一侧划定一定范围的管控距离，形成海岸建设管控区。其中，核心管理区向陆一侧划定35～50m 的管控距离，协调区划定 100m 的管控距离，鼓励有条件的区域扩大管控距离。该规划要求海岸带地区新建及更新项目应严格落实管控退线要求，提高滨海空间品质。

六是推进近期建设计划，保障项目实施。该规划结合湾区单元分区指引及海岸建设管控指引对海岸带区域进行具体管控及推进实施，从生态改善、活力共享、功能提升等角度对各个岸带进行修复和改善，重点推进修复整治湿地公园、河道，生态整治深圳湾，贯通环海绿道，新增海洋公共文化设施，打造海洋新城、前海城市新中心重点区域等项目。

3. 惠州市经验

2017 年 4 月，《惠州市海岸带保护与利用规划》印发实施。该规划提出惠州"蓝色引擎"环大亚湾新区将形成"一轴""一带""四湾""多岛"的海岸带空间结构，建设绿色海岸、现代海岸、活力海岸，打造广东省现代化海洋产业基地、珠三角生态型滨海旅游度假区、惠州市绿色化现代山水城市示范区，在海岸带生态保护、空间资源管制、景观系统管制、公共空间管制等方面作出了详细规定和指引。

在海岸线资源管控上，该规划明确了禁止填海岸线和限制填海岸线，把自然岸线保有率≥43% 作为海岸带生态环境建设的重要控制目标。该规划还划定了农渔业区、港口航运区、工业与城镇用海区、旅游休闲娱乐区、海洋保护区、特殊利用区、保留区 7 类海域基本功能区，并注重产业发展、城市建设、环境保护等与海岸线功能有机衔接。

在海岸带景观资源管控上，该规划提出保护的重点集中在区域独特的沙滩、礁岩、岛屿、海湾、海岸生物生境和滨海名胜古迹，要求区域内的主要景源景点设立保护标志，且二级以上的景源景点宜划定保护范围，在保护范围内不得修建旅馆、饭店等设施，区域内的建设项目应当符合风景名胜区规划，不得破坏景观、污染环境、妨碍游览，建设项目的布局、高度、体量、造型、风格和色调应当与周围景观和环境相协调。

4. 山东省经验

2007 年 9 月 25 日，山东省建设厅对外公布了《山东省海岸带规划》。该规划以管制需求为导向，将海岸带规划的控制目标及政策与海岸带空间管制相结合，构建了"一个总体、四个层面"的海岸带陆域空间管制体系，力求做到对海岸带资源的合理利用和有效控制，保障规划的可实施性。山东省海岸带的定位为"以青岛、烟台、威海、日照四个山东半岛沿海城市为重点，面向全国和东北亚地区的阳光海岸特色黄金旅游带"，并把促进其旅游及景观资源、生态及环境资源的可持续利用，作为规划管制的重点和技术底线。另外，山东省及沿海市的海洋功能区划（以控制近岸海域使用为主）已经编制完成，一系列海岸带规划实践均以海岸带陆域管制为主。

一是政策管制规划。政策管制规划是对山东省海岸带重要问题的分类管制。在《山东省海岸带规划》中，主要包括海岸带空间政策、保护政策、开发政策、交通政策、协调政策、海滨城市发展（引导）政策和旅游政策等；在威海、日照等市级的海岸带分区管制规划中，主要包括海岸带保护政策、海岸带产业布局政策、海岸带主要产业管制政策、景观岸段分级管制政策、海岸带环境污染控制政策、海岸带交通政策、海岸带公众接近政策等。

二是分岸段管制规划。分岸段管制规划是依据行政区划对海岸带进行岸段划分，并针对相应岸段的旅游及景观资源、生态及环境资源的可持续利用等重点问题进行规划管制，它有利于海岸带各行政单元明确管制的政策要求，便于规划的实施。

三是空间或用地管制规划。空间或用地管制规划是在海岸带空间或用地上体现海岸带管制理念与政策。《山东省海岸带规划》将山东省海岸带分为 12 类区域进行管制和引导，分别是：湿地保护区、湿地恢复区、生态及自然环境保护区、生态及自然环境培育区、风景旅游地区、城乡协调发展区、预留储备地区、农业生产地区、特殊功能区、卤水盐场、盐碱地、村镇。

四是重点管制区强制性管制规划。重点管制区强制性管制规划的目的一是在高速城市化、工业化发展背景下，保住山东省海岸带的"家底"；二是降低由海岸蚀退等灾害造成的损失。重点管制区的选择涵盖了山东省海岸带资源禀赋最为优良的岸段、生态环境最为脆弱和敏感的岸段及海岸蚀退灾害严重的岸段。每个重点管制区均有明确的空间范围和强制性空间管制导则。

五是海岸建设退缩线及禁止开发地区的确定。在《威海市海岸带分区管制规划》中，划分蚀退速率不同的砂质海岸和基岩海岸，并综合考虑对海岸蚀退灾害的预防，划定了海岸建设退缩线。

四、国内海洋空间规划实践

（一）海洋主体功能区规划

海洋主体功能区规划是海洋空间开发的基础性和约束性规划，是推进形成海洋主体功能区布局的基本依据。海洋主体功能区的理论基础研究影响着科学划定海洋功能分区、优化海洋空间开发格局、统筹海洋空间格局与陆域发展布局等具体工作的开展与落实。

薛志华（2020）以海洋主体功能区为研究中心，分析了海洋主体功能区理论基础的现实价值，考查了海洋主体功能区理论发展的思想源流，总结了海洋主体功能区的理论内容及其管控方略。海洋主体功能区理论基础的现实价值主要有四个方面：实现海洋空间可持续发展、推动海洋综合管理理论体系的完备和深化、规范海洋开发秩序、贡献海洋治理的中国智慧和中国方案。海洋主体功能区理论主要包括人地关系地域系统理论、区域发展理论、生态系统理论和福祉地理学理论。海洋主体功能区的理论基础植根于中国的政治实践，充分考虑与国土空间规划理念的协调衔接，注重对海洋空间不同功能区域的综合保护与开发利用，以形成基于中国国情且与各国实践借鉴融合的海洋综合管理理论："五位一体"海洋主体功能区理论、海洋主体功能区理论的基本目标、海洋主体功能区理论的内在机理。海洋主体功能区管控应注意实现海洋主体功能区与国土空间规划体系的协调融合、注重"层级""区域""要素"三者的统筹结合、完善海洋主体功能区的配套法规政策。

1.《全国海洋主体功能区规划》的基本内容

2010 年国务院印发《全国主体功能区规划》，明确提出"海洋既是目前我国资源开发、经济发展的重要载体，也是未来我国实现可持续发展的重要战略空间。鉴于海洋国土空间在全国主体功能区中的特殊性，国家有关部门将根据本规划编制全国海洋主体功能区规划，作为本规划的重要组成部分，另行发布实施"。为此，发展改革委和国家海洋局组织联合编制《全国海洋主体功能区规划》，2015 年 8 月经国务院批准实施。

《全国海洋主体功能区规划》是《全国主体功能区规划》的重要组成部分，是科学开发和调整优化海洋国土空间的行动纲领，是深入实施主体功能区战略、坚定不移地实施主体功能区制度的重要举措。

1）规划目标

根据到 2020 年主体功能区布局基本形成的总体要求，规划的主要目标是：海洋空间利用格局清晰合理、海洋空间利用效率提高、海洋可持续发展能力提升。

2）功能分区

海洋主体功能区按开发内容可分为产业与城镇建设、农渔业生产、生态环境服务三种功能。依据主体功能，将海洋空间划分为优化开发区域、重点开发区域、限制开发区域和禁止开发区域。这四类区域是基于不同海域的资源环境承载力、现有开发强度和未来发展潜力，以是否适宜或如何进行高强度集中开发为基准划分的。

优化开发区域是指现有开发利用强度较高，资源环境约束较强，产业结构亟须调整和优化的海域。该区域主要集中在海岸带地区，承载了绝大部分海洋开发活动，海洋生态环境问题日益突出，海洋资源供给压力较大，必须要优化海洋开发活动，加快海洋经济发展方式的转变。

重点开发区域是指在沿海经济社会发展中具有重要地位，发展潜力较大，资源环境承载力较强，可以进行高强度集中开发的海域。该区域包括国家批准的沿海区域规划所确定的用于城镇建设、港口和临港产业发展、海洋资源勘探开发、海洋重大基础设施建设的海域。高强度集中开发活动大都会改变海域的自然属性，或给海洋自然环境带来难以恢复的影响，因此应严格控制其规模和面积。

限制开发区域是指以提供海洋水产品为主要功能的海域，包括用于保护海洋渔业资源和海洋生态功能的海域。该区域必须限制高强度的集中开发活动，但允许开展有利于提高海洋渔业生产能力和生态服务功能的开发活动。

禁止开发区域是指对维护海洋生物多样性，保护典型海洋生态系统具有重要作用的海域，包括海洋自然保护区、领海基点所在岛屿等。该区域除法律法规允许的活动外，禁止其他开发活动。

内水和领海主体功能区如下：优化开发区域包括渤海湾、长江口及其两翼、珠江口及其两翼、北部湾、海峡西部以及辽东半岛、山东半岛、苏北、海南岛附近海域；重点开发区域包括城镇建设用海区、港口和临港产业用海区、海洋工程和资源开发区；限制开发区域包括海洋渔业保障、海洋特别保护区和海岛及其周边海域；禁止开发区域包括各级各类海洋自然保护区、领海基点所在岛礁等。

专属经济区和大陆架及其他管辖海域主体功能区如下：重点开发区域包括资源勘探开发区、重点边远岛礁及其周边海域；限制开发区域包括除重点开发区域以外的其他海域。

3）空间格局

《全国海洋主体功能区规划》提出，到 2020 年主体功能区布局基本形成时，要形成"一带九区多点"海洋开发格局、"一带一链多点"海洋生态安全格局、以传统渔场和海水养殖区等为主体的海洋水产品保障格局、储近用远的海洋油气资源开发格局。

构建"一带九区多点"海洋开发格局。以海岸带为主要载体，调整优化以辽东半岛海域、渤海湾海域、山东半岛海域、苏北海域、长江口及其两翼海域、海峡西部海域、珠江口及其两翼海域、北部湾海域、海南岛海域九区组成的近岸海域空间布局，保障国家沿海发展战略所确定的重点城市、重点产业和重大基础设施建设的有效实施，形成我国海洋开发战略格局。

构建"一带一链多点"海洋生态安全格局。努力保护北起鸭绿江口，南到北仑河口，纵贯我国内水和领海、专属经济区及大陆架全部海域的生态环境，形成蓝色生态屏障；以遍布全海域的海岛链和各类保护区为支撑，加强沿海防护林体系建设，以保护和修复滨海湿地、红树林、珊瑚礁、海草床、潟湖、入海河口、海湾、海岛等典型海洋生态系统为主要内容，构建海洋生态安全格局。

构建以传统渔场和海水养殖区等为主体的海洋水产品保障格局。以我国传统渔场、近岸养殖区和水产种质资源保护区为基础，控制近海捕捞强度，规范发展海水养殖，构建覆盖我国管辖海域、与生物多样性保护紧密结合的海洋水产品生产和供应保障格局。

构建储近用远的海洋油气资源开发格局。确保海洋生态环境安全和战略资源储备，合理控制近海油气资源开发规模，支持专属经济区和大陆架油气资源的勘探与开发，建设深远海海洋战略资源接续区，推进形成储近用远的海洋油气资源开发格局。

2. 省级海洋主体功能区规划的基本情况

2017 年，国务院批复了广东省、山东省、辽宁省、江苏省、浙江省的海洋主体功能区规划，2018 年批复了广西壮族自治区、河北省的海洋主体功能区规划。以山东省为例，2017 年 8 月，山东省人民政府印发《山东省海洋主体功能区规划》。该规划按照《全国海洋主体功能区规划》布局，在衔接《山东省主体功能区规划》的基础上，将全省海洋国土空间划分为 29 个功能区，包括 8 个优化开发区域、3 个重点开发区域、18 个限制开发区域，以及呈点状分布的禁止开发区域。该规划提出，到 2020 年基本形成海洋主体功能清晰，沿海人口、经济和资源环境和谐均衡，海洋与陆地协调一致，可持续发展的海洋国土空间格局。

（二）海洋功能区划

海洋功能区划是《中华人民共和国海域使用管理法》《中华人民共和国海洋环境保护法》共同确定的我国海洋管理的一项基本制度，是海洋国土空间规划体系的重要组成部分，其目的是规范海域使用和海域使用审批，引导、约束海洋开发活动，科学合理地开发和保护海洋资源，是海域管理的具体依据。

我国的海洋功能区划是世界上最早的海洋空间规划实践之一，且具有较高的法律地位。我国于 20 世纪 80 年代末组织开展了小比例尺海洋功能区划工作，1998 年开始，国家海洋局组织开展了大比例尺海洋功能区划工作。2002 年国务院批复《全国海洋功能区划》，2012 年国务院批复《全国海洋功能区划（2011—2020 年）》和 11 个省级海洋功能区划。经过两轮经验积累，基本形成了以维护海洋基本功能为核心思想、以海域用途管制为表现形式、以功能区管理要求为执行依据的海洋功能区划体系。

1.《全国海洋功能区划（2011—2020 年）》的主要内容

2012 年 3 月 3 日，国务院批准了《全国海洋功能区划（2011—2020 年）》，这是对我国管辖海域未来 10 年的开发利用和环境保护作出的全面部署与具体安排。该区划的范围为我国的内水、领海、毗连区、专属经济区、大陆架以及管辖的其他海域，期限为2011～2020 年。

该区划编制时，我国海洋经济发展战略已进入全面实施的新阶段，统筹协调海洋开发利用和环境保护的任务艰巨。因此，该区划编制坚持在发展中保护、在保护中发展的原则，合理配置海域资源，优化海洋空间开发布局，促进经济平稳较快发展和社会和谐稳定，并提出了"规划用海、集约用海、生态用海、科技用海、依法用海"五个用海的指导思想。

1）规划目标

增强海域管理在宏观调控中的作用。海域管理的法律、经济、行政和技术等手段不断完善，海洋功能区划的整体控制作用明显增强，海域使用权市场机制逐步健全，海域的国家所有权和海域使用权人的合法权益得到有效保障。

改善海洋生态环境，扩大海洋保护区面积。主要污染物排海总量得到初步控制，重点污染海域环境得到改善，局部海域海洋生态恶化趋势得到遏制，部分受损海洋生态系统得到初步修复。至 2020 年，海洋保护区总面积达到我国管辖海域面积的 5% 以上，近岸海域海洋保护区面积占 11% 以上。

维持渔业用海基本稳定，加强水生生物资源养护。渔民生产生活和现代化渔业发展用海需求得到有力保障，重要渔业水域、水生野生动植物和水产种质资源保护区得到有效保护。至 2020 年，水域生态环境逐步得到修复，渔业资源衰退和濒危物种数目减少的趋势得到基本遏制，捕捞能力和捕捞产量与渔业资源可承受能力大体相适应，海水养殖用海的功能区面积不少于 260 万 hm²。

合理控制围填海规模。严格实施围填海年度计划制度，遏制围填海增长过快的趋势。围填海控制面积符合国民经济宏观调控总体要求和海洋生态环境承载能力。

保留海域后备空间资源。划定专门的保留区，并实施严格的阶段性开发限制政策，为未来发展预留一定数量的近岸海域。全国近岸海域保留区面积比例不低于 10%。严格控制占用海岸线的开发利用活动，至 2020 年，大陆自然岸线保有率不低于 35%。

开展海域海岸带整治修复。重点对由开发利用造成的自然景观受损严重、生态功能退化、防灾能力减弱及利用效率低下的海域海岸带进行整治修复。至 2020 年，完成整治和修复海岸线长度不少于 2000km。

2）海洋功能分区

海洋功能分区是根据海域的自然属性和社会属性的区域分异规律，划分不同类型的海洋功能空间单元的过程，是海洋功能区划工作中的主要环节，是进行海洋分区管理的核心依据。该区划在市级或县级的海洋功能区划中可以按照具体情况向下扩展到三级分类。海洋功能区划分区体系的一级分类与二级分类如表 2-3 所示。

表 2-3　海洋功能区划分区体系的一级分类与二级分类

一级分类		二级分类	
类型	内涵	类型	内涵
农渔业区	适于拓展农业发展空间和开发海洋生物资源，可供农业围垦、渔港和育苗场等渔业基础设施建设、海水增养殖和捕捞生产，以及重要渔业品种养护的海域	农业围垦区	围垦后用于农业、林业、牧业生产的海域
		渔业基础设施区	适于渔业基础设施建设，供渔船停靠、进行装卸作业和避风的海域，以及用来繁殖重要苗种的场所
		养殖区	养殖或培育海洋经济动物和植物的海域
		增殖区	采取繁殖保护措施来增加和补充生物群体数量的海域
		捕捞区	在海洋游泳生物（鱼类和大型无脊椎动物）产卵场、索饵场、越冬场及洄游通道（即过路渔场）使用国家规定的渔具或采用人工垂钓的方式获取海产经济动物的海域
		水产种质资源保护区	用于保护具有重要经济价值、遗传育种价值及重要科研价值的渔业品种及其产卵场、索饵场、越冬场和洄游通道等栖息繁衍生境的海域

续表

| 一级分类 | | 二级分类 | |
类型	内涵	类型	内涵
港口航运区	适于开发利用港口航运资源,可供港口、航道和锚地建设的海域	港口区	供船舶停靠、进行装卸作业、避风及货物存放的海域,包括港口内港池、码头和仓储地等
		航道区	供船只航行的海域
		锚地区	供船舶候潮、待泊、联检、避风,以及进行水上装卸作业的海域
工业与城镇用海区	适于发展临海工业与滨海城镇的海域	工业用海区	供临海企业和工业园区建设的海域
		城镇用海区	供沿海市政设施、滨海新城和海上机场等建设的海域
矿产与能源区	适于开发利用矿产资源与海上能源,可供油气和固体矿产等勘探、开采作业,以及盐田和可再生能源等开发利用的海域	油气区	供油气勘探和开采作业的海域
		固体矿产区	供固体矿产勘探和开采作业的海域
		盐田区	供养水、制卤和晒盐等盐业生产的海域
		可再生能源区	供开发利用潮汐能、波浪能等可再生能源的海域
旅游休闲娱乐区	适于开发利用滨海和海上旅游资源,可供旅游景区开发和海上文体娱乐活动场所建设的海域	风景旅游区	具有一定质和量的自然景观与人文景观,可供游人参观游览的海域
		文体休闲娱乐区	供海上文体娱乐、运动和度假等的海域
海洋保护区	专供海洋资源、环境和生态保护的海域	海洋自然保护区	为保护珍稀、濒危海洋生物物种和经济生物物种及其栖息地,以及有重大科学、文化、景观和生态服务价值的海洋自然客体、自然生态系统和历史遗迹等而划定的海域
		海洋特别保护区	具有特殊的地理条件、生态系统、生物与非生物资源,以及海洋开发利用特殊需要的海域
特殊利用区	供其他特殊用途排他使用的海域	其他特殊利用区	用于海底管线铺设、路桥建设、污水达标排放及倾倒等的特殊利用区
保留区	为保留海域后备空间资源,专门划定的在区划期限内限制开发的海域	由于经济社会因素暂时尚未开发利用或不宜明确基本功能的海域	
		限于科技手段等因素目前难以利用或不能利用的海域	
		从长远发展角度应当予以保留的海域	

3）海区主要功能

该区划将我国管辖海域划分为渤海、黄海、东海、南海和台湾以东海域五大海区,共 29 个重点海域。五大海区的主要功能与开发保护方向见表 2-4。

表 2-4　五大海区的主要功能与开发保护方向

海区	重点海域	主要功能与开发保护方向
渤海	辽东半岛西部海域、辽河三角洲海域、辽西冀东海域、渤海湾海域、黄河口与山东半岛西北部海域和渤海中部海域	实施最严格的围填海管理与控制政策，限制大规模填海活动，降低环渤海区域经济增长对海域资源的过度消耗，节约集约利用海岸线和海域资源。实施最严格的环境保护政策，坚持陆海统筹、河海兼顾，有效控制陆海污染源，实施重点海域污染物排海总量控制制度，严格限制对渔业资源影响较大的涉渔用海工程的开工建设，修复渤海生态系统，逐步恢复双台子河口湿地生态功能，改善黄河、辽河等河口海域和近岸海域生态环境。严格控制高污染、高能耗、高生态风险和资源消耗型项目用海，加强海上油气勘探、开采的环境管理，防治海上溢油、赤潮等重大海洋环境灾害和突发事件，建立渤海海洋环境预警机制和突发事件应对机制。维护渤海海峡区域航运水道交通安全，开展渤海海峡跨海通道研究
黄海	辽东半岛东部海域、山东半岛东北部海域、山东半岛南部海域、江苏沿岸海域、黄海陆架海域	优化利用深水港湾资源，建设国际、国内航运交通枢纽，发挥成山头等重要水道功能，保障海洋交通安全。稳定近岸海域、长山群岛海域传统养殖用海面积，加强重要渔业资源养护，建设现代化海洋牧场，积极开展增殖放流，加强生态保护。合理规划江苏沿岸围垦用海，高效利用淤涨型滩涂资源。科学论证与规划海上风电布局
东海	长江三角洲及舟山群岛海域、浙中南海域、闽东海域、闽中海域、闽南海域、东海陆架海域、台湾海峡海域	充分发挥长江口和海峡西岸区域港湾、深水岸线、航道资源优势，重点发展国际化大型港口和临港产业，强化国际航运中心区位优势，保障海上交通安全。加强对海湾、海岛及其周边海域的保护，限制湾内填海和填海连岛。加强重要渔场和水产种质资源保护，发展远洋捕捞，促进渔业与海洋生态保护的协调发展。加强东海大陆架油气矿产资源的勘探开发。协调海底管线用海与航运、渔业等用海的关系，确保海底管线安全
南海	粤东海域、珠江三角洲海域、粤西海域、桂东海域、桂西海域、海南岛东北部海域、海南岛西南部海域、南海北部海域、南海中部海域、南海南部海域	加强海洋资源保护，严格控制北部沿岸海域特别是河口、海湾海域围填海规模，加快以海岛和珊瑚礁为保护对象的保护区建设，加强水生野生动物保护区和水产种质资源保护区建设。加强重要海岛基础设施建设，推进南海渔业发展，开发旅游资源。开展海洋生物、油气矿产资源调查和深海科学技术研究，推进南海海洋资源的开发和利用。开展琼州海峡跨海通道研究
台湾以东海域	台湾以东海域	

2. 省级海洋功能区划的基本情况

2012 年 10 月和 11 月，国务院集中批复了沿海 11 个省（区、市）的海洋功能区划，如表 2-5 所示。

表 2-5　省级海洋功能区划

序号	省级区划	批复时间
1	《辽宁省海洋功能区划（2011—2020 年）》	2012 年 10 月 10 日
2	《河北省海洋功能区划（2011—2020 年）》	2012 年 10 月 10 日
3	《天津市海洋功能区划（2011—2020 年）》	2012 年 10 月 10 日
4	《山东省海洋功能区划（2011—2020 年）》	2012 年 10 月 10 日

续表

序号	省级区划	批复时间
5	《江苏省海洋功能区划（2011—2020 年）》	2012 年 10 月 10 日
6	《浙江省海洋功能区划（2011—2020 年）》	2012 年 10 月 10 日
7	《上海市海洋功能区划（2011—2020 年）》	2012 年 11 月 1 日
8	《福建省海洋功能区划（2011—2020 年）》	2012 年 10 月 10 日
9	《广东省海洋功能区划（2011—2020 年）》	2012 年 11 月 1 日
10	《广西壮族自治区海洋功能区划（2011—2020 年）》	2012 年 10 月 10 日
11	《海南省海洋功能区划（2011—2020 年）》	2012 年 11 月 1 日

3. 各层级海洋功能区划的编制重点

各沿海市县级行政区也出台了海洋功能区划，全国-省级-市县级海洋功能区划逐级传导。各层级海洋功能区划的有效实施，在加强海域使用管理、统筹协调用海矛盾和保护海洋生态环境等方面发挥了重要作用，对沿海地区经济社会发展和生态文明建设作出了重要贡献，成为推动海洋事业发展的强大动力。

全国海洋功能区划的主要任务是：科学划定一级类海洋功能区和重点的二级类海洋功能区，明确海洋功能区的开发保护重点和管理要求，合理确定全国重点海域及主要功能，制定实施海洋功能区划的主要措施。

省级海洋功能区划的主要任务是：根据全国海洋功能区划的要求，科学划定本地一级类和二级类海洋功能区，明确海洋功能区的空间布局、开发保护重点和管理措施，对毗邻海域进行分区并确定其主要功能，根据本地特点制定实施区划的具体措施。

市县级海洋功能区划的主要任务是：根据省级海洋功能区划，科学划定本地一级类和二级类海洋功能区，并可根据社会经济发展的实际情况划分更详细类别的海洋功能区。市县级海洋功能区划应当明确近期各功能区开发保护的重点和发展时序，明确各海洋功能区的环境保护要求和措施，提出区划的实施步骤、措施和政策建议。市级海洋功能区划的重点是市辖区毗邻海域和县（市、区）海域分界线附近的海域，县级海洋功能区划的重点是县（市、区）毗邻海域。

（三）海岛保护规划

1.《全国海岛保护规划》的基本内容

为保护海岛及其周边海域生态系统、合理开发利用海岛资源、维护国家海洋权益、促进经济社会可持续发展，依据《中华人民共和国海岛保护法》等法律法规、国民经济和社会发展规划、全国海洋功能区划，结合《全国土地利用总体规划纲要（2006—2020年）》、国家海洋事业发展规划等相关规划，国家海洋局制定了《全国海岛保护规划》并于 2012 年公布实施。

《全国海岛保护规划》是引导全社会保护和合理利用海岛资源的纲领性文件，是从事海岛保护、利用活动的依据。该规划全面分析了当前海岛保护与利用的现状、存在的问题和面临的形势，明确了海岛分类、分区保护的具体要求，确定了海岛资源和生态调查评估、边远海岛开发利用等 10 项重点工程，并在组织领导、法治建设、能力建设、公众参与、工程管理和资金保障等方面提出了具体保障措施。

1）规划目标

规划期（2011～2020 年）目标包括：海岛生态保护显著加强、海岛开发秩序逐步规范、海岛人居环境明显改善、特殊用途海岛保护力度增强。

远期（2021～2030 年）目标包括：在实现规划期目标的基础上，全面增强海岛保护能力，扩大生态修复范围，海岛生态系统保持良性循环状态；有效控制海岛污染，环境明显改善；无居民海岛开发活动规范有序，海岛产业结构趋向合理，海岛地区生态保护和经济社会协调发展；特殊用途海岛保护制度有效实施，维护国家海洋权益能力进一步提高。

2）海岛分类保护

严格保护特殊用途海岛。特殊用途海岛是指具有特殊用途或者重要保护价值的海岛，主要包括领海基点所在海岛、国防用途海岛、海洋自然保护区内的海岛和有居民海岛的特殊用途区域等。任何单位和个人不得擅自开发利用特殊用途海岛。

加强有居民海岛生态保护。对有居民海岛应当保护海岛沙滩、植被、淡水、珍稀动植物及其栖息地，优化开发利用方式，改善海岛人居环境，具体包括：加强生态保护、防治海岛污染、合理开发利用、改善人居环境。

适度利用无居民海岛。对无居民海岛应当优先保护、适度利用。按照无居民海岛的主导用途（旅游娱乐用岛、交通运输用岛、工业用岛、仓储用岛、渔业用岛、农林牧业用岛、可再生能源用岛、城乡建设用岛、公共服务用岛和保留类海岛），分别提出海岛保护的总体要求。

3）海岛分区保护

依据海岛分布的紧密性、生态功能的相关性、属地管理的便捷性，结合国家及地方发展的区划与规划，立足海岛保护工作的需要，注重区内的统一性和区间的差异性，将我国海岛分为黄渤海区、东海区、南海区和港澳台区 4 个一级区进行保护。

4）重点工程

为保障该规划目标的实现，解决海岛开发、建设、保护中的重大问题，在规划期内，组织实施 10 项重点工程，包括：海岛资源和生态调查评估、海岛典型生态系统和物种多样性保护、领海基点海岛保护、海岛生态修复、海岛淡水资源保护与利用、海岛可再生能源建设、边远海岛开发利用、海岛防灾减灾、海岛名称标志设置、海岛监视监测系统建设。

2. 省级海岛规划的基本情况

自 2012 年起，福建、浙江、广东等省份相继颁布实施地方海岛保护规划，并对海岛分类体系进行补充或完善。省级海岛规划如表 2-6 所示。

表 2-6 省级海岛规划

序号	省级海岛规划
1	《辽宁省海岛保护规划（2012—2020 年)》
2	《河北省海岛保护规划（2012—2020 年)》
3	《山东省海岛保护规划（2012—2020 年)》
4	《江苏省海岛保护规划（2011—2020)》
5	《浙江省无居民海岛保护与利用规划》
6	《福建省海岛保护规划（2011—2020 年)》
7	《广东省海岛保护规划（2011—2020 年)》
8	《广西壮族自治区海岛保护规划（2011 年—2020 年)》

（四）海洋生态红线

2012 年 10 月，国家海洋局印发《关于建立渤海海洋生态红线制度的若干意见》，提出要将渤海海洋保护区、重要滨海湿地、重要河口、特殊保护海岛和沙源保护海域、重要砂质岸线、自然景观与文化历史遗迹、重要旅游区和重要渔业海域等区域划定为海洋生态红线区，并进一步细分为禁止开发区和限制开发区，依据生态特点和管理需求，分区分类制定红线管控措施。

2016 年 6 月，国家海洋局印发《关于全面建立实施海洋生态红线制度的意见》，并配套印发《海洋生态红线划定技术指南》，指导全国海洋生态红线划定工作，标志着全国海洋生态红线划定工作全面启动。该意见对海洋生态红线划定工作的基本原则、组织形式、管控指标和措施作出了明确规定。海洋生态红线划定的基本原则是保住底线、兼顾发展、分区划定、分类管理、从严管控；组织形式是国家指导监督、地方划定执行，由各沿海省（区、市）按照国家下达的指标和要求，划定红线并制定管控措施，报国家海洋局审查通过后发布实施；管控指标包括海洋生态红线区面积、大陆自然岸线保有率、海岛自然岸线保有率、海水质量 4 项；管控措施包括严控开发利用活动、加强生态保护与修复、强化陆海污染联防联治 3 类。

在国家相关文件要求与指导下，山东省于 2013 年出台《山东省渤海海洋生态红线区划定方案（2013—2020 年)》，2016 年出台《山东省黄海海洋生态红线划定方案（2016—2020 年)》，标志着山东省已在全国率先完成全海域海洋生态红线划定工作。辽宁省则于 2014 年和 2017 年先后出台《关于在渤海实施海洋生态红线制度的意见》和《关于在黄海实施海洋生态红线制度意见的通知》，划定渤海和黄海生态红线，全面完成全省海洋生态红线划定工作。河北省于 2014 年出台《河北省海洋生态红线》，海南省于 2016 年发布《海南省人民政府关于划定海南省生态保护红线的通告》。

在国家海洋局发布《关于全面建立实施海洋生态红线制度的意见》后，沿海各地进入海洋生态红线密集编制期，仅 2017 年就有《江苏省海洋生态红线保护规划（2016—2020 年)》《浙江省海洋生态红线划定方案》《福建省海洋生态保护红线划定成果》《广东省海洋生态红线》《广西海洋生态红线划定方案》出台。2018 年，上海市发布《上海市生态保护红线》，将陆域生态保护红线和海洋生态保护红线的划定统筹整合，形成全市生态保护红线"陆海一张图"。

（五）海岸带规划

2019 年 5 月，《中共中央 国务院关于建立国土空间规划体系并监督实施的若干意见》提出坚持陆海统筹，建立包含海洋在内的"多规合一"的国土空间规划体系，形成以国土空间规划为基础、以统一用途管制为手段的国土空间开发保护制度，并明确提出了编制海岸带专项规划的要求。山东、浙江等省份开展了海岸带规划编制试点工作。我国地方海岸带规划编制情况如表 2-7 所示。

表 2-7   我国地方海岸带规划编制情况

序号	年份	规划
1	2004	《威海市海岸带分区管制规划》
2	2004	《日照市海岸带分区管制规划》
3	2007	《山东省海岸带规划》
4	2008	《烟台市海岸带规划》
5	2013	《辽宁海岸带保护和利用规划》
6	2014	《海南经济特区海岸带土地利用总体规划（2013—2020 年）》
7	2015	《青岛市海域和海岸带保护利用规划》
8	2016	《福建省海岸带保护与利用规划（2016—2020 年）》
9	2017	《惠州市海岸带保护与利用规划》
10	2017	《广东省海岸带综合保护与利用总体规划》
11	2018	《山东省潍坊市海岸带规划》
12	2018	《深圳市海岸带综合保护与利用规划（2018—2035）》

（六）海岸线规划

海岸线是海洋与陆地的分界线，具有重要的生态功能和资源价值，是发展海洋经济的前沿阵地。自 20 世纪 90 年代以来，随着沿海地区经济社会快速发展，海岸线和近岸海域开发强度不断加大，保护与开发的矛盾日益凸显。由于海岸线管理法律法规体系不健全、开发利用缺少统筹规划、多头管理现象突出、管控手段和措施不足，出现了港口开发、临海工业、城镇建设大量占用海岸线，自然岸线资源日益缩减，海岸景观和生态功能遭到破坏，公众亲海空间严重不足等问题。

早在 2013 年，河北省就率先编制了《河北省海岸线保护与利用规划（2013—2020年）》，将海岸线划分为严格保护岸段、适度利用岸段和优化利用岸段，并针对各级别岸线提出了保护与利用管理要求。2016 年，江苏省盐城市编制了《盐城市沿海岸线利用和保护专项规划（2016—2030）》，协调盐城市沿海生态岸线、生产岸线和生活岸线的合理布局，保护特殊用途岸线。

针对海岸线保护与利用的严峻形势，中共中央、国务院印发的《关于加快推进生态文明建设的意见》《生态文明体制改革总体方案》和国务院印发的《水污染防治行动计划》等文件对实施自然岸线控制制度提出了明确要求。为贯彻落实中共中央、国务院精神，优先保护海洋生态环境，加强海岸线保护与利用管理，实现自然岸线保有率管控目标，构建科学合理的自然岸线格局，2017 年 3 月 31 日国家海洋局发布《海岸线保护与利用管理办法》，明确国家建立自然岸线保有率控制制度；根据海岸线自然资源条件和开发程度，将海岸线分为严格保护、限制开发和优化利用三类实行分类保护，并提出了分类管控要求，其中严格保护岸线要按照生态保护红线的有关要求划定；提出海岸线节约利用、整治修复等要求；要求各省（区、市）全面开展海岸线保护与利用规划编制工作。在此号召下，2017 年，浙江省出台《浙江省海岸线保护与利用规划（2016—2020 年）》；2018 年，广西壮族自治区防城港市印发《防城港市海岸线保护与利用规划（2017—2020 年）》。

第三章

陆海统筹的理论基础与实现机制

第一节 海陆资源配置理论

我国是一个海陆兼备，且大陆属性与海洋属性都十分显著的地理大国。近年来，随着我国海洋开发纵深程度和海洋经济规模逐步提升，海洋经济辐射带动作用日益增强，已成为我国社会经济快速发展的一大支柱。党的十八大提出了"建设海洋强国"的战略目标，促使我国海洋事业迈入新的发展阶段。从强国内涵和海陆关系角度来看，实现强国战略要站在全局的高度，海洋与内陆应功能互补、协调共进，实现海陆资源优化配置。

在国家政策的大力扶持下，我国东部沿海地区凭着优越的自然地理条件，在较短时间内为海洋经济的发展创造了不凡的业绩。随着海洋开发强度的不断增大，沿海地区与内陆地区经济发展差异逐步扩大，局部地区开发过度与开发不足等问题和矛盾逐渐显现，阻碍了海陆经济的进一步协调发展。因此，能否进一步认识海洋经济发展与陆域经济发展的内在关系、优化海陆资源配置、实现海陆协调互动和一体化发展，已经成为影响我国经济社会可持续发展的关键问题。

一、问题分析

我国沿海地区经济 30 多年快速发展和持续增长的事实表明，资源配置在区域经济发展中起着至关重要甚至是决定性的作用。海陆经济发展过程中逐渐显现的海陆二元分异、资源开发无序、资源分配失衡、调控手段滞后等问题就是资源配置失衡在空间、时间和数量等视角下的具体表现。

1. 海陆二元分异

我国海岸带地区的面积虽仅占国土面积的 13.5%，但却聚集了全国 43% 的人口，提供了 40% 以上的就业岗位，每年创造 57% 的国内生产总值。巨大的发展差异不仅体现在海岸带地区与内陆地区的经济总量上，还包括发展理念、社会阶层、产业结构等诸多方面，导致以资本和劳动力为代表的各类要素资源向海岸带地区高度集聚。海陆区域发展不平衡格局进一步加剧，海陆二元结构日益显现。

2. 资源开发无序

科学合理的资源开发时序，能够提高资源配置效率，实现有限资源投入的最优经济收益。然而在目前海陆经济发展过程中，资源开发利用无序、无度现象仍然存在，局部地区海岸带和海域空间资源处于盲目开发和碎片式开发阶段，存在利用效益低下、布局不合理及开发时序混乱等问题，低水平重复开发现象时有发生，难以最大程度发挥区域溢出效应和辐射带动作用，严重制约海陆社会经济的可持续发展。

3. 资源分配失衡

资源具有稀缺性，其数量分配的多少直接关系到资源配置的导向。海陆经济在快速发展的同时，存在公平与效率均衡方面兼顾不足、资源分配方面政策性失衡等问题，整体配置效率低下，社会流动成本较高，直接影响海陆经济增长的后劲，阻碍了海陆经济一体化的进程。

4. 调控手段滞后

在调控海陆经济发展过程中，由于对海陆资源配置问题缺乏足够的重视和清晰的认识，仍存在调控缺位。例如，规划或计划因周期较长而难以适应要素流动的阶段性变化、资源要素向某些产业及区域过度流动和不合理波动、供不应求或供过于求现象屡见不鲜，造成地区经济发展不协调和不平衡。这些问题的存在不利于国民经济平稳协调运行和海陆经济协调发展。

以上问题的出现一方面体现了快速发展中必然面临的发展矛盾，另一方面也凸显出我国现阶段对海陆经济联动发展的规律认识不足，这制约着资源配置调控手段的科学性、时效性和系统性，难以有效依据市场规律实现资源配置的效益最大化和效率最优化。

陆海系统是时间、空间、经济、人与社会问题的复合体，也是海陆相互作用的复杂系统，其配置难度不同于一般的空间问题和要素问题，这种独特的定位决定了其在理论层面和管理角度的复杂性。因此，有必要尽快开展海陆资源配置理论与方法研究，为把握海陆经济发展规律、加强我国海陆资源配置管理、统筹我国海陆经济协调发展提供相应的理论基础和技术支撑。

二、海陆资源配置的理论和方法构架

1. 概念界定

关于资源配置的研究起源很早，由于研究的领域和角度不同，对资源配置的定义也多种多样。关于资源配置的定义主要有：经济运行中的人、财、物等各种资源在各种不同利用方向之间的分配；各种生产资源的类型、数量、结构及布局的安排和组合；如何对稀缺资源在多种利用方向之间进行合理分配和使用；以稀缺性为基础，使稀缺资源最大限度地保持合理的用途方向和数量比例等。从以上不同角度对资源配置定义与内涵的阐述中可以看出，资源配置涉及资源的空间布局、分配时序、数量分配等内容，其中，空间布局实质上就是要素资源的区域配置，分配时序指的是资源的开发次序，数量分配是指资源分配的比例。海陆资源配置是指在区域社会经济发展过程中，综合考虑海陆资源的特点，在海陆资源环境生态系统的承载力、社会经济系统的活力基础上，以海陆两方面协调为基础进行资源的协调配置，以便充分发挥海陆互动作用，从而促进区域社会经济和谐、健康发展。

2. 海陆资源配置的原则

海陆资源配置应该遵循陆海统筹协调原则、节约集约用海原则、资源有效需求原则、资源可持续利用原则、综合效益最大化原则及经济与环境相协调原则（图3-1）。

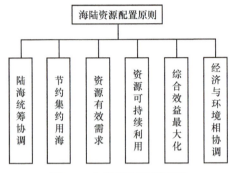

图 3-1　海陆资源配置原则

（1）陆海统筹协调原则。海陆资源既涉及海洋，又涉及陆地。在考虑海陆资源配置时，应统筹协调海陆间的矛盾，实现海陆协调发展，从而更好地发挥海陆复合经济系统的整体功能。

（2）节约集约用海原则。基于我国人多海少、后备资源贫乏的客观条件，国家对资源节约集约利用尤为重视，将其作为土地、海洋管理的基本原则之一。

（3）资源有效需求原则。资源利用面临的不容忽视的现实是，经过多年的开发利用，资源利用条件较好的区域基本上已经被利用殆尽，剩余的基本上都是难以利用或者禁止开发的区域。在这种背景下，必须按照阶段内城市化与工业化用海主体的有效需求引导海域有序有度地流转，为后续的土地利用打下坚实的基础。

（4）资源可持续利用原则。资源配置既要考虑现在，又要考虑未来；既要考虑当前发展需求，又要考虑可持续性。在制定海陆资源配置方案时，要坚持可持续发展原则，协调人海关系、海陆关系、开发与保护的关系、当代人与后代人的关系，最终实现海陆资源的永续利用。

（5）综合效益最大化原则。海陆资源优化配置是在复杂结构和层次的海陆间进行时间次序、空间布局和数量分配的优化，在各个目标间进行利弊权衡，以综合效益最大化为原则进行资源的优化配置，实现海陆一体化高效发展。

（6）经济与环境相协调原则。海岸带位于海洋与陆地交接地带，是地球四大圈层和人类相互作用的地带，生态环境有其自身的脆弱性和复杂性。在海陆资源配置过程中，一定要协调好经济发展与环境保护两者之间的关系。

3. 海陆资源配置的基本方式

当前，我国海陆资源配置的基本方式主要分为行政配置和市场化配置两种。

行政配置方式是以政府行政力为主导的资源配置利用机制，具体表现为政府通过各级各类规划、海洋功能区划、土地或海域使用审批备案等法律、行政手段对区域内的要素和空间资源进行严格控制，具有强制性、严肃性和权威性等特点，集中体现了中央政府以供给引导需求的资源供需政策。

市场化配置方式则是以市场机制为主导的资源配置利用机制，具体原理是，在市场资源配置利用活动中，无论是需求者还是供给者，其行为决策均会遵循经济效益最大化或者个人效用最大化的原则，从而实现整体效益的理论最优。

然而，资源配置绝不是仅依靠一种治理途径就可以得到优化提升，实现配置目标。换言之，无论是行政配置方式还是市场化配置方式的单独使用，都不可能很好地完成海陆资源的有效配置利用，只有将两种配置方式结合起来，通过协调配合，才有可能实现资源配置综合效益最大化。

4. 海陆资源配置理论方法体系构建

实现资源优化配置需要综合考虑人口、经济、环境、区位、资源禀赋等因素，因此对于资源配置的研究既涉及经济学的相关理论，又与系统科学、结构主义学派等学科理论息息相关，并且离不开运筹学、计算数学的支持。这些学科理论作为资源配置强有力的支撑，为资源配置的实践提供了理论技术基础。基于资料搜集和文献回顾，从资源配置这一视角切入，通过研究海陆资源配置相关理论基础、模型方法等问题，初步构建起海陆资源配置的理论架构（图 3-2），以期实现海陆资源最优化配置。

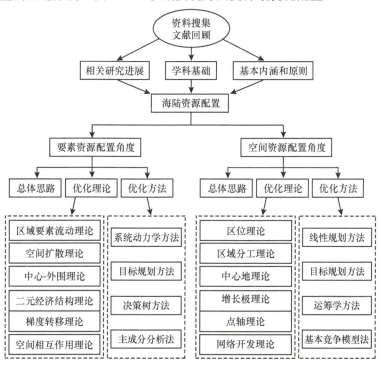

图 3-2 海陆资源配置的理论框架

关于要素资源配置的优化理论有区域要素流动理论、二元经济结构理论、梯度转移理论、中心-外围理论、空间扩散理论、空间相互作用理论，而要素资源配置优化的常用方法主要有系统动力学方法、目标规划方法、决策树方法及主成分分析法。空间资源配置理论是从空间资源本身出发，研究如何根据不同地区自身的条件特点，对区域内的空间进行合理区划。空间资源配置优化理论主要有区位理论、区域分工理论、增长极理论、中心地理论、点轴理论、网络开发理论，空间资源配置优化方法有线性规划方法、运筹学方法、目标规划方法、基本竞争模型法。

第二节　海陆二元经济结构

随着海洋经济的迅猛发展，"海陆二元经济结构"也悄然出现并引起学术界的关注。海陆关系如何演变，海陆二元缘何而起，又该怎样找准破解海陆二元结构难题的关键，是值得我们深入思考的问题。

一、海陆关系演变

我国海陆兼备，随着海洋经济的快速发展，海洋开发纵深程度和海洋经济规模逐步提升，海陆关系日渐紧密，海洋经济已成为我国经济快速发展的重要引擎，而海陆经济能否实现一体化发展，逐渐成为影响我国经济可持续发展的关键。

按照发展时序，我国的海陆经济一体化进程可划分为初级、高级两个阶段：初级阶段强调的是沿海经济与海洋经济的协调发展，旨在解决沿海地区如何将自身优势与海洋资源优势高效结合，通过培育海洋优势产业和优化海陆产业布局，实现生产要素和海洋产业的区域性集聚及产业结构的优化升级，打造具有强大辐射带动作用的海岸带经济；高级阶段强调海陆联动，具体表现为海洋经济和陆地经济的高度统筹，旨在解决如何通过市场、政策机制实现生产要素在沿海与内陆间的充分流动，渐进式地完成经济技术的区域梯度转移，实现海陆优势互补，推进海陆一体化进程。

二、海陆二元分化

近年来，随着我国沿海地区海洋经济的迅猛发展，海洋与陆地空间割裂导致的海域与陆域经济系统固有的结构性差异逐渐缩小，可以说海陆一体化进程的初级阶段是比较成功的。然而，随着我国海洋开发的不断深化，沿海地区与内陆地区经济发展不协调的海陆二元经济结构问题日益显现，并引起学术界的关注，这在一定程度上表明我国正艰难地迈入海陆一体化的高级阶段。

在海陆一体化进程中逐渐凸显的海陆二元经济结构问题主要表现在以下三个方面：其一，资源配置不合理，且海陆间优势资源受地方行业壁垒、企业性质、市场发育程度等因素的影响，不能充分流通或流通成本过高，难以实现优势互补，限制了资源优势转化为经济优势；其二，就业机会海陆间的不均等化、严格的户籍制度及尚在发展完善中的社会保障体系阻碍了劳动力资源的市场化配置，造成沿海地区劳动力不足与内陆地区劳动力过剩现象并存；其三，海陆间技术转移过慢，技术差异较大，明显制约了内陆地区的经济发展。

虽然海陆二元经济结构以资源壁垒、劳动力壁垒和技术壁垒为外在表现形式，但本质上是生产要素在海陆间的不合理分配和流通效率低下造成的。所谓"近水楼台先得月"，沿海地区凭借其区位、海洋资源等独特优势，易趋向于发展成为产业密集、人口集中、技术先进、交通便利的经济增长极，而这种要素和产业集中化趋势毫无疑问会提高资源配置的总体效率，近年来沿海地区经济整体飞速发展就是很好的证明。相较而言，内陆地区由于工业化和城市化推进缓慢，加之当前沿海地区仍处于经济要素快速集聚的过程中，受沿海地区经济的辐射带动作用有限，陆域经济的发展受到极大限制。此外，有研究表明，我国的经济重心目前处于东部沿海地区，且在未来较长时期内，我国生产要素将进一步向沿海地区集聚，这种现象势必会加剧海陆区域发展格局的不平衡。

当前的迫切任务是，要协调沿海与内陆经济发展，打破海陆间的资源壁垒、劳动力壁垒和技术壁垒，实现生产要素在海陆间的高效流通。

三、陆海统筹发展

从宏观调控角度来说，国家在制定和执行区域政策、产业政策与财税政策时应进一步强化陆海统筹观念，突破重陆轻海思想，以海陆整合视角协调海陆关系。陆海统筹是一个动态的平衡过程，是全方位平衡而非平均主义，因而在特定的经济发展时期，沿海经济政策或内陆经济政策完全可以交替性优先。这是因为海陆间经济发展差异的变化会导致生产要素在海陆间流动的时空性波动。虽然我国经济发展重心长期处于东部沿海地区，但是经测算，自改革开放以来，我国生产要素流动表现出了明显的趋陆性—趋海性—趋陆性波动。类比财政、货币政策制定与通货膨胀紧缩的关系，在市场机制调节下，生产要素趋海或趋陆流动时，宏观政策应有针对性地同向倾斜，以取得事半功倍的效果。从这个角度而言，目前的区域政策制定过程还存在一定程度的时滞性，不能对海陆经济波动规律做到实时监控和有效调控。因此，除了将陆海统筹观念内化于政策制定中，还应建立完善的海陆经济波动监测体系，从而进一步加强陆海统筹政策手段的时效性、导向性和控制性。

从具体措施来说，海陆发展差距的形成是因为海陆间生产要素流动不足，而消除海陆二元经济结构问题的原始"病灶"在于要素流通渠道的稳定程度与要素流动的顺畅程度。陆海统筹也应"对症下药"，进行要素流动渠道的制度设计，以具有巨大发展潜力和带动作用的海洋产业为突破口，不断延伸和扩展优势产业链条，实现其与陆域产业的有效连接，从而带动陆域产业的跟随式发展，继而顺利完成海陆产业在更大范围内的优化布局、互促互利、互动互补，形成海陆要素配置最优、系统产出最大化的海陆发展格局。

海陆二元经济结构难题是海陆一体化进程中的阶段性问题，从发现到最终破解有很长一段路要走，能否尽快完成这一进程是沿海和内陆经济潜力能否释放性发展的关键，也是我国能否从海洋大国转变为海洋强国的关键，具有重要的战略意义。因此，在充分认识当前面临的海陆二元经济结构难题的基础上，各级政府在制定政策和发展战略时应兼顾海陆差异，以更加主动和超越的姿态积极进行陆海统筹，有效推进海陆二元经济结构的一体化进程，真正实现海陆经济的腾飞。

第三节 复合系统理论的引入

一、复合系统理论

1937 年，贝塔朗菲提出了一般系统论原理，其核心思想是系统总能量大于系统内部各个要素的能量之和，在各种因素的相互作用下，系统会朝着有序、平稳的方向发展。现实中，大部分系统构成比较复杂，一般由最简单的要素组成子系统，子系统再按照一定方式有机组成更高一级子系统，最终形成具有多层级结构的复合系统。对复合系统来说，子系统间存在协同或者制约关系，若协同效用大于制约作用，则复合系统的整体性功能就更强；反之，复合系统的整体性功能就更弱（袁旭梅和韩文秀，1998）。因此，复合系统协调的实质是充分利用和促进子系统间的协同关系，抑制其制约关系。此外，系统论认为不同系统之间存在物质、能量与信息交换的边界。系统边界既是区分系统与外界环境、系统与系统的界线，又是系统与外界环境、系统与系统相互作用的重要媒介，直接关系到系统输入与输出的内容和形式（张强，2000）。

海岸带是陆地和海洋两个地理单元的交汇地带，陆海空间通过气候过程、地貌过程、元素迁移过程、生物过程等进行频繁的物质、能量和信息交换（吴次芳等，2020），随着海洋开发利用规模的不断扩大，要素在陆海之间的流动效率也显著提高（图 3-3）。

在自然系统中，地表径流、降雨等自然过程将陆地上大量的淡水、泥沙、无机盐及污染物输移至海洋，深刻影响海洋的物质组成、资源结构、生态平衡与环境质量。同时，波浪、潮汐、潮流等海洋动力条件频繁作用于海岸线及临岸陆地空间，加速陆海空间的物质交换和能量流动，对海岸带地形地貌、生态系统和人类开发利用活动产生极为重要的影响（潘新春等，2012）。

在人文系统中，海岸带地区丰富的资源、便利的交通和对外开放的先天优势促进了海洋经济发展，并吸引陆地经济向海洋延伸，陆海经济之间的联系日益密切，陆海产业逐渐融合发展。沿海港口与陆地铁路、公路、内河航道、民航等交通设施共同构成了综合运输交通网络，促进了陆海空间各类资源要素的高效流动，使内陆地区也加入全球化的发展中（刘卫国，1997）。

此外，海平面上升、台风、风暴潮等外界因素对滨海湿地、沿海防护林等生态系统和海水养殖、滨海城镇建设、港口航运及临港产业等开发利用活动产生严重威胁，是沿海地区国土空间治理不可忽视的重要因素。总之，陆地和海洋两个相对独立的地理系统，通过子系统及组成要素之间相互作用、相互影响、相互依赖、相互制衡的复杂关系，形成了一个具有复杂性、开放性、脆弱性的有机体，具有显著的复合系统特征。

二、海岸带复合系统的构建

深刻认识海岸带空间的各种相互作用关系，是构建海岸带复合系统的基础。海岸带是国土空间的重要组成部分，是特征最显著的区域之一。因此，海岸带地区国土空间规划既要遵循国土空间规划的基本原则，协调人地关系矛盾与空间功能冲突，又要聚焦海岸带的特定问题，促进陆海空间协同发展。事实上，人地关系、区域空间关系与陆海

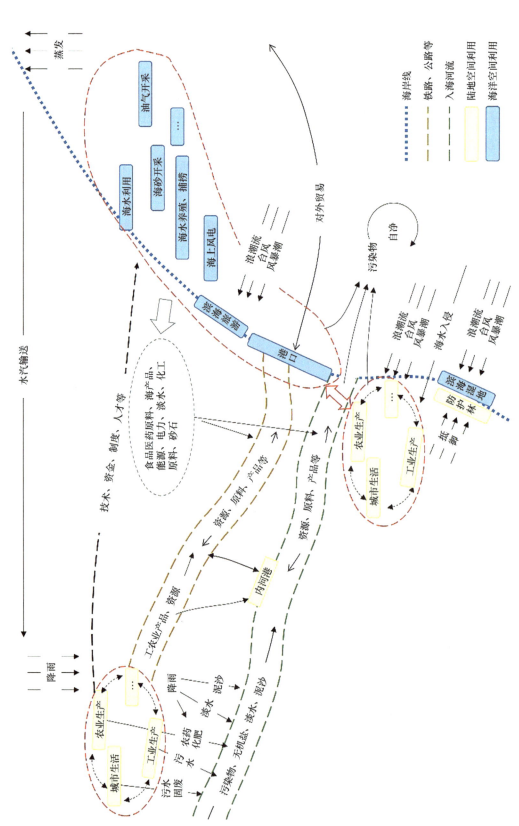

图 3-3　陆海空间物质、能量、信息交换及要素流动的主要特征

关系并非对立。人地关系以满足人的发展需求和减少人对生态环境的损害为出发点，追求国土空间可持续利用。区域空间关系主要关注在人地关系作用下伴随空间资源竞争而产生的空间利用功能的对立与协同（王波等，2018），以满足不同空间利用需求、促进功能协调为出发点，追求国土空间利用整体效率的提升。陆海关系关注陆地和海洋空间开发与保护中的综合协调，既包含了人地关系协调，又包含了区域空间利用功能协调。也就是说，人地关系、区域空间关系始终内含于陆海关系中，并在海岸带地区以特殊方式呈现。

海洋是海岸带区别于内陆的根本所在，陆海统筹视角下国土空间规划的根本要求就是重视海洋在区域经济社会发展和生态环境保护中的重要地位，重点考虑海洋空间开发保护活动及与之联系密切的陆地空间开发保护活动。在海岸带国土空间规划中重点落实生态保护、环境治理、经济发展、交通设施完善、资源利用、防灾减灾等重点任务已成为学界和管理部门的共识（文超祥，2019；李孝娟等，2019）。因此，本书基于海岸带开发保护中各类相互作用关系和空间管理需求，构建包含两级子系统的海岸带复合系统（图3-4）：①一级子系统按照人地（海）耦合和空间利用功能耦合的思路，参考"自然-经济-社会"复合系统结构，对接海岸带空间规划应落实的重点任务，将海岸带复合系统划分为生态子系统、环境子系统、经济子系统、资源子系统、交通子系统5个一级子系统；②二级子系统按照陆海空间耦合的思路，分别在5个一级子系统内部进一步划分陆地子系统和海洋子系统；③根据海岸带地区陆海空间开发与保护活动的现实需求，进一步明确各二级子系统的组成要素，并对应具体的空间利用活动、生态环境保护或治理对象。

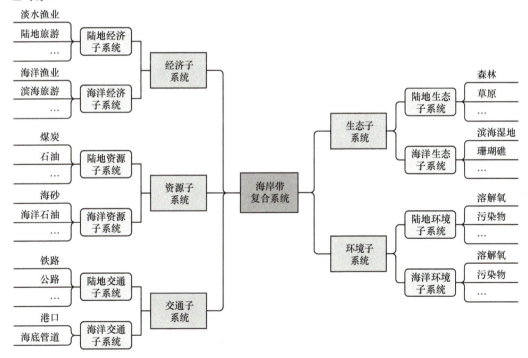

图3-4　海岸带复合系统结构示意图

在国土空间规划语境下，生态子系统主要考虑生态系统保护与修复，环境子系统主要考虑环境保护与治理，经济、交通、资源等子系统则分别考虑产业发展、交通基础设施建设、资源开发利用等空间开发利用活动。前者反映了国土空间的生态环境本底条件，主要关注人类活动对国土空间自然属性的改变程度；后者反映了人类需求导向下国土空间的开发利用价值，主要关注国土空间能够为人类生存发展提供的支撑。因此，为便于分析海岸带空间利用中的人地（海）关系，将生态子系统和环境子系统划作自然系统，将经济、交通、资源等子系统划作人文系统。

明确海岸带复合系统边界或海岸带的空间范围，是开展陆海统筹研究的基本前提，决定了国土空间规划的范围与对象。根据陆海之间的相互作用关系，可以明确海岸线、潮间带和临岸陆域是陆海统筹的核心区域。此外，考虑到流域在陆海联系中的纽带作用，当规划的尺度较大时（如国家级和流域级的国土空间规划），应将流域范围纳入复合系统中；当规划的尺度较小时（如市县级的国土空间规划），只需要考虑境内入海河流及两侧的空间范围。此外，由于海岸带地区受自然过程和人类活动的双重影响，其核心区域边界并不清晰，而且在生态、环境、经济、交通、资源等不同领域中陆海统筹的范围也不一致。因此，在规划编制中，还需要结合区域自然条件、经济社会发展现状等多种因素确定海岸带空间管理边界。

三、海岸带复合系统的相互作用关系

结合国土空间开发与保护实际，将系统间的协同和制约关系分别细化为支持、促进和损害、空间竞争等方式。由此，将陆海关系、区域空间关系、人地（海）关系转化成海岸带复合系统内部之间及海岸带复合系统与外界环境的相互作用（图3-5）。

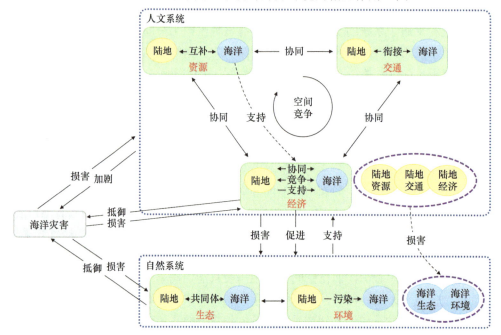

图3-5　海岸带复合系统内部之间及海岸带复合系统与外界环境的相互作用示意图

1. 海岸带复合系统与外界环境的相互作用

海岸带复合系统发展受外界影响深刻，其中最为突出的是海洋灾害的影响。海洋灾害对海岸带复合系统发展构成严重制约。台风、风暴潮、海浪、海水入侵、海岸侵蚀等海洋灾害导致海岸蚀退、河口和沿岸洼地被淹没、海岸生产生活设施被破坏、土壤盐渍化，长期影响沿海地区人民生活和工农业生产（周国华和彭佳捷，2012）。

在海洋灾害威胁下，海岸带复合系统存在一定程度响应：一是滨海湿地、沿海防护林等生态子系统能够在一定程度上抵御海洋灾害的威胁，如降低台风、海浪、风暴潮的强度，防风固沙，保持水土，维护海岸结构稳定等（白华和韩文秀，2000）；二是经济子系统中人类通过建设各类防灾减灾工程、加强灾害监测预警等减少灾害威胁；三是经济子系统、交通子系统、资源子系统中不合理的开发建设活动加剧海洋灾害威胁。

2. 海岸带复合系统内部之间的相互作用

1）人地（海）关系

在国土空间规划中，人地（海）关系即国土空间开发利用活动与自然环境的相互作用关系，两者相互依存又相互制约，从系统论视角体现为以下三个方面。

（1）生态子系统和环境子系统是经济子系统、资源子系统和交通子系统发展的基础与支撑，持续向人类社会输入发展所需的物质和能量，并接受和转换以上三个子系统产生的废弃物。

（2）经济子系统的目标是追求更大的经济利益，这需要其自身扩大产业规模，交通子系统的目标是加快交通设施建设，资源子系统的目标是加大资源开采力度，在此过程中不可避免地会对生态子系统和环境子系统造成损害，并反过来削弱其对经济子系统、资源子系统和交通子系统的支撑能力。当前有些地区国土空间开发利用接近甚至超过区域资源环境承载力，自然资源耗竭、环境污染、生态系统退化等问题积弊已久，生态子系统和环境子系统对人类经济社会发展的支撑能力受到影响。

（3）经济子系统通过资金、技术投入，支持生态子系统和环境子系统开展整治修复，有效遏制了生态退化的趋势，提升生态子系统和环境子系统对经济子系统的承载能力，从而实现协调发展和良性循环。

2）区域空间关系

区域空间关系即国土空间利用功能的冲突与协同关系。承载经济子系统的国土空间具有海水养殖、滨海旅游、城镇建设等功能，承载交通子系统的国土空间具有港口航运、铁路运输、公路运输等功能，承载资源子系统的国土空间具有海砂开采、油气开采等功能，承载生态子系统和环境子系统的国土空间具有提供氧气和食物、净化污染物等功能。由于国土空间具有多宜性，而在空间安排中一般只能明确单一用途，因此产生了不同子系统间的空间竞争矛盾。同时，不同空间承载的人类活动并不是独立存在的，它们之间相互影响、彼此需求，通过各种物质、能量、信息、要素传输联系在一起，形成功能上的协同关系。由于前文已经对自然系统与人文系统的关系进行了阐释，因此在区域空间关系中，重点阐述人文系统中空间利用功能之间的相互作用关系。

（1）经济子系统、资源子系统、交通子系统之间及各子系统内部存在空间竞争关系。随着开发利用规模持续扩大，各子系统竞相争夺宝贵的空间资源，对经济社会高质量发展形成严重制约。目前，各类开发利用活动争夺最激烈的是海岸线、潮间带和临岸陆域等核心区域，由于这些区域在资源禀赋、交通条件、人文与自然景观等各方面优势突出，引起滩涂养殖、港口码头、滨海旅游，甚至石油化工、房地产等众多非赖水用海活动向岸布局，岸上和岸下空间功能不协调的问题普遍存在。

（2）经济子系统、资源子系统、交通子系统之间及各子系统内部存在空间协同关系。一是经济发展离不开交通运输和资源供给的支持，只有通过交通基础设施将生产活动各环节有效衔接起来，才能实现经济子系统有序运行；二是产业融合已成为现代产业发展的重要趋势，以海洋渔业经济发展为例，当前海洋牧场的发展模式将滨海旅游、海水养殖、海产品加工、海产品运输等融合在一起，这就需要在空间上合理布局，促进陆海产业有效衔接。

3）陆海关系

陆海关系是在人类活动与自然过程影响下，陆海两大空间地理单元的相互作用与相互联系，在纵向维度体现为生态、环境、经济、资源、交通等微观领域的一一对应关系，包括以下五个方面。

（1）陆地生态子系统和海洋生态子系统构成海岸带生态子系统，涵盖了滨海湿地、河口、海湾、海域、海岛、沿海山体、防护林、河流、农田等各类生态系统。陆地生态子系统和海洋生态子系统通过水循环和大气循环等自然过程不停地进行着物质循环和能量流动，在长期演进过程中形成了一种动态平衡体系。任何一个子系统受到损害，都会影响两个子系统之间的物质与能量交换过程，从而导致海岸带生态平衡失调。

（2）陆地环境子系统对海洋环境子系统存在单向制约作用。陆地环境子系统中的工业废水、生活污水、农业面源污染物、固体废弃物等大都通过径流过程或管道进入海洋，使海洋环境子系统长期承受巨大压力。

（3）陆地经济子系统和海洋经济子系统存在协同与竞争关系，陆地经济子系统对海洋经济子系统还具有支持作用。海洋产业发展的诸多环节对陆地具有较强的依赖性，需要陆海产业相互衔接和配合，在此过程中也带动了陆地经济发展。由于海洋经济起步较晚，而陆地经济发展已经比较成熟，现阶段陆地经济子系统中先进的技术、制度、资金和人才等要素向海洋经济子系统流动的趋势比较明显。此外，陆地经济子系统与海洋经济子系统还存在竞争关系，最为突出的是对岸线空间的竞争，很多非赖水的陆地产业在岸线布局，挤占了海洋产业的发展空间。

（4）陆地资源子系统和海洋资源子系统存在互补关系，两者共同支撑国民经济和社会发展。现阶段，由于陆地资源日渐枯竭，海洋的资源优势正逐渐凸显，成为新时期国民经济社会发展的重要支撑。

（5）陆地交通子系统和海洋交通子系统存在衔接关系。海洋交通子系统在国家对外开放中承担着重要角色，陆地交通则在促进生产要素在内陆与沿海之间流动方面发挥着重要作用。两者只有在海岸带地区充分衔接，才能提升国家交通整体运输能力。而且，任一子系统结构与功能的不完善都会降低交通子系统的整体运行效率，具有典型的"木桶效应"。

为进一步分析陆地和海洋在空间开发与保护中的综合关系,将人地(海)关系、区域空间关系与陆海关系融合,形成了横纵结合的陆海空间综合关系,包括:①陆地生态子系统和海洋生态子系统具有整体性特征,两者相互依存,不可分割,共同支撑经济子系统、资源子系统和交通子系统的发展;②陆地经济子系统、陆地资源子系统和陆地交通子系统对陆地生态子系统和陆地环境子系统具有损害作用,并进一步对海洋生态子系统和海洋环境子系统产生损害作用,同时,经济子系统能够向生态子系统和环境子系统输入资金、技术等要素,通过整治修复提升其系统结构与功能;③陆地经济子系统和海洋经济子系统具有竞争与协同关系,陆地经济子系统对海洋经济子系统还具有支持作用;④陆地资源子系统与海洋资源子系统具有互补作用,共同支撑经济子系统的发展,现阶段海洋资源子系统对经济子系统的支持受到关注;⑤陆地交通子系统与海洋交通子系统具有衔接关系,共同支撑经济子系统的发展。

第四节　陆海统筹的总体要求与实现机制

一、海岸带复合系统协调的目标与原则

2019 年 5 月《中共中央 国务院关于建立国土空间规划体系并监督实施的若干意见》明确指出"国土空间规划是对一定区域国土空间开发保护在空间和时间上作出的安排"。因此,国土空间规划主要关注宏观层面上开发与保护的时空安排,侧重于协调不同空间的诉求和矛盾。在国土空间规划中落实陆海统筹也就是协调海岸带空间各类开发与保护矛盾的过程,从系统论视角来看,也就是调控海岸带复合系统内部之间及海岸带复合系统与外界环境的各种相互作用关系,并最终使海岸带复合系统达到协调状态的过程。

根据系统协调理论,复合系统整体功能的实现有赖于各子系统功能的完善及相互协同,但复合系统与其子系统、子系统与子系统的目标很可能不一致。系统的整体性要求我们处理系统内部矛盾和冲突时,要着眼于全局,以复合系统的整体目标代替子系统的目标,并明确各子系统的调控原则,纠正子系统的运行偏差。因此,在应对海岸带地区当前挑战和长远风险时,必然要以生态文明和高质量发展理念作为引导与约束复合系统及子系统发展的根本遵循:生态子系统和环境子系统要加强生态保护和环境治理,资源、经济、交通等包含人类活动的子系统要发展生态友好型的空间利用方式,提高空间和资源利用效率,减少对生态空间的占用和干扰(表 3-1)。

表 3-1　海岸带复合系统的发展目标与原则

系统		原则
复合系统	空间发展质量、效率更高	空间发展更可持续
经济子系统	产业结构不断完善,经济总量不断增加	避免空间闲置或低效利用,减少对生态环境的损害;加大整治修复投入
资源子系统	提高资源开发利用水平,满足经济发展的资源需求	控制资源利用总量,提高利用效率,减少对生态环境的损害

续表

系统		原则
交通子系统	完善交通网络，满足经济发展和资源运输的需求	避免过度超前建设，减少对生态环境的损害
生态/环境子系统	提高资源环境承载力，支撑经济社会发展	生态环境得到修复和改善

二、陆海统筹的实现机制

海岸带复合系统与外界环境、子系统与子系统之间时刻发生着物质、能量、信息和要素的交换。在任何一个交换过程中，必然存在一个输出系统及对应的一个或多个输入系统，输出系统输出的物质、能量、信息或要素对输入系统产生协同或制约效应。例如，①生态子系统向经济子系统输入氧气、食物等，支撑了经济子系统的发展，体现为生态子系统对经济子系统的支持作用；②陆地经济子系统向陆地环境子系统输入污染物，污染物再从陆地环境子系统进入海洋环境子系统，体现为陆地经济子系统对海洋环境子系统的损害作用；③陆地经济子系统与海洋经济子系统争夺生产要素，导致进入竞争弱势系统的生产要素减少，影响该系统的发展，体现为两个子系统的竞争关系，其中陆地经济子系统输出的资金、技术等生产要素进入海洋经济子系统，会促进海洋经济子系统发展壮大，体现为陆地经济子系统对海洋经济子系统的支持作用。

基于以上分析可以发现，影响系统协调发展的最关键因素是流动于系统之间的物质、能量、信息和要素。通过追溯系统物质、能量、信息和要素的产生与流动过程，基于海岸带复合系统的发展目标与原则，本书认为应从系统结构与功能、系统空间位置和系统输出内容三个方面进行综合调控（表 3-2）。

表 3-2　海岸带复合系统调控的主要手段

相互作用关系	系统结构与功能调控	系统空间位置调控	系统输出内容调控
{陆地生态⇆海洋生态}	"山水林田湖草沙"全要素保护，构建海岸带生态屏障	优化空间布局，避免岸上与岸下空间功能冲突	—
(陆地经济、交通、资源)→陆地环境→海洋环境	加强环境治理，改善环境	严格控制污染项目在沿河、沿海布局	减少陆源污染的产生
资源→{陆地经济⇆海洋经济}←交通	优化海洋产业结构，发展海洋高端产业	优化陆海产业布局，衔接各生产环节，协调空间竞争	推动陆地经济发展中的资本、技术、人才等向海洋流动
{陆地交通⇆海洋交通}	完善铁路网、公路网，加强内河航道整治	陆海交通网"最后一公里"衔接	—
{陆地资源⇆海洋资源}	提升海水淡化、海洋油气开采等海洋资源利用能力	—	推动陆地资源开发中的资本、技术、人才等向海洋流动
海岸带⇆海洋灾害	完善防灾减灾设施，保护生态系统，提高抵御灾害的能力	避让海洋灾害高风险区域	避免过度开发导致泥沙、淡水入海总量大幅减少等

注："→""←""⇆"代表作用的方向；"( )"代表隐含的子系统及其影响；"{ }"代表系统具有整体性
"—"代表无此内容

（1）完善系统结构与功能。系统结构与功能决定了其对外输出物质、能量、信息和要素的能力，并进一步影响其对其他子系统协同或制约作用的强弱。在国土空间规划中，可以通过空间资源的倾斜配置和相关保障措施的完善，支持某些子系统不断完善结构与功能，从而增强其对其他子系统的协同效应，提升复合系统整体功能。

（2）科学调整系统空间位置。任何空间均会通过资源环境溢出、经济溢出、知识信息溢出、公共设施溢出等形式的空间外溢效应与周边空间发生相互作用。空间位置的远近决定了某一子系统的空间外溢效应对其他子系统影响的强弱。因此，在国土空间规划中应进一步优化国土空间布局，使具有协同关系的子系统空间相邻，具有制约关系的子系统空间远离，从而提高子系统之间的正向促进作用、减少负向抑制作用。

（3）加强对系统输出内容的管控。系统输出的内容既可能促进其他子系统发展，又可能抑制其发展。在国土空间规划中，一方面可以通过完善用途管制手段，强化对子系统内部活动的科学管控，抑制其产生负外部性的行为；另一方面可以通过建立和完善激励机制，促进有益的物质、能量、信息或要素向特定子系统输入，从而发挥系统间的协同作用。

三、陆海统筹的深化方向

1. 构建陆海一体化的空间新格局

针对现实中各类空间利用活动争夺发展空间的现实困境，应立足海岸带复合系统发展目标，从全局谋划，合理调控各子系统的范围与边界，促进目标相同或相近的子系统协同发展，按照"明确发展定位→协调陆海空间功能→统筹开发与保护"的思路，统筹陆海国土空间开发布局，调整和推动沿海地带及海域发展空间布局优化，构建海岸带空间新格局。在宏观层面，深刻认识海洋在区域发展中的战略地位，明确海岸带空间主导属性和发展方向，实现陆海主体功能协调统一。在中观层面，坚持区域土地规划、主体功能区划、城乡建设规划、海洋功能区划的统一，统筹海岸带范围内陆域、海域、岸线的基本功能，打造合理的"三生"（生态、生产、生活）空间格局；以资源环境承载力和国土空间开发适宜性评价为基础，开展国土空间规划分区及用途管制规则制定，促进海岸线两侧空间整体功能协调；科学划定三条控制线，强化底线约束，协调好生态空间、生产空间和生活空间的矛盾；立足海岸带综合管理需求，把海岸带划为严格保护、限制开发和优化利用三类空间，制定分类管制措施。在微观层面，统筹生态保护、环境治理、城镇建设、经济发展、资源利用、交通设施建设、防灾减灾等各类空间需求，实现陆海空间协调有序利用。

海岸线作为陆海相互作用最强烈的过渡地带，是人地（海）关系、区域空间关系和陆海关系矛盾最突出的区域，要重视以岸线科学配置协调各类空间矛盾，以资源环境承载力评价和国土空间开发适宜性评价为基础，以自然岸线保有率为约束，合理安排渔业、港口、工业、旅游、生活等岸线功能，加强对自然岸线的保护与修复，促进临岸陆海空间功能协调。

2. 陆海生态环境系统保护、修复与治理

针对海岸带人文系统发展导致自然系统受损的严峻形势，应进一步重视陆海生态系统的整体性，以及陆地环境子系统对海洋环境子系统的负面影响，引导经济子系统的资

金、技术向生态子系统与环境子系统流动，推进海岸带生态环境保护与修复。在空间规划中，要牢固树立"碧海银滩也是金山银山"的理念，立足近岸海域、海岛、滨海湿地、河口、流域、山脉、防护林等生态空间的系统性、整体性和连续性，分别对海洋生态红线与邻近的陆地空间和陆地生态红线与邻近的海洋空间进行功能兼容性识别及调整，统筹划定或调整陆海生态红线，实现自然资源全要素保护与修复；要特别重视入海河流对近岸海洋生态系统的影响，以水为脉，加强"流域+海岸线"的"T"形生态廊道保护；要严格保护滨海湿地，合理规划涉水工程项目，减少人类活动对动物栖息地和水生生物洄游通道的干扰；要加强"湾长制"与"河长制"衔接，开展海湾和河流综合整治，通过清淤疏浚、退围还海、退养还滩等措施，保障入海河流生态流量，扩大海湾纳潮量，提升水体交换能力；此外，还要加强海岸带生物入侵管控与治理，维护生态系统稳定。

加强陆源污染物总量控制，强化源头管控。根据农业面源污染扩散规律，划定污染管控区，管控区内严格限制禽畜养殖，加强养殖污染排放与处置监管，并持续推进农药化肥减量增效。衔接"三线一单"成果，提高海岸带和流域地区的环境准入门槛，禁止高污染、高能耗产业在沿海布局，对不符合环保要求的企业实行退出机制。加强入海河流水质监控与污染治理，合理设置入海排污口。逐步完善城镇污水处理设施，提高污水处置率。

规范海上和海岸生产建设活动，减少对海洋环境的污染损害。根据海洋资源环境承载力，合理确定海洋开发建设强度。严格管控近海和滩涂海水养殖规模及方式，完善港口和船舶污染物处置方案及设施，加强临岸垃圾堆放、填埋和倾倒监管，减少塑料垃圾入海。

3. 推进陆海产业融合互动发展

陆海产业融合发展的关键在于促进资源、人才、技术、资金等生产要素在陆海之间自由流动，使有协同、互补关系的陆地经济子系统和海洋经济子系统集聚发展，并合理配置空间资源，减少空间竞争与冲突。在国土空间规划中，一是建立"远海-近海-近岸-陆域"多极有序的纵向发展格局：①在远海拓展开发区，推进油气开采、海洋牧场、海上风电等向远海布局，提高海洋资源开发能力；②在近海优化利用区，协调海底电缆管道、航道、海水养殖、捕捞等空间利用的矛盾，控制养殖规模；③在近岸生态与产业协调区，保护近岸自然生态空间，鼓励滨海旅游、休闲渔业等生态导向性空间利用模式，优化近岸港口、临港产业、城镇建设布局，加强空间管控，提高空间利用效率，避免同质化发展；④在陆域链条延伸区，加强陆海产业园区联动，引导非赖水产业向陆域纵深布局，完善陆海综合交通网络。二是建立湾区协同互补、相互促进的横向发展格局。根据湾区资源禀赋和产业基础，明确区域发展方向，打造差异化的湾区产业集群：①立足区域和腹地发展需求，推动港口转型升级，打造具有竞争力的临港产业集群，鼓励发展核能、海水淡化、海工装备制造等高端产业及其衍生产业；②完善住宿、交通、购物、文化等配套设施建设，以滨海旅游为重点，推进"五大幸福产业"融合发展，并由沿海一线向内陆全域延伸；③完善渔港基础设施建设，打造具有复合功能的渔港经济区，延伸传统渔业产业链条，促进海洋牧场、休闲渔业、海洋生物医药业、冷链物流业、海产品加工等融合发展。

4. 推进陆海交通设施衔接

完善陆海综合交通运输体系最重要的是加强陆地交通子系统与海洋交通子系统的衔接，全面打通沿海与内陆的物流通道。在海岸带地区的空间规划中，要重视铁路、公路、内河航运等陆域基础设施与港口、临港产业园"最后一公里"的衔接，促进港口、临港产业园区、渔港及配套的冷链物流园区等与陆地交通设施衔接，畅通港口-铁路、港口-公路运输通道。在流域层面的空间规划中，要加强深水航道整治，科学规划水利工程及配套过船设施建设，推进江海联运船型标准化，以提升江海联运效率为目标。

5. 强化海岸带资源与空间利用管控

经济、资源、交通等子系统发展中的负外部性不可避免，但要完善其系统内部约束机制，尽量减少对生态子系统和环境子系统的影响。在国土空间规划中，应立足海岸带资源环境问题的特殊性，不断完善空间管制手段，重点包括：①完善海岸带地区围填海、自然岸线利用、海水养殖、海砂开采、地下水开采等空间利用总量管控制度，基于资源环境承载力评价，划定海砂开采、地下水开采等特殊管控区，实行严格保护，确保资源合理有序开发和高效利用；②统筹生态保护、防灾减灾、景观保护等需求，划定海岸建筑退缩线，严格控制新增开发建设项目，退缩线内严禁布局非赖水产业，保护滨海湿地、沙滩和礁石；③加强岸线邻近陆地和海洋区域的开发利用管控，有序清退向海一侧的滩涂养殖活动和拆除向陆一侧的违法建筑物，引导不符合生态功能的开发利用活动退出生态岸线；④推进海岸带保护立法，明确各部门管理职责，建立和完善海岸带管理协调机制，提高海岸带综合管理能力。

6. 加快推进陆海统筹专项立法

法律是最权威的管理手段。目前，我国与陆海统筹相关的法律以部门海岸带管理的行业性法律为主，并且各类法律法规的规范标准不一，在执法过程中会出现相互抵触或纠葛不清的现象，因此，亟须通过立法来明确法律效力范围，界定海岸带概念及相关术语和各部门海岸带管理界限，划定海岸带政策全生命周期，指导各地方政府在不违背陆海统筹相关法律的背景下因地制宜，探索制定适合地方的海岸带管理规范，使得解决陆海统筹过程中遇到的各种管理冲突有法可依，促进陆海经济的协调可持续发展和海洋强国建设。

7. 积极推行公众和利益主体参与管理

从规划角度上，国土空间规划陆海统筹问题涉及面广，涉及"海"与"陆"两种区域范畴，在管理对象上既有海域又有陆域，牵涉众多利益主体。在空间规划的编制与实施过程中，应充分调动社会公众参与的积极性，保障利益主体的知情权和发言权，允许他们根据自身的发展要求和价值取向，结合地方实际情况，广泛参与空间规划的决策。这种社会参与，不是告知式地让民众被动地参与规划，而是从顶层往下贯穿规划编制及实施的整个流程，使得最终形成的规划文本能够兼顾社会各阶层的利益诉求，成为一份具有共识性的共同契约。

　　从宣传角度看，改变重陆轻海的思维模式，要在全社会加大海洋知识和海洋国情的教育力度，在全体民众中树立起科学的海洋观，塑造一种了解海洋、热爱海洋、尊重海洋的文化氛围，将海洋文化教育与公民教育等充分结合起来，积极推动海洋旅游产业的发展，最终形成一种人类与海洋和谐共生的海洋文化，并使中国数千年来的大陆农耕文化与现代海洋文化相交融、结合，促进中华民族文化的繁荣与可持续发展。

　　陆海统筹是一个复杂的系统工程，是众多因素共同作用的结果，需要统一认识、统一组织、统一步调，需要协调各利益主体间的关系，统一规划海陆经济的增长目标，建立综合协调的管理机制。

第四章

我国海岸带开发与管理概况

第一节　我国海岸带资源环境开发利用现状

一、我国海岸带资源开发利用现状

1. 空间资源

1）岸线资源

海岸带是海陆相互作用的地带，海洋水动力作用强烈，海岸线的改变是各种因素相互作用的结果。根据相关统计资料，改革开放前我国的海岸线变化受自然因素影响较大，大多呈慢淤或稳定状态，随着城市化和工业化的迅速发展，特别是自从 20 世纪 90 年代以来，大量的围海养殖、填海造地工程导致海岸线发生了巨大变化。根据遥感影像，我国大陆海岸线总长度从 1990 年的 17 937.8km 增加到 2013 年的 18 983.34km，这一长度与《中国海洋统计年鉴》公布的 18 000km 相比，多了 983.34km，偏差率为 5.46%。岸线类型上，自然岸线逐年减少，人工岸线不断增加。从总体情况来看，我国人工岸线占全国大陆海岸线的比例已经达到 56.29%；从各省（区、市）来看，以上海市为界，北方各省（市）的人工岸线占比都超过了 50%，其中上海市、天津市已经全部为人工岸线，南方各省（区）中，海南省、广西壮族自治区和福建省的自然岸线占比较高，均超过了 50%。

从利用强度角度看，大量的人工岸线集中在环渤海和浙闽粤沿海。自然岸线在一定程度上会影响人工岸线的形成。例如，基岩岸线集中分布的辽东半岛、山东半岛及杭州湾一带的浙闽粤等地区适宜建设港口码头，所以交通岸线多集中在此，并且这些地区较适宜发展滩涂养殖业，从遥感数据来看，广东省和辽宁省的围池堤坝占据较高的比例。

2）海湾资源

根据《联合国海洋法公约》第 10 条第 2 款的相关规定，海湾为凹入陆地的明显水曲，其面积要大于或等于以曲口宽度为直径的半圆面积；根据《海洋学术语 海洋地质学（GB/T 18190—2017）》，海湾的定义为"水域面积不小于以口门宽度为直径的半圆面积，且被陆地环绕的海域"，其内涵与联合国规定的基本一致。海湾最突出的自然属性就是环境条件相对封闭，风浪较小，水交换周期长。在我国辽阔的近海疆域中，存在诸多的大型、中型和小型海湾。根据《中国海湾志》初步统计，我国海湾数量众多，面积在 100km^2

以上的有 50 多个，面积在 $10km^2$ 以上的有 150 多个，面积在 $5km^2$ 以上的有 200 个左右。我国著名海湾主要有渤海湾、辽东湾、莱州湾、胶州湾、象山湾、厦门湾、大亚湾、湛江湾和海口湾等。自古以来，我国劳动民众就开发利用海湾，在海湾中兴鱼盐之利、行舟楫之便，取得了巨大成绩。自新中国成立以来，特别是自改革开放以来，不但传统开发项目得到发扬光大，而且增加了许多新的开发项目。概括起来说，我国海湾开发利用取得的成就主要包括港口资源的开发利用、水产资源的开发利用、土地资源的开发利用、旅游资源的开发利用、海水化学资源的开发利用及矿产资源的开发利用等。

我国海湾自然条件优越，在国家现代经济建设和社会发展中的战略地位非常重要。海湾优良的驻泊条件使其成为海路交通枢纽，如胶州湾的青岛港、厦门湾的厦门港、大亚湾的惠州港等。海湾独特的区位和资源优势使其成为临海工业基地，如大连湾的造船基地、大亚湾的南化石化基地和大亚湾核电站等。海湾良好的地理位置、丰富的腹地资源和优美的自然环境使其成为重要城市，如依托深圳湾、大鹏湾和大亚湾的深圳市，依托胶州湾的青岛市，依托厦门湾的厦门市。同时，海湾丰富的饵料生物和相对封闭的自然条件使其成为重要的海洋生物产卵场、育幼场和索饵场，是重要海洋经济生物的摇篮，如渤海湾、莱州湾、大亚湾等。由于海湾具有风浪少的优点，因此其成为重要海水养殖区域，包括海域网箱养殖（如大亚湾、象山湾等）和陆域（滩涂围海）海水养殖（如胶州湾、大亚湾等）。鉴于海湾具有极其重要的地位，维持海湾可持续发展是国家的重大战略。

3）滩涂资源

现在滩涂一般多指沿海滩涂。海洋行政主管部门将滩涂界定为平均高潮线以下、低潮线以上的海域，国土资源管理部门将沿海滩涂界定为沿海大潮高潮线与低潮线之间的潮浸地带。两部门对滩涂的表述虽然有所不同，但可以看出滩涂既属于土地，又是海域的组成部分。我国的滩涂主要分布在北起辽宁，南至广东、广西和海南的海滨地带，是海岸带的一个重要组成部分。根据沿海 11 个省（区、市）的海岸带调查资料，我国滩涂总面积达 217.09 万 hm^2，其中 95% 以上分布在大陆海岸线的潮间带，而岛屿滩涂资源较少，占全国滩涂总面积的 5% 以下。按滩涂资源分布的地形部位，可将我国滩涂资源分为海滩涂、滩涂沼泽地和河（江）滩地等种类。海滩涂是滩涂资源的主体，分布范围最广，面积最大，占全国滩涂总面积的 80.6%。滩涂沼泽地分布在大潮高潮线附近，占全国滩涂总面积的 14.5%。河（江）滩地面积最小，仅占全国滩涂总面积的 4.9%，在浙江和鲁北两岸段分布最多。

目前，我国的海岸线仍继续向海发展延伸。据不完全统计，我国沿海 68 条主要江河水系多年平均的入海沙量为 15.5 亿 t，黄河最多，达 8.2 亿 t，长江为 5.3 亿 t，珠江为 0.8 亿 t，这是我国海岸带造陆以扩大土地资源的主要物质来源，决定着各个岸段滩涂资源的扩展速度。

2. 油气资源

海上石油资源初步探明储量达 400 亿 t 左右，天然气储量达 14 万亿 m^3 以上，大陆架石油的远景储量达 2700 亿 t，成为我国陆地油气田的战略接替资源。根据多年来的勘探，我国海滩及浅海地区石油资源为 30 亿～35 亿 t；东海盆地、珠江口盆地、北部湾、渤海湾盆地等都是海洋石油资源丰富的地区，通过进一步勘探可以找到更多的石油地质储量。南海大陆架的莺—琼盆地是海洋天然气生成和储集条件优越的地区。冲绳盆地和南沙群岛海域有 13 个储油盆地，估计油气资源量为 160 亿 t，只要加快勘探，可获得更多的后备油气储量。

3. 生物资源

海岸带由于具有丰富的自然资源、特殊的环境条件和良好的地理位置，成为区位优势最明显、人类社会与经济活动最活跃的地带。海岸带地区拥有芦苇、海藻、海洋微生物、红树林等生物资源，同时它又是鱼类、贝类及哺乳动物的栖息地，为大量生物种群的生存、繁衍提供了必需的物质和能量。据统计，海岸带滩涂底栖生物资源超过 1500 种，浅海区域底栖生物资源有 2200 多种。

4. 矿产资源

海岸带是海陆过渡的一个独立地质环境体系，也是海陆地质相互作用最为强烈、地球动力作用最为复杂、矿产资源最为丰富的开放空间系统。例如，山东省海岸带的矿产资源分布广泛，资源储量丰富，主要包括陆架区的石油与天然气、海底煤田、海底金矿、滨岸地下卤水、滨海锆英石砂矿、滨海玻璃用砂，以及海岸带陆地矿产煤、油页岩、金、银、铁、铜、铅、锌、石墨、滑石、蛇纹岩、饰面花岗岩等，沿海岸带已查明矿产 44 种（含亚矿种），其中能源矿产 6 种、金属矿产 10 种、非金属矿产 26 种、水气矿产 2 种，矿产地有 399 处。

5. 港口资源

沿海港口作为国民经济和社会发展的重要基础设施，有力地支撑了经济、社会和贸易发展以及人民生活水平的提高，对于综合运输网的完善等具有十分重要的作用。我国现有沿海港口 150 余个，初步形成功能定位明确的五大区域港口群。

环渤海地区港口群主要由辽宁、天津、河北及山东的沿海港口群组成，服务于中国北方沿海和内陆地区的社会经济发展，其中辽宁的沿海港口群以大连东北亚国际航运中心和营口港为主，天津和河北的沿海港口群以天津北方国际航运中心和秦皇岛港为主，山东的沿海港口群以青岛港、烟台港、日照港为主。

长江三角洲地区港口群依托上海国际航运中心，以上海港、宁波港、连云港港为主，服务于长江三角洲及长江沿线地区的经济社会发展。

东南沿海地区港口群以厦门港、福州港为主，服务于福建省和江西省等内陆省份部分地区的经济社会发展及对台"三通"。

珠江三角洲地区港口群由粤东和珠江三角洲地区的港口组成，依托香港经济、贸易、金融、信息和国际航运中心的优势，在巩固香港国际航运中心地位的同时，以广州港、深圳港、珠海港、汕头港为主，服务于华南、西南部分地区，加强内地与香港的交流。

西南沿海地区港口群由粤西、广西沿海和海南的港口组成，以湛江港、防城港港、海口港为主，服务于西部地区开发，为海南扩大与岛外的物资交流提供运输保障。

6. 旅游资源

我国海岸带具有开发价值的景点有 1500 多处，规模较大的滨海沙滩有 100 多处，重要景区有 273 处，有开发价值的岛屿有 301 处，是发展海洋旅游业的重要基础，已开发的旅游资源有各种类型的海洋景观、岛屿景观、奇特景观（如涌潮）、生态景观、海底景观及人文景观。但目前已经开发或部分开发的只有 350 多个旅游景点，还不到总数的四分之一，我国海岸带旅游资源开发处于初级阶段，发展潜力巨大。

二、我国海岸带资源环境压力

1. 自然岸线保有压力较大

2007 年以后，环渤海地区和长江三角洲地区围填海造地的速度加快，大量的海岸线被人工改变。一般情况下，围填海工程的实施将对海岸线裁弯取直，会减小海岸线的长度，但我国整体岸线的长度在不断增加，分析其原因，主要是人为活动有时虽缩短了海岸线的长度，但有时也制造出了新的大陆海岸线。以具有典型特征的环渤海地区为例，随着填海造地工程等的快速推进，大量的滩涂、盐田和水面等生态敏感度高的土地被大面积转化为建设用地。根据遥感影像，2000～2010 年环渤海地区填海造地总面积达到了 551.4km²，海洋开发规模扩大，局部生态环境的永久性改变和污染物排放的增加，给海洋环境带来了巨大压力。

2. 海湾生态环境恶化

近几十年来，随着我国沿海地区经济的快速发展，高强度人类活动已对海湾生态环境产生显著影响，对海湾的生态安全构成严重威胁。

（1）海湾环境污染严重，富营养化加剧。由于海湾及其流域的高强度人类开发活动，氮、磷及毒害污染物等大量输入湾内，对我国海湾水质和沉积物质量产生显著影响，我国多数半封闭性海湾水质污染严重，沉积物中痕量金属超标。

（2）群落结构异化，生物多样性降低。由于富营养化及营养物质组分结构改变等，我国海湾的生物群落结构发生明显变化。自 20 世纪 60 年代至 21 世纪初，胶州湾浮游植物优势种发生显著更替，中肋骨条藻等偏好富营养环境的藻类成为最明显的优势种，浮游植物多样性指数下降。

（3）海湾泥沙淤积，面积减小。海湾空间面积的缩减表现为自然岸线长度、滩涂面积、湿地面积及海域可利用面积减小，甚至海湾消失。近几十年来，我国围湾造地、围湾养殖等工程用海加速增长，改变了海湾岸线的自然属性，缩减了海湾面积及纳潮量，并导致海湾自然环境恶化、海湾正常功能退化。1973～2013 年，浙江三门湾大陆海岸线总体因人工围海造地和海岸开发而不断向海推进，海岸线总长度减小 40.18km，三门湾沿岸陆域面积共增加 155.89km²，海湾因潮流减小而产生淤积。

3. 滩涂湿地面积加速减小

沿海滩涂湿地拥有丰富的生物多样性，有多种栖息动物资源，是重要的鸟类迁徙中转补给站和越冬地、繁殖地。根据国家林业局第二次全国湿地资源调查（2009～2013年）结果，我国近海与海岸湿地面积约为 5.8 万 km^2，占全国湿地总面积的 10.85%，但与 2003 年第一次调查相比，减小了约 1.36 万 km^2，减小率约为 19.0%，远高于全国平均减小 8.8% 的水平。而纳入保护体系的仅约 1.4 万 km^2，保护率为 24.1%，远低于全国 43.5% 的平均保护率。大规模的围填海工程使环渤海地区成为我国滨海湿地和自然岸线丧失最严重的区域。自 1980 年以来，渤海湾损失的滩涂达 $530km^2$，占渤海湾滩涂总量的 59%。

4. 资源开发利用效率较低

我国港口重复过度建设导致岸线资源的巨大浪费，矿产资源的小规模、低技术开发使得近海生态环境压力增大，滨海旅游资源大多开发品质较低。我国海岸带资源虽然可开发利用潜力巨大，前景广阔，但海洋资源利用质量、效率、效益较低的局面仍未得到根本扭转。

三、小结

我国海岸带资源种类繁多、储量丰富、开发潜力巨大。随着我国海岸带开发进程的加速，海岸带资源开发利用在满足区域发展需求的同时，也面临诸多环境和生态问题，需要我们加深认识和作出系统调整。

第二节　沿海地方海岸带规划管理成效和存在问题
——以连云港市为例

一、规划管控空间存在重叠

连云港市规划管控空间存在重叠主要表现在海洋功能区划和国土规划。现行的海洋功能区划是国务院 2012 年批复的《江苏省海洋功能区划（2011—2020 年）》和江苏省人民政府 2016 年批复的《连云港市海洋功能区划（2013—2020 年）》，控制区域是海岸线至领海外缘线的管辖海域，明确了不同海域的主导功能及管控要求。《连云港市土地利用总体规划（2006—2020 年）》的控制范围为 0m 水深线，在 0m 水深线到海岸线之间的范围存在土地和海洋重叠管辖的问题，尤其是滩涂比较平缓的海域，重叠区域可能达到 6km 以上。此外，海洋功能区划与土地利用总体规划或城市总体规划还存在岸线不一致的情况。

二、海域使用功能冲突

城市规划、港口规划、旅游规划、滩涂养殖规划等通常与海洋功能区划的编制周期不一致，海洋功能区划有效期一般为 10 年，一般 5 年一调整，其他行业规划编制、调整周期不统一，会导致部分海域海洋功能区划确定的功能无法适应产业发展的需求，导致海洋功能区划被迫随着行业规划频繁调整，连云港市海洋功能区划就因港口建设需要进行过两次调整。连云港市各类规划的期限如图 4-1 所示。

图 4-1　连云港市各类规划的期限

三、技术标准不统一

各涉海规划的编制基础存在差异，规划步骤、方法、绘图、指标、程序、期限差别较大，且缺乏对比衡量标准，彼此难以互通及参考。此外，各部门均有对某一领域的专业或专项规划，存在客观的内部标准，即使资料实现共享，在实际规划中也很难跨越技术衔接等障碍，如坐标系的不一致。

第三节　海岸带地区多规重叠及管理冲突的根源

一、计划经济思想根深蒂固

各种规划都是政府调节社会经济发展的手段和措施，理应服务于社会经济发展，理论上不应该出现相互间的严重矛盾和严重冲突，"多规冲突"是中国社会经济发展特殊阶段的一种特殊现象。改革开放前，中国实行的是社会主义计划经济，全国性、区域性的土地利用总体规划需求并不迫切，城市规划也主要是配合国家工业赶超战略、国防安全、重大工程和重点项目选址。改革开放后，土地逐步成为地区之间、部门之间竞争的关键要素，政府需要根据全国或地区经济发展需求、粮食安全、生态安全的约束，调节土地要素在地区之间、部门之间的配置，因而编制土地利用总体规划、城市总体规划等多种空间规划以消除市场机制的缺陷成为一种重要方式。在社会经济快速发展释放巨大生产潜能的同时，也产生了诸多资源环境的矛盾和问题。

二、政府治理结构条块分割

从横向看，2018 年国务院机构改革前，空间管理条块分割、各管理系统运行相对封闭，各职能部门就不同空间问题和领域分头制定各自的管理技术标准和分区管制措施，继而编制了大量部门规划，致使部门规划自成体系、自圆其说，加之各部门在行政审批中互为前置、串联审批，致使审批效率低下，影响重大项目落地速度。同时，空间管理条块分割下的分头规划在应对经济社会发展复杂性和不确定性时带有明显的局限性，各职能部门多采用超出部门事权范围的规划延展方法进行应对，导致部门规划内容和深度不断扩张，交叉重叠又相互冲突。基于自利性价值取向，各职能部门在空间管理过程中存在有利相争、无利推诿的行为，难以引导空间资源有序开发和高效利用。

从纵向看，在我国规划实践中，中央和地方政府在财权、事权和空间发展权确立上存在矛盾，致使规划责任落实不足，主要体现在两方面：一是地方规划空间发展目标偏离上级既定目标。国家级规划多以可持续发展、人与自然和谐发展为根本出发点，基于国家利益和社会公共利益对空间资源进行优化配置，并要求各级地方政府层层分解落实，而地方政府在央地事权不清、分税制财政缺口、现行土地制度和政绩考核压力等多重因素影响下，势必过度依赖土地财政和规模增长，导致上下级目标不一致。二是上级规划战略性不足与地方规划操作性不强并存。由于中央与地方政府事权的不确定、财权与事权的不匹配，上级政府容易过度干预地方性事务、过度承担地方建设支出责任，导致上级部门对长期性、战略性和政策性问题研究不够深入，难以把握空间发展底线，而地方政府是地方事务的直接管理者，在处理纷繁复杂的地方性事务的同时，还困于上级的层层细节审查和监督，易导致地方规划更多地模仿迎合上级规划而非公众需求，致使规划可操作性不强，在一定程度上也造成了地方发展面貌大同小异。

三、规划公共政策属性缺失

空间规划是政府用于规范空间行为的一种手段和政策，并非一种全新的规划类型，其核心在于空间规划，不应该局限于部门规划，而应该成为政府的规划，即强调规划的空间性、综合性，而不是部门的专项性、分散性。还需要指出的是，空间规划不仅是一种空间管理技术手段，还是一项政府的公共政策。重大公共政策是否正确，左右着一个国家的兴衰。为实现公共政策制定的科学化，一是需要重视民间组织参与，以推动政策制定的科学化、民主化，为政策制定系统提供信息支持，还有利于加强对公共政策制定者的监督和制约；二是需要强化信息公开制度，优化制定程序，倡导公众参与。

四、规划局限于行政界线划分

我国目前的空间性规划过多局限于行政界线划分，忽略了密切的经济、社会、环境联系和功能联系，以及跨区域、多层级的衔接与合作。只有突破惯性思维和路径依赖，注重区域统筹和陆海统筹，才能处理好产业结构优化与产业布局调整、经济总量与质量提升、资源利用与生态环境保护、空间开发强度与利用时序等诸多问题。

五、规划空间信息集成应用不足

与欧美的发达国家相比，我国空间信息集成技术在政府管理和政策制定过程中的应用明显不足。研究建立基于社会经济发展总目标和总原则下的多规研制和调整的空间信息系统平台，将使多种规划的不协调性降至最低。因此，推动建立空间规划"数据驱动"管理模式，科学构建国土空间规划数据库，有机整合各级各类空间性规划和基础地理信息、项目审批信息、空间用途信息等，建立基础数据共享、监督管理同步、审批流程协同、统计评估分析、决策咨询服务的统一空间规划信息平台，可为规划编制和行政审批提供辅助决策支持。同时，逐步形成"一表填报、并联审批、限时办结"的项目审批新机制，使空间规划成果转化为空间管理的重要载体，加快推进政府职能转变。

第四节　我国编制海岸带规划的意义

一、编制海岸带规划的重要性

编制海岸带规划是建设海洋强国、拓展蓝色经济空间的重要举措。进入21世纪以后，我国进一步加强海岸带整体的综合开发，逐渐在沿海地区形成一条发展经济带。同时，随着"建设海洋强国"和"一带一路"倡议的建设的提出，保障海岸带地区健康、可持续发展的重要性愈发突出。编制海岸带规划是贯彻中央精神、落实深化改革任务的重要任务，也是贯彻落实党的十八届五中全会提出的拓展蓝色经济空间的重要举措。

编制海岸带规划是建设海洋生态文明、解决开发与保护矛盾的重要抓手。海岸带是海陆相互作用最强烈、地球表面最活跃、变化极为敏感的地带，生态系统最为复杂，同时，由于地理位置优越、具有极高的生产力和生物多样性，因此海岸带成为我国开发强度最大的区域，是开发与保护矛盾最集中的地区，需要通过编制海岸带规划来协调海岸带的开发和保护，为未来的发展提供决策，以提高海岸带地区资源的综合效益，实现可持续发展。

编制海岸带规划是推进海洋综合管理、实现陆海统筹的关键环节。2018年国务院机构改革前，国内海岸带地区规划和管理分属于国土、规划、环保、海洋等多个部门，各部门分别着重对陆域或海域进行规划和管理，缺少有效的衔接，致使规划和管理疏漏及"一女多嫁"现象并存。由于长期缺乏海岸带法律法规和政策规划，我国海洋综合管理工作一直难以真正推进，陆海统筹和区域联动等问题长期困扰着海洋工作者，在陆源污染防治、海洋经济调控和围填海集约利用等方面表现得尤为突出。因此，对海岸带地区进行科学合理的规划，是实现陆海统筹、一体化协调发展的关键环节。

二、编制海岸带规划的紧迫性

海岸带面临的普遍压力日益加剧。城市化、工业化、人口集聚是海岸带面临的普遍压力，而这些因素造成的海滨资源开发与保护的矛盾，成为世界海岸带面对的首要压力。随着我国沿海城市的不断扩张，城市海岸带的开发活动已从简单索取型向复杂开发型迅速发展，尽管城市海岸带资源有限，但是仍然被不同群体所占用，各种滨海开发活动杂糅，而且往往不能互相适应，这就导致重要的海岸带资源被浪费，甚至威胁生态环境。面对日趋明显的发展压力，迫切需要以生态优先为核心的海岸带规划来优化海岸带资源的利用模式，处理海岸带发展与环境保护之间的矛盾。

可持续发展面临的威胁不容轻视。由海岸带管理不善造成的城镇建设用地无序扩张（园区产业同构）、海岸侵蚀、水土流失、生物多样性丧失、海洋环境污染加剧等问题正逐渐引起相关部门的关注。根据政府间气候变化专门委员会（IPCC）的估计，极端气候如海啸、飓风、风暴潮等给海岸带带来的加速岸线侵蚀、诱发沿岸洪水、破坏沿岸保护区和基础设施等灾害损失在未来也将不断增加。制定切实可行的海岸带规划方案，保护海岸带资源和生态环境，成为当今海岸带规划和管理的主要任务。

地方要求多规融合的呼声越来越大。我国沿海省（区、市）陆地规划体系和海洋规划体系并存，规划的种类、系统庞杂，数量繁多。在这样的情况下，就容易出现各种问题，尤其是在实践的过程中，各规划体系定位不清，部门之间权利相互僭越的现象层出不穷。从当前规划编制实施的技术层面看，一些表象性矛盾已经成为地方推进多规融合的导火索，如同一地区的各类规划采用的基础数据不统一、规划期不统一，对地区发展目标、发展定位不统一，对空间部署不一致，以及分类标准不统一等。这些矛盾与问题导致地方发展目标导向模糊、土地资源错配，加剧了地方发展的资源供求矛盾。

第五节　海岸带规划亟须解决的核心问题

一、基于现有海岸带规划的总结分析

"发展与保护，利用与储备"是我国海岸带面临的主要矛盾，综合我国海岸带规划实践，梳理出我国海岸带规划面临的海岸带共性问题。

1. 海岸带资源保护方面

随着城市发展及围填海的逐年推进，自然岸线不断减少。同时，海岸线还存在较为严重的超前开发、低效占有、无序圈占等现象。

滨海湿地生态退化。侵占滨海湿地的现象非常严重。部分地区沿海防护林人为破坏严重，部分林地质量较差，防护林体系脆弱；工厂化养殖不断抽取地下水造成海水倒灌，改变河口地区水质；废水排放威胁河口湿地生态环境等。

海滨景观碎片化。一些地方不合理的开发挤占了沙滩、礁岩、湿地、防护林，部分地区低效开发，导致局部景观碎片化。此外，我国海洋保护区数量少、面积小、级别低，也使得生态景观存在碎片化现象。有些岸段建筑物密度过高且离岸过近，影响了景观的协调性，而且损害了海岸带的功能。

2. 海岸带环境质量方面

近岸海域环境污染严重，水质下降。受陆源污染物排放、大气污染物沉降、海洋自源性污染等因素影响，我国海岸带部分地区海水及沉积物污染较为严重。主要原因是陆海管理标准不统一、陆海设计标准不统一、管理单位和管理标准不统一，城镇污水排放标准低于地表水排放标准，而地表水排放标准又低于海水水质标准，越往上游水质标准越低，使得入河、入海的水质均未能达到下一级接纳系统的标准，因此作为下游接纳系统的海域污染更为严重，难以自净。

生物多样性下降明显。例如，南海北部大陆架底层渔业资源密度已不足 20 世纪 70 年代的 1/9。

3. 海岸带开发布局方面

空间结构和产业布局不尽合理，海岸带保护和开发功能之间存在冲突，主要表现如下。

港口设施和产业园区重复建设现象依然严峻。无论是港口资源条件优越的沿海城市，还是地处泥质岸段的城市，港口发展无序竞争的现象非常普遍，港口设施重复建设现象较突出。港口资源开发各自为战，海港陆域和航道利用效率不高。沿海重大项目和工业园区缺乏区域协调，存在重复建设问题，且临海工业园区占地规模偏大、集约化程度偏低。此外，普通工业具有沿海线性布局的趋势和风险。

局部城镇新区未能集聚足够的人口和产业，用地、用海空间闲置问题亟待解决。

陆海两域功能不协调。例如，在空间分布上，深圳市海岸带地区呈现"陆地西城东愁、海域西疏东密"的使用情况，西部海岸带陆域开发较为密集，海洋利用主要为航道和少量锚地；东部陆域空间大部分为自然山体，除盐田港区外，大部分为休闲旅游功能，城市密度相对较低，海域利用较为密集，分布大量锚地、渔业及工业用海项目。因此，深圳市西部面临功能转型，海域修复是关键；而东部的核心是功能整合。

4. 海岸带交通方面

我国沿海部分地方推进海滨大道建设容易诱发各种风险，如侵占海滩、毁林开路，损害海岸带的自然风貌，对海岸带自然生态也造成极大的破坏，加剧一般工业项目和房地产沿海滨的线性布局。

5. 海岸带防灾减灾方面

海洋灾害风险增加。我国海岸带地区灾害集聚，包括海水入侵、台风、赤潮、海岸侵蚀、燃油泄漏、水土流失等。例如，广东省约有 21.6% 的海岸线遭受不同程度的侵蚀，部分功能退化丧失，风暴潮、赤潮等海洋灾害频发，部分原因是缺乏事前防范的设计及治理机制。

6. 公众接近方面

海滨旅游景观资源的公共性受到损害。现实中，优质的海滨旅游景观资源往往为一些企业或团体所占据，影响海滨旅游岸线作为公共资源的开放性。此外，部分海滨岸线的建设地块过大，用地长边平行于海岸线进行布局，遮挡了城市海滨景观。

部分岸线贯通困难，设计管理水平有待提升。受重大项目设施影响，部分岸线难以对居民公共开放，亲水岸线整体贯通性一般。海滨岸线设计管理水平有待提升。部分海滨公园设计偏向硬质化，缺乏亲水体验。

7. 海岸带管理方面

海陆分治，海陆脱节，陆海统筹不够，海岸带规划功能不清，未形成陆海统筹的管理机制，随着陆海统筹保护利用需求的深化，各部门之间的矛盾逐渐显现，主要表现为：一是陆海界定不清，土地管理部门的陆域界线为低潮线，海洋管理部门的海域界线为高潮线，管理范围重叠；二是陆海管理分隔，"海洋管理部门不上岸、其他部门不下海"的管理机制缺位；三是管理职责不清，新兴用海项目涉及海事、海洋、规划、建设、旅游等多个部门，多头执法，审批复杂。

二、基于沿海城市调研的总结分析

1. 明确界定海岸带的空间范围

根据调研，海岸带范围自海岸线向陆扩展 10km，向海一侧至所管辖海域的外边界。由于现在的经济统计、区域管理一般都是以行政区划为统计范围，向陆扩展 10km 这个范围有可能仅是一个行政区划的一部分，也有可能超出一个行政区划的范围，统计难度、管理协调难度都较大，建议考虑以沿海县（市、区）陆域管辖范围为海岸带的向陆范围。

2. 海岸带区域相关规划主体之间的协调

2018 年国务院机构改革前，涉及海岸带的规划编制主体分属发展改革、海洋、建设、国土资源、环保等多个部门，各部门之间受到各种法律法规、技术规范等的影响，不同规划间的横向沟通机制不完善，效率也不高，建议国家层面通过海岸带规划来统筹研究，协调各部门规划立项、规划编制、规划审查，以及解决实施管理中出现的矛盾，形成一套部门间协作的管理流程，提升沟通效率。

3. 空间规划和其他海洋规划的关系

在各类海洋规划中，海洋功能区划是海洋空间规划中最为核心的规划，理应承担海洋规划中所有的空间事权。然而，其他海洋规划中也或多或少涉及空间及资源的分配，如港口规划对于海岸空间的开发利用进行了明确规划。建议海岸带规划编制充分吸取海洋功能区划的有关思想，并逐步取消其他涉海产业规划的空间指导和约束功能，统一由海岸带规划对海洋空间进行划分和管理。

第五章

海岸带管理的制度探索

第一节 海岸带综合管理概述

一、海岸带综合管理的概念

1993 年世界海岸大会的有关文件对海岸带综合管理的定义为：海岸带综合管理是一种政府行为，协调各有关部门的海洋开发活动，应确保制定目标、规划及实施过程尽可能广泛地吸引各利益集团参与，在不同的利益中寻求最佳方案，并在国家的海岸带总体利用方面，实现一种平衡。1996 年国际知名海岸带管理专家约翰 R. 克拉克在其专著《海岸带管理手册》中指出，海岸带综合管理是通过规划和项目开发、面向未来的资源分析、应用可持续概念等检验每一个发展阶段，试图避免对沿海区域资源的破坏。2002 年世界银行指出，海岸带综合管理是在由各种法律和制度框架构成的一种管理程序的指导下，确保海岸带地区发展和管理的相关规划与环境、社会目标相一致，并在其过程中充分体现这些因素。我国著名海洋管理专家鹿守本认为，海岸带综合管理是高层次的管理，是海洋综合管理的区域类型，通过战略区划规划、立法、执法和行政监督等政府职能行为，对海岸带的空间、资源、生态环境及其开发利用进行协调和监督管理，以便实现海岸带资源的可持续利用。

但无论何种概念，其关键是要针对海岸带所涉管理和利益部门的多样性及复杂性问题，增强各部门之间的协调、合作，合理开发利用海岸带资源，维护海岸带生态环境，保证海岸带地区自然、经济和社会协调发展，实现海岸带地区的可持续发展（黄康宁和黄硕琳，2010）。

二、海岸带综合管理的特征

由以上对海岸带综合管理的定义可以看出，海岸带综合管理是动态的、多学科的、多部门的、强调可持续发展和利用的管理过程，涵盖了信息的收集、决策的制定及管理和监督的实施。具体来说，海岸带综合管理的特征主要包括以下几点。

1. 动态性

随着海岸带地区人口、社会经济、资源需求及开发利用程度的不断变化，海岸带地区的生态、地貌和水文等状况也不断变化，导致海岸带系统一直处于动态变化之中。这就要求在海岸带综合管理中，根据海岸带地区的变化，适时调整海岸带管理的政策、计划和规划，使海岸带开发利用管理和保护处于动态、连续的过程中。

2. 综合性

海岸带综合管理与分部门、分行业的管理相比，更强调"综合性"，其综合性主要体现在海陆间的综合、海岸带管理部门间的综合及各学科间的综合。海岸带既包括海域部分，又包括陆域部分，地理位置和生态环境特殊。它涉及的部门众多，除自然资源部门外，还包括农业农村、文化和旅游、生态环境、交通运输等部门，各部门因职责不同，利益出发点也不同，使得海岸带"综合"管理成为必需。另外，它所涉及的学科也很多，不仅包括地理、环境和生态等自然科学范畴，还包括管理、社会、法律、教育等社会科学范畴。

3. 协调性

海岸带综合管理涉及的部门、机构、团体、组织及学科等众多，其协调性主要体现在海岸带科学研究与政府行政管理之间的协调、各学科之间的协调、各机构和各团体之间的协调及各政府部门之间的协调等。通过这种多部门之间、多学科之间等的协调，可以使各利益相关者合理分配、利用和保护海岸带资源与环境，减少海岸带管理中的矛盾和冲突。

4. 可持续发展性

可持续发展的基本特征是保持生态持续、经济持续和社会持续。海岸带开发与管理中，不仅涉及海岸带自然资源系统和社会经济系统，还涉及局部利益与整体利益、近期利益与长远利益，它们之间具有很强的关联性和制约性。海岸带综合管理强调在这些关联性和制约性中找到平衡点，以实现海岸带的可持续发展。

第二节 基于陆海统筹的海岸带综合管理

我国海岸带北起辽宁省的鸭绿江口，南达广西壮族自治区的北仑河口，大陆海岸线长 1.8 万 km 以上，岛屿海岸线长 1.4 万 km 左右，海岸带总体为向东南外凸的带状弧形区域。作为改革开放的最前沿和保卫祖国的海防前哨，海岸带地区既是我国人口、资金、科技等最为集聚的"黄金海岸带"，又是陆海相互作用交错的生态脆弱区。2017 年，海岸带地区 11 个省（区、市）以约占陆地 13.5% 的面积，承载了全国 43% 的人口和 57% 的国内生产总值。海岸带地区已成为我国经济密度最高、综合实力最强、战略支撑作用最大的经济带。

同时，海岸带地区是受人口增长、城市化过程和海洋经济高速发展影响最为剧烈的区域。整体来看，我国单位人口海岸线资源稀缺，单位人口海岸线长度和单位土地海岸线长度与世界沿海国家的平均水平相比有一定差距。海岸带发展过程中存在陆海二元分割、区域发展失衡、产业结构趋同及粗放式发展导致资源环境代价过大等共性问题。截至目前，全国海岸线人工化的比例已达到 60% 以上，有些城市甚至已没有自然岸线。因此，海岸带协调发展问题成为社会关注的焦点。

党的十九大报告提出"实施区域协调发展战略""建立更加有效的区域协调发展新机制""坚持陆海统筹，加快建设海洋强国"。2018 年 11 月，中共中央、国务院就建立更加有效的区域协调发展新机制提出意见，要求"以规划为引领，促进陆海在空间布局、产业发展、基础设施建设、资源开发、环境保护等方面全方位协同发展。编制实施海岸带保护与利用综合规划，严格围填海管控，促进海岸地区陆海一体化生态保护和整治修复"。以上意见从国家战略层面，对海岸带地区的发展提出了更高要求，既要实现自身的高质量发展，又要与长江经济带、黄河生态经济带相协调，形成国家"合纵连横"的大战略格局。在此背景下，亟须建立制定陆海一体化的海岸带综合管理体系，以更好地保障海洋强国建设和区域协调发展（刘大海等，2019）。

一、海岸带是"山水林田湖草沙"生命共同体的典型区域

海岸带的海陆资源互为依托，陆海生态系统相互连通，生态功能相互融合，"山水林田湖草沙"之间存在生态连通性，是互依共存的生命共同体。

陆海生态系统相互融合。陆地与海洋是一个循环的生态圈，海岸带的水、土、生物等各生态要素之间普遍联系，"山水林田湖草沙"之间存在生态连通性。例如，陆源营养物质的输入，促进了海洋生物量的增长；海洋水汽的影响，造就了陆域茂盛的植被；河流对泥沙的输送，促进了滨海湿地的发育；鱼类在河流与海洋之间洄游、产卵与繁殖；鸟类在山林与沿海滩涂之间栖息、觅食。

陆海生态损害存在空间联系。海岸带的水、土、生物等各生态要素之间相互影响，"山水林田湖草沙"的生态损害也相互关联，即陆海生态损害存在空间联系。例如，河流水质污染，导致海洋环境质量损害，引发赤潮灾害；地下水过度开采，导致海水入侵、土地盐渍化；河流断流，输沙减少，造成滨海湿地退化；滨海湿地、红树林被破坏，引发沿岸地质灾害；堤坝建设，阻断鱼类洄游通道；填海造地，破坏鸟类觅食地和栖息地。

因此，海岸带的空间规划、用途管控和生态修复等工作，不能实施陆海分治的分割式管理，须从全局视角出发，统筹当前与长远、陆域与海域、需求与供给、发展与保护的关系，协调海岸带地区各类空间利用的需求，充分衔接毗邻区域海域与陆域功能发展和要素配置，根据自然生态功能内在联系、兼容关系及空间影响范围，寻求系统性的陆海统筹解决方案。

二、海岸带综合管理是实现陆海统筹的必然选择

造成陆海大管理"分割"的根源，正是海岸带地区部门之间和地域之间缺乏统筹协调机制。当缺乏一个制度化、长效性的机制时，"山水林田湖草沙"生命共同体的海岸带地区，跨自然地理单元、跨行业部门、跨行政辖区的统筹协调，不但效率低下，而且行政成本高，甚至会导致规划重叠和功能冲突。要破除上述三大管理"分割"，实现海岸带地区的陆海统筹和区域协调发展，科学合理管控陆域和海域的开发利用活动，改善海岸带地区日益恶化的生态环境，应从国家层面自上而下建立海岸带综合管理制度。

海岸带规划是建立海岸带综合管理制度的关键抓手。海岸带规划是针对海岸带各类

问题的综合协调规划，是"战略规划"与"业务规划"的统一，是"空间规划"与"发展规划"的统一，内容通常全面涵盖海岸带生态保护、产业发展、城镇建设、环境治理等要素，既指导海岸带总体开发保护框架的建立，又包含具体的管制意见。从海岸带综合管理流程看，海岸带规划承接前期的调查、分析和研究，接续后期的实施、监管和反馈，并制定整个海岸带综合管理的实施计划与步骤，是海岸带综合管理的关键步骤。从海岸带规划编制看，应以潮间带向陆和向海扩展 10km 的空间为重点，基于海岸带地区资源环境承载力、已有开发强度和发展潜力，统筹考虑沿海地区的人口分布、产业结构和布局，整体协调海岸带自然资源保护与社会经济发展的关系，建立科学合理的规划分区、用途分类和用途管制措施，严控负面清单产业的海岸带空间准入，鼓励海岸带地区经济高质量发展，构建海岸带地区陆海一体化的空间开发保护新格局。

海岸带立法是建立海岸带综合管理制度的法律保障。全球沿海发达国家都十分重视海岸带管理，并陆续出台了一系列法律制度，如美国的《海岸带管理法》、英国的《海岸保护法》、日本的《海岸法》、澳大利亚的《海岸保护与管理法》、韩国的《海岸带管理法》等。对于我国而言，海岸带规划乃至海岸带综合管理制度的核心内容是多部门、多领域的规划和管制政策及综合性的统筹协调机制。这种跨领域、跨部门、跨区域，且自上而下建立的管制政策和统筹协调机制必须通过法律这一位阶的规范性文件来保障，离开了法律的"保驾护航"，海岸带综合管理制度很难发挥预期的效果。只有通过法律的形式，才能从顶层搭建一个宏观统筹的政策体系和协调机制，包括设立和分配统筹协调的权利与义务，确立海岸带综合管理追求的总体目标、遵循的基本原则及评估审查制度等。

三、推进海岸带陆海统筹管理改革的建议

强化前期研究，不断推进海岸带规划工作。海岸带地区是推进陆海统筹发展、绿色协调发展与经济高质量发展的关键领域和战略平台。海岸带规划是完善陆海统筹国土空间规划体系的重要内容，是优化近岸海域国土空间布局、拓展海洋经济发展空间、实现"多规合一"的"主战场"。建议强化海岸带规划前期研究，充分认识海岸带规划与市场机制、陆海统筹、自然资源、生态环境、空间管制等方面的内在联系和逻辑关系，既充分考虑海洋国土空间及其开发保护活动的特殊性，又确保海洋空间的规划分区、用途分类和管控办法在指导原则、技术路线、管控原则等方面与陆地逻辑统一，在海岸带综合管理上实现协调和衔接。为统一行使全民所有自然资源资产所有者职责、统一行使陆海国土空间用途管控和生态保护修复职责打好基础；瞄准"高质量"目标，立足"大开放"格局，把握"大区域"尺度，围绕处理好保护与利用的关系，以推动社会、经济、自然协同发展为思路，全面推进海岸带规划工作，适时将其上升为国家海岸带中长期发展战略，与长江经济带和黄河生态经济带共同构成"两横一纵"的国家空间战略新格局。

全面梳理现行相关法律法规，着力推动《海岸带管理法》出台。海岸带管理涉及陆海经济的多领域、多部门和多学科，制定专门的海岸带管理法律，强化海岸带的统筹协调，有助于实现对海岸带这一特殊地带的综合有效管理，从而确保海岸带资源可持续利用及综合效益水平之间的平衡。因此，从履行海岸带自然资源资产所有者职责角度出发，立足空间规划改革要求，开展相关立法活动。一方面，从全面审查现行法律法规和其他

规范性文件入手，查找和梳理其中存在冲突、重叠的条款及仍然存在空白的领域，尤其是可以被机构改革成果所消化和解决的内容，为海岸带立法工作做好准备。另一方面，以构建统筹协调机制为核心内容，以陆海统筹、部门协调和区域协调为目标，坚持保护优先、节约优先的原则，适时启动《海岸带管理法》立法工作。

第三节　海域用途管制

海域用途管制是国土空间用途管制体系的重要组成部分，是实现海域整体保护、系统修复和综合治理的有力抓手。重新审视现行海域管理框架下的用途管制制度，基于陆海国土空间统筹开发与保护的新要求，构建海域用途管制制度具有重要意义。首先，基于新时期国土空间开发与保护目标，明确海域用途管制的概念与内容，梳理现行海域用途管制的制度构架及管制缺陷；其次，从中央政府、地方政府和海域使用权人三个主体的利益目标及行为倾向入手，从维护国家利益目标的视角阐释海域用途管制的作用机制；最后，提出新时期海域用途管制的发展方向（李彦平和刘大海，2020a）。

海域用途管制是规范海域开发秩序、协调海洋开发与保护矛盾的重要手段。新时期构建海域用途管制制度，应立足海陆资源的互补性、生态的互通性和产业的互动性，将其纳入国土空间用途管制整体框架。统一的国土空间用途管制体系有利于加强陆海空间管制衔接，实现"山水林田湖草沙"一体化管制。同时也要认识到，海域与陆上国土空间在管理边界、资源开发、污染防治、生态保护等诸多方面存在较大差异，因此，必须在陆海统筹、全域覆盖的原则下，构建面向海域管理需求的用途管制制度。目前，管理领域和学术界均未明确"海域用途管制"的概念，以用途管制为核心的制度建设与管理实践尚需完善，因此，当下构建海域用途管制制度的首要任务就是要明确其概念与内容、现行制度的管制缺陷和作用机制及新时期的发展方向。

一、研究与实践进展

在国外，用途管制最早应用于城市土地用途管制。19世纪，工业化国家将城市土地分为商业区、工业区和住宅区，以减少生产、生活和商业活动之间的相互影响。第二次世界大战后，耕地和环境问题成为制约发达国家经济发展的瓶颈，土地用途管制的视角由城市转向农村，并得以进一步完善，逐渐成为世界各国土地管理的基本制度。土地用途管制在各国称谓不同，如美国、加拿大、日本等称为"土地使用分区管制"，瑞典称为"土地使用管制"，英国称为"都市土地使用管制"，法国、韩国称为"建设开发许可制"等（陆冠尧等，2005；陈利根，2002），但共同特征均是通过土地用途分区实现对土地开发利用活动的分类管控。

在国内，用途管制经历了"土地用途管制—分散的国土空间用途管制—全域全类型的国土空间用途管制"的发展历程。

（1）1998年修订的《中华人民共和国土地管理法》正式提出"国家实行土地用途管制制度"，确立了以耕地保护为核心的土地用途管制制度。该阶段的相关研究工作主要集中在土地用途管制的制度设计及改进、用途管制实施效果评价等方面。其中，前者重点关注管制刚性与弹性、土地用途分类、土地利用规划、配套制度建设等问题（程久苗，2000；张延昉，2011）；后者一般以耕地增量、城市化水平提高所需用地的增量等指标表征用途管制实施效果。例如，梁霄（2015）构建了城市化水平与建设用地面积的因果关系模型，通过分析建设用地面积增量判别用途管制效果；王雨濛（2010）通过构建 DEA 模型、张全景等（2008）通过构建虚拟变量模型测算了耕地保护绩效。

（2）经过多年发展，水资源、森林、草原、海域等其他类型国土空间（自然资源）也分别建立和实施了用途管制制度或具有用途管制理念的政策制度。由于不同类型空间（自然资源）分属于不同部门管理，各部门根据各自事权分别建立了用途管制制度，但此时各类用途管制制度相互独立、割裂，既存在职能交叉，又存在管理空白。与土地用途管制相比，其他各类国土空间（自然资源）用途管制制度建设相对薄弱，但基本包含了用途划分及分类使用、用途转用和监管三个主要环节。例如，水资源用途管制制度包含水资源立法与规划、分类管制、变更管控、水资源承载空间保护及监测监管等方面（赵培培等，2016；许敬和胡继连，2009）；森林资源用途管制制度包括经营商品林和生态公益林分类经营管理、林地用途转用管控、落实农民林木处置权、加强监管及追责等（翟洪波等，2014）；海洋领域尚未实行明确的用途管制制度，但周璞等（2016）认为，海洋领域实施的海洋功能区划制度即海域用途管制，并以海域使用审批和海域使用监督检查为行政手段，以海域有偿使用和海域征收补偿安置为经济手段。

（3）自生态文明体制改革以来，我国印发《自然生态空间用途管制办法（试行）》，将生态空间保护放到用途管制的重要地位。随着国家机构改革的持续推进，新时期国土空间用途管制制度的构建思路逐步清晰，基本要求是覆盖全域全类型，同时也要在构建科学合理的国土空间分区和规划体系、制定差别化管制政策、开发利用监测预警等方面加强研究与探索（祁帆等，2018；张建平，2018）。

二、海域用途管制制度现状

1. 海域用途管制的概念与内容

海域用途，即在人类有意识地开发利用海域过程中使海域显现出来的功能与特征（罗政军，2008）。本书语境下的"管制"属于政府性管制的范畴，指政府基于公共利益或其他目的，依据一定规则对特定对象经济活动进行限制或约束的行为（曾国安，2004）。因此，海域用途管制可以理解为：围绕海域用途，国家对海域使用权人开发利用海域行为的限制或约束。结合生态文明体制改革关于国土空间开发与保护的要求，海域用途管制可进一步引申为：在海洋国土空间规划确定海域用途及使用条件的基础上，国家使用强制力要求海域使用权人按照海域用途及使用条件进行开发利用，并严格限制海域用途变更的行为。

理论上，由海洋国土空间规划所明确的海域用途及使用条件是当前技术和管理水平下，对海域用途的最优选择。因此，要求开发利用活动遵循海域用途及使用条件是实现海域资源可持续利用的必然要求。为维护"用途"的权威性，海域用途管制应重点加强对以下三个环节的管制：一是海域空间准入许可，即通过海洋空间规划明确海域的用途及使用条件，对用海活动是否具有开发利用资格进行判别和筛选，对符合当前阶段发展理念和要求的用海项目给予准入资格，在源头上确保海域开发利用行为符合国家目标；二是海域用途转用许可，在实践中，某些项目用海可能不符合空间准入要求，但为支持国家战略、社会民生等符合公众利益的用海项目，允许海域使用权人在科学严谨评估并承担相应生态修复、生态补偿等任务的前提下，改变海域用途进行开发利用；三是海域开发利用监管，即对海洋开发利用的全过程监管，确保空间准入和用途转用环节要求的前置条件能够得以遵循，最终实现海域开发与保护的总体目标。

2. 海域用途管制的制度构架

海域用途管制不是一项简单的管理制度，而是由诸多制度构成一个体系。自 2002 年开始施行《中华人民共和国海域使用管理法》，我国海域管理制度建设开始步入快速发展阶段，用途管制制度体系也逐渐建立和完善。经过近 20 年的发展，我国海洋领域形成了以《中华人民共和国海域使用管理法》为依据，以海洋功能区划为基础，包含用海预审和审批制度、海域使用论证制度、围填海年度计划制度、海洋保护区制度、海洋生态红线制度、海域动态监视监测和海洋督察制度等具体手段的海域用途管制制度体系，涵盖了海域空间准入、海域用途转用和海域开发利用监管三个主要环节（图 5-1），形成了以资源环境保护和海域节约集约利用为核心的用途管制理念。

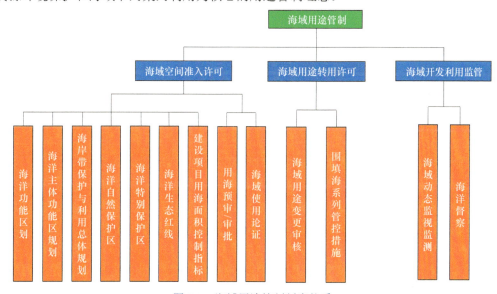

图 5-1　海域用途管制制度体系

1）海域空间准入环节

空间准入是海域科学利用的"闸门"，各类准入要求、条件体现了国家在当前发展阶段的目标取向，共分为以下两类。

第一类是明确空间保护要求和开发利用条件（表 5-1），并要求开发利用活动严格遵守：①海洋功能区划、海洋主体功能区规划、海岸带保护与利用总体规划对海洋空间进行分区，并明确不同分区的开发与保护要求；②海洋自然保护区、海洋特别保护区、海洋生态红线通过明确禁止类、限制类开发利用活动，以及允许类活动必须遵循的要求和限制条件，以达到保护资源环境的目的；③建设项目用海面积控制指标通过对建设项目用海面积进行严格管控，要求项目初步设计、申请审批等环节必须符合项目用海各项控制指标，以达到海域节约集约利用的目的。值得注意的是，建设项目用海面积控制指标与海洋自然保护区、海洋功能区划等制度的实施在空间尺度上有所差异，前者是针对具体地块和建设项目的微观层面的准入条件，后者则是针对区域范围的宏观层面的空间准入要求。

表 5-1　海洋空间准入的相关要求和条件

年份	海洋空间准入相关制度	具体规定
1995	海洋自然保护区	明确禁止和限制的活动，以及允许开展的活动的要求和限制条件
2002	海洋功能区划	明确不同功能区开发与保护的要求、空间布局等
2006	海洋特别保护区	明确禁止和限制的活动，以及允许开展的活动的要求和限制条件
2015	海洋主体功能区规划	明确不同主体功能区的功能定位、发展方向与开发原则
2016	海洋生态红线	明确禁止和限制的活动，以及允许开展的活动的要求和限制条件
2017	海岸带保护与利用总体规划	明确不同岸线的开发与保护要求
2017	建设项目用海面积控制指标	明确建设项目集约用海的管控要求

第二类规定了空间准入的实施手段，包括海域使用论证制度和用海预审/审批制度。根据《中华人民共和国海域使用管理法》的要求，用海项目必须开展海域使用论证，对项目用海选址、方式、面积、期限的合理性，以及项目用海与海洋功能区划、规划的符合性等内容进行科学论证，以保证项目用海符合拟占用空间的条件和要求。用海预审/审批制度是落实各项空间准入条件和要求的行政手段，是项目进入特定海域的最后"闸门"。

2）海域用途转用环节

我国针对海域用途转用实施严格管控，相关制度包括以下两类。

第一类是海域用途转用的行政审批制度，涵盖所有的海洋开发利用活动。根据《中华人民共和国海域使用管理法》及其他相关规定，海域使用权人不得擅自改变海域用途，确需改变的依法报请批准用海的人民政府批准。实施用途转用审批制度，有利于限制海域使用权人随意改变海域用途，维护海洋功能区划的严肃性，保护海洋资源环境。

第二类是国家针对围填海管控实施的系列政策、制度、标准等，围填海是对海域自然属性改变最大，也是最受关注的用海活动，国家主要从以下几方面对围填海活动进行严格管控：一是实施区域建设用海规划、围填海计划等管理制度，以加强围填海的科学配置、有效利用，控制围填海总量；二是加强围填海技术管理，以减少对生态环境的破坏，包括围填海平面设计、生态建设技术、建设项目用海面积控制指标等；三是自生态文明体制改革以来实施各类严格控制围填海规模的文件，包括暂停和取消地方围填海计划指标、暂停审批和受理区域用海规划、不再审批一般性填海项目等。

3）海域开发利用监管环节

海域开发利用监管主要从平台建设和督察制度实施两方面落实。

在平台建设方面，从 2006 年开始国家海洋局组织沿海地区海洋行政主管部门开展了海域动态监视监测管理系统建设，充分利用卫星遥感、航空遥感和地面监视监测等手段，对海洋开发利用活动开展动态监测，以掌握海洋空间开发与保护的实时状态，为海域管理工作服务。

在督察制度实施方面，从 2011 年开始国家海洋局实施海洋督察制度，对地方政府、海洋行政主管部门、执法部门落实中央决策部署、法律法规、规划计划等进行督察，以规范地方海域管理工作，保证用途管制各项制度能够落到实处。2017 年，国家海洋局针对围填海问题开展专项督察，依法处置了大批违法围填海行为。

3. 海域用途管制制度部分失灵原因分析

自《中华人民共和国海域使用管理法》实施以来，海域用途管制系列制度得到不断丰富和完善，但在以经济增长为主要目标的发展阶段，海域用途管制制度实施偏离了应有的价值导向，出现诸如围填海规模失控、海洋开发利用不平衡、生态空间受到挤占、海洋环境污染等制度失灵现象。从用途管制制度缺陷的角度分析，以下原因不容忽视。

1）陆海、流域、区域统筹不够

陆海问题、流域问题和跨行政区域问题是海洋资源环境管理的难点。一是海岸带地区海洋与陆地空间用途划定标准不一致，各部门管理条块分割、各自为政，难以形成管制合力，甚至相互冲突；二是围填海管理尚未纳入土地管理，地方在土地瓶颈制约下，将围填海作为拓展发展空间的重要手段，因此围填海规模未得到有效管控；三是临岸陆地和流域的大量污染物汇入海洋，严重影响近岸海洋环境，而海洋部门却有责无力；四是同一海域的各行政区为追求利益最大化过度开发利用，导致海洋资源枯竭、生态环境破坏，从而产生"公地悲剧"。

2）管控过程"重审批、轻监管"

随着海洋开发利用规模的不断增大，项目用海申请数量不断增多，管理部门把工作重心放在项目用海审批上，再加上海洋开发利用监管成本高、技术难度大，用海审批与执法监管逐渐脱节，使海域开发利用难以受到有效约束，导致出现海域低效利用、闲置浪费、生态环境损害等问题。

3）空间准入条件宽松

沿海地区普遍存在"重规模、轻质量"的海洋经济发展模式，除了受海洋经济认识程度和开发利用技术水平限制，海域管控制度缺失也是导致上述问题的重要因素，尤其是空间准入环节不注重对项目集约、绿色、高效利用方式的引导，体现为：①地方政府在海域资源配置中更倾向于保障本地经济发展需求，海域使用准入要求低，并且未严格执行；②海域有偿使用制度建设滞后，海域使用金长期处于较低水平，尤其是填海造地用海海域使用金标准远低于邻近土地价格（张偲，2015），不利于使用者节约集约用海，甚至产生囤积土地的现象；③建设项目用海管控标准缺失，在 2017 年实施《建设项目用海面积控制指标（试行）》前，建设用海项目缺少精细化、具体化约束。

4）围填海管控刚性约束缺失

尽管国家建立了相对完善的围填海管控制度体系，但由于地方发展需求旺盛，围填海管控制度难以有效发挥约束作用，围填海规模始终保持较高水平。此外，围填海项目未批先建、边批边建成为企业的普遍行为，地方政府基本以罚款作为主要处罚方式。由于缴纳罚款仍不影响企业获得利益，甚至还存在地方政府将罚款以各种名目返还给企业的现象，因此违法处罚对遏制非法围填海的效果有限。

三、海域用途管制的作用机制

1. 各方利益诉求与行为倾向

作用机制是指为实现某一特定功能，系统结构中各组成要素的内在工作方式及其在一定环境条件下相互联系、相互作用的运行规则和原理。中央政府、地方政府和海域使用权人是海域开发利用的主要参与者，均面临开发与保护的选择，由于三者具有不同的利益诉求，其主观选择各不相同，成为影响海域开发利用结构、秩序和质量的重要因素。

1）中央政府

根据《中华人民共和国物权法》和《中华人民共和国海域使用管理法》，海域属国家所有，由中央政府代表国家行使所有权。现代公共行政理论认为，政府是社会公共利益的代表（胡象明，2000），因此中央政府对海域资源的管理理念是国家价值取向的直接体现：①在经济高速增长阶段，沿海地区在全国经济发展中承担着重要使命，通过海域大规模开发利用推动经济增长是首要目标；②当前我国正向高质量发展阶段转型，沿海地区海洋生态环境损害、围填海规模扩大、海域利用效率低等问题严重制约经济可持续发展，实施严格的用途管制成为新时期的首要目标。

在当前阶段，作为国家和人民利益的代表，中央政府倾向于选择理性对待经济发展与资源环境保护的矛盾，追求两者的协调统一，尽管会因此放弃部分经济利益，但从长远来看，却有利于国家和民族可持续发展。因此，也可以说实施海域用途管制是国家（中央政府）在协调海洋开发与保护矛盾中的理性选择。

2）地方政府

在我国，地方政府既是中央政府的代理人，又是本行政区域公共利益的代言人（何显明，2008）。作为中央政府的代理人，地方政府只有严格执行上级政策，与国家利益目标保持一致，才能获得上级认可，在海域使用管理中表现为严格执行各项用途管制制度，追求本地区经济、社会、生态协调发展。作为本行政区域公共利益的代言人，地方政府关注本地区经济利益，忽视中央政府强调的全社会整体利益和协调发展（时影，2018），在海域管理中表现为不执行或打折扣执行中央政府制定的用途管制制度，以追求经济增长和财政收入增加作为首要目标，导致沿海地区普遍产生围填海盲目扩张、港口重复建设、环境污染等问题。

基于以上角色，地方政府往往在两种选择中摇摆，其最终选择受中央政府执行用途管制制度的态度和决心的影响：在相对宽松的监管环境下，地方政府往往选择有利于经济增长的海域开发模式，忽视资源环境保护；反之，则选择加强对海洋开发利用的管控，追求经济、社会和生态效益的统一。

3）海域使用权人

海域使用权人是海域开发利用的主体，也是海洋资源环境的直接影响者和责任者，利益最大化是其根本追求。在不加约束的政策环境下，海域使用权人缺少主动承担海洋资源保护和修复的责任力，也缺少通过产业升级提高海域利用效率、减少环境污染的动力。由于海域使用权人的行为受政府监管，其最终选择往往与用途管制制度实施的严格程度相关：当政府部门严格执行用途管制制度时，企业为避免受到处罚而选择按照用途管制要求进行开发利用；反之，则选择追求自身经济利益，忽视资源环境保护。

2. 用途管制作用机制分析

由于中央政府具有强大的权威性，具有制定法律法规并要求地方政府和海域使用权人执行的权力，因此，在海域开发与保护的博弈中，地方政府和海域使用权人相对处于被动和从属地位，这就决定了海域开发与保护是在中央政府控制和引导下的过程（柳俊峰，2004）。进一步讲，海域用途管制的实施效果往往取决于中央政府的价值取向，若中央政府明确管制目标，并采取严格的管制措施，地方政府便积极贯彻上级政策，对海域开发利用进行严格管制，海域使用权人违反管制规则的概率就要小很多；若中央政府采取宽松的管制措施，地方政府就会消极执行上级政策，甚至纵容海域使用权人的违法行为。

基于以上思考，本书认为海域用途管制发挥其管制效能的根本路径是保证海域使用权人、地方政府在海域开发利用中与中央政府保持目标一致。为此，中央政府需将自身目标传递或强加给地方政府和海域使用权人，其方式就是采用强制力规范和约束地方政府及海域使用权人的行为，将开发利用活动控制在合理边界内，实现三者目标的统一（图5-2）。此外，生态文明体制改革中其他制度与用途管制制度一起协同发挥作用，共同促进海域开发利用向绿色、高效、节约转变：①实施归属清晰、权责明确、监管有效的

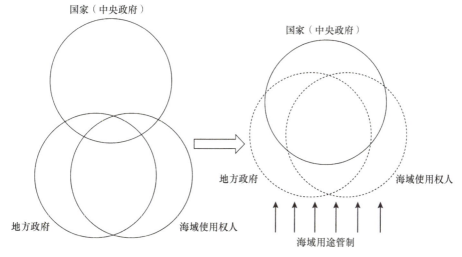

图 5-2 海域用途管制的作用机制

海域资源资产产权制度能够明确海域开发利用中各方的权利与义务，充分发挥对各利益主体的激励和约束作用；②实施海洋生态补偿制度能够使承担海洋生态保护与修复任务的地区、企业或个人得到经济补偿，共享海域开发利用的成果，解决实施用途管制带来的社会利益分配不公的问题；③实施海洋生态损害赔偿制度，以经济手段调节政府、海域使用权人、社会民众等相关者的利益，不仅有助于修复受损的生态环境，还有助于提高使用者违法成本，维护用途管制的严肃性；④实施资源环境承载力预警机制，对领导干部实行自然资源资产离任审计，建立生态环境损害责任终身追究制度等，能够有效约束地方政府盲目追求经济增长的行为，确保用途管制各项制度落到实处。

四、新时期海域用途管制的发展方向

1. 重构海岸带地区国土空间规划

从空间范围来讲，海岸带地区是海域用途管制实施的关键和难点，海岸带地区国土空间规划是该区域用途管制实施的基础和前提。因此，要在陆地和海域开发适宜性评价的基础上，统筹考虑海陆资源禀赋、产业发展、生态环境保护与修复、防灾减灾等需求，科学划定陆上生态保护红线、永久基本农田、城镇开发边界，以及海上海洋生态保护红线、生态资源保护红线和海洋产业与城镇建设边界等控制线，构建海陆一体化的生产、生活和生态空间布局。尤其要做好海岸线上下游空间功能定位和布局的衔接，避免岸上、岸下用途管制措施相互掣肘，难以实施。

2. 坚持陆海统筹、流域统筹和区域统筹

1）空间准入环节

建立严格的空间准入制度就是守好海洋生态环境的"第一道闸门"。要在近岸海域资源环境承载力评价的基础上，明确入海污染物总量上限，并将污染物总量控制指标层层传递至不同区域。在宏观层面，明确"近岸海域+临岸陆地+流域"的闭合系统边界，并以海洋环境容量明确整个系统的污染物总量控制指标，包括海洋污染物总量控制指标、临岸污染物总量控制指标和流域污染物总量控制指标。在中观层面，将临岸的地面径流和排污口、流域的污染物总量控制目标分解到不同行政区，落实不同行政区的管制目标和职责。在微观层面，各行政区根据总量控制目标明确具体地块的开发利用限制条件。

2）用途转用环节

海域用途转用管控既要考虑海域内部的用途转用管控，又要考虑陆海空间之间的用途转用管控。海域内部的用途转用管控，一是要引导高污染、高能耗、低效率的建设空间和渔业生产空间向生态空间转化，通过海湾、海岸线整治修复提高海洋生态环境质量；二是要严格论证建设项目对自然生态空间和渔业空间的占用，以及渔业空间对自然生态空间的占用，鼓励发展与生态功能相符的产业。陆海空间之间的用途转用管控，要将围填海计划纳入土地计划管理，并处理好海域使用证换发土地使用证的程序衔接问题，将围填海规模、布局等纳入城镇建设的管理。

3）海域开发利用监管环节

"近岸海域+临岸陆地+流域"系统内的任何区域用途管制"失守"都可能会给海洋生态环境带来严重影响，因此有必要建立海陆联动、流域联动、区域联动的监管机制。一是要统一海洋与国土空间信息管理平台，实现对陆海空间全域全要素监管；二是要建立自然资源、生态环境、住建等部门联合监管机制，加强对入海排污口、入海河流的管控，防止陆上污染物违法排海；三是建立健全用海项目后评估制度，正确评估项目实施对生态环境的影响，对照检查项目用海各项管控指标是否实现。

3. 提前谋划海域立体开发需求

海域立体开发是未来海域开发利用的重要方向之一，是缓解近岸海域空间资源紧缺的有效路径。海域立体使用与海洋空间用途管制紧密关联，特别是在海洋空间用途分区、空间准入规则制定方面，需要在用途管制制度上体现灵活性。一是基于海域空间的立体性和开发利用多宜性，通过科学评估，确定现阶段适宜分层使用海域的用海活动"搭配清单"；二是在海域空间用途分区和空间准入规则制定阶段，充分考虑近岸海域空间立体使用的潜在需求，在符合资源环境承载力的前提下，允许"搭配清单"中的用海活动进行开发利用；三是加强对海域立体开发利用的监管，及时协调不同海域活动之间的潜在矛盾，并加强立体开发区域资源环境承载监控，防止局部海域资源环境承载过高。

第四节　潮间带空间用途管制

随着生态文明体制改革的逐步深化和国家机关机构改革的持续推进，构建统一的国土空间用途管制制度成为加强国土空间保护与合理利用，解决国土空间无序开发、过度开发、分散开发等问题的重要手段。新时期国土空间用途管制制度包括空间准入、用途转用和开发利用监管三个主要环节。空间准入制度作为源头管控的重要手段，在促进国土空间尤其是生态敏感、资源紧缺地区的严格保护和合理利用中发挥着重要作用。

在现阶段陆海国土空间统筹开发与保护的背景下，国土空间管理应立足于海陆资源的互补性、生态的互通性和产业的互动性，在资源利用、环境保护、生态安全等多方面统筹考虑陆海空间的联系和差异。潮间带地区由于地理位置上接陆地、下连海洋，是陆海间自然要素流动的交汇区域和生态系统的互通区域，在污染防控、生态保护与修复、资源开发中的矛盾更加突出，陆海统筹的任务更为复杂和艰巨。因此，本书从空间准入制度构建的视角，对潮间带地区的开发与保护提出对策建议，以期推进潮间带区域开发与保护管理制度的进一步完善。

一、潮间带的地理范围与自然特征

1. 潮间带的地理范围

1）海岸线

海洋与陆地是地球表面的两个基本地貌单元，它们被一条明显的界线所分开，这条海与陆相互交汇的界线，通常称为海岸线。

根据《中国海图图式》（GB 12319—1998）和《国家基本比例尺地图图式 第 2 部分：1∶5 000 1∶10 000 地形图图式》（GB/T 20257.2—2017），海岸线是指平均大潮高潮时水陆分界的痕迹线。

2）零米等深线

等深线是指海洋中相同深度的各点连接成的封闭曲线，同一条等深线上各点的深度相等。零米等深线则是指海洋中深度为零的各点连接成的封闭曲线。

由于水深测量通常在随时升降的水面上进行，因此不同时刻测量的同一点的水深是不相同的。为了修正测得的水深，必须确定一个起算面，把不同时刻测得的某点水深归算到这个面上，这个面就是深度基准面，又称海图基准面。我国在 1956 年以后采用理论深度基准面（理论最低潮面），理论最低潮面是长期验潮数据求得的理论上可能达到的最低潮面。零米等深线与理论最低潮面接近，零米等深线以深的区域是被海水一直覆盖的区域。

3）潮间带

潮间带是指海洋平均最高潮位和最低潮位之间的区域，也就是海水涨至最高时所淹没的地方至潮水退到最低时露出水面的地方。

2. 潮间带的自然特征

1）陆海交界的两相地带

潮间带位于陆海交汇处，最显著的特点是潮汐的规律性涨落，时而被海水淹没，时而又露出水面，属于典型的两相地带。

2）地域狭长且不连续

潮间带沿海岸线分布，其宽度随区域的不同而不同，从零米至几千米甚至十几千米（如广西壮族自治区北海市铁山港岸段）。

3）生产力很高、生境类型多样

潮间带是具有很高生产力的区域，其生境类型多样，通常可分为滩涂、沙滩、基岩、湿地、红树林和珊瑚礁等类型。

二、潮间带的管理部门及其管理内容、管理依据和管理措施

潮间带是人类活动影响较为显著的地带，2018 年国务院机构改革前沿海省（区、市）对潮间带的管理主要涉及海洋、国土、规划、水利、林业、渔业等部门和自然保护区管理机构。

1. 海洋部门

海洋部门依据《中华人民共和国海域使用管理法》和地方有关管理规定，对包括潮间带在内的海岸线向海一侧至领海外缘线海域进行依法管理。

　　潮间带位于海域管理范围之内，管理措施与其他海域空间相同，无专门针对潮间带的管理措施。海洋部门以实现潮间带的有序、有度、有偿使用为目的，通过编制海洋功能区划，对潮间带空间的开发利用进行监督管理，管理措施包括潮间带空间的使用审批、动态监测、整治与保护等。

　　目前，调研区域的潮间带仅较少部分保持自然状态，大部分被开发利用为渔业用海、工业用海、交通运输用海、旅游娱乐用海、海底工程用海、造地工程用海和特殊用海，用海类型涵盖了填海造地、建设构筑物和其他方式。大多数的围填海造地等改变海域自然属性的用海项目位于或始于潮间带区域。

　　潮间带的填海造地项目在竣工验收后，海域使用证换发为土地使用证，自此该填海区域转由国土部门管理。但是，填海造地项目的海域使用证以护岸的水下外缘线为界，即占用的海域面积大于实际可利用的土地面积，而陆域项目的土地使用证中是实际可利用的土地面积。因而，潮间带填海造地项目的海域使用证直接换发为土地使用证，就产生了用地单位实际可利用土地面积与确权面积不一致的问题。

2. 国土部门

　　国土部门依据《中华人民共和国土地管理法》和地方有关管理规定，对国有土地资源的合理利用进行管理。根据《第二次全国土地调查技术规程》（TD/T 1014—2007），以零米等深线作为陆地（含海岛）与海洋的分界线，因此潮间带包含在土地管理范围内。

　　国土部门对潮间带的管理与其他土地资源相同，无专门针对潮间带的管理措施。国土部门通过编制土地利用规划，对潮间带空间及矿产资源的保护与合理利用进行监督管理，管理措施包括潮间带空间的使用审批、动态监测、整治与保护等。

　　早期，由于国土部门和海洋部门的管理界限不相衔接，部分潮间带地区存在土地使用证与海域使用证并存的情况（如连云港埒子口滩涂养殖项目），有些建设项目甚至位于两部门管理的空白地带，既办不了土地使用证，也办不了海域使用证（如青岛港董家口港区 LNG 项目）。

　　近年来，随着地方政府国土和海洋两部门之间的沟通机制逐步完善，两部门在潮间带管理上的冲突有所缓解。例如，国土部门在制定土地利用规划时会保持与海洋功能区划相协调，如果潮间带区域被海洋功能区划划定为城镇建设区等填海造地区域，土地利用规划就将该潮间带区域划为建设用地，如果潮间带区域被海洋功能区划划定为保护区、养殖区等功能区，土地利用规划就将该区域规划为水域。

3. 规划部门

　　规划部门依据《中华人民共和国城乡规划法》和地方有关管理规定，负责区域城乡规划管理工作，负责核发选址意见书和建设用地规划许可证等法定许可事项的办理。城市规划区的具体范围由城市人民政府在编制的城市总体规划中划定。例如，连云港、青岛等的城市规划以港区等填海造地区域的边界作为陆海分界线。因此，仅位于规划填海造地区域内的潮间带属于规划部门的管理范围。规划部门无专门针对潮间带的管理措施。

4. 水利部门

水利部门依照水利工程管理的相关法规，编制防洪排涝规划，对位于沿海潮间带的水利工程进行管理。对潮间带的开发利用涉及水利工程管理范围的，必须经水利部门批准。

5. 林业部门

林业部门依据《中华人民共和国森林法》和地方有关管理规定，对位于沿海潮间带的红树林进行管理，监督、审批管理范围内的开发利用活动。

6. 渔业部门

渔业部门依据《中华人民共和国渔业法》和地方有关管理规定，负责我国管辖海域内的渔业行业管理。位于潮间带内的渔业养殖活动受渔业部门的监督管理。除河北、天津等少数地区外，大部分沿海省（区、市）的渔业与海洋管理整合在一个行政部门内。

7. 自然保护区管理机构

自然保护区管理机构依据《中华人民共和国自然保护区条例》和地方有关管理规定，对位于沿海潮间带的自然保护区进行管理，监督、审批管理范围内的开发利用活动。

此外，旅游、港航等其他部门仅对位于潮间带的行业活动负责监督管理。不同部门涉及潮间带的管理情况如表 5-2 所示。

表 5-2　不同部门涉及潮间带的管理情况

序号	管理部门或机构	管理内容	主要管理依据	管理措施
1	海洋部门	潮间带的开发利用	《中华人民共和国海域使用管理法》和海洋功能区划	使用审批、动态监测、整治与保护
2	国土部门	潮间带的开发利用	《中华人民共和国土地管理法》和土地利用总体规划	使用审批、动态监测、整治与保护
3	规划部门	规划为陆域的潮间带的选址意见、规划许可	《中华人民共和国城乡规划法》和城市总体规划	选址审批
4	水利部门	位于潮间带的水利设施	水利工程管理条例和防洪排涝规划	监督、审批管理范围内的开发利用活动
5	林业部门	位于潮间带的红树林	《中华人民共和国森林法》	监督、审批管理范围内的开发利用活动
6	自然保护区管理机构	位于潮间带的自然保护区	《中华人民共和国自然保护区条例》	监督、审批管理范围内的开发利用活动
7	渔业部门	位于潮间带的渔业活动	《中华人民共和国渔业法》	行业管理
8	其他行业部门	位于潮间带的行业活动	行业相关管理法规	行业管理

三、潮间带开发与管理的突出问题

海岸带是海陆交界区域，也是重要的生态过渡带、资源富集区和人类开发利用活动的聚集区，还是环境变化、自然灾害敏感区。2018 年 10 月 10 日，中央财经委员会第三次会议强调要"实施海岸带保护修复工程，建设生态海堤，提升抵御台风、风暴潮等海洋灾害能力"。2018 年 11 月，《中共中央 国务院关于建立更加有效的区域协调发展新机制的意见》将海岸带保护与修复作为陆海统筹的重点区域。协调海岸带开发与保护的矛盾是沿海地区生态文明建设的重点和难点，其中，潮间带作为海岸带的核心区域，在生态保护、资源合理开发、整治修复等方面更具迫切性。

1. 海域与土地地类交叉问题突出

潮间带位置特殊，其地理边界、调查边界和管理边界往往"纠缠不清"。海洋部门将海岸线（平均大潮高潮线）作为海陆管理分界线，潮间带属于海域，而国土部门往往将土地管理边界延伸至零米等深线，导致在实际管理中，潮间带地区海洋与陆地管理职能重叠，海域使用权与土地使用权重叠，归属界定困难。此外，潮间带的管理职能分散在自然资源、水利、农业农村、生态环境等不同部门，各部门管理职能交叉、职责不清，缺乏协调。

2. 对潮间带生态价值认识不足，生态破坏严重

地方政府普遍将潮间带视为没有使用价值的荒滩，是填海造地成本较低的区域，导致潮间带成为填海造地项目最为集中的区域。实际上，潮间带蕴藏着丰富的生物资源，是洄游生物的产卵场和迁徙候鸟的栖息地，具有重要的生态功能，但潮间带生境脆弱，一经围填就不可恢复。近年来，大规模的填海造地已造成潮间带数量锐减，生态破坏严重。

3. 潮间带开发布局不合理

我国潮间带开发强度过大，自 20 世纪 80 年代以来总面积已缩减了 40% 以上，形成了以港口航运和装备制造、石油化工等临港产业为主导的产业格局。由于缺乏全局性统筹规划，各类港口码头、临港工业园区重复建设严重，产能过剩，不符合国家节约集约利用自然资源的要求。

四、空间准入制度的概念和内涵探讨

空间准入制度的定义一直未明确，但已体现在诸多管理制度中，如用地、用海预审和审批制度等。借鉴我国已实施的产业准入、环境准入制度经验，结合国土空间用途管制的要求，研究提出国土空间准入制度的概念，即基于生态文明体制改革要求，在国土空间开发利用源头上加强行政干预，通过明确要求、条件和标准等，控制开发利用活动进入特定区域，对国土空间开发利用进行理性约束，以实现国土空间开发与保护的总体目标。

空间准入制度具有两种本质特征。一方面，空间准入是一种行政许可制度，国家通过制定国土空间开发的要求、条件和标准等，对国土开发利用方式、利用效率、环境要求等进行明确规定，使用者只有符合开发利用要求、条件和标准等，才能获得国土空间

的使用权。另一方面，空间准入是政府对国土空间开发进行宏观调控的手段，国家基于生态文明体制改革的要求，确定国土空间开发与保护的总体目标，在空间准入环节对项目进行"筛选"，对符合新时期发展理念的项目给予准入资格，从而确保开发利用活动符合国家预期，最终实现提升国土利用效能和维护国土生态安全的目标。

在国土空间准入概念和特征分析的基础上进一步延伸，国土空间准入制度的构成要素包括管控主体（各级自然资源管理部门）、管控对象（国土空间使用者）、客体（国土空间）和空间准入规则。在空间准入制度实施的过程中，由自然资源管理部门制定空间准入规则，要求国土空间使用者必须按照空间准入规则设计开发利用方案，管理部门对开发利用方案进行审核，符合要求的，将获得开发利用国土空间的资格，此亦为空间准入的运行机制。因此，准入规则的制定与实施是空间准入制度运行的关键。

从空间范围上，潮间带是高潮线与低潮线之间海水周期性淹没和退出的浅滩地带。潮间带由于具有丰富的资源、优越的自然条件、良好的地理位置和独特的海陆特性，成为人类活动最活跃和最集中的地域。但同时，潮间带生态环境受到陆地环境和海洋环境的双重影响，是生态敏感和脆弱的特殊地区。因此，潮间带区域管理具有现实的矛盾性——既有广阔的发展潜力和强劲的开发需求，又不得不面临资源耗竭、环境恶化的压力。

作为国土空间用途管制制度的重要环节，空间准入必须在国土空间开发的源头上"把好关"，这就要求国土空间准入制度必须具备规则制定的科学性和制度实施的严格性。与其他类型的国土空间相比，潮间带地理位置特殊、资源环境敏感、开发与保护的矛盾突出，因此，在空间准入制度研究和制定中，应将构建陆海协调的空间开发保护格局放在首位，准确把握陆海空间治理的整体性和联动性，实现陆海空间资源保护、要素统筹、结构优化、效率提升和权利公平的有机统一。

五、构建潮间带空间准入制度的对策建议

潮间带是沿海地区资源开发与保护矛盾集中的区域，是陆海统筹的"硬骨头"。在经济高质量发展阶段，应进一步加强潮间带地区国土空间用途管制，建立和完善空间准入制度，从源头上加强国土空间开发管控。

1. 明确潮间带空间准入的总体思路

建立潮间带空间准入制度，要以生态文明体制改革确立的国土空间开发保护制度为依据，切实维护潮间带区域的生态安全，提高空间利用效能，实现陆海在空间布局、产业发展、资源开发、环境保护等方面全方位协同发展。一是坚持以生态保护为主，将生态敏感、生态功能显著的潮间带区域划入生态保护红线，严格落实自然岸线保有率管控制度，严格控制潮间带养殖规模，禁止高能耗、高污染、高排放的项目进入潮间带区域。二是坚持节约、高效、绿色利用，提高潮间带地区的准入要求、条件和标准，鼓励发展符合潮间带生态功能的利用方式，实现人与自然和谐发展。三是坚持陆海统筹和部门联动，明确各相关部门的管理边界，加强陆海空间管理衔接，加强涉及潮间带管理的自然资源、生态环境、农业农村、住建等部门的协调与联动机制，避免不同部门管理制度相互掣肘。

2. 明确潮间带准入制度的管控内容

坚持问题导向，构建包含用途要求、节约使用要求、环境保护要求、开发强度要求、景观要求的管控内容，具体如下：一是明确用途要求，科学评价潮间带开发利用适宜性和资源环境承载力，明确潮间带用途，制定和实施项目准入正（负）面清单，约束使用者严格按照潮间带用途进行开发利用；二是明确节约使用要求，充分考虑潮间带的空间紧缺性，设置更高的空间利用效率、产出效益标准，要求企业提高开发利用水平；三是明确环境保护要求，充分认识潮间带的生态敏感性和脆弱性，以更高的污染达标排放标准约束企业，防止资源破坏和生态环境损害；四是明确开发强度要求，禁止开发利用活动超出潮间带资源环境承载力；五是明确景观要求，以提高公众亲海体验为目标，提升社会幸福感。

3. 基于潮间带底质特征与自然属性分类实施准入政策

坚持尊重自然、顺应自然，根据潮间带的底质特征和自然属性分类实施准入政策：①基岩潮间带应以保护和观光旅游为主，必要时可用于深水码头等港口工程的建设；②砂质潮间带应予以保护或适度开发为亲水岸线，禁止改变自然属性的开发利用活动；③在淤泥质潮间带，对于滨海湿地的分布区应以保护为主，原则上禁止开发利用，对于生产力较为丰富的滩涂，可允许适当的滩涂养殖或赶海观光，禁止改变自然属性的开发利用活动，对于生产力较低、淤积较为严重的滩涂，可适当用于填海造地，满足国家重大战略项目的用地需求；④生物潮间带应以保护为主，禁止开发利用，仅可允许适当的科研教学和观光旅游活动。

4. 整合和完善建设项目准入控制指标

控制指标是空间准入管控的重要依据，也是体现准入环节公平性、科学性、竞争性的重要前提。建议在整合海洋部门（如建设项目用海面积控制指标）、国土部门（如工业项目建设用地控制指标）、生态环境部门（如环境准入制度）等准入指标体系的基础上，构建约束性和引导性相结合的潮间带准入指标控制体系。由于用海项目从立项到落地，要经过行业主管部门、自然资源与规划管理部门、生态环境管理部门和建设管理部门等的行政许可，因此潮间带空间准入条件和指标的设置必须同时兼顾相关部门的管理要求，并加以集成，使空间准入指标体系能够成为多个部门共同的审批依据，实现部门联动，减少冲突或矛盾。

第五节　海岸带空间用途管制

海岸带是陆海相互作用最强烈的区域，其空间开发与保护的问题具有明显的系统性和复杂性，并已成为制约海岸带地区高质量发展的瓶颈。因此，有必要重新审视国土空间开发利用与生态环境保护的关系，把生态文明理念贯穿于国土空间用途管制中。当前海岸带空间用途管制存在缺少陆海一体化的管控制度、生态要素系统管控不足、未充分考虑开发利用活动的跨区域影响、陆海边界不统一、管制目标和内容相对单一等缺陷（李彦平和刘大海，2020b）。

海岸带地区一直是对外开放和经济社会发展的前沿阵地。经过几十年的高强度开发，海岸带地区环境质量下降、生态功能退化、资源约束趋紧等问题日益突出，已成为经济社会持续发展的重大隐忧。近二三十年来，陆海两大空间各自建立并逐步完善了用途管制制度，在资源环境保护和经济社会发展中发挥了重要作用。不过，现行制度多聚焦于陆地或海洋单一空间或单一要素管制，针对海岸带特殊性、整体性、脆弱性的管制制度尚不完善，难以满足海岸带空间治理体系和治理能力现代化的要求。因此，深刻认识陆海空间相互作用、相互影响、相互制约的关系，在现行陆海空间用途管制制度的基础上，建立和完善海岸带空间用途管制制度具有重要的现实意义。

一、海岸带空间用途管制的必要性

1. 完善海岸带空间用途管制是新时期国土空间用途管制制度构建的内在要求

全域全类型是新时期国土空间用途管制的基本要求。我国海岸带空间利用类型多样，拥有所有的海域使用类型，土地利用类型与全国陆地区域相比，仅缺少永久性冰川雪地和戈壁两个二级子类（侯西勇和徐新良，2011）。海岸带可以看作国土空间的一个缩影，全域国土空间用途管制所面临的规划重叠、职责交叉、政策矛盾等问题在海岸带地区同样存在，而且陆地和海洋用途管制相互独立、相互掣肘的问题尤为突出。因此，有必要在现行国土空间用途管制制度的基础上，构建"山水林田湖草沙"系统保护和陆海开发利用全域管控的海岸带空间用途管制制度体系。

2. 构建基于陆海统筹的用途管制制度体系是海岸带空间管理的现实需求

问题导向是国土空间用途管制制度建立的基本出发点。海岸带地区陆海相互作用复杂，各种自然过程和人类活动相互交织、相互作用，伴随空间利用产生的很多问题具有系统性和整体性。由于陆海空间长期分割治理，现行制度设计多是为满足行业管理需求，缺少对海岸带地区空间开发与保护的综合考虑，解决陆海空间开发利用中矛盾的能力仍有欠缺。因此，需要立足海岸带空间的整体性，对陆源污染防控、典型生态系统保护、资源开发利用、岸线公共空间保护等空间管制任务进行细化和深化，弥补现行用途管制制度的不足。

3. 完善海岸带空间用途管制制度是海岸带立法和专项规划编制的重要内容

生态文明体制改革和机构改革已经实现了国土空间规划"陆海合一"，国家和地方海岸带立法也在逐步推进，陆海空间统筹治理的法律基础和规划依据正逐步形成。不过，由于海岸带立法与《中华人民共和国海域使用管理法》《中华人民共和国土地管理法》等在目标、内容方面存在差异，海岸带专项规划与国土空间总体规划的功能也有所侧重，这就决定了有必要针对海岸带立法与规划的需求，完善相应的空间管制制度，落实立法与规划确定的各项空间利用与管理任务。

二、海岸带空间用途管制的定位探讨

科学定位海岸带空间用途管制，明确海岸带空间用途管制与其他用途管制的关系，是完善海岸带空间用途管制的必要前提，并决定着管制的对象与内容。海岸带空间用途管制必然要以陆海统筹和综合管理为导向，在顶层设计层面，既要衔接海岸带立法与规划确定的空间管控任务，又要落实国土空间用途管制全域全类型的要求。

海岸带空间用途管制是针对海岸带开发与保护进行的整体性管制，是在现行用途管制制度基础上的拓展，也是对国土空间用途管制关于"加强特殊区域管制的针对性"要求的落实（焦思颖，2019）。因此，海岸带空间用途管制不能取代陆地和海洋已实施的各项用途管制制度，不直接管控微观层面的空间开发与保护活动，也不会简单重复已有的用途管制制度，一般不涉及空间或资源开发利用的行政许可事项。海岸带空间用途管制应重点关注具有跨陆海边界影响的利用活动及潮间带、海岸线、临岸陆域、流域等重点区域，并在海岸带地区现行土地、林地、海洋、海岛等各类空间管制的基础上进行细化和补充，从而使各项制度相互衔接、相互配合，弥补管制空白、协调管制冲突，以提升海岸带空间综合管制水平。

三、海岸带空间用途管制的制度缺陷——基于陆海统筹视角

1. 缺少陆海一体化的分区管控制度

目前，涉及海岸带管理的各部门依据自身职责和管理需求建立了不同的分区管控制度，如海洋功能分区、海岛分类体系、土地用途分区、林地分类管理、城乡规划的"三区四线"及详细规划的用地分类管控等，但以上分区管控制度缺少对海岸带空间利用的整体考虑，如海洋功能区划以指导和约束海域开发利用为目的，土地用途分区以指导土地合理利用、控制用途转变为目的，而详细规划的用地分类管控则是以控制建设用地性质、使用强度和空间环境为目的。各类分区管控制度的出发点不一样，增加了陆海空间功能、管制措施协调的难度。在地方实践中，常出现陆海相邻空间功能冲突的现象，例如，某岸段具有发展深水大港的天然条件，海洋功能区划将其邻近海域划为港口航运区，而土地利用总体规划却将临岸陆域划为基本农田和林地，导致港口发展与耕地、林地保护冲突。

2. 生态要素系统管控不足

海岸带地区拥有海域、海岛、滨海湿地、河口、防护林、农田等众多的生态系统，也有沙滩、礁石、沙丘等典型的地形地貌和景观，共同构成了"山水林田湖草沙"生命共同体。由于不同要素的管控力度存在较大差异，往往管控力度小的自然资源或空间就成为拓展建设空间的突破口。例如，耕地保护很早就成为我国的基本国策，得到各级政府的重视，制度完善程度、违法成本等明显高于滨海湿地、近岸海域、防护林等。面临建设用地需求的不断扩张，沿海地区普遍把围填海、占用林地等作为拓展城镇建设空间和工业发展空间的手段，导致红树林、珊瑚礁、沿海防护林等众多海岸带生态系统退化甚至消失，引起海湾纳潮能力下降、海岸侵蚀、海洋环境污染。

3. 未充分考虑开发利用活动的跨区域影响

海岸带空间狭长、紧凑，是陆海经济发展需求最旺盛的区域，海水养殖、港口与临港产业、滨海旅游、城镇建设等开发利用活动在此密集布局，同时，此区域受到海浪、潮汐、河流等自然过程的影响最为强烈，生态系统敏感性和脆弱性最突出。各类空间利用活动相互影响频繁，干扰了陆海之间物质循环与能量流动的路径，并产生跨越陆海边界的负外部性影响。以砂质海岸侵蚀为例，海岸侵蚀往往是自然演变、不当的人类活动及全球气候变化综合作用的结果，受到陆地和海洋的双重影响。河流入海泥沙和水量减少、海砂开采、围填海、海水养殖、地下水开采、风暴潮、海平面上升等多种因素共同加剧了海岸侵蚀（罗时龙等，2013）（图5-3），因此单靠某一项空间管制制度很难有效保护砂质岸线。此外，海岸带的其他问题如海洋环境污染、生态系统退化、海洋灾害加剧等同样具有大尺度、跨区域的特征，需要综合性的管制制度。

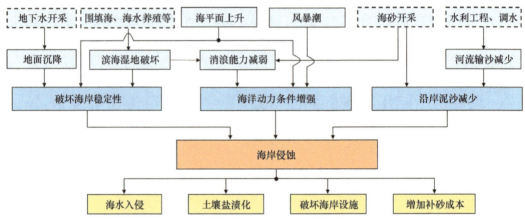

图 5-3 海岸侵蚀的主要影响因素及危害

4. 陆海管理范围重叠

在海岸带管理中，由于陆海分界线的标准长期没有统一，陆海区域重叠的问题普遍存在，因此地方政府拥有较大的自由裁量空间，可以根据自身的利益考量来选择重叠区适用《中华人民共和国海域使用管理法》还是《中华人民共和国土地管理法》。根据2018年围填海专项督察结果，部分省份为了规避围填海管控，不按照海域使用管理规定办理用海审批手续，对用海项目直接办理用地手续，简化用地（海）流程，导致大量滨海湿地消失或退化。

5. 管制目标和内容相对单一

海岸带用途管制制度大多集中在陆源污染防控方面，在资源利用、滨海景观风貌保护与协调、防灾减灾等方面的管控力度相对薄弱。目前，具有陆海统筹理念的管制制度大多集中在《中华人民共和国海洋环境保护法》《中华人民共和国防治陆源污染物污染损害海洋环境管理条例》《中华人民共和国防治海岸工程建设项目污染损害海洋环境管理条例》等海洋环境领域，其管制目标以海洋环境保护为主，管制内容一般为对临岸陆域开发建设和入海河流排污等活动的管控。不过，近年来出台的海岸带保护管理地方性法规或海岸带规划具有综合性管制的理念，但由于海岸带立法与规划发展尚不成熟，多目标的海岸带空间用途管制体系仍未形成。

四、生态文明视域下国土空间用途管制的价值取向

国土空间用途管制的演进历程表明，用途管制的诉求、内容与措施具有鲜明的时代特征（黄征学等，2019），体现了不同时期国家和社会对开发与保护关系的认识。经过几十年的发展，我国生态文明建设的理念从最初的单纯解决环境污染问题上升为把生态文明建设融入经济社会发展的全过程（李娟，2019）。当前生态文明建设已不再单纯追求生态环境保护，而是一种尊重自然、追求人与自然和谐相处的新发展理念，它强调人不可能脱离自然生态环境而谋求发展，坚持生态环境优先的发展理念并不意味着将生态环境保护作为唯一目标，而是将保护与发展辩证地统一起来，形成绿色的发展方式和生活方式，坚定走生产发展、生活富裕、生态良好的文明发展道路。

国土空间用途管制是生态文明体制改革的重要内容之一，也是推进生态文明建设的重要路径。新时期构建和完善国土空间用途管制制度必然要遵循生态文明体制改革的要求，围绕国土空间开发与保护协调进行顶层设计，从耕地保护的单一目标转向生产空间集约高效、生活空间宜居适度、生态空间山清水秀的综合目标。因此，海岸带空间用途管制制度改革，应在深刻把握生态环境对人类活动支持能力的限度和人类活动对资源环境影响后果的基础上，加强对敏感、脆弱、稀缺的海岸带空间与资源的保护，规范空间开发利用活动，把开发利用活动约束在资源环境承载力内，力求不对人类经济社会可持续发展产生阻碍。

五、完善海岸带空间用途管制的建议

1. 陆海生态要素整体性保护

深刻认识海岸带地区自然过程与人类活动双重胁迫下的生态保护困境，遵循"生态系统完整不可分割""生态影响不分边界""生态产品不可或缺""生物多样性弥足珍贵"的生态理念（杨保军等，2019），从更大的时空范围考虑海岸带生态系统演变过程，系统考虑海域、滨海湿地、沿海防护林、河口、沙滩、礁石等自然要素在海岸带地区国土安全、生态系统稳定、经济社会发展中的作用。一方面，划定陆海衔接的生态保护红线，把具有重要生态功能和生态极为敏感脆弱的陆地与海洋衔接区域纳入红线管控，并依法清理生态红线内的非法养殖项目、围填海项目、违规工程和设施，恢复和提高海岸带生态功能。另一方面，总结自然生态空间用途管制试点经验，对陆海过渡区域的自然生态空间建立更严格、更具体的用途管制制度，如海岸带分级分类管理制度、岸线空间准入制度、自然岸线转用制度及陆海空间利用联合审批制度等。

2. 增强空间利用管控的系统性和全局性

海岸带空间用途管制须重视海洋空间的开放性、流域的物质输移过程及陆海空间的相互作用，从更大尺度考虑各类开发利用活动的影响，深刻认识流域、近岸陆地和海洋

各类开发建设活动的区际负外部性，科学预判其可能引发的生态环境风险，提高管控的科学性。一是重视海洋工程、流域水利工程对近岸水动力条件、河口地貌、海湾纳潮量等演变过程的影响，以及对海洋环境、潮间带生物栖息地和江海鱼类洄游通道的干扰，将水动力条件强的近岸海域、入海河流、临岸陆域、潮间带、河口区域作为重点管控区域，划定特殊管控单元，实行负面清单管控，细化和提高空间准入条件，倡导生态友好、集约高效的空间利用模式。二是遵循自然规律，重视滨海湿地、沿海防护林等在抵御海洋灾害、防风消浪、涵养水源等方面的作用，严格控制开发建设对此类空间的侵占，并有序清退不符合生态功能的开发利用活动。三是重视沿海地区地下水开采对海水入侵、地面沉降的影响（吴吉春等，2018），严格控制地下水开采，将海水入侵、地面沉降严重的区域划为地下水禁采区，并采取回水措施，对其他区域应严格控制地下水开采总量，并严禁新建高耗水、高污染、低效率的项目。四是加强陆源污染控制，严格控制近岸、流域范围内工业污水和城镇污水排放，加强对沿海产业园区布局和污水处置设施建设的管理，对农业面源污染严重的区域，加强对农药、化肥使用的管控，禁止新增规模化禽畜养殖项目。

3. 坚持以人为本的管制理念

海岸带空间用途管制落实以人为本的理念最重要的是让公众充分享受海岸带地区独特的自然景观和开放空间，在守住生态底线的前提下，关注人对自然生态的需求，摒弃"严格保护即禁止一切人类活动"的保护观念。一是考虑生态保护、防灾减灾、公众亲海等综合需求，划定海岸建筑退缩线，严格控制退缩线内新增永久性建筑，加强对沿海沙滩、礁石、湿地的保护，减少岸线使用的排他性，提高岸线的开放性和公共性，让沿海居民共享海洋生态治理成果。二是立足区域自然与人文景观资源，加强沿海风貌管控，针对港口及临港产业、滨海旅游、城镇建设等重点用海区域制定控制性详细规划，对建筑风格、基础配套设施等进行详细管控，提高滨海城市品质。三是强化海岸线利用的必要性审查，根据区域岸线自然条件制定相关水产行业名录，禁止非水产行业相关产业进入海岸带区域，减少对海岸线的低效重复利用，为沿海居民留下更多的开放空间。

4. 以空间内涵式开发促进生态空间保护

党的十九大报告明确指出"发展是解决我国一切问题的基础和关键，发展必须是科学发展，必须坚定不移贯彻创新、协调、绿色、开放、共享的发展理念"。新时期海岸带高质量发展的困境之一是如何在满足经济发展对空间需求的同时，有效避免或减少各类开发建设活动对生态空间的占用。因此，海岸带空间用途管制在严格保护生态环境的同时，也要把提高空间节约集约利用水平作为重要目标，以最小的空间资源消耗服务经济社会可持续发展。可对照国土空间规划确定的规划预期目标，整合自然资源（海洋）、生态环境、农业农村、交通运输等相关部门和发展改革委关于项目准入的指标，如《产业结构调整指导目录（2019年本）》和"环境准入负面清单""建设项目用海面积控制指标""工业项目建设用地控制指标"等，构建包含规模、效率、强度、环境容量、防灾减灾、景观等约束性和引导性相结合的指标体系，为项目审批提供科学依据，在海岸带开发的源头上"把好关"。

5. 推进海岸带立法与规划编制

统一立法、综合管理正成为当前全球自然资源管理的趋势（严金明等，2018），海岸带空间用途管制的完善离不开海岸带立法的支持。因此，应加快推进海岸带立法，衔接《中华人民共和国海域使用管理法》《中华人民共和国土地管理法》及其他涉及海岸带管理的法律、法规，明确海岸线的具体位置及海岸带空间管理的核心范围，并合理划分海岸带保护与利用各相关部门事权，为海岸带空间用途管制措施的实施提供法律保障。

海岸带空间规划要站在陆海统筹的高度统一部署海岸带地区空间开发、保护与修复等各类活动。其一，应在海岸带立法明确海岸带管理核心区域的基础上，按照严格保护、限制开发和优化利用对海岸带实行分级、分段管制，并制定差异化管控政策。其二，加强对沙滩、礁石、种质资源、滨海湿地、沿海防护林的整体保护，协调港口、渔业、海砂、地下水等各类资源的开发利用，与同级国土空间规划、港口规划、养殖水域滩涂规划、"三线一单"等衔接，统筹各类管控区、管控线的划定。其三，可结合海岸带开发与保护的突出问题制定空间管制部门责任清单，明确各有关部门的权责边界，避免出现管制交叉或空白的现象，提高管制效率。

第六节　海洋年度利用计划

海洋空间是沿海地区经济社会发展的基础和载体，在沿海地区经济高质量发展中扮演着重要角色。近年来，海洋开发利用规模和强度持续增大，粗放利用、闲置浪费、生态环境损害等问题日渐凸显，给海洋资源可持续利用和区域经济可持续发展带来巨大压力。随着生态文明体制改革的逐步深化，我国资源管理理念也发生了变化，以2017年全面从严管控围填海为标志，海洋空间资源管理由重视保障资源供给为主逐步转变为保护资源环境为主。

海洋空间利用年度计划是自然资源部基于国土空间用途管制职责提出的海洋空间资源管理新思路。李彦平等（2019）基于当前海洋资源管理面临的问题、生态文明体制改革要求及空间资源计划管理经验，研究并提出了海洋空间利用年度计划的内涵，并在此基础上，提出了海洋空间利用年度计划的构建原则、目标和制度体系，通过以上研究，拟为海洋空间利用年度计划制度的建立和实施提供技术支撑与决策支持。

根据自然资源部的"三定"方案，其职责之一是"组织拟订并实施土地、海洋等自然资源年度利用计划"。海洋空间利用年度计划成为与土地利用年度计划同等重要的计划管理制度（刘大海等，2019）。在此之前，学术界和管理部门尚未提出海洋空间利用年度计划的概念，亦无相关实践和经验，建立和完善海洋空间利用年度计划制度体系成为管理部门和研究机构的紧迫任务。本节通过梳理、研究围填海和土地利用计划的经验，针对当前海洋开发利用存在的问题，结合生态文明体制改革相关要求，研究提出海洋空间利用年度计划的内涵，并初步构建海洋空间利用年度计划制度体系，以期为该制度的建立和实施提供技术支撑与决策支持（刘大海等，2022）。

一、研究与实践进展

健全国土空间用途管制制度是生态文明体制改革的重要内容。2013 年，党的十八届三中全会通过《中共中央关于全面深化改革若干重大问题的决定》，明确"完善自然资源监管体制，统一行使所有国土空间用途管制职责"。2017 年，十九大报告进一步强调，要"设立国有自然资源资产管理和自然生态监管机构，完善生态环境管理制度，统一行使全民所有自然资源资产所有者职责，统一行使所有国土空间用途管制和生态保护修复职责"。2018 年 3 月，根据《中共中央关于深化党和国家机构改革的决定》，组建自然资源部，并由自然资源部统一行使全民所有自然资源资产所有者职责，统一行使所有国土空间用途管制和生态保护修复职责，这是国家自然资源管理体制的重大变革。2018 年 8 月，自然资源部根据发布的"三定"方案，组建了用途管制司，将用途转用、年度计划、用地预审等用途管制职责整合于一体，强化了全域全要素国土空间用途管制的力度，其中海洋领域的一项重要变革就是要拟订并实施海洋年度利用计划。

在海洋领域，用途管制理念的形成主要从 2002 年 1 月 1 日起施行的《中华人民共和国海域使用管理法》开始，经过不断发展，形成了包含海洋功能区划、用海预审和审批、海域使用论证、围填海年度计划、海洋保护区、海洋生态红线等制度的管理体系。其中，海洋功能区划、用海预审和审批、海域使用论证等大多数管制制度聚焦于"空间"管制，即开发利用活动是否符合海洋空间的规划用途，而在"时间"和"数量"管制发挥作用的是围填海年度计划。围填海年度计划是针对填海造地提出的一种按年度控制用海规模的管制方式，与土地利用年度计划类似。2018 年，根据《国务院关于加强滨海湿地保护严格管控围填海的通知》，取消围填海地方年度计划指标，围填海管理改为"一事一报"，且仅限于国家重大战略项目。在此背景下，自然资源部提出实施海洋空间利用年度计划，意味着海洋资源管理将进一步关注海洋开发利用规模盲目扩张，以及由其导致的生态损害、环境污染、空间低效利用等问题。

1. 国家计划管理体制

1）国家计划管理

计划管理原理由马克思和恩格斯创立，在我国经过不断发展，形成了具有中国特色的计划管理理论（裴元秀，1985）。国家计划，即政府制定和实施的计划。新中国成立后，逐步建立起国家计划经济体制，并编制和实施国民经济发展五年计划。到改革开放早期，经济理论界开始对是否坚持恢复计划管理体制进行探讨，国家开始了对计划管理实践的探索。在编制"九五"计划时，国家计划编制理念发生转变，其性质越来越接近市场经济的计划，到"十一五"时期，中长期计划就开始称作中长期规划。经改革开放后 30 年的转型，我国国民经济管理基本实现了由计划管理向宏观调控转变，实现了国家计划向国家规划转变。当前，在我国社会主义市场经济中，国家计划的主要形式是指导性计划，也包含少量指令性计划（王文寅，2003），计划与财政、金融一起构成宏观调控中最基本、最全面、影响最广泛的三种重要经济手段，在导向、政策、配置、协调和信息等方面发挥重要作用（曲波，2011）。

2）国家计划与规划

计划有广义与狭义之分，一般从时间来分，广义的计划包括长期规划、中期规划和年度计划等，狭义的计划多指五年计划、年度计划等（王文寅，2006）。规划与计划共同构成国家规划（计划）体系。当前，我国计划管理以规划为主，规划确定总体目标，注重宏观管理，计划注重在中观或微观层面上落实国家规划。为突破资源瓶颈，我国土地、水资源、矿产资源、海洋（围填海）均实施了总量控制和计划管理相关政策制度，对政府部门合理控制资源开发利用规模、促进资源集约高效利用发挥了重要的约束和引导作用。

2. 空间资源计划管理研究进展

在空间资源管理方面，我国分别在 1986 年和 2009 年提出土地利用年度计划和围填海年度计划。由于计划管理制度更侧重管理和实践，学术界对两项制度的研究较少，一般集中在计划管理存在的问题及改进研究方面。

当前计划管理存在的问题基本集中在制度自身、管理手段和地方政府三个方面。其一，计划管理制度自身存在信息不完全、预算软约束、棘轮效应和管制俘获等难题（姜海等，2014），成为阻碍资源实现最优配置不可避免的缺陷。其二，计划管理部门在编制计划时以经验决策为主，与实际使用需求差距较大；管理过程过度重视数量指标控制，忽视执行效果管理，现有考核机制不健全，缺少激励机制等（姜海等，2013）。其三，地方政府基于发展需要，会争取更多的指标，而未考虑真正的使用需求，造成指标浪费；利益驱动造成计划指标分配的公平缺失；此外，地方政府在计划管理中也缺少对下级政府指标执行效果的管理。以上因素造成在计划管理过程中往往出现部分地区指标供不应求，而另一部分地区指标低效使用甚至闲置的问题，难以实现预期目标。

基于以上问题，各项研究提出的主要对策包括：将计划管理制度法治化，强化对突破指标行为的惩戒；推动计划管理从部门计划向政府计划转变，将计划管理纳入政府工作中；科学编制计划和下达（分配）指标，统筹长期与短期、全局与地方的利益；实行计划指标的资产化管理，探索指标采购和部分指标有偿调剂制度；建立健全土地利用年度计划考核监管制度，充分发挥考核结果的应用价值；加大计划指标制定中的公众参与度，进一步提高计划编制的科学性和公共透明性，发挥社会监督作用（王克强等，2011；黄卫挺，2012）。

3. 土地利用年度计划实践进展

1）发展历程

经过几十年的发展，我国形成了以《中华人民共和国土地管理法》为基本框架，以《土地利用年度计划管理办法》为具体实施依据，以国务院和相关主管部门的政策文件等为补充的相对健全的年度计划制度体系（表 5-3）。

表 5-3　土地利用年度计划制度体系

年份	主要制度（法律、法规、政策文件等）	出台部门
1986	《关于加强土地管理、制止乱占耕地的通知》	中共中央、国务院
1987	《建设用地计划管理暂行办法》	国家计委、国家土地管理局
1996	《建设用地计划管理办法》	国家计委、国家土地管理局
1998	《中华人民共和国土地管理法》	全国人民代表大会常务委员会
1999	《土地利用年度计划管理办法》	国土资源部
2004	《国务院关于深化改革严格土地管理的决定》	国务院
2004	《土地利用年度计划管理办法》（第一次修订）	国土资源部
2006	《土地利用年度计划管理办法》（第二次修订）	国土资源部
2006	《国务院关于加强土地调控有关问题的通知》	国务院
2008	《土地利用年度计划执行情况考核办法》	国土资源部
2016	《土地利用年度计划管理办法》（第三次修订）	国土资源部

　　土地利用计划管理源于 1986 年，中共中央、国务院在《关于加强土地管理、制止乱占耕地的通知》中规定"今后必须严格按照用地规划、用地计划和用地标准审批土地"。1998 年修订的《中华人民共和国土地管理法》首次明确了土地利用年度计划的法律地位。1999 年国土资源部发布了《土地利用年度计划管理办法》，并先后于 2004 年、2006 年和 2016 年进行了修订。

　　此外，为了加强耕地保护、科学管控新增建设用地规模，国务院和自然资源主管部门出台了诸多政策文件，对土地整治、建设用地增减挂钩、占补平衡、土地复垦等工作作出了具体规定，涉及土地利用年度计划管理、指标的使用及改进等，进一步丰富和完善了土地利用年度计划制度体系，使其更符合不同阶段的土地保护与利用需求。

　　2）土地用途转用过程及对应指标分析

　　土地利用年度计划是土地用途管制在时间和数量层面上的具体要求与安排。土地利用年度计划指标主要包含新增建设用地计划指标、土地整治补充耕地计划指标、耕地保有量计划指标、城乡建设用地增减挂钩指标和工矿废弃地复垦利用指标，这些指标是落实耕地保护及占补平衡、控制建设用地规模等政策的重要抓手。从用途管制角度分析，除了耕地保有量计划指标，其他指标均体现出对土地用途转化的管控（图 5-4）。

　　（1）过程 1 代表建设用地增加的途径——新增建设用地，建设用地增加来自对农用地或未利用地的占用，与新增建设用地计划指标对应。

　　（2）过程 2 代表耕地增加的途径——土地整治补充耕地，包括农用地整治、建设用地整治、未利用地开发和土地复垦等具体措施，与土地整治补充耕地计划指标对应。

　　（3）过程 3+1 代表城乡建设用地增减挂钩的过程，体现了建设用地与耕地的动态平衡，过程 3 表示农村建设用地整理复垦为耕地，过程 3 和过程 1 必须整体审批和实施，与城乡建设用地增减挂钩指标对应。

　　（4）过程 4+1 代表工矿废弃地复垦利用的过程，同样体现了建设用地与耕地的动态平衡，过程 4 表示历史遗留的工矿废弃地和交通、水利等基础设施废弃地复垦过程，与

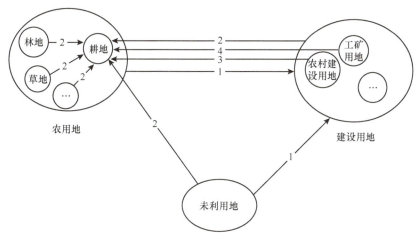

图 5-4　土地用途转化过程

工矿废弃地复垦利用指标对应。

通过对上述土地用途转用过程的分析可以发现，土地利用年度计划以指标为抓手，旨在协调保护对象（耕地）和管控对象（建设用地）的关系，实现两个目标：一是守住耕地红线，维护国家粮食安全；二是合理供应建设用地，保障经济持续发展。土地利用年度计划的目标也与生态文明体制改革"发展和保护相统一"的理念一致。

二、海洋空间利用年度计划的内涵与使命

1. 理论基础——海洋空间资源配置

1）海洋空间资源配置要素

资源配置是指把一定数量的资源按照某种规则分配到不同的产品的生产中，以满足不同的需要（梁钧平和王立彦，1993），资源稀缺性与需求无限性的基本矛盾产生了如何实现资源最优或有效配置的问题（刘大海，2014）。海洋空间资源配置可以理解为海洋空间资源从时间和空间上在不同用途之间的数量分布状态，因此从要素层面可以将海洋空间资源配置分为时间配置、空间配置、用途配置和数量配置（杨庆媛，2018）。

海洋空间资源的时间配置，是指对海洋空间资源在不同时段或当代人与后代人之间的分配，以保证资源的可持续利用；海洋空间资源的空间配置，是指对海洋空间资源在不同区域或平面之间的分配，其目的是充分发挥资源禀赋，有效协调不同用海活动之间的矛盾；海洋空间资源的用途配置，是指对海洋空间资源在不同海洋产业之间的配置，其目的是推动海洋产业结构不断调整优化；海洋空间资源的数量配置，是指对海洋空间资源供给数量多少的控制，其目的是科学管控海洋开发利用的规模和强度。

在实践中，我国针对四类要素配置方式，逐步建立和完善相应的制度体系：①国家实施海洋功能区划制度，通过划定不同海洋功能类型区，指导和约束不同海洋开发利用活动在相应的功能区内进行，属于空间配置的范畴；②国家和地方出台的支持或限制不同类海洋产业或用海活动的政策文件，如传统的滩涂养殖、晒盐等用海受到限制，而海洋生物、海工装备、天然气水合物、海上风电等新兴产业用海受到支持，属于用途配置

的范畴；③自 2012 年开始实施的围填海计划管理，按照年度下达国家和地方围填海计划指标，严格控制围填海总量和规模，属于时间配置和数量配置的范畴。

　　2）海洋空间资源配置手段

　　市场与计划是资源配置的两种基本手段（朱跃，1993），前者以市场机制的自发调节作用为基础，以自由的价格制度、企业制度和契约关系为核心（刘俊奇，1999）；后者是计划部门根据社会需要及可能，以计划配额、行政命令进行资源配置。市场是资源配置最有效的手段，在不同经济体制的国家广泛存在，并发挥着重要作用。由于外部性、信息不对称、竞争不完全、自然垄断等因素，市场并不能有效解决公共产品供给、分配公平等问题，市场失灵的情况难以避免，在此情况下，政府配置成为弥补市场缺陷的有效手段（白永秀，2013）。

　　我国海域使用者取得海域使用权的基本形式包括行政审批和招标、拍卖、挂牌。前者属于社会主义市场经济体制下计划配置的范畴，后者属于市场化配置的范畴。当前，我国海域资源配置以行政审批的方式为主，资源价格采用政府定价的方式确定，市场化配置程度不高。以 2015 年为例，全国通过申请审批的方式确权海域面积 228 435.72hm²，通过招标、拍卖、挂牌确权海域面积 25 177.41hm²，市场化配置海域面积占比不及 10%。

　　2017 年印发的《关于创新政府配置资源方式的指导意见》提出"对于不完全适宜由市场化配置的公共资源，要引入竞争规则，充分体现政府配置资源的引导作用，实现政府与市场作用有效结合"。因此，针对当前我国海洋空间资源市场化配置程度不高、计划配置存在缺陷的情况，应充分发挥市场在价格、供求、竞争等机制方面的优势，使海洋空间资源能够最大限度得到公平高效利用，促进国有资产增值保值；同时，在市场失灵的情况下，政府应适当干预，加强计划管理，有效发挥引导性、弥补性、规制性作用，抑制用海规模盲目扩张、生态环境损害等负面影响。

2. 海洋空间利用年度计划的概念及内涵探讨

　　海洋空间资源属于海洋资源的子类（高伟，2010），是海洋开发利用活动的载体，在管理实践中一般进一步分为海域、海岸线和海岛，本书所述海洋空间资源利用特指海域和海岸线的利用。本书中年度计划属于按年实施的国家计划的范畴，更进一步，特指国家在资源配置方面的计划。基于当前海洋开发利用存在的问题，借鉴土地利用计划管理经验，本书认为海洋空间利用年度计划是国家对海洋空间资源进行有计划开发利用、保护和整治修复所采用的宏观行政调控措施，是国家对计划年度内新增海洋开发利用空间、稳定和提升自然岸线保有率、海岸线和海湾整治修复及围填海存量资源开发的具体安排。

　　从资源要素配置来看，海洋空间利用年度计划属于时间配置和数量配置的范畴；从资源配置手段来看，海洋空间利用年度计划属于社会主义市场经济体制下资源计划配置的范畴；从计划管理内容来看，海洋空间利用年度计划不仅包含海洋空间资源开发利用管理，还包含对海洋空间资源保护与整治修复的管理。

3. 困境与使命

经济高质量发展阶段依然离不开国土空间的高效供给。海洋空间资源管理一方面面临着优质后备资源稀缺、生态环境严重损害等严峻形势，另一方面又承担着为经济高质量发展谋求发展空间的压力，紧迫的资源环境保护职责与日益增长的用海需求成为海洋资源管理难以协调的矛盾。当前，在处理开发与保护问题中，国家逐步形成了把保护放在首位，推进科学发展、有序发展和高质量发展的思路（宁吉喆，2018）。遵循上述思路，本书认为海洋空间资源开发与保护面临问题的根本解决途径在于：尊重经济增长与海洋空间资源配置的内在联系，准确预测并合理安排海洋空间开发利用的规模和强度，推进资源科学有序开发和高质量利用。

因此，海洋空间利用年度计划既要保护好海洋资源，又要保障经济高质量发展。一方面，要充分发挥对资源开发的约束作用，合理控制海洋开发利用规模；另一方面，要引导地方政府积极参与海洋资源环境整治修复，推动形成良好的海洋开发与保护格局，实现海洋空间资源节约、高效、绿色利用。

三、海洋空间利用年度计划制度框架设计

1. 构建原则

1）坚持问题导向

海洋空间利用年度计划应直面当前海洋开发管理面临的后备海洋资源不足、自然岸线大幅消失、生态环境损害、围填海存量资源闲置等问题（翟伟康和张建辉，2013；林磊等，2016；刘百桥等，2015），合理运用强制性和引导性手段，控制海洋开发利用规模，推动海洋资源合理、有序、有度利用；同时，强化地方政府保护海岸线和海洋生态环境意识，推进海岸线和海湾整治修复，推动围填海存量资源开发利用。

2）坚持宏观调控与市场调节相结合

海洋空间利用年度计划是国家宏观调控的手段之一，但这并不意味着对市场机制的否定。在社会主义市场经济中，海洋空间资源配置必须遵循相应的市场规律。因此，海洋空间利用年度计划应充分考虑国民经济发展对海洋空间开发利用的需求，为经济高质量发展提供资源保障，但同时又必须坚持生态文明体制改革的相关要求，加强计划管理，合理安排海洋空间供应总量，防止行业粗放发展、海洋资源环境承载过高和损害海洋资源环境。

3）坚持中央严格管控与地方自主发展相结合

海洋空间利用年度计划的严格管控应体现为管控力度之严，而非管控范围之大。一方面，海洋空间利用年度计划应强化对海洋资源环境、自然岸线等的保护，对海洋开发利用总量进行严格控制，不得随意突破。另一方面，不需要针对每一类空间（或开发利用活动）制定管控计划，要给予地方政府因地制宜自主选择发展模式的权力。总之，海洋空间利用年度计划应要求"管得严"，而非"管得细"。

2. 拟实现的具体目标

1）控制海洋开发利用规模和速度

当前海洋资源环境面临的诸多问题多与开发利用规模过大、速度过快有关。因此，海洋空间利用年度计划的首要任务就是使海洋开发利用保持合理的规模和速度。一方面，需要科学测算符合资源环境承载力要求的资源开发利用总量，设定资源开发利用的数量上限；另一方面，需要将资源开发利用数量按年度进行分配，从而实现计划管理对开发利用规模和速度的管控，推进海洋空间资源节约集约和精细化利用。

2）稳定和提升自然岸线保有率

自然岸线是当前海洋开发利用活动的集中区，也是受损最严重的区域，应成为海洋空间资源保护与修复工作的重中之重。海洋空间利用年度计划要进一步强化自然岸线保有率的红线地位，通过强制性指标管控和奖惩机制，约束各地严守自然岸线保有率；同时，应鼓励和引导地方主动修复受损岸线，提升自然岸线保有率。

3）改善海湾生态环境

海湾与陆地联系紧密，生态服务和经济服务功能强大，但由于开发利用强度大、粗放随意，我国大部分海湾生态系统遭到严重破坏。海洋空间利用年度计划应充分发挥引导性作用，鼓励地方政府主动参与海湾整治修复，改善海湾生态环境。

4）解决围填海历史遗留问题

要充分发挥海洋空间利用年度计划的引导作用，要求沿海地方政府根据围填海历史遗留问题清单，按照"生态优先、节约集约、分类施策、积极稳妥"的原则制定处理方案；设置地方围填海项目前置条件，敦促地方政府加快解决围填海历史遗留问题，如在未完成历史遗留问题处理之前，限制或禁止该地开展围填海项目。

3. 制度体系构建

1）完善海洋空间利用年度计划的法律体系

明确的法律地位是海洋空间利用年度计划实施的基础和保障。之前的围填海年度计划仅以部门规章的形式发布，法律地位低。反观土地利用年度计划制度，早在 1998 年《中华人民共和国土地管理法》修订时就明确了法律地位，国土资源部还制定并不断完善《土地利用年度计划管理办法》及相关配套制度，不断完善的法律体系提高了土地利用年度计划的权威性和可行性。因此，建议下一轮修订《中华人民共和国海域使用管理法》或者制定自然资源基本法时，在条文中明确海洋空间利用年度计划的法律地位，增强计划管理制度的权威性。同时，应研究制定《海洋空间利用年度计划管理办法》，对计划的实施程序、指标使用及管控要求、各级政府部门职责、监督考核及奖惩等进行明确规定，指导地方政府切实履行海洋空间利用的计划管控要求。

2）构建海洋空间利用年度计划指标体系

海洋空间利用年度计划贯穿计划编制、下达、执行、监督和考核各环节，是实现海洋开发利用规模和强度管控、强化海洋资源修复与保护的有力抓手。对比围填海与土地利用的年度计划指标可以发现，前者计划指标仅包含中央和地方围填海年度计划指标（分为建设用和农业用两类），直接目的为控制围填海规模；后者计划指标除了控制建设用地规模（新增建设用地计划指标），还包含耕地资源保护和修复（耕地保有量计划指标、土地整治补充耕地计划指标），以及土地使用的综合调控（城乡建设用地增减挂钩指标和工矿废弃地复垦利用指标），后者的指标内容更为丰富和科学，值得海洋空间利用年度计划借鉴。基于此，海洋空间利用年度计划指标设置拟采用"强制性"和"引导性"相结合的思路，前者包括对海洋空间开发利用规模进行科学管控、严守自然岸线保有率的底线及自然岸线占补平衡；后者包括引导和鼓励地方政府开展海湾整治修复、自然岸线整治修复和盘活围填海存量资源。拟设置的海洋空间利用年度计划指标体系如表5-4所示。

表 5-4　拟设置的海洋空间利用年度计划指标体系

指标类型	目的意义	指标性质
新增海洋空间利用计划指标	控制海洋开发利用规模，保障经济社会发展对海洋空间资源的需求	强制性
自然岸线保有率计划指标	守住35%的自然岸线保有率目标	强制性
海岸线整治修复计划指标	提升自然岸线保有率	引导性
自然岸线占补平衡指标	稳定自然岸线保有率	强制性
海湾整治修复计划指标	改善海湾生态环境	引导性
围填海存量资源利用指标	解决围填海历史遗留问题	引导性

（1）新增海洋空间利用计划指标，指下达给沿海各省（区、市）本年度使用的海洋空间数量。

（2）自然岸线保有率计划指标，指辖区内大陆自然岸线保有量（长度）占大陆海岸线总长度的比重。

（3）海岸线整治修复计划指标，指依据全国海岸线整治修复规划及年度计划确定的年度海岸线整治修复数量。

（4）自然岸线占补平衡指标，指用海项目需要占用自然岸线的，要恢复或重建与所占自然岸线长度和质量相当的海岸线，确保自然岸线保有率不降低。

（5）海湾整治修复计划指标，指依据"蓝色海湾"等海洋生态修复工程规划，开展海域整治修复计划的数量。

（6）围填海存量资源利用指标，指依据国民经济和社会发展规划、地方土地利用总体规划、海洋功能区划等对围填海存量资源进行再开发的数量。

3）构建基于计划指标的配套制度

土地利用年度计划各项指标分别对应相应的配套制度，如城乡建设用地增减挂钩指标和工矿废弃地复垦利用指标对应《城乡建设用地增减挂钩节余指标跨省域调剂实施办法》《自然资源部关于健全建设用地"增存挂钩"机制的通知》《历史遗留工矿废弃地复垦利用试点管理办法》等诸多政策制度。完善的配套制度不仅有利于指导具体的资源开发与保护工作，并与不同时期土地资源管理要求相适应，还有助于地方政府准确把握计划指标执行要求，避免理解偏差。因此，建议针对海洋空间利用年度计划指标体系，尤其是自然岸线占补平衡指标、海岸线整治修复计划指标、海湾整治修复计划指标、围填海存量资源利用指标分别出台相应的配套制度，分别明确对自然岸线占补平衡、海岸线整治修复、海湾整治修复、围填海存量资源开发等活动的具体要求，并使其与海洋空间利用年度计划相衔接，以指标为抓手提升上述工作的完成质量。

4）建立和完善监督考核及奖惩机制

根据土地利用和围填海利用的年度计划实施经验，资源计划管理体制下容易出现考核重视指标执行数量、忽略执行质量的问题（姜海等，2013；李晋，2017），在一定程度上容易对地方政府申请和执行计划指标形成错误导向。建立科学完善的监督考核及奖惩机制，一是要完善指标执行效果评价体系，坚持数量与质量并重的考核方式；二是要严格过程监管，保证计划管理的科学性和严肃性，避免出现大量指标闲置浪费或低效利用的情况；三是完善奖惩机制，将考核结果作为下一年度的计划编制依据，引导形成绿色、节约、高效的海洋空间开发利用格局。

5）建立计划弹性调节机制

刚性和弹性是计划管理中维护计划权威性和追求实践可行性难以避免的矛盾。计划的刚性体现为指标管理的约束性、政策实施的强制性等（张鸿，2009）。在实践中，刚性太强、弹性不足是计划管理方式面临的普遍问题，不利于资源的高效利用。在海洋开发利用管理中，由于不同用海项目审批和施工的环节、周期等各不相同，再加上计划指标执行过程中存在各类不确定因素，指标执行过程往往难以完全达到预期。在此情况下，应建立海洋空间利用年度计划弹性调节机制：通过广泛调研掌握地方计划指标执行过程中存在的问题及原因；基于不同类型用海项目审批、建设的特点，研究最优的海洋空间利用计划实施周期；最重要的是要在符合管控要求的前提下，制定计划指标弹性调节的具体措施或制度，如探索预留指标和节余指标的处理方式、跨省域调节指标方法等，提高计划管理的科学性和可行性，实现政府对海洋空间资源的有效和规范管理。

四、海洋空间资源管理体制改革的基本思路

1. 海洋开发面临严峻形势

海洋空间是支撑海洋强国建设和海洋经济发展的重要基础。近年来，由于规模过大、开发利用粗放等，我国海洋开发利用与高质量发展仍有不小的差距，集中体现在以下四个方面。

（1）围填海规模过大。沿海地区在受土地制约的情况下，纷纷把发展空间转向海洋，围填海规模逐渐扩大，掀起了新一轮围填海热潮。大规模围填海导致自然岸线大幅减少，自然岸线保有率不断逼近红线；工程建设导致底栖生物和潮间带生物的栖息环境因掩埋而丧失或被破坏，对海洋生态系统形成严重威胁；围填海工程实施后，海湾水体交换能力减弱，海水水质降低；此外，普遍的围填海历史遗留问题造成资源闲置浪费（于永海等，2019）。

（2）海洋开发不平衡。不同的用海方式之间冲突和资源退化问题愈演愈烈，近岸和

近海区域海洋生态环境承载过高，生态系统受到不同程度的损害，而在一些海洋资源开发薄弱的地区，部分海洋资源却处于闲置状态（曹忠祥，2012）。

（3）海洋开发利用方式粗放。海洋产业以资源开发和初级产品生产为主，产品附加值较低，结构低质化、布局趋同化问题突出，造成海洋资源浪费（刘晓星，2015）。

（4）各类用海活动对海洋生态环境损害严重。近岸部分海域污染严重，生态功能退化，生物多样性降低，海水富营养化问题突出，赤潮等海洋生态灾害频发，一些典型海洋生态系统受损严重，部分特殊生境难以维系（王辉等，2013）。

2. 生态文明体制改革的思路

党的十八届三中全会以来，中共中央、国务院针对日益突出的资源环境问题，加强顶层设计，着手建立系统完整的生态文明制度体系，提出的"发展和保护相统一""绿水青山就是金山银山""空间均衡"等理念，以及"建立国土空间开发保护制度""资源总量管理和全面节约制度"等目标，为海洋空间利用年度计划的建立提供了重要的政策依据，也对制度构建具有丰富的指导意义，相关制度精神具体如下。

2015 年 9 月，中共中央、国务院印发的《生态文明体制改革总体方案》，提出要"构建覆盖全面、科学规范、管理严格的资源总量管理和全面节约制度，着力解决资源使用浪费严重、利用效率不高等问题"，并提出要"实行围填海总量控制制度，对围填海面积实行约束性指标管理。建立自然岸线保有率控制制度。完善海洋渔业资源总量管理制度，严格执行休渔禁渔制度，推行近海捕捞限额管理，控制近海和滩涂养殖规模"。

2017 年 2 月，国家海洋局印发《海岸线保护与利用管理办法》，提出要"建立自然岸线保有率控制制度""制定自然岸线保护与控制的年度计划，并分解落实"。

2017 年 7 月，国家海洋局、发展改革委、国土资源部联合印发《围填海管控办法》，提出要"严格控制围填海总量""建立围填海总量控制目标和年度计划指标测算技术体系，科学确定海洋功能区划实施期限内全国围填海的适宜区域和总量控制目标"。

2017 年 12 月，国家海洋局印发《关于开展编制省级海岸带综合保护与利用总体规划试点工作的指导意见》，提出要"编制实施海岸带生态修复规划，落实'蓝色海湾'、'南红北柳'、'生态岛礁'和生态安全屏障植被修复等重大修复工程"。

2018 年 7 月 14 日，国务院印发《国务院关于加强滨海湿地保护严格管控围填海的通知》，提出要"完善围填海总量管控，取消围填海地方年度计划指标，除国家重大战略项目外，全面停止新增围填海项目审批""在 2019 年底前制定围填海历史遗留问题处理方案，提出年度处置目标"。

2019 年 10 月，党的十九届中央委员会第四次全体会议通过《中共中央关于坚持和完善中国特色社会主义制度 推进国家治理体系和治理能力现代化若干重大问题的决定》，对"坚持和完善生态文明制度体系，促进人与自然和谐共生"提出，要"全面建立资源高效利用制度""实行资源总量管理和全面节约制度""健全海洋资源开发保护制度"。

基于以上改革脉络，可以发现自生态文明体制改革以来关于海洋空间资源管理的理念或制度集中在以下四个方面：一是对自然资源实行总量控制和开发利用规模控制，以积极应对资源匮乏的形势，促进经济可持续发展；二是强化自然岸线保有率制度的约束作用，建立以自然岸线保有率目标为核心的倒逼机制；三是推进海洋空间整治修复，构筑海岸带生态屏障；四是解决围填海历史遗留问题，促进海洋资源严格保护、有效修复和集约利用（刘大海等，2019）。本书在研究海洋空间利用年度计划制度时，充分领会和贯彻以上文件精神，并将加强海洋开发利用的总量控制、强化自然岸线保有率制度的约束作用、推进海岸带地区海洋生态修复、加快解决围填海历史遗留问题等贯穿于制度构建的全过程。

五、海洋空间利用年度计划制度的管控思路探讨

1. 概念探析

2016 年，国土资源部印发《土地利用年度计划管理办法》（第三次修订），将土地利用年度计划定义为"国家对计划年度内新增建设用地量、土地整治补充耕地量和耕地保有量的具体安排"。通过分析其概念可以看出，一是土地利用年度计划重点关注"数量"的管控；二是土地利用年度计划不仅关注"开发建设"的管控，还关注"保护"（耕地保有量）与"修复"（土地整治补充耕地量）的管控。

因此，结合土地利用年度计划的定义，并考虑海洋资源开发与保护管理的现实需求，聚焦海洋开发、保护与整治修复数量的管控，李彦平等（2019）提出了海洋空间利用年度计划的概念：国家对计划年度内海洋空间开发利用活动总体规模、自然岸线保有率、海洋整治修复量及围填海历史遗留问题处置量的具体安排。

2. 管控类型

1）基本原则

（1）发挥宏观调控职能。《土地利用年度计划管理办法》明确指出"运用土地政策参与宏观调控，创新计划管理方式，以土地供应引导需求，促进土地利用结构优化和经济增长方式转变，提高土地节约集约利用水平"。《围填海计划管理办法》也提出围填海计划是"政府履行宏观调控、经济调节、公共服务职责的重要依据"。基于以上规定可以判断，空间资源利用年度计划是社会主义市场经济体制下政府在重要领域实施宏观调控的有效手段，对于合理利用空间资源、保护资源环境具有重要意义。因此，海洋空间利用年度计划制度构建要符合国民经济社会发展规划、产业政策和国土空间规划，协调海洋空间资源供给与需求的矛盾，把握海洋经济总体发展规模，防止出现局部过热的现象。

（2）坚持问题导向。海洋空间利用年度计划的核心是数量管控，即对海洋空间资源供给数量多少的控制，其目的是科学管控海洋开发利用的规模和强度。我国海洋开发利用存在的问题中，应重点关注海洋开发规模和强度方面的问题，通过科学的计划管控，使开发利用与海洋资源环境承载力匹配。因此，本书认为年度计划要重点关注用海规模大、环境影响大、地方用海需求大、后备空间不足的用海活动。

（3）注重对国家重大战略和社会民生的保障。海洋空间利用年度计划应坚持"有保有压"，在控制海洋开发建设规模的同时，也要保障涉及国家重大战略和社会民生工程的用海，如涉及海上油气开采、军事用海、海岸防护工程用海等关系到国家和社会利益的用海。

2）用海活动分析

土地利用年度计划管理中，土地用途按照建设用地、农用地和未利用地进行分类，对建设用地进行规模管控，对农用地中的耕地进行保护。在海洋领域，根据《海域使用分类》（HY/T 123—2009），我国海域使用类型体系包含 9 个一级类和 31 个二级类，用海方式体系包含 5 种一级方式和 21 种二级方式。以上两种分类方式都具有类型多、不同类型之间差异大的问题，在选择年度计划管控类型时具有较大难度。因此，本书首先分别从海域使用类型和用海方式两个角度，对用海活动（二级类）是否应纳入计划管控进行逐一分析，判别每一类用海活动纳入计划管控的必要性，结果如表 5-5 和表 5-6 所示。

表 5-5 各类用海活动是否纳入计划管控——按照海域使用类型分析

一级类	二级类	是否纳入	原因
渔业用海	渔业基础设施用海	○	提升渔业服务能力的需要，但因规模过大需要占用大量岸线，从而涉及围填海的要管控
	围海养殖用海	√	投饵、用药污染环境；占用岸线，挤占亲海空间；改变水动力条件，导致砂质资源退化
	开放式养殖用海	√	规模大，甚至挤占生态空间、预留区；投饵、用药污染环境
	人工鱼礁用海	√	聚鱼效果显著，但难以拆除，侵占海洋空间；改变水动力条件，减弱水体交换能力，加剧污染、淤积
工业用海	盐业用海	√	占用岸线，影响生态环境
	固体矿产开采用海	√	采砂（√）：改变局部海域海底的地形地貌，引发海岸侵蚀、海水入侵，影响航运、管线安全等
		×	其他（×）：规模不大，战略意义重大
	油气开采用海	×	战略意义重大
	船舶工业用海	○	占用岸线，污染环境
	电力工业用海	○	占用岸线，影响海洋生态环境
	海水综合利用用海	×	新兴产业，对解决沿海地区水资源短缺意义重大
	其他工业用海	○	
交通运输用海	港口用海	○	占用岸线，污染环境，圈围海域，改变水动力条件
	航道用海	×	对海洋自然属性改变较小
	锚地用海	×	对海洋自然属性改变较小
	路桥用海	○	线性分布，规模较小，但涉及围填海的要管控
旅游娱乐用海	旅游基础设施用海	○	对海洋自然属性改变较小，但涉及围填海的要管控
	浴场用海		
	游乐场用海		
海底工程用海	电缆管道用海	×	战略意义重大，关系社会民生，总体规模小
	海底隧道用海	×	
	海底场馆用海	×	
排污倾倒用海	污水达标排放用海	×	总体规模小，可通过许可制度管理
	倾倒区用海	×	

续表

一级类	二级类	是否纳入	原因
造地工程用海	城镇建设填海造地用海	√	严格管控围填海
	农业填海造地用海		
	废弃物处置填海造地用海		
特殊用海	科研教学用海	×	总体规模小，并且要保障军事、科研、防灾减灾等公共利益需求
	军事用海		
	海洋保护区用海		
	海岸防护工程用海		
其他用海	其他用海	○	/

注:"√"表示纳入计划管控;"×"表示不纳入计划管控;"○"表示涉及围填海的用海空间纳入计划管控

表 5-6　各类用海活动是否纳入计划管控——按照用海方式分析

一级方式	二级方式	是否纳入	原因
填海造地	建设填海造地	√	对海洋自然属性改变最大
	农业填海造地		
	废弃物处置填海造地		
构筑物	非透水构筑物	√	对海洋自然属性改变较大
	跨海桥梁、海底隧道	×	总体规模小，战略意义重大
	透水构筑物	×	对海域自然属性改变小
围海	港池、蓄水	√	对海域自然属性改变较大，并且影响海洋环境
	盐业		
	围海养殖		
开放式	开放式养殖	√	规模大，环境影响大
	浴场	×	对海域自然属性改变小
	游乐场	×	
	专用航道、锚地及其他开放式	×	
其他方式	人工岛式油气开采	×	战略意义重大，总体规模小，稀缺资源
	平台式油气开采	×	
	海底电缆管道	×	战略意义重大，影响范围小
	海砂等矿产开采	√	改变局部海域海底的地形地貌，引发海岸侵蚀、海水入侵，影响航运、管线安全等
	取水口、排水口	×	总体规模小，影响范围小
	污水达标排放	×	总体规模小，并且可以通过许可制度管理
	倾倒	×	总体规模小，并且可以通过许可制度管理
	防护林种植	×	有益于生态环境改善，不应限制

注:"√"表示纳入计划管控;"×"表示不纳入计划管控

3）梳理与总结

通过以上分析可以发现，需要纳入计划管控的用海活动比较散乱（既有一级类整体纳入管控的，又有仅二级类纳入管控的，还存在二级类中的部分用海活动纳入管控的），并且类型比较多，如果按照以上分析确定计划管控的用海类型，则会增加计划管理的复杂性，也不符合宏观管控的原则。因此，结合当前海洋空间资源环境瓶颈问题、开发利用热点问题等进一步梳理，提出将海洋牧场、建设用海和海砂开采纳入计划管控，理由如下。

（1）海洋牧场。农业部于 2017 年印发《国家级海洋牧场示范区建设规划（2017—2025 年）》，规划到 2025 年在全国建设 178 个国家级海洋牧场示范区（包括 2015～2016 年已建的 42 个），形成示范海域面积 2700 多平方千米。近年来，沿海地区加快海洋牧场建设步伐，预计至 2025 年海洋牧场的规模将会有更大增长。现阶段海洋牧场建设正处于快速发展阶段，但整体处于初级、中级发展水平，各地牧场建设普遍存在生态意识欠缺、缺少统筹规划和科学论证等问题，甚至部分地区出现了盲目扩张的苗头（李金红等，2019）。海洋牧场单个项目用海面积大，对近岸水动力环境和生态系统存在较大影响，有必要加强统筹规划，合理安排海洋牧场建设规模和速度。

（2）建设用海（涉及港口、电力、石化等各类产业使用填海造地和非透水构筑物的用海项目）。填海造地对海洋自然属性的改变最大，非透水构筑物对海洋自然属性的改变较大，应当加强总量和时序管控，保护自然岸线，保护滨海湿地。

（3）海砂开采。随着河砂资源的枯竭和限采，建筑用砂供需矛盾越来越激烈，故很多地区将目光转向了海砂开采，未来海砂开采需求将大幅提升。海砂过度开采将导致堤防损害、海岸侵蚀，并对航运、管道缆线和水产养殖等用海活动产生影响。因此，有必要根据工程建设的实际需要，在满足法律、法规、标准和环境影响评价的前提下，合理规划、有序开采海砂资源。

3. 年度计划指标体系

根据当前海洋空间资源管理需求，海洋空间利用年度计划指标包括新增海洋开发利用空间计划指标、海洋空间整治修复与盘活利用计划指标、海岸线清退与异地补充计划指标。

1）新增海洋开发利用空间计划指标

新增海洋开发利用空间计划指标指年度新增海洋空间开发利用总量，从级别上，可以分为国家预留指标和下达地方指标；从类型上，可以分为新增建设用海计划指标、新增海洋牧场用海计划指标和新增海砂开采用海计划指标。

国家预留指标是指为国家重大战略项目预留的用海空间总量；下达地方指标是指自然资源部下达给沿海省（区、市）的新增用海空间总量，各省（区、市）需将计划指标进行进一步分解，下达给沿海各县（市、区）。各省（区、市）为保障重大项目用海需求，可预留一部分计划指标，地级市计划指标不预留，全部下达给沿海各县（市、区）。

新增建设用海计划指标是指涉及港口、临海产业等需要围填海的用海空间总量；新增海洋牧场用海计划指标是指用于海洋牧场建设的用海空间总量；新增海砂开采用海计划指标是指用于海砂开采的用海空间总量（表 5-7）。

表 5-7　新增海洋开发利用空间计划表

	新增海洋开发利用空间			其中：海洋督察奖励	其中：海洋整治修复奖励	其中：历史遗留问题处理奖励
	建设用海	海洋牧场用海	海砂开采用海			
国家						
辽宁						
其中：大连						
山东						
其中：青岛						
河北						
天津						
江苏						
上海						
浙江						
其中：宁波						
福建						
其中：厦门						
广东						
其中：深圳						
广西						
海南						
总计						

2）海洋空间整治修复与盘活利用计划指标

海洋空间整治修复与盘活利用计划指标指下达地方开展海域、海岸线整治修复的任务量和围填海历史遗留问题处置的任务量（表 5-8）。

表 5-8　海洋空间整治修复与盘活利用表

省（区、市）	任务量		
	海岸线整治修复（km）	海域整治修复（hm²）	围填海历史遗留问题处置（hm²）
辽宁			
其中：大连			
山东			
其中：青岛			
河北			
天津			
江苏			
上海			
浙江			
其中：宁波			
福建			
其中：厦门			

续表

省（区、市）	任务量		
	海岸线整治修复（km）	海域整治修复（hm²）	围填海历史遗留问题处置（hm²）
广东			
其中：深圳			
广西			
海南			
总计			

3）海岸线清退与异地补充计划指标

海岸线清退与异地补充计划指标是指对与周围其他空间利用不协调的占用海岸线的合法用海项目，实施海岸线退出机制，将原有占用岸线项目退出，并在异地合理补充一定长度岸线和一定面积的海域。在实施中，地方政府应根据实际情况，给予海域使用权人合理补偿，并保障项目搬迁顺利进行。新项目选址应符合国土空间规划，禁止选择生态功能显著、生态脆弱敏感的区域，禁止占用自然岸线。

海岸线清退与异地补充计划指标具体包括清退养殖岸线与补充养殖岸线计划指标、清退港口岸线与补充港口岸线计划指标、清退临海产业岸线与补充临海产业岸线计划指标（表5-9）。

表 5-9　海岸线清退与异地补充计划表

	海岸线用海活动清退			海岸线异地补充		
	清退养殖岸线	清退港口岸线	清退临海产业岸线	补充养殖岸线	补充港口岸线	补充临海产业岸线
辽宁						
其中：大连						
山东						
其中：青岛						
河北						
天津						
江苏						
上海						
浙江						
其中：宁波						
福建						
其中：厦门						
广东						
其中：深圳						
广西						
海南						
总计						

六、小结

根据土地利用年度计划管理的发展历程，海洋空间利用年度计划制度体系尚需一定时间建立和完善。在此之前，学术界应重点在海洋空间利用需求预测、海洋空间利用年度计划指标体系构建、海洋空间利用年度计划实施程序与配套制度研究及制定、海洋空间利用年度计划实施周期及弹性调节方法、海洋空间利用年度计划执行的监督考核及奖惩机制五方面开展研究，为海洋空间利用年度计划的建立与实施提供技术支撑和决策支持。

党的十九大报告指出"人与自然是生命共同体，人类必须尊重自然、顺应自然、保护自然。人类只有遵循自然规律才能有效防止在开发利用自然上走弯路，人类对大自然的伤害最终会伤及人类自身，这是无法抗拒的规律"。海洋开发利用一方面为人类带来了丰富的海洋资源，推动了海洋经济的发展，使海岸带成为我国经济最发达的地区；但同时，大规模海洋开发利用的负面效应已经逐步显现，滨海湿地被大幅削减、海洋开发同质化严重、空间低效利用、后备海洋发展空间不足等诸多问题成为制约沿海地区高质量发展的难题。当前破解海洋资源环境问题，需要转变过去大规模、低效率的开发模式，充分用好用途管制这个空间治理的手段。要重视年度计划在海洋空间治理中的作用，尊重经济增长与海洋空间资源配置的内在联系，一方面要严控开发强度，加强刚性约束，守住海洋生态底线，另一方面要注重战略留白，立足长远，为可持续发展留下一定的弹性空间，更好地应对未来的各种不确定性，赋予海洋发展更多的选择空间。

第七节　基于水资源依赖程度的海岸带空间管理

由于海岸资源的有限性，人们不得不考虑根据开发活动对水资源的依赖程度（以下称"赖水"）对开发活动进行分类、确定优先级，以确保海岸资源的最优化利用。赖水用途因其性质，需要位于或临近滨水位置才能保证其功能实现，因此必然会与其他非赖水用途争夺滨水空间。当前，受房地产、酒店、零售、工业等开发活动滨海用地需求的影响，我国沿海地区赖水用途面临的竞争压力正逐年增大并被迫转化为非赖水用途。由于赖水用途涉及广泛的公众利益，其消失与转换将带来多种社会问题并进一步上升为潜在的政策问题（Tiffany，2010）。因此，在安排海岸带开发活动时，应尽量确保赖水用途在位于或临近滨水位置上具有优先发展权，避免浪费有限的海岸资源。而在对海岸带空间用途进行滨水优先级分类和付诸管理之前，需要先对赖水和非赖水有一个清晰明确的认知，赖水用途及其相关用途定义在设计海岸带滨水地区开发活动布局这一管理过程中具有至关重要的地位。近年来，我国管理界和学术界逐步认识到基于水资源依赖程度进行海岸带空间用途布局的重要性，也初步进行了一些探索，但缺乏较为细致深入的研究且远未形成共识，难以有效指导管理实践。美国沿海各州及领地自20世纪70年代起就在CZMA的要求下陆续提出了适应各地区发展需要的赖水、水相关及水强化用途定义，并开展了诸多用途分类的实践，在定义海岸带空间用途和开展海岸带用途管制方面具有较为丰富的经验，对我国进行海岸带空间用途定义和管理具有极大的借鉴意义（邢文秀等，2021）。

一、我国海岸带空间用途管理现状和研究探索

海岸带是陆海相互作用的前沿地带，是人类活动和社会经济发展的主要区域。自20世纪以来，全球城市和经济趋海发展的势头日趋显著，而各类活动在海岸带地区高度集聚易引发海岸带生态退化、环境污染、资源枯竭和开发无序等诸多问题。海岸带规划和立法是解决上述问题的有效工具和手段，在国际上的应用已非常广泛。

我国海岸带由北向南（纬度）跨越了40°，自东向西（经度）跨越了20°，海岸带的自然地理特征因地理位置而千差万别，加之2018年国务院机构改革之前，我国海岸带管理存在陆海二元分割和行业部门分割等突出问题（刘大海等，2019），使得在全国范围内编制统一的海岸带规划、出台专门的海岸带管理法具有较大难度，因此开展省级、市级的海岸带规划和立法工作更加现实和可行。自20世纪90年代以来，我国沿海有关省、市陆续进行了诸多海岸带规划和立法实践（图5-5），探索解决海岸带开发与保护的矛盾，疏解海岸带压力和解决生态问题。其中，山东省的实践探索经验最为丰富，于2019年底成为全国第一个实现沿海城市海岸带保护立法全覆盖的省份。在海岸带空间用途管制领域，已有海岸带规划和法规与规章，从不同角度、以不同方式体现出基于开发利用活动对水资源依赖程度开展用途管制的思想。

（1）强调项目选址论证。20世纪90年代，《江苏省海岸带管理条例》《青岛市海岸带规划管理规定》及其修正版均要求海岸带范围内的项目申请文件中应当包括项目必须选址在海岸带区域的理由，其中《江苏省海岸带管理条例》还提出海岸带范围内适宜建设海港、海滨浴场、海防和军事设施等的岸段应当保留，不得移作他用。

（2）原则性提出海岸开发布局管制要求。2007年9月25日印发的《山东省海岸带规划》提出"除海滨旅游、港口、与海洋相关的工业等项目外，其他项目不应临海布局"。2008年《烟台市海岸带规划》从产业园区布局角度提出要根据产业发展对海岸带资源依赖程度的差异，合理布局滨海产业园区、临港产业园区和一般园区，严格禁止一般性产业园区占用滨海岸线和空间区位优越的临港地区。

（3）实行海岸带空间分区管制。2015年，《青岛市海域和海岸带保护利用规划》将海岸带划分为禁止开发、优化开发、重点开发区和限制开发区四种类型，明确了各类区域的功能定位和发展方向，进而提出管控要求。2017～2019年，福建省和锦州市、威海市、日照市、青岛市、烟台市、潍坊市、滨州市、防城港市的海岸带条例陆续发布，均要求将海岸带划分为严格保护区、限制开发区和优化利用区，并分别确定了功能定位、发展方向和管控要求。其中，严格保护区内除国防安全等公共利益需要外，禁止开展与保护无关的活动；限制开发区内大多禁止工业生产、矿产资源开发和商品房建设；优化利用区内要求科学布局占用或确需占用海岸带的建设项目，合理控制建设项目规模，提高利用效率。此外，《东营市海岸带保护条例》要求将海岸带划分为重点保护区和一般保护区两类，并分别提出了管控要求。

（4）划定海岸建设后退线进行用途管制。《山东省海岸带规划》《广东省海岸带综合保护与利用总体规划》《惠州市海岸带保护与利用规划》，以及海南省、福建省和惠州市、日照市、青岛市、烟台市、潍坊市和防城港市的海岸带条例或规定均提出要划定海岸建

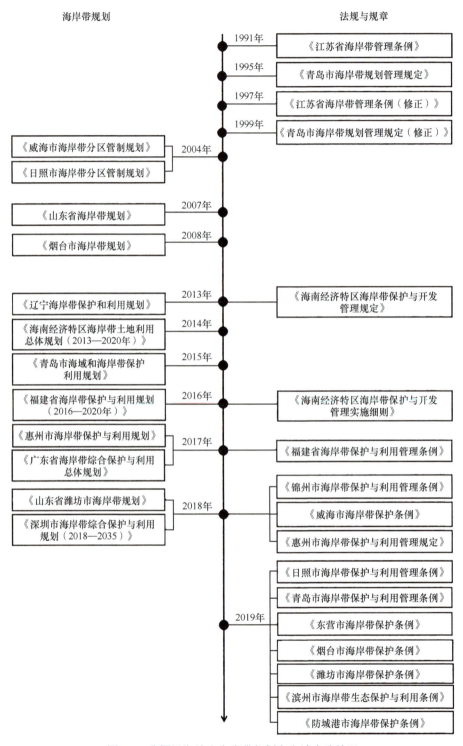

图 5-5　我国沿海地方海岸带规划和立法实践情况

设后退（退缩）线，严格控制在后退（退缩）线向海一侧范围内新建、扩建、改建建筑物。部分省市同时提出了例外情况：《山东省海岸带规划》提出"对公共安全及服务必需的建筑物和必须临近海洋的项目不在此限制之列"；《广东省海岸带综合保护与利用总体规划》提出"确需建设的，应控制建筑物高度、密度，保持通山面海视廊通畅"；《福建省海岸带保护与利用管理条例》提出国家重点建设项目、规划范围内的港口项目以及防灾减灾项目建设需要属于例外情况；《青岛市海岸带保护与利用管理条例》提出军事、港口、码头、公共基础设施以及赖水项目的必需设施属于例外情况；《惠州市海岸带保护与利用规划》更为详细地进行了举例说明，提出生态保护与修复工程、文化遗产保护、军事与安全保密、公园配套设施、休闲游乐设施、防灾减灾项目，以及必要的旅游交通、市政配套、港口码头、科普、海洋管理、防洪防潮等公益性设施属于例外情况。

（5）划定海岸建设管控区进行用途管制。《深圳市海岸带综合保护与利用规划（2018—2035）》以划定海岸建设管控区的方式，实施海岸带精细化管控。该规划要求海岸带地区以海岸线为界，向陆一侧划定 35～50m 的核心管理区、100m 的协调区，并鼓励有条件的区域扩大管控距离。在核心管理区对建设项目实行严格管控，除了道路交通设施、市政基础设施、公共服务设施、小型商业设施、修船厂和滨海科研等必须临海布局的产业项目，以及海岸防护工程和其他涉及公共安全的项目，原则上禁止规划和开展各类建设活动。其管控思想本质上与划定海岸建设后退线进行用途管制是一致的。协调区则要求加强海洋生态安全保护和陆海功能协调，强化滨海公共开放性。

可以说，我国沿海管理部门已充分认识到开发活动对水资源的依赖程度是海岸带产业布局需要考虑的重要因素，也尝试从不同角度去表达或进行管理约束。但现有管理实践主要存在两方面问题：一是就开发活动对水资源的依赖程度尚未形成统一共识，对于"赖水项目""必需设施""必须临近海洋""必须临海布局"，海岸带"确需建设"的用途和活动没有统一的术语界定和分类，不利于海岸带管理制度建设和后续的用途管制；二是无论是空间分区还是划定后退线，在提出管制要求时都不同程度地存在笼统和标准化的问题，没有充分考虑局部差异性、社会发展的综合性和实践应用的复杂性，远未建立起系统科学的管理体系，难免会造成管制政策可操作性不佳。

相较管理层面的丰富探索和尝试，我国学术界关于海岸带用途的水依赖性及其管制研究较为匮乏，目前仅有少数学者使用"功能性用海""功能性填海"这类术语表达对这一问题的关注。2011 年国家海洋局启动海洋产业填海项目控制指标调查研究时，项目承担单位国家海洋技术中心首提"功能性用海"和"非功能性用海"概念。刘大海（2013）、郑苗壮（2019）均认为非功能性用海对功能性用海空间的挤压是岸线利用矛盾的直接原因，除港口、码头等对海岸线有必然依赖的功能性用海产业外，许多非功能性用海产业如房地产、装备制造、化工等占用了过多的海岸线资源，造成了浪费。马随随（2014）从填海造地岸线利用效率测算的角度，根据各类产业用海特点将临海产业用海划分为功能性填海和非功能性填海：前者指为了实现海域的某种功能而进行的填海，其目的是依托岸线实现海域的功能，港口工程用海、船舶产业用海等即属于功能性填海；后者指以获得土地为目的的填海，主要是为了解决土地资源供给不足的问题，一般不需要使用海域的功能和海岸线。徐伟等（2015）将填海分为岸线利用型填海和造地型填海，其含义与功能性填海和非功能性填海类似。然而，上述研究仅停留在发现非功能性用海挤占功能性用海现象和初步定义围填海项目用海功能性上，并未进一步开展产业和项目分类研究，也未探索形成相关管制措施，难以满足管理需求和社会经济发展需要。因此，当前亟须拓展国际视野，借鉴国际先进经验和典型政策，科学合理地设计我国海岸带空间用途精细化管控体系。

二、美国海岸带空间用途定义与代表性示例

美国 CZMA 为包括五大湖在内的沿海各州及领地进行海岸带土地和水域管理提供了一个制度框架。美国国家海洋和大气管理局（NOAA）在联邦一级通过国家海岸带管理（NCZM）项目为志愿参与的沿海州及领地提供保护、恢复及负责任发展（responsible development）的政策指导和技术援助。除阿拉斯加州外，共 34 个志愿州及领地通过实施海岸带管理项目平衡了约 99 082km 海岸线的资源利用、经济发展与环境保护的竞争需求（管松和刘大海，2019；NOAA Budget Office，2020）。CZMA 首提"赖岸用途"（coastal-dependent use），要求志愿参与的州及领地优先考虑"赖岸用途"的选址，旨在鼓励各地区确保那些需要位于或靠近水域的开发活动的优先地位。但 CZMA 并没有给出"赖岸用途"的明确定义，也没有向各州及领地提供相关的具体指示（Tiffany，2010）。在该法案的要求下，包括阿拉斯加州在内的大多数州及领地均根据自身发展需求在海岸管理规划、法律或行政法规中对"赖岸用途""赖水用途"等作出了定义（Kenneth and Matt，1998）。虽然各州或领地提出的"赖水用途"的一般定义存在许多相似之处，但所使用的赖水性术语不尽相同，且由于各地区会根据发展需要、资源状况和优先事项对"赖水"的定义进行调整，每个州或领地的定义包含的特定用途也可能有所不同。

一般来说，可以按照开发活动对水资源的依赖程度分为三个层次：赖水（water-dependent）用途、水相关（water-related）用途和水强化（water-enhanced）用途（表 5-10）。美国大多数州及领地使用"赖水"这一术语指代必须在水上或水旁边开展的活动，少数州及领地采用"赖岸"这一术语，但两者通常指类似或相同的用途和活动。一些州及领地还设置了二级用途，其优先级低于赖水用途，通常将其称为水相关或海岸相关（coastal-related）用途。例如，码头和商业捕鱼依赖水资源发挥功能，具有最高优先权；而海产品加工通常被视为水相关用途，对于紧邻水资源的位置，其使用优先权较低。一些州还对"水强化"用途或"水导向"（water-oriented）用途进行了定义，其中可能包括酒店或餐馆。理论上，可将任何不属于"赖水"或"水相关"类别的用途视为"水强化"用途，因为滨水位置总能为各类用途或活动带来切实的好处。

表 5-10 美国各州及领地赖水及其相关定义使用情况

州/领地	赖水	赖岸	水相关	海岸相关	水强化	水导向
亚拉巴马（Alabama）	★					
阿拉斯加（Alaska）	★		★			
加利福尼亚（California）		★		★		
康涅狄格（Connecticut）	★					
特拉华（Delaware）	★					

续表

州/领地	赖水	赖岸	水相关	海岸相关	水强化	水导向
佛罗里达（Florida）	★		★			
佐治亚（Georgia）	★					
夏威夷（Hawaii）		★				
伊利诺伊（Illinois）						
印第安纳（Indiana）		★				
路易斯安那（Louisiana）	★					
缅因（Maine）	★		★			
马里兰（Maryland）	★					
马萨诸塞（Massachusetts）	★	★				
密歇根（Michigan）						
明尼苏达（Minnesota）	★					★
密西西比（Mississippi）	★					
北卡罗来纳（North Carolina）	★					
新罕布什尔（New Hampshire）	★		★			
新泽西（New Jersey）	★					★
纽约（New York）	★				★	
宾夕法尼亚（Pennsylvania）						
俄亥俄（Ohio）	★					
俄勒冈（Oregon）	★		★			
波多黎各（Puerto Rico）	★					
罗得岛（Rhode Island）	★					
南卡罗来纳（South Carolina）	★		★			
得克萨斯（Texas）	★					
弗吉尼亚（Virginia）	★					
华盛顿（Washington）	★		★			
威斯康星（Wisconsin）						
美属萨摩亚（American Samoa）	★		★			
关岛（Guam）	★		★			★
北马里亚纳群岛（NMI）	★					
美属维尔京群岛（USVI）		★				

"★"代表使用了该定义

1. 赖水、赖岸用途的定义和示例

美国有 26 个州及领地在海岸带管理规划中给出了"赖水"或"赖岸"的基本定义。比较有代表性的如美属萨摩亚将"赖水"定义为：需要使用水体而必须在水面上、水域内或临近水域进行的项目、用途或活动（NOAA，American Samoa Development Planning Office，1980）。密西西比州对"赖水产业"的基本定义为：为实现其存在的基本目标，

必须在河口、海湾、通道、航道、海岸、沼泽地上或其附近进行选址的商业、工业或制造活动（NOAA，Mississippi Department of Wildlife Conservation，1983）。路易斯安那州对"赖水用途"的定义为：由于需要使用水体或湿地，需要消耗、采集海岸资源或对其进行其他直接利用，需要使用沿海水域进行货物的制造与运输，而必须位于或临近沿海水域或湿地的用途（NOAA，Louisiana Department of Natural Resources，1980）。新罕布什尔州除了定义"赖水用途"，还定义了"赖水建筑物"：在州水面、水上、水内建造的船坞、码头、防波堤、海滩、挡土墙、下水坡道等建筑物或其任何部分（NOAA，New Hampshire Office of State Planning，1982）。加利福尼亚州和夏威夷州则使用了"赖岸"这一术语。加利福尼亚州将"赖岸用途"定义为：任何需要位于或临近海域才能够完全发挥作用的开发活动或用途（NOAA，California Coastal Commission，1977）。夏威夷州将"赖岸开发"定义为：如果不靠近沿海资源，将导致其所提供货物或服务质量有所损失的开发活动，如港口、口岸、旅游业和能源设施（NOAA，Hawaii Office of State Planning，1990）。

多数州及领地除了给出基本定义，还在定义中列举了代表性的赖水/赖岸用途。各地能够基本达成共识的赖水用途有：船坞，滨水码头和港口设施，船舶建造和维护设施，水上娱乐用途，航道和助航设备，商业和娱乐捕捞，水产养殖，依赖于水上运输或需要大量冷却水/工艺水而不能合理在内陆地区选址或运行的工业用途，以及为公众使用沿海水域提供服务的一般用途，如公共通道。除此之外，新泽西州和华盛顿州分别提到了船舶存储和船舶销售，但给出了限定条件：新泽西州认为属于赖水用途的船舶应当是难以通过陆域运输的船舶，船舶的长度一般大于 24ft（NOAA，Department of Environmental Protection of New Jersey，1980）；华盛顿州将船舶销售限定在用水依赖型的船舶销售（NOAA，1976）。俄勒冈州和波多黎各在赖水用途举例中还提及了部分科学研究和教育活动（NOAA，1977；NOAA，Department of Natural Resources of Puerto Rico，1977）。仅有弗吉尼亚州将发电厂、水处理厂、污水处理厂等列入赖水用途（NOAA，Commonwealth of Virginia's Council on the environment，1986）。此外，康涅狄格州、路易斯安那州、新罕布什尔州、新泽西州、俄勒冈州、得克萨斯州等将海产品加工列入赖水用途（Bowling，2013）。

2. 水相关、海岸相关用途的定义和示例

美国多数州及领地使用"水相关"这一术语，少数使用"海岸相关"或"附属用途"（accessory use）等术语来定义与水资源相关但优先级较低的用途。美属萨摩亚和缅因州将"水相关用途"定义为：不直接依赖于用水，但提供与赖水用途直接相关的商品或服务的项目、用途或活动（NOAA，1976，1977，1978）。佛罗里达州在上述定义的基础上补充了如下内容：如果该活动不位于靠近水的地方，将导致其所提供的商品或服务的公共质量有所损失（NOAA，Florida Department of Environmental Regulation，1981）。南卡罗来纳州、华盛顿州和新罕布什尔州对"水相关用途"的定义都集中在可从靠近海岸线位置获得经济利益的用途上：南卡罗来纳州的"水相关用途"指的是由于靠近海岸线而显著提高了其经济效益（NOAA，South Carolina Coastal Council，1979）；但在华盛顿州的定义中，"水相关用途"指的是如果没有靠近海岸线的位置，这种使用就无法获得经济

效益（NOAA，1976）；新罕布什尔州对"水相关设施"的定义只要求其操作或功能的性质使其因靠近沿海水域而受益（NOAA，New Hampshire Office of State Planning，1982）。加利福尼亚州使用"海岸相关"这一术语，将"海岸相关用途"定义为：依赖海岸的任何用途（NOAA，California Coastal Commission，1977）。马萨诸塞州则使用"附属用途"（等同于其他州所使用的"水相关用途"）这一术语，并将其定义为：与赖水用途有关且是实现赖水用途的必需用途，对有关赖水用途的建造或运行起到不可或缺的作用，或主要向赖水用途提供有关的商品和服务（Massachusetts Executive Office of Environmental Affairs，1977）。无论各州或领地使用的术语为何，除南卡罗来纳州、华盛顿州和新罕布什尔州的定义外，其他所有定义都侧重从属于赖水用途的用途。

马萨诸塞州列举了部分附属用途：包括但不限于通道和内部道路、停车设施、行政办公室和其他主要为赖水用途提供服务的办公室、游艇俱乐部，以及主要服务于赖水用途顾客的餐厅和零售设施、饵料店、游艇租赁销售和其他以海洋为导向的零售设施。不属于赖水用途的附属用途包括但不限于一般住宅设施、酒店、一般办公设施和主要零售设施（Massachusetts Executive Office of Environmental Affairs，1977）。

3. 水强化、水导向用途的定义和示例

美国仅纽约州使用了"水强化"这一术语。纽约州将"水强化用途"定义为：本质上不需要靠近或位于沿海水域，但若靠近海岸，将增加公众对水边的使用和享受度。水强化用途主要是消遣、文化、零售或娱乐用途（NOAA，New York Department of State，1982）。

美国有几个州及领地使用术语"水导向"指代类似的水强化用途。关岛、新泽西州、俄勒冈州和明尼苏达州对"水导向"的定义略有不同。关岛的"水导向用途"是指面向海岸线或水域，但不要求位于海滨或海岸线上的用途，如酒店、餐馆、公寓（NOAA，Guam Bureau of Planning，1979）。新泽西州的"水导向用途"是指为公众服务的开发活动，并通过接近水域而获得经济利益（工业用途不一定要为公众服务）。例如，酒店或餐馆服务于公众，如若其充分利用滨水位置则可能是水导向用途；装备制造厂如果通过水上运输接收原材料和装运成品，比陆路运输更具有经济优势，则是水导向用途；尽管沿海地区的住房具有经济溢价，但由于其仅对部分买得起或租得起的少数人有利，因而住宅并不是水导向用途（NOAA，Department of Environmental Protection of New Jersey，1980）。俄勒冈州将"水导向用途"定义为：通过观赏或使用沿海水域来增强公众吸引力的用途（NOAA，1977）。明尼苏达州将"水导向用途"定义为：将土地用于商业目的，且使用临近地表水是其正常经营活动中的一个组成部分，如度假村和带有临时停靠设施的餐厅。

值得注意的是，南卡罗来纳州、华盛顿州、新罕布什尔州均有"水相关"的定义，但其定义均强调可从靠近海岸线位置获得经济利益，故其性质更符合"水强化"内涵。

三、美国海岸带空间用途管理的核心指导要素

虽然美国各州政府或地方政府所使用的海岸带空间用途术语或其定义存在差异，但

州政府或地方政府可以通过综合其他管理元素，确保其定义充分保护海岸滨水区。美国相关研究提供了有关术语设定和管理元素的指导（Edward J. Bloustein School of Planning and Public Policy of Rutgers，2018），主要聚焦于目标声明、当地条件、代表性用途清单和分区政策。

1）设定支持定义的目标声明

通过地方政府制定综合规划和管理条例是鼓励与保障赖水用途发展的最适当手段（Davis，2001），任何维护滨水区的有关规划和文件均应包含目标声明。第一，目标声明可以明确将开发活动限制在赖水用途上的根本原因和目标，可能涉及经济和就业、社区文化、自然环境、滨水通道等诸多领域。例如，维护滨海社区（coastal community）海洋遗产的特性和完整性；通过鼓励传统的滨水用途来强化地区经济基础；确保有限的滨水区域能够为赖水用途保留，而不是被其他用途过度占用等。第二，州和地方决策者可以在进行许可和发展决策时查看这些声明以获得指导。第三，目标声明在司法审查阶段必不可少，因为司法部门会据此考虑相关法律背后的出发点，以确定法律是否正在按预期的方式和方向执行（Bowling，2013）。虽然美国各州及领地海岸管理规划一般不包括专门针对赖水用途的目标声明，但多数州及领地的法律法规包含其颁布或制定相关规划的总体目标声明。例如，俄勒冈州的管理条例包含以下政策声明："为赖水用途保留海岸带空间兼具经济原因和环境原因"。在经济方面，滨水开发用地资源极为有限，需要保护其免受房地产等非赖水用途的影响和破坏，而且适合赖水用途的地点一旦被占用和破坏就难以恢复或恢复成本较高；在环境方面，为赖水用途提供适合的区域意味着经济和政治压力更小，部分赖水用途较为适应诸如湿地、沼泽和潮下带等环境敏感区域，要避免此类区域被非赖水用途破坏。

2）充分考虑当地条件

滨海社区可使用多种工具与技术来维护和保护赖水用途，但在制定赖水用途定义、添加示例并形成赖水用途管控方案之前，地方政府和社区应充分考虑当地条件，关键性条件包括以下几条。

（1）地方希望保留的用途或混合用途，即何种用途组合最符合当地的发展愿景。

（2）明确需要进行管制的地理区域。

（3）建立科学合理的海岸资源清单，即明确海岸资源数量、位置和物理特性，如近岸水深、滨水地块的大小和形状、道路和铁路连接、关键栖息地和限制地形条件等。

（4）选择滨水开发的时机，即平衡好当前使用和未来使用，为未来的滨水区使用保留足够的选择机会。

（5）预测管控方案对现有海岸带用途的影响，即地方政府应审查目前的滨水用途，并仔细确定新政策将如何影响这些用途。

（6）需要保障的公共利益，可能涉及经济和就业、社区文化、物质环境和公众亲海需求等许多方面。

（7）公共信托原则和相关管理部门的职责。

上述条件不同，地方政府制定的用途管控方向就存在差异。南卡罗来纳州和新泽西州为保护其原始区域和湿地，不允许进行赖水用途之外的海岸线开发。然而，夏威夷州、波多黎各、美属维尔京群岛、关岛和美属萨摩亚等由于依赖旅游业而允许沿海岸线更广泛地发展商业和工业。北卡罗来纳州和加利福尼亚州有严格的指导方针来确定赖水用途的许可位置。新罕布什尔州和新泽西州由于可供开发的海岸线很少，因此将"可用"地区的开发限制在赖水用途或水相关用途（Kenneth and Matt，1998；Bowling，2013）。

3）清晰制定代表性用途示例或清单

美国相关研究通常建议州政府和地方政府至少定义两个层次的海岸用途：赖水用途和水相关用途。第三层次海岸用途定义为"水强化"用途，如酒店、汽车旅馆或度假村等，可用于澄清哪些用途不应被视为赖水或水相关用途，以进一步加强分类管理。但是，即使赖水用途相关定义制定得再好，某些拟议用途仍不可避免地存在模糊性。实际管理应用中，确定有关拟议用途性质的最佳方法是在相关定义中列出代表性用途示例或清单，并尽可能解决最可能的争论点，清楚地说明在滨水地区允许和不允许进行的活动，从而帮助解决日后决定拟议土地用途是赖水、水相关还是水强化方面的困惑。例如，一些地方政府可能会考虑将船舶维修服务归为赖水用途，而另一些则将其归为水相关用途，健全的政策可以根据现场服务船只的大小对这些用途进行区分：如果其仅为容易通过陆路运输的船只提供服务，则不属于赖水用途；如果其提供大型船只维修服务则可认定其为赖水用途。在一些地区，特别是在佛罗里达州，水上旅游发挥了重要的经济带动作用，可能希望允许有限的酒店和度假村在滨海布局。即便如此，也不建议将酒店或度假村纳入赖水用途范畴，更好的选择是专门指定该类用途可使用的地理空间，或者将度假村和酒店作为赖水用途之外的用途另行补充，以保留赖水用途概念的完整性，同时帮助滨海社区更大程度地控制哪种滨水区可以用于非赖水用途。注重保护传统滨水区和公共通道的社区都比较关注住宅或私人公寓的用途归类，虽然其促进了部分居民休闲和亲海，但是其以剥夺公众的普遍亲海权作为代价。

4）科学设计分区政策

分区是指导、控制和保障滨水区赖水用途最广泛、最有效的管理工具。美国一些社区颁布了分区法，建立赖水用途覆盖区，禁止其他用途进入，从而为赖水用途保留滨海空间。但传统用途分离的分区思想正逐步让位于许多地方土地使用规划中的滨水混合用途，即在沿海和滨水社区内，恰当地将赖水用途与水相关用途或水强化用途结合在一起，进而带来更强的发展活力和更稳定的经济基础，同时将滨水区域独特的视觉特征、历史特征、自然特征融入居民和游客的日常生活，加强人们与水的联系（NOAA，2009）。滨水规划和区划对于帮助滨水社区实现保护与发展愿景，管理和维持适当的赖水用途和非赖水用途组合尤其重要。

一方面，应在赖水用途覆盖区内适当允许一定量的水相关用途进入，因为一些赖水用途（如船用下水坡道）如果没有与之相称的水相关用途（如船用拖车的停车场），可能无法实现其功能。当赖水用途与水相关用途在同一区域内被允许时，分区政策应限制每个地块上可能专用于这些水相关用途的空间量。

另一方面，如果地方政府或滨海社区确定希望在滨海地区有限开展水强化活动，较为有效的方式有两种。其一是对赖水用途覆盖区进行地理空间上的细化分区，可划定特定区域开展有限非赖水活动。其二是允许水强化用途在赖水限制区作为附条件用途，地方政府可对这些用途开展进一步的审查，强制实施有助于抵消公共空间和滨水地区潜在伴随损失的措施。例如，临建区进行赖水用途限制的目的是促进公众亲水，那么允许非赖水用途进入限定区域的附带条件可能包括将公共通道和景观作为项目设计的一部分，如波士顿已使用该策略增加了水路沿线的开放空间和公共通道。

四、思考和建议

借鉴任何理论和改革实践经验都会涉及本土适用性这一问题，我国与美国在城市化进程、土地所有制、行政基础、市场化水平、生活文化等诸多方面存在较大差异，这些差异将对生根于美国的赖水用途管控制度在我国的"本土化"产生一定程度的影响。但是，我国与美国乃至绝大多数沿海国家和地区在滨水区域发展与保护中面临的问题是有共性的或相似的，均需做好自然环境保护和开发建设选址设计以提升应对自然灾害和气候变化的恢复能力，长远考虑开发活动的综合影响，采取有效政策平衡好沿岸多用途间的竞争关系，保障公众亲海空间和权利，协调实现海岸带综合管理等（NOAA，2009）；而且，美国海岸带空间用途定义和管理策略提倡的诸多方法，与我国当前部分沿海省市对于海岸建设后退线、海岸建设管控区的探索思路和方向具有较强的契合性；此外，美国土地所有制以私人所有为主，呈现出开发市场化和规划管控分权化的特征，即规划区划本质上是用公权力来限制私人权利的不当行使，因而其面对和处理的问题相对复杂，但我国的土地制度是社会主义公有制且政府代表国家行使全民所有的土地所有权，拥有对全部国土的规划行政管理权，政府可自上而下地实施全部国土空间用途管制，在国土空间治理领域具有明显的制度优越性（赵民等，2019）。因此，基于海岸问题共性、管理思路契合性和制度优越性，从可持续发展意义上来讲，美国海岸带空间用途定义和管理经验无疑具有重要的借鉴价值，为我国陆海统筹建立海岸带用途管控制度，以及科学编制海岸带专项规划提供了有益的启示和思考的蓝本。基于美国经验借鉴，结合当前山东省和青岛市海岸带专项规划编制试点工作，本书对我国沿海省市建立海岸带空间用途管控政策体系作出的主要思考和提出的主要建议如下。

1. 明确划分海岸带空间的管控职权

根据一级政府、一级事权的分级管理要求，明确职权划分，区分各级海岸带规划管控内容和措施，如此才能保障各级政府在享有和行使某种权利的同时承担起应有的责任，才能确保在不影响整体利益的前提下释放局部活力（邢文秀等，2018）。省级海岸带规划应与省级政府事权相匹配，保护管控和引导发展并重，注重综合性和协调性，构建省级海岸带开发与保护格局，确定省级空间保护与发展目标，划定涉及省级利益和社会公共利益的刚性控制线（区），重点开展跨行政区协调。市县级海岸带规划则应注重实效性和操作性，体现地方特色，以引导发展为主，重点落实用途管制。在海岸带空间用途管控方面，依据《海岸线保护与利用管理办法》，国家对海岸线实施分类保护与利用，可根据海岸线自然资源条件和开发程度分为严格保护、限制开发和优化利用三类，且明确由省级人民政府发布本行政区域内严格保护岸段名录，明确保护边界，设立保护标志。因此，海岸带严格保护岸段应由省级海岸带规划选划并严格确定管控要求，限制开发岸段和优化利用岸段则建议由市县级海岸带规划按照有关技术要求进行划定和提出管控要求，并进一步开展基于水资源依赖程度的海岸带空间用途精细化管控设计。

2. 省级规划确定海岸带空间用途定义和通用化代表性清单

保障赖水用途在位于或临近滨水位置上具有优先发展权是省市海岸带规划需考虑的重要事项之一。虽然建议由市县级海岸带规划具体建立并实施基于水资源依赖程度的海岸带空间用途管控政策，但为了防止沿海市县政府基于发展自利性偏离既定目标，也防止各地定义不一致造成海岸带空间用途监测困难（Tiffany，2010），建议由省级海岸带规划统一确定海岸带空间用途定义，制定海岸带空间用途通用化的代表性清单。此举有助于沿海地方政府在约束性框架内因地制宜作出调整，强化省、市、县的协作性，共同提升海岸监测、保护和保障赖水用途的能力。

本书借鉴美国海岸带管理在确定赖水用途领域的丰富经验，结合我国海岸带开发与管理实践，根据开发活动对水资源的依赖程度，将海岸带空间用途划分为赖水、水相关和水强化三个层次并给出对应定义。

（1）赖水用途指为实现其主要目标不能位于内陆而必须在水内、水面、水上或临近水域进行的活动。

（2）水相关用途指不依赖于直接使用水体以实现其主要目标，而是主要向赖水用途提供有关商品和服务的活动，是实现赖水用途的必需用途。

（3）水强化用途指本质上不需要靠近或位于沿海水域，但可从滨水位置获取经济利益的商业活动。政府最好避免将此类经济因素作为赖水用途和水相关用途定义的一部分，因为将经济因素纳入考量会为诸多功能上不依赖水资源而经济上需要水资源的活动进入管控空间提供诸多创造性借口和理由。

本书进一步综合考虑我国《海洋及相关产业分类》（GB/T 20794—2021）、《海域使用分类》（HY/T 123—2009）等相关标准和规范性文件，结合美国海岸带空间用途示例，提出适用于我国的海岸带空间用途通用化代表性清单（表5-11）。与美国相似，住宅和居住公寓被排除在赖水、水相关和水强化用途之外。

表 5-11　海岸带空间用途通用化代表性清单

用途分类	用途示例
赖水用途	赖水用途包括但不限于：海洋捕捞、海水养殖和海洋渔业服务（鱼苗及鱼种服务、水产良种服务和水产增值服务）；滨海游览与娱乐、滨海旅游文化服务；海洋旅客运输、海洋货物运输、海洋港口、海底管道运输、海洋运输辅助活动（船只调度、航道疏浚、运输监管、救助打捞和灯塔导航等）；海洋船舶制造、海洋固定及浮动装置制造；海洋能（潮汐能、波浪能、潮流能、温差能、盐差能等）发电；海滨砂矿采选、海边土砂石开采、海底地热煤矿开采、深海采矿、海洋石油和天然气开采及服务；海上工程建筑、海底工程建筑（海底隧道、海底电缆管道、海底仓库建筑）、近岸工程建筑；海水制盐、海水直接利用、海水淡化；海洋环境监测服务、海洋环境预报服务、海洋矿产地质勘查、海洋基础地质勘查、海洋地质勘查技术服务、海洋专业技术服务、海洋工程技术服务、海洋自然环境保护、海洋环境治理、海洋生态修复等公益事业活动；部分因其性质需要进入沿海水域的科学研究和教育活动；海洋农业、海洋林业（防护林、红树林等林木种植和养护）。此外，赖水用途还包括需要大量水来制冷或加工产品的耗水产业，以及难以陆上运输，严重依赖水上运输原材料或产品的工业用途等

续表

用途分类	用途示例
水相关用途	水相关用途包括但不限于：海洋水产品加工、海盐加工、滨海旅游经营服务（滨海旅行社和游艇俱乐部等）、海洋渔港经营服务、滨海公共运输服务、海洋渔业批发与零售、滨海旅游产品批发与零售。此外，水相关用途还包括赖水用途的临时/短期停车设施、进出赖水用途的道路等
水强化用途	水强化用途包括但不限于：滨海旅游住宿（饭店、宾馆、酒店、疗养所、度假村、旅馆、旅社、客栈等）；滨海餐饮服务（宾馆、饭店、酒楼、餐厅及其他餐饮场所）；商业公寓、一般办公设施、一般零售设施、一般停车设施、一般产业和园区等

3. 市县因地制宜制定海岸带空间用途管控政策

借鉴美国关于目标声明、当地条件、代表性用途清单和分区政策等方面的管理经验，结合我国实际情况，建议市县级海岸带规划通过以下步骤开展基于水资源依赖程度的海岸带空间用途管控政策设计（图5-6）。

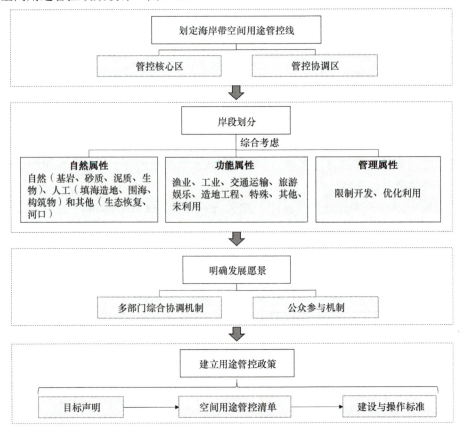

图 5-6　市县级海岸带空间用途管控政策设计流程

1）合理划定海岸带空间用途管控线

通过分析我国海岸带空间用途管理现状可以发现，近年来诸多沿海省市海岸带规划、条例或规定出于防灾减灾、生态保护和公众亲海等多方面考虑，均提出要划定海岸建设后退线，严格控制在后退线向海一侧范围内新建、扩建、改建建筑物。本书暂不论述海岸建设后退线如何划定更为科学，但其底线保护的思想和严格管控的要求决定了其与海岸线的距离有限，且难以充分保障城市海岸带空间用途合理布局与协调发展。因此，建议综合考虑发展需要与海岸用途竞争矛盾，合理划定海岸带空间用途管控线。海岸带空间用途管控线的划定可考虑采用"典型地理标志+功能拓展范围"的方法：典型地理标志主要指滨海道路、防护林、湖等；功能拓展范围主要是前瞻性考虑现有或规划海岸活动未来发展的空间需求，做好空间预留和管控，避免造成城市发展遗憾。例如，青岛国际邮轮母港周边配套空间预留不足，相邻空间多被房地产等其他产业占据，随着邮轮业务的不断发展，滨海商业商务功能拓展严重受限。

理论上，海岸建设后退线向海一侧的陆域宽度要窄于海岸带空间用途管控线向海一侧的陆域宽度，当然在某些岸段如未建成区这两条线也可能重合。需要明确的是，海岸建设后退线向海一侧的陆域空间无疑是海岸带空间用途管控的核心区，需要进行严格管控；两线之间的区域可作为用途协调区，要做好陆海功能协调、海岸用途协调，强化滨海公共开放性，强化建筑高度及视线通廊的控制。

2）基于多重属性进行岸段划分

海岸资源环境禀赋条件、开发利用现状和潜力差异决定了其保护与利用的目标差异。岸段划分的目的是实现用途管控措施的空间差异化，确保滨海开发活动顺应自然规律和社会经济规律。2019年自然资源部出台《关于开展全国海岸线修测工作的通知》，要求沿海各地按照《全国海岸线修测技术规程》组织实施新一轮海岸线修测工作，旨在全面准确掌握我国海岸线的位置、长度、类型和开发现状等基本情况。这为岸段划分和实现海岸带精细化管理提供了重要决策支撑。建议依据最新岸线修测结果，基于岸线自然属性、功能属性和管理属性进行具体管控岸段划分，确定各岸段四至边界，并对各岸段进行命名和编码标号。

3）明确岸段发展愿景

成功的愿景是滨海地区保持持久、旺盛生命力的重要因素，是贯穿区域每个角落及发展各个环节的组织精神。建立发展愿景有助于政府以此为基础制定战略规划，并且为确立目标提供参照标准。利益相关者参与机制是明确岸段发展愿景的有效方法，也是保障战略规划落地实施的重要环节。建议在政府层面构建海岸带规划多部门综合协调机制，促使相关职能部门充分参与从城市海岸带开发格局确立、岸段愿景展望到规划决策的全链条环节，在获得部门支持的同时检验政策和规划构想；在公众层面探索构建科学的公众参与机制，政府可适时以法规的形式明确公众参与的方式、内容和程序等，使相关企业、居民参与岸段愿景展望活动，以明确区域发展的价值观、定位和未来愿景，并将愿景分解到不同的规划阶段。

4）分岸段建立差异性用途管控政策

不建议地方政府在尚未考虑清楚赖水用途限制的政策目标情况下，盲目建立各岸段用途管控政策。地方政府需要基于岸段发展愿景，清晰理解各岸段实施用途限制背后的政策原因，并明确阐释用途管控的目标声明，从而帮助证明将开发活动限制在赖水用途或其他相关用途上的决定是正当的，并为将来在法规和决策受到质疑时提供有关支持。

目标声明确定后，地方政府可在省级规划提出的海岸带空间用途通用化代表性清单基础上，因地制宜创建各岸段空间用途管控清单来指导地方发展政策的确立，促进愿景实现。该清单应基于岸段发展愿景和用途管控政策目标声明，既明确岸段相关用途的滨水优先级，又明确各种用途进入管控核心区或协调区的许可级别，包括许可用途和附条件用途两个层次（表5-12）。其中，管控核心区和管控协调区的许可用途建议仅限于符合岸段愿景和目标的部分赖水用途，有些赖水用途需要考虑符合相关条件才能进入管控区域，例如，涉海教育机构可能需要提供一定的亲海通道和空间；有限的水相关用途可通过附条件用途许可方式进入管控核心区和管控协调区；如果岸段愿景和目标允许，适量水强化用途可通过附条件用途进入管控协调区，但应禁止水强化用途进入管控核心区。附条件用途所设定的附带条件主要考查拟议用途是否与其附近存在的或潜在的赖水用途兼容，能否提供足够的亲海通行权，停车或交通计划是否干扰该区域内赖水设施的正常运行，是否超过区域交通承载力等。

表 5-12　基于水资源依赖程度的岸段空间用途管控清单式样

用途分类	管控核心区		管控协调区	
	许可用途	附条件用途	许可用途	附条件用途
赖水用途	◎	◎	◎	◎
水相关用途	/	◎	/	◎
水强化用途	/	/	/	◎

注："◎"表示该行滨水优先级用途可通过该列许可级别合理设置；"/"表示该行滨水优先级用途不允许通过该列许可级别进行设置

为更好地实现用途管控区域各用途间协调发展，建议进一步制定岸段建设标准和操作标准。建设标准可从非渗透表面比例、建筑物高度限制、建筑风格等角度作出规定；操作标准则涉及室外材料存储方式、噪声、气味、排污、停车、照明等诸多方面，例如，港口岸段的直接光源不得干扰港口内往来船只，也不得对附近居民产生不合理的不利影响。

4. 其他思考和建议

基于水资源依赖程度划分的用途优先级并不代表赖水用途选址必须占用岸线资源，如相关科研教育活动可以使用公共码头进入水体，而无须自身处于滨海位置。因此，赖水用途的选址申请也需经过更为具体的审查与考量。此外，随着科学技术的进步，某些赖水用途对水资源的依赖性也可能逐步下降，如陆基养殖。因此，政府也需定期审查其设置的赖水定义和代表性用途清单，以确保能够为用途许可等管理过程提供明确的指导。

在海岸带空间用途管控区域内，对不符合用途准入要求的现有合法建筑，应当本着尊重历史和现状、维护公共利益和法律权威的原则进行分类对待与处理。对海岸带生态环境、风貌景观影响不显著的，应当合法保留；对于负面影响显著的建筑物，应当进行妥善的建筑物整改，并基于建筑生命周期考虑逐步将其清退；对于负面影响非常显著确需进行拆除或改建的建筑物，应当给予较为充裕的时限，并做好拆迁补偿工作。

不可否认，当前我国部分沿海地区还存在港口岸线、养殖岸线等赖水用途占用海岸线偏多的情况，且不同程度存在岸线荒废、占而不用、深水浅用的问题，海岸线节约集约利用水平相对较低，与有限的资源数量形成鲜明反差。此类情景绝不是滨海地区设置赖水用途限制政策所希望看到的，地方政府应正确理解根据开发活动对水资源的依赖程度来确定用途优先级的初衷，围绕如何实现岸段发展愿景和目标，科学利用用途限制政策，实现相关用途的空间平衡，确保海岸资源的最优化利用。

第八节　海域资源立体分层使用

随着海洋开发利用的深度和广度不断拓展，海域资源稀缺性日益凸显，不同产业用海矛盾也不断加剧。海域资源立体化配置成为解决上述问题的有效手段，也是未来海域管理的重要任务之一。海域资源立体化配置以海域立体空间的分层和分配为重点，首先，根据海域空间的立体属性，把海域空间分为水面上方、水面、水体、海床和底土五部分；其次，根据用海活动的需求，把用海主体占用的海域空间分为主要空间、附占空间和维护空间；最后，基于空间排他性原则，并综合考虑海域空间连续性、用海活动安全性、海洋环境质量和景观性等因素，对不同用海活动分层使用海域的可行性进行判别和分析。

一、研究现状与实践进展

1. 问题的提出

海域是海洋开发利用活动的空间和载体，是涉海资本、劳动力及科技等要素聚集的先决条件（李彦平等，2017），更是壮大海洋经济的重要支撑。近年来，海域资源的持续稳定供给保障了海洋经济平稳有序增长（张偲，2014），但随着海洋开发利用的深度和广度不断拓展，近海海洋产业布局愈加密集，用海矛盾不断加剧，海域资源稀缺性日益凸显（翟伟康和张建辉，2013）。此外，随着我国海洋工程技术水平的不断提升，跨海大桥、海底隧道、海底电缆管道等大型海洋工程建设规模不断扩大，由于其穿越距离长，与其他用海活动空间很容易重叠或交叉，给海洋开发和管理带来了诸多难题（Coffen，2000；陈小玲等，2010）。

在此情况下，转变海域"平面化"管理思路，从立体角度布局海洋产业、配置用海空间成为解决上述问题的有效途径，如此一来，不仅可以缓解不同产业用海的空间矛盾，还能有效提高海域资源利用率，实现海域节约集约利用（Lei，1997）。

2019年4月，中共中央办公厅、国务院办公厅印发《关于统筹推进自然资源资产产权制度改革的指导意见》，首次从中央层面提出"探索海域使用权立体分层设权"。在此之前，国家海洋局于2016年10月印发《关于进一步规范海上风电用海管理的意见》，提出"鼓励实施海上风电项目与其他开发利用活动使用海域的分层立体开发，最大限度发挥海域资源效益。海上风电项目海底电缆穿越其他开发利用活动海域时，在符合《海底电缆管道保护规定》且利益相关者协调一致的前提下，可以探索分层确权管理，海底电缆应适当增加埋深，避免用海活动的相互影响"。以上两个文件的实施，肯定了未来海域空间管理思路从"平面化"向"立体化"转变的趋势，同时，也将使整个海洋空间管理制度体系发生调整或变革。"平面化"是现行海域管理制度体系的基本思路，贯穿于《中华人民共和国海域使用管理法》及配套的海洋功能区划、海域权属、海籍管理等制度中。在这种管理思路下，海域使用在平面上具有排他性，同一海域平面内只能设立一项海域使用权。随着海域开发利用深度和广度的不断拓展，近海各类海洋产业密集布局，尤其是越来越多的海底电缆管道、海上风电、跨海大桥、海底隧道需要穿越近海养殖区或航道等功能区，而现行制度体系难以满足日益增长的立体用海管理需求。2014～2016年，连云港市和福鼎市分别探索了海域立体确权的试点，其出发点均是为解决跨海桥梁用海与核电取水口用海重叠引起的分层用海需求与现行法律框架之间的冲突。海域立体开发利用的技术复杂、潜在矛盾多，立体空间规划、海籍管理等制度体系尚未建立，使海域立体分层设权的落地面临严峻挑战。

2. 海域立体化开发与管理研究现状

国内外研究海域资源配置时，如中国的海洋功能区划和海洋主体功能区规划，澳大利亚大堡礁的一般利用区、生境保护区、自然保护公园等8类分区（GBRMPA，2009），意大利阿西纳拉岛保护区的不同区域和四个区划保护等级的评估等（Villa et al.，2010），多把海域作为平面问题来考虑。近几年，我国海域平面化管理导致了交叉用海、重叠用海等矛盾，部分专家学者开始对海域立体或分层确权管理进行研究，主要集中于以下三个方面。

一是对海域立体确权的可行性进行协调机制研究（王淼和江文斌，2011；王淼等，2012；江文斌等，2012；赵梦等，2016）。一般从所有权和物权角度阐述海域立体确权的法律可行性，从多种海洋资源共生于同一海域阐述海域立体确权的经济可行性，从遥感技术、海域使用动态监视监测管理系统等海洋技术的成熟和发展阐述海域立体确权的技术可行性，从改进和优化海域权属管理、海域使用论证、海域管理行政体系等多角度阐述海域立体确权的管理可行性。针对立体开发和确权后的管理，学者们建议从加强用海者之间的沟通、加强权属管理、规范开发秩序、完善市场化配置机制、完善配套制度、加强行政管理等方面保障用海活动正常开展。

二是从立体化开发角度对海域使用权的分层设置方式进行研究。江文斌等（2012）从三维立体层面将海域空间资源分为水面资源、水体资源、海床资源和底土资源，并基于此将海域空间资源资产产权分为水面资源产权、水体资源产权、海床资源产权和底土资源产权。翟伟康等（2015）建议通过法律明确水面以上空间、底土以下空间的权限。

三是基于海域分层确权的海域使用评估研究。王淼等（2013）从海域空间层叠利用功能区划的划分依据出发，构建了海域空间层叠利用立体功能区划模型，并利用地理信息系统（GIS）技术研究了胶州湾海域层叠用海兼容方案。赵琪等（2014）利用层次分析法，构建了层叠用海兼容性评估的指标体系，并以胶州湾为例进行了实证分析。

3. 海域立体化开发与管理实践进展

国家海洋局在海域使用管理中也遇到了海域"平面确权"带来的问题，并对此进行了相关探索。2014年，连云港海滨大道跨海大桥与田湾核电站温排水区所用海域重叠，导致前者无法确权，为此国家海洋局与地方海洋主管部门开展研究，最终提出"海域立体确权"的概念，把与温排水区重叠的海域同时确权给跨海大桥所有者，这也是我国首例海域立体确权模式的应用。2015 年，国家海洋局采取同样思路，将福建宁德核电站内的应急道路跨海桥梁用海与核电取水、港池及外围保护带用海进行了立体确权。

此后，国家海洋局于 2016 年发布《关于进一步规范海上风电用海管理的意见》，对风电项目的海底电缆提出"鼓励实施海上风电项目与其他开发利用活动使用海域的分层立体开发，最大限度发挥海域资源效益。海上风电项目海底电缆穿越其他开发利用活动海域时，在符合《海底电缆管道保护规定》且利益相关者协调一致的前提下，可以探索分层确权管理，海底电缆应适当增加埋深，避免用海活动的相互影响"，从政策角度进一步肯定了海域立体化开发和确权的管理思路。

在今后海域资源配置中，立体化开发模式将得到更为广泛的应用。由于现阶段相关研究多聚焦于海域使用权的界定、管理和评估等，而从空间布局角度的研究较少，因此，本部分从海域立体空间分层和分配入手，开展立体化海域资源配置方法研究。首先，对海域立体空间进行分层；其次，根据不同用海活动的方式和特点，确定其使用海域空间的范围；最后，基于空间排他性原则，并综合考虑海域空间连续性、用海活动安全性、海洋环境质量和景观性等因素，设计用海活动立体化配置方案。

4. 海域分层利用及确权研究进展

近年来，我国海洋开发利用规模持续增长，平面化管理模式无法解决不可避免的交叉用海、重叠用海问题，专家学者开始从立体分层视角对海域确权、使用、管理的模式进行研究（李彦平等，2020）。例如，翟伟康等（2015）从海域水面与底土空间权限、三维海籍管理模式两方面提出了分层用海权属问题的解决思路；赵梦等（2016）分别从法律、经济、技术及管理等角度对海域立体确权可行性进行了探讨研究。王淼和江文斌（2011）、王淼等（2012）根据海域资源的种类将海域使用权分为水面层使用权、水体层使用权、海床层使用权、底土层使用权和综合使用权，并对海域分层确权的协调机制进行了研究。李彦平和刘大海（2019）从海域资源立体化配置的视角，对不同用海活动分层使用海域的可行性进行了判别和分析。

5. 土地分层利用研究与实践进展

由于陆域空间开发利用比海域空间开发利用更为成熟，且土地分层利用比海域分层利用更具有可行性，因此，土地利用相关管理经验相对丰富，能够为海域管理提供借鉴。《中华人民共和国物权法》（以下简称《物权法》）第一百三十六条规定"建设用地使用权可以在土地的地表、地上或者地下分别设立。新设立的建设用地使用权，不得损害已设立的用益物权"，从物权角度明确了土地立体空间的物权属性。各地根据《物权法》的原则性规定，纷纷开展地下空间开发管理的探索。早在 2008 年，深圳市就实施了《深圳市地下空间开发利用暂行办法》，明确指出"开发利用地下空间应当取得地下建设用地使用权。地下建设用地使用权的取得应当充分考虑相邻空间的发展需要，避免相互妨碍、危害。本市实行地下空间有偿、有期限使用制度，法律、法规另有规定的，从其规定"。通过实施《深圳市地下空间开发利用暂行办法》，深圳市率先规定有关地下建设用地使用权的问题，对空间使用权进行分层设置，在实践中将地铁建设的空间结构分为三层设置建设用地使用权。2015 年，青岛市自然资源和规划局印发《青岛市地下空间国有建设用地使用权管理办法》，首次对青岛市地下空间予以定义，明确以有偿使用方式供应地下空间国有建设用地使用权，并将地下空间分为三层，实行分层收取土地出让金。2018年，烟台市施行《烟台市地下空间国有建设用地使用权管理办法》，明确规定可以协议出让地下建设用地使用权，并根据地下空间的特殊性，对地下空间建设用地使用的用途、地下车库（位）及地铁工程等作出了规定。

针对土地分层的研究较多，基本都是基于《物权法》第一百三十六条展开探讨。例如，梅夏英（2009）阐明了土地分层制度就是力求通过传统的用益物权制度来解决空间的独立利用问题，并对传统土地所有权、界定土地使用权的客体范围是否与所有权的客体范围一致、空间地上权的性质及空间地上权的征收等问题进行了探讨。王燕霞（2012）从法律角度对空间建设用地使用权的界定、土地空间范围的界定、普通的建设用地使用权附属范围内的空间使用权人可否再设立地下建设用地使用权，以及土地立体空间的不同用益物权之间的权利冲突与协调等问题进行了探讨。李威（2014）在明晰《物权法》关于土地分层利用规定的局限性基础上，将空间权利与土地权利进行理论上的分离，为未来空间利用的发展提供理论支持。

二、海域空间自然属性与立体分层使用的逻辑起点

1. 海域空间自然属性

1）利用方式的多宜性

海域资源包括海洋生物资源、海洋矿产资源、海水资源、海洋化学资源、海洋可再生能源和海洋空间资源等类型（楼东等，2005），这些资源并不是孤立存在，而是常以多种组合分布于同一海域空间，使海域具有多种开发潜力，只是在海洋功能区划制度下，除了明确主导功能，其他的利用价值尚未得到体现。例如，海洋功能区划划定某一海域为航道区，该区域除了可供船舶航行，还可以进行海水养殖。

2）资源分布的立体特征

从空间视角来看，海域资源的分布具有明显的立体特征（表5-13），如海洋生物资源分布在水体，矿产资源一般分布在海床或底土，可再生能源分布在水体或水面，海水资源分布在水体。空间本身也是一种资源，主要体现为承载功能（如船舶航行、敷设电缆）和容纳功能（如排水、倾废）。各类海洋资源价值的实现依托各类海洋开发利用活动，海域资源分布的立体特征决定了海域功能的实现并不完全依托竖直方向的所有空间。从竖向范围来看，海水养殖、船舶航行、敷设海底电缆管道等多数用海活动仅使用部分空间，剩余空间则处于闲置状态，在满足一定条件下，可同时供其他用海活动使用，此即为海域立体分层使用的前提。

表5-13　主要海洋资源用途与空间分布特征

主要资源类型	主要用途	空间分布特征
海洋生物资源	捕捞、养殖、海洋生物医药研发	水体
海洋矿产资源	油气、海砂等矿产资源开采	海床、底土

主要资源类型	主要用途	空间分布特征
海水资源	海水淡化、养殖	水体
海洋化学资源	制盐，提取镁、溴、铀、钾、碘等	水体
海洋可再生能源	发电	水体、水面
海洋空间资源	船舶航行、敷设电缆、倾废、排水等	水面、水体、海床、底土

3）海水的流动性与开放性

海水是填充海洋空间的主要介质，海域中各种物质、能量和信息的传递，大多以海水为媒介。海水的流动性决定了邻近海域空间是紧密联系的，由于没有明显的物理边界将不同层用海活动隔离开，用海主体和管理部门不得不从更大尺度考虑区域开发利用活动的相互影响，增加了海域立体使用的风险和不确定性，也增加了相应的建设和管理成本。

4）竖向空间边界的不稳定性

从物质构成来看，低空海域由空气组成，水体由海水组成，底土由泥沙、岩石等构成，而水面是空气与水体的交界面，海床为水体与底土的交界面。海平面时刻处于涨落过程中，使水面的位置和水体的深度处于动态变化中。此外，海床时刻受到底层海水水流、波浪等的综合影响，也处于变化中，尤其是深度较小区域，变化更加频繁。因此，尽管可以根据物质构成将海域分为"水面、水体、海床、底土"特征明显的四层空间，但实际上各层空间边界处于动态变化中，并不固定。

2. 海域空间立体分层使用的逻辑起点

近年来，持续增长的用海规模使海域立体分层使用成为缓解用海冲突、提高空间利用效率的有效途径。一方面，不断新增的海底电缆管道、跨海大桥、海底隧道等长距离建设项目，在工程选址时面临近海空间被各类用海活动占用，而不得不穿越航道、养殖区等难题，以及核电站温排水需要对近岸大范围海域进行确权，而不得不与跨海桥梁等用海活动交叉；另一方面，随着近海后备空间接近枯竭，沿海地区用海需求依然不减，在此情况下，只能探索海域空间立体分层使用，以提高空间利用效率。

基于以上需求，本书认为海域立体分层使用以海域空间的立体性和利用方式的多宜性为基础，以实现不同用海活动协调用海为目标，本质上是试图协调分层用海活动之间的矛盾，建立不同用海活动之间相互和谐、避免冲突，甚至相互促进的关系，使不同主体用海需求得以满足，海域空间利用效率得到提升。

三、海域空间使用特征分析

基于立体化开发的海域资源配置属于海域资源空间结构配置的范畴（曹英志和王世福，2014），是基于海域空间的三维立体属性将海域分层，并在不同层布局海洋产业的海域资源配置模式，即把分布于不同平面不同层的用海活动布局到同一平面不同层海域。因而，对海域空间进行分层是海域资源立体化配置的重要环节。根据《中华人民共和国海域使用管理法》，我国海域包括内水及领海的水面、水体、海床和底土，因此多数学者建议将海域分为上述四部分（王淼和江文斌，2011），也有学者将海域分为水面以上一定空间、水面、水体、海床和底土五部分（翟伟康等，2015）。考虑到跨海大桥桥梁部分仅使用水面上方这种特殊情况，本书将海域空间在垂直方向上分为水面上方、水面、水体、海床和底土五部分。

1. 海域空间使用的主体及特点

海域空间分层应首先关注不同用海活动占用海域空间的主体（以下简称"用海主体"）及范围。通过对《海域使用分类》（HY/T 123—2009）中所列的用海活动进行归纳梳理，从用海主体角度将海域空间使用分为四种情况，分别如下。

（1）填海造地使用海域空间：指为形成陆域向海中吹填或抛填砂石、泥土等材料永久性占用海域原有空间，包括建设填海造地、农业填海造地和废弃物处置填海造地三种情形，这类使用海域空间的方式最显著的特点是彻底改变海域的自然属性，使原海域空间不复存在。

（2）构筑物和设施使用海域空间：指为达到海洋开发目的而建设或安装构筑物、设施等使用海域空间，此类使用海域空间的方式时间持久，包括码头、防波堤、栈桥等非透水构筑物或透水构筑物，网箱、灯塔等设施，以及海底电缆管道、海底隧道及其他海底场馆等。采用桩基础结构形式的透水构筑物，一般桩基础需要嵌入海床和底土中，并且构筑物上方露出水面，这种使用海域空间的方式基本占用了海域的水面、水体、海床和底土四层空间；而采用沉箱、抛石等形式的非透水构筑物，也往往要开挖海床以增加结构物的地基稳定性，因此一般占用了海域的水面、水体和海床三层空间。对于海底电缆管道等设施来说，在近海一般埋设在海床下 1～3m，仅使用海床一层；而海底隧道及其他海底场馆的埋设深度往往更大，在海床下深达十几米至几十米，且直接在底土层施工，对其他层用海活动基本无影响。

（3）服务对象使用海域空间：指海洋开发利用活动的服务对象开展相关活动时使用海域，如船只在航道航行、码头靠泊，游客在海水浴场或游乐场游玩等，此类使用海域空间的方式在时间和空间上具有间断性，而且往往仅使用海域的部分空间。

（4）水体使用海域空间：指在排水口、温排水区、污水达标排放区等向海水中排放水体或通过取水口从海水中取水的情形。由于海域广阔，从海中取水或向海中排水对海域空间无明显影响，但用海活动可能对区域海水质量有严格要求或影响，包括取水、排水、污水达标排放等。

2. 用海活动使用海域空间的范围

海洋开发利用活动要占用一定的海域空间，本书基于用海活动需求将其所使用的海域空间分为三类。

一是主要空间，即为满足用海活动正常开展，用海主体占用海域最主要的空间，这部分空间是满足海域开发利用的最直观、最基本的空间，也是最重要的空间。

二是附占空间，即在满足运营需求的前提下，用海主体由于其物理属性（体积），除了主要空间，依然还要占用的另外的海域空间。

　　三是维护空间，即为满足用海活动正常开展而进行定期维护、维修时所需要使用的海域空间，在用海活动正常开展时，一般不占用维护空间。

　　以航道用海为例，其用海主体是船只，主要空间为海域的水面；船只还有一部分淹没于上层水体，并且有一部分占用水面上方，因此水面上方和水体就是附占空间；为满足正常航行水深，航道往往需要定期疏浚，因此海床和底土属于维护空间。

　　考虑到某些用海活动本身已经占用了海域多层空间，或其开发利用过程具有很强的排他性，无法与其他用海活动分层使用海域空间（岳奇等，2015，2016），首先予以剔除，包括：①各类需要填海造地的用海活动，如码头、工业厂区、城镇（含工业园区）建设区等，用海方式包括建设填海造地、农业填海造地和废弃物处置填海造地；②各类采用透水构筑物和非透水构筑物建造的码头、栈桥、跨海道路等，用海方式为透水构筑物和非透水构筑物；③围海养殖、盐田或盐业生产用的蓄水池等，用海方式包括围海养殖、盐田；④各类固体矿产或油气开采活动，其用海方式为矿产开采、平台式油气开采、人工岛式油气开采。此外，特殊用海和其他用海也不予考虑。

　　由于多数用海活动建设期的用海需求包含海域的大部分立体空间，因此不考虑建设期的用海空间需求。基于以上思路，将不同用海活动使用的海域空间列出，如表5-14所示。

表 5-14　不同用海活动使用的海域空间

用海活动	主要空间	附占空间	维护空间	编号
跨海桥梁及其附属设施	水面上方	—	水面、水体	A
有防浪设施圈围的渔港港池、开敞式渔业码头的港池等	水面	水面上方、水体	海床、底土	B
渔港航道等	水面	水面上方、水体	海床、底土	B
盐业码头的港池	水面	水面上方、水体	海床、底土	B
有防浪设施圈围的船厂港池、开敞式船厂码头的港池，船坞、滑道等的前沿水域等	水面	水面上方、水体	海床、底土	B
有防浪设施圈围的电厂（站）港池、开敞式电厂（站）专用码头的港池等	水面	水面上方、水体	海床、底土	B
有防浪设施圈围的企业专用港池、开敞式企业专用码头的港池等	水面	水面上方、水体	海床、底土	B
有防浪设施圈围的港池、开敞式码头的港池等	水面	水面上方、水体	海床、底土	B
交通部门划定的供船只航行的海域	水面	水面上方、水体	海床、底土	B
有防浪设施圈围的旅游专用港池、开敞式旅游码头的港池等	水面	水面上方、水体	海床、底土	B
船舶候潮、待泊、联检、避风及进行水上过驳作业等	水面	水面上方、水体、底土	—	C
游人游泳、嬉水	水面	水体	—	D
开展游艇、帆板、冲浪、潜水、水下观光及垂钓等娱乐活动	水面	水体	—	D
无须筑堤，在开敞条件下进行养殖生产	水体	水面	—	E
陆上海水养殖场延伸入海的取排水口等	水体	—	—	F
盐业生产用取排水口	水体	—	—	F
电厂（站）取排水口	水体	—	—	F
海水综合利用取排水口等	水体	—	—	F

续表

用海活动	主要空间	附占空间	维护空间	编号
取排水口	水体	—	—	F
受纳指定达标污水	水体	—	—	F
输油管道	海床	—	水面上方、水面、水体	G
埋（架）设海底通信光（电）缆、电力电缆、深海排污管道、输水管道及输送其他物质的管状设施等	海床	—	水面上方、水面、水体	G
海底隧道及其附属设施	底土	—	—	H
海底水族馆、海底仓库及储罐等及其附属设施	底土	—	—	H

注：本表所列用海活动均取自《海域使用分类》（HY/T 123—2009），并已剔除不宜进行分层使用海域的用海活动
"—"代表不涉及此内容

四、海域立体确权的现实困境

1. 海域立体空间分层

根据《物权法》"一物一权"的原则，明确用海活动在竖向范围的权利边界，是海域立体分层使用的前提和基础。因此，有必要根据海域的自然属性进行空间分层，并明确用海活动所占用的竖向空间范围。目前，海域立体空间共有两种分层思路，其中，《中华人民共和国海域使用管理法》提出的水面、水体、海床和底土海域立体分层方法被广泛采纳（张瑜和王淼，2015；江文斌等，2012）。也有专家提出"水面以上、水面、水体、海床和底土"的分层方法（翟伟康等，2015；徐敬俊，2019），将水面以上一定范围的空间作为单独的空间。

实际上，根据《中华人民共和国海域使用管理法释义》，水面、水体、海床和底土的表述更侧重于解释海域的竖向空间范围，并非以海域立体分层使用为出发点。

而从几何学和海洋地理学的角度来看，水面和海床为平面结构，而水体和底土为立体结构，因此按照平面结构理解的水面和海床显然不能作为竖向空间承载用海活动。此外，无论哪种分层方法，都未解释水面和海床的空间范围，但专家通过阐述用海活动的活动范围给出了理解。例如，"四层分法"认为船舶航行使用水面空间，海底电缆管道敷设使用海床空间，均默认水面和海床是具有一定深度的三维空间。

2. 海籍管理

海域立体确权必然带动海籍管理由二维向三维转变。现行海域管理体系采用平面"四至坐标"的方法界定宗海界址。对海域单元竖向范围的界定，《海籍调查规范》（HY/T 124—2009）提出"遇特殊需要时，应根据项目用海占用水面、水体、海床和底土的实际情况，界定宗海的垂向使用范围"，但并未明确具体方法。如果将现行宗海界址"四至坐标"的表达方法扩展至立体"八至坐标"，则在现实中不具有可操作性：一是技术难度大，成本高；二是海平面高度时刻变化，海床因底层海水冲刷也会发生缓慢变化，导致水面和海床上下一定范围的空间属性处于动态变化中，用海活动的宗海界址也处于动态变化中。

3. 缺少立体空间规划

当前，海洋空间规划如海洋功能区划、海洋主体功能区规划、海岸带保护与利用规划等均从平面视角对海域进行功能分区，给海域立体分层使用管理带来一定困难。根据《中华人民共和国海域使用管理法》，用海活动须符合海洋功能区划，而任何海域单元只能赋予一种用途，并且不能擅自改变。在实践中，往往分层使用海域的用海活动不属于《海域使用分类》（HY/T 123—2009）规定的同一类用途，因此，很可能有一种用海活动不符合海洋功能区划的要求。由于海洋功能区划也是用海项目审批的依据，因此这给海洋主管部门用海审批带来了困难。

4. 利益相关者协调

在土地分层使用实践中，常见的如地下空间开发，地表和地下空间能够通过混凝土结构进行物理隔离，使地上、地下活动难以突破其空间边界，相互之间的影响基本可以忽略。对海域来讲，由于海域各层空间之间无法实现物理隔离，各层用海活动极容易受到空间、环境质量等方面的干扰，增加了利益相关者协调的难度。

此外，不同用海活动取得的海域使用权及建设期不一致，使不同用海活动之间的影响更为复杂，增加了协调难度。从时间序列上，海域开发利用周期可分为建设期、运营期和维护期。虽然不同用海活动在运营期能够避免相互影响，但是用海活动建设期和维修期（尽管时间相对短暂）的影响往往难以避免。以海底管道（埋设）为例，在运营期，海底管道置于底土中（近岸一般为海床下 1～3m 深度），受其他用海活动的影响较小，也不会影响其他用海活动，但是，在管道建设和维护时，作业活动往往会影响水面、水体和海床等其他空间的活动，假若其与海水养殖立体使用海域，在建设期和维护期必然影响海水养殖活动。

五、海域资源立体化配置方法与评价

1. 海域资源立体化配置方法

不同用海活动分层使用海域时，既要保证用海需求得到满足，又不能对其他层用海活动造成影响。本书以空间排他性为首要原则，综合考虑海域空间连续性、用海活动安全性、海洋环境质量和景观性等因素，对用海活动分层使用海域的可行性进行判别。

（1）空间排他性，即不同用海活动所使用的海域空间不重叠。本书重点考虑主要空间和附占空间，并认为不同用海活动的主要空间重合，则不具有分层用海可行性；一种用海活动的主要空间或附占空间与另一用海活动的附占空间重合，需根据实际情况判别。空间排他性是本书判别用海活动分层使用海域首要考虑的因素。

（2）海域空间连续性，即某些用海活动集中连片使用海域的需求不受影响，大多数构筑物的建设可能会影响海域空间的连续性。

（3）用海活动的安全性，即既要考虑用海活动中的人、构筑物、设备或设施等直接面临的危险，又要考虑用海活动开展过程中可能存在的潜在威胁。

（4）海洋环境质量，即满足不同用海活动对海洋环境质量的要求，应从海水水质、海洋沉积物质量、海洋生物质量和生态环境等方面综合考虑。

（5）景观性，即用于滨海旅游海域的自然景观不被破坏，一般海洋环境污染、不合理的海洋产业布局等会影响海域的景观价值。

基于以上因素，对不同用海活动分层使用海域的可行性的判别结果如表 5-15 所示。

表 5-15 不同用海活动分层使用海域空间的可行性判别结果

用海活动	A	B	C	D	E	F	G	H
A	×¹	×²	×²	×³	×³	√	√	×³
B	×²	×¹	×¹	×¹	×²	√	√	√
C	×²	×¹	×¹	×¹	×²	√	√	√
D	×³	×¹	×¹	×¹	×²	×³	√	√
E	×³	×²	×²	×²	×¹	×¹	√	√
F	√	√	√	×³	×¹	×¹	√	√
G	√	√	√	√	√	√	×¹	√
H	×³	√	√	√	√	√	√	×¹

注：A、B、C、D、E、F、G、H 代表的用海活动见表 5-14。"×¹" 表示由于两种用海活动的主要空间重叠而不可行；"×²" 表示虽然两种用海活动的主要空间不重叠，但附占空间影响了分层用海的可行性；"×³" 表示用海活动安全性、海域空间连续性、海洋环境质量和景观性等受到影响；"√" 表示在满足一定前提条件下，两种用海活动可以分层使用海域

2. 评价分析

（1）跨海桥梁及其附属设施用海的主要空间是水面上方，由于船舶航行要附占水面上方一定空间，难以保证大型船舶通过（方正平和马延辉，2009），因此跨海桥梁及其附属设施不宜与各类港池、航道和锚地等用海活动分层使用海域；虽然跨海桥梁及其附属设施与海水浴场在空间上可以满足分层使用海域，但由于大桥影响海水浴场的空间连续性和景观性，不建议分层使用海域；开展游艇、帆板、冲浪等海上娱乐活动时，由于容易与桥墩发生碰撞事故，且跨海大桥也影响了海域的空间连续性和景观性，不建议分层使用海域；虽然跨海桥梁及其附属设施可与海底电缆管道等分层使用海域，但对两者的施工提出了较高要求；禁止跨海桥梁及其附属设施与海底隧道及其他海底场馆等分层使用海域，以防止后者坍塌影响双方的安全；跨海桥梁及其附属设施与各类取排水口、温排水区和污水达标排放区在海域空间、海水环境等各方面基本不会相互影响，故两类用海活动可以分层使用海域，并且可行性高。

（2）所有类型的港池、航道等的服务对象为船只，除了主要使用水面空间，还要附占水面上方和水体两部分空间，导致其难以与桥梁、浴场、海水游乐场、海水养殖等用海活动分层使用海域；港池、航道等对海水质量要求较低，故其与取排水口、温排水区甚至污水达标排放区可以分层使用海域，但是否会造成港池、航道淤积需要进行严格论证。港池、航道可能需要定期疏浚，船舶候潮、待泊、联检、避风等需要抛锚，对埋设在海床的海底电缆管道会产生较大威胁，建议海底电缆管道路由选址尽量避开港池、航道和锚地，确需分层使用海域的需合理增加电缆管道埋深和保护措施（Woo et al.，2015；

Yoon and Na，2013；Osthoff et al.，2017；程志远，2013），并要求船只按相关要求作业。海底隧道及其他海底场馆等一般埋置深度较大，与港池、航道等分层使用海域基本不会相互影响。

（3）浴场和海上游乐场与海底电缆管道、海底隧道及其他海底场馆等用海活动，不存在竖向用海空间的冲突，可以分层使用海域，但海底电缆管道要合理增加埋设深度，并采取一定保护措施。由于各类排水口、温排水区和污水达标排放区会对水质有较大影响，以及取水口对水质有较高要求，不建议分层使用海域。

（4）开放式养殖用海与海底电缆管道、海底隧道及其他海底场馆等用海活动不存在竖向用海空间的冲突，可以分层使用海域，但若采用打桩方式安装养殖设施，会对海底电缆管道产生严重威胁，应予以禁止。

（5）各类取排水口、温排水区及污水达标排放区在空间上对其他用海活动的影响可以忽略，但需要考虑取水口对水质的要求和排水口、温排水区及污水达标排放区对水质的影响（张惠荣等，2013），故排水口、温排水区及污水达标排放区与跨海桥梁、港池、航道、海底电缆管道、海底隧道及其他海底场馆等可以分层使用海域，但对取水口需要严格论证。

（6）海底电缆管道由于埋设在海床中，可与多种用海活动分层使用海域，但必须禁止打桩行为，并且港池、航道疏浚和船舶抛锚需考虑海底电缆管道的安全性，如严格论证埋设深度，并增加保护措施等。

（7）海底隧道及其他海底场馆一般建设在海床下十几米至几十米（Jiao and Wang，2014；周书明，2013），一般情况下与其他用海活动均能实现分层使用海域，但其上方建设跨海大桥的情况应予以禁止，以防止发生坍塌危险。

六、海域立体分层使用的制度完善

针对海域立体分层使用的现实困境，本书基于土地立体分层使用的经验，并结合海域空间属性及开发利用特点，从海域立体分层方法、三维海籍信息表达、海域立体空间规划与用途管制和协调利益相关者矛盾方面提出相关制度改进建议。

1. 海域立体分层方法

海洋空间竖向分层应有利于明确权利与义务边界，协调不同用海主体之间的矛盾。因此，海域空间分层要结合海域空间属性和用海活动的空间特征，既要合理分层，明确各层的概念和范围，又要对用海活动使用哪一层空间进行界定。鉴于《中华人民共和国海域使用管理法》的分层方法已经受到广泛认可，本书建议采用水面上方、水面、水体、海床和底土的分层方法，并明确每一层的范围及相应的用海活动类型。

水面层指海水表面及其上下各一定厚度的立体空间，该层空间的用海活动包括船舶航行、跨海桥梁等。水体层是水面和海床之间、充满海水的立体空间，该层空间的用海活动包括海水养殖等。海床层是海床表面及其上下一定厚度的立体空间，该层空间的用海活动包括海底电缆管道敷设、人工鱼礁等。底土层是海床以下的立体空间，该层空间的用海活动包括海底电缆管道埋设、海底隧道等。

2. 三维海籍信息表达

由于平面边界范围容易明确，而竖向空间范围难以界定，建议采用平面界址"四至坐标"和竖向分层的海籍信息表达方式：宗海平面边界，采用现有海籍管理制度体系，以最外围界线确定宗海的平面界址；宗海竖向边界，采用"水面""水体""海床""底土"的定性表述。例如，对埋设的海底电缆宗海范围的表述为"四至坐标"＋"底土"；对海水养殖项目宗海范围的表述为"四至坐标"＋"水体"。

3. 探索海域立体空间规划与用途管制

对全部海域进行空间立体规划将极大增加规划的技术难度、成本和时间，可行性低。因此，建议针对近海用海密集且立体分层用海需求大的海域编制立体空间规划：①在资源环境承载力评价和用海活动适宜性评价环节，结合近岸海域立体分层用海需求，针对规划海底隧道、海上风电、海底电缆管道、核电站取排水口等特定用海区域进行立体分层用海的规划设计；②加强对海底电缆、海底管道、海底隧道等长度大、线性用海活动的立体规划，提前布局，明确底土以上空间的允许开发利用方式；③研究提出不同用海活动立体分层使用海域的搭配清单，出台《海域立体分层使用指引》，鼓励跨海大桥、海底隧道、海上风电、海底电缆管道等与其他用海活动立体分层使用海域。

4. 签订海域立体分层使用合同，探索设立海域役权

协调不同深度层用海活动之间的冲突是海域立体分层利用的重点，也是影响未来立体用海推广的重要因素。本书建议通过签订合同、设立海域役权等方式，规范和约束各用海主体的行为，严格实施用途管制措施。

从短期来看，可以由自然资源（海洋）管理部门牵头，鼓励用海主体之间签订规范用海行为的合同，根据海洋开发利用的特点、环境影响、空间使用需求等，制定各用海主体开发利用行为规范及潜在的冲突解决方案，对允许类活动和禁止类活动予以明确，既满足用海主体合理使用海域空间的需求，又避免对其他主体正常使用海域造成影响。

从长期来看，建议加强对海域役权的研究，并将其引入海域管理中，以协调和约束用海主体之间的行为关系，使立体空间之间的矛盾处理有法可依、有规可循。当某一用海主体需要进行施工或设施维护而不得不占用其他用海主体的确权空间时，通过设置海域役权，取得对其他用海主体确权空间的利用权，并且当该用海主体对其他层空间的利用超出其权利范围时，可依据海域役权的相关规定进行协商解决。

七、小结

海域资源立体化配置对于缓解近岸海域资源稀缺、解决不同产业用海空间交叉或重叠等问题具有重要的现实意义，同时也是海域立体确权的基础和依据。本书从海域立体化开发的角度，分析了不同用海活动在垂直方向的用海空间范围，优先考虑空间排他性原则，并同时兼顾海洋开发利用活动对海域空间连续性、用海活动安全性、海洋环境质量和景观性的要求，对不同用海活动立体开发海域的可行性进行了分析和评价。由于影

响用海活动正常开展的因素多，而且即使是同种用海活动，也会因海域自然条件、工程规模、施工技术等诸多因素影响而对其他用海活动产生不同程度、不同类型的影响，在具体的海洋开发与管理实践中，应针对具体用海项目开展针对性论证分析，严格规范用海行为，并提出协调用海方案，以避免分层用海时不同用海活动的相互影响。

近年来，随着我国海洋开发利用规模的持续增长，不同项目重叠用海的问题开始凸显，海域立体分层使用模式得到广泛关注。海域立体分层使用以海域的立体性、多宜性等自然属性为基础，以协调竖向空间的用海活动为目的，是未来海洋空间管理制度体系变革的方向之一。现行的海域空间"平面化"管理思路，使海域立体分层使用面临竖向空间边界不清、二维海籍管理模式不适用、缺少立体空间规划及利益相关者协调难度大等问题。通过借鉴土地立体分层使用的经验，结合海域空间自然特征与开发利用特点，分别从海域立体分层方法、三维海籍信息表达、海域立体空间规划与用途管制和协调利益相关者矛盾方面提出了对策建议，以期为海域空间立体分层使用提供借鉴。

第九节　海洋牧场管理

一、发达国家海洋牧场发展概况

1. 美国

最早进行人工鱼礁建设的是美国。1935 年，一个热衷于海洋捕捞活动的组织为吸引更多的鱼群，在美国新泽西州梅角海域附近建造了世界上第一座人造鱼礁。1936 年，美国在大西洋城疗养中心海域附近建成了第二座人造鱼礁。当时建设人造鱼礁的主要目的是休闲垂钓和捕捞，并不是以渔业增殖为目的。1951 年，美国关于人工鱼礁的试验促进了垂钓业和捕捞业的发展。再后来，建礁海域逐渐扩大到美国西部海域和墨西哥湾，甚至在夏威夷附近海域都能够发现人工投放的渔礁。

1968 年，美国正式提出了建设海洋牧场的计划，并从 1972 年开始实施，1974 年在加利福尼亚附近海域通过投放碎石、移植巨藻，建立了小型海洋牧场，并取得了一定的经济和生态效益。到了 1983 年，美国的人工鱼礁区已多达 1200 多个，投礁材料也从废旧汽车扩展到废旧石油平台、废轮船等。在这之中，废旧石油平台因体积大、空间广，聚鱼效果非常好。

到了 2000 年，美国人工鱼礁数量达到 2400 多座，带动的垂钓人数高达 1 亿人，直接经济效益达 300 亿美元。据调查统计，建设人工鱼礁后，海洋渔业资源是投放前的 43 倍，渔业产量每年增加 500 万 t。美国在海洋牧场建设过程中，渔民、企业和社会团体都积极参与投资，在有关当局批准的条件下，有钱出钱，有物出物，并采用谁投资、谁受益、谁管理的方式。美国海洋牧场的发展离不开渔民、企业和社会团体的推动。

2. 日本

日本在海洋牧场建设及相关领域的研究居于国际领先水平。20 世纪 70 年代末至 80 年代初，随着日本经济的快速发展和科技的进步，海洋牧场的建设提上日程。20 世纪

70 年代，日本提出了海洋牧场的构想，并作为国家事业"海洋牧场计划"推进海洋牧场的建设，每年大规模投入人工鱼礁、藻礁等，用以改善海域生态环境、恢复生物资源。1978～1987 年，日本开始在全国范围全面推进"栽培渔业"计划，并建成了世界上第一个海洋牧场—日本黑潮牧场。20 世纪 80 年代，日本整合了 36 家大学、公私研究机构，为建立"多种资源复合养殖体系"，综合运用了生物学、物理学、工程学的成果，用以改善海洋生态系统环境，创造了具有更高生产力和更易于管理的水产养殖区。

20 世纪 90 年代初日本进行了音响驯化型海洋牧场研究，利用某些鱼类对声音的敏感反应，在水下放出某种特殊声音，结合投饵，训练鱼类"招之即来，挥之即去"的行动能力，控制其行为。日本在人工鱼礁建设、鱼贝类增殖放流、鱼类行为控制、选择性捕捞渔具开发、渔业海域环境监测与评估等海洋牧场相关技术研究与应用方面走在世界的前列。1989～1999 年，日本启动了"生物宇宙研究"项目，以促进对于 50 多种日本国内重要海洋经济生物和作物的繁育养殖研究。最终，日本在鱼苗繁育、放流、固定和浮动人工鱼礁设计建造、鱼类生态养殖等方面，取得了大量的科研成果并将其运用到实际渔业生产中。

自 2000 年以来，日本的海洋牧场研究开始向深水区域拓展，开展了基于营造上升流以提高海域生产力为目的的海底山脉的生态学研究，同时开展了深度超过 100m 海域的以诱集和增殖中上层鱼类及洄游性鱼类为主的大型、超大型鱼礁的研发及实践，成效显著。

3. 韩国

韩国于 20 世纪 90 年代中后期制定并实施了《韩国海洋牧场事业的长期发展计划》，委托国家海洋研究院和国立水产科学院，成立了海洋牧场管理与发展中心，具体负责该项目的实施工作，明确了"海洋牧场计划"的施工和管理主体，也建立了一套专门的基金会和管理委员会班子，由权责明确的下属机构对海洋牧场地理环境和生态特点进行勘探并开展选址、建设、繁育、放流、永续维护经营、绩效监督和资源恢复情况评价。该项目计划初期在东部海域、南部海域和黄海建设几个大型海洋牧场示范基地，在基地内进行各项重点实验，形成系统成熟的经验后，再向全国的其他海域推广。这种政府主导的、自上而下的制度和技术体系形成的产业链延伸做法，可操作性优势和推广应用价值均较为明显。

2007 年 6 月韩国的统营海洋牧场竣工，取得初步成功后继续推进建设其他 4 个海洋牧场，并将在统营海洋牧场所取得的经验和成果应用到了其他海洋牧场。为了保证海洋牧场的整体实施，韩国政府将未来 30 余年的时间划分为三个阶段，推行"三步走"战略。以已建成的统营海洋牧场为例，建设过程分为三个阶段：一是成立基金会和管理委员会，明确管理机构、研究机构和实施机构等；二是增殖放流资源，建设海洋牧场；三是后期管理和建设结果的分析评估。已建成的统营海洋牧场成效显著，一是该海区渔业资源量大幅增长，已达 900t 以上，比项目初期增长了约 8 倍，尤其是在建设海洋牧场之前渔业资源量已经减少到近乎绝迹，目前资源量已达到 100t 以上，大大超过了预期目标；二是当地渔民收入不断增加，已从 1998 年的 2160 万韩元提高到 2006 年的 2731 万韩元，增长率达 26%。不难看出，韩国政府以全海岸海洋牧场化为最终目标，首先进行示范区的建设树立了成功标杆，接下来通过海洋牧场建设和经营权的一步步下放，为海洋牧场的普及提供了可能。

二、我国海洋牧场发展历程与管理现状

1. 海洋牧场发展历程

我国海洋牧场的发展主要可概括为 3 个阶段。

（1）建设试验期，地方自发性进行试点建设（1970～2000 年）。我国海洋牧场建设的构想最早由曾呈奎院士于 20 世纪 70 年代提出，即在我国近岸海域实施"海洋农牧化"。1979 年，广西在北部湾投放了我国第一个混凝土制的人工鱼礁，拉开了海洋牧场建设的序幕。从 1981 年至 1988 年，我国沿海其他 8 个省（区、市）分别投放了大量的人工鱼礁，体积共计 20 多万立方米，并且取得了良好的经济效益和生态效益。

（2）建设推进期，农业部积极主导推进（2000～2014 年）。进入 21 世纪以来，沿海各省（市）充分利用海洋资源，积极进行人工鱼礁和藻场建设，大力发展海洋牧场。2006 年国务院印发《中国水生生物资源养护行动纲要》，提出了"建立海洋牧场示范区"的部署安排，自 2007 年以来中央财政对海洋牧场建设项目开始予以专项支持，2008～2009 年农业部接连批复沿海省（区、市）海洋牧场示范区项目实施方案 11 个，使我国海洋牧场建设进入相对快速的建设推进期，海洋牧场产业基础初具雏形。

（3）建设加速期，国家大力推进（2015 年至今）。自 2015 年以来，党和国家对现代化海洋牧场建设寄予厚望，并提出了高标准的建设要求。2015 年 5 月，《中华人民共和国农业部公报》发布，决定组织开展国家级海洋牧场示范区创建活动，明确提出了创建国家级海洋牧场示范区的指导思想和建设目标，进一步规范了我国海洋牧场建设。同年，农业部公布了全国第一批国家级海洋牧场示范区名单。2017 年中央一号文件明确提出"支持集约化海水健康养殖，发展现代化海洋牧场"，2018 年中央一号文件强调"科学布局近远海养殖和远洋渔业，建设现代化海洋牧场"，2019 年中央一号文件再次强调"压减近海、湖库过密网箱养殖，推进海洋牧场建设"。

经过 50 余年的发展，我国沿海从北到南已建设了一系列以投放人工鱼礁，移植种植海草和海藻，底播海珍品，增殖放流鱼、虾、蟹和头足类等为主要内容的海洋牧场。据不完全统计，截至 2016 年，全国海洋牧场建设已投入资金 55.8 亿元，建成海洋牧场 200 多个，其中国家级海洋牧场示范区有 42 个，涉及海域面积超过 850km²，投放鱼礁超过 6000 万空立方米。目前，全国海洋牧场建设已初具规模，经济效益、生态效益和社会效益日益显著。据测算，已建成的海洋牧场每年可产生直接经济效益 319 亿元、生态效益 604 亿元，年度固碳量 19 万 t，消减氮 16 844t、磷 1684t。另外，据统计，通过将海洋牧场与海上观光旅游、休闲海钓等结合，每年可接纳游客超过 1600 万人次。在我国沿海很多地区，海洋牧场已经成为海洋经济新的增长点，成为第一、第二、第三产业相融合的重要依托，成为沿海地区养护海洋生物资源、修复海域生态环境、实现渔业转型升级的重要抓手。

2. 我国海洋牧场海域使用管理情况

1）用海审批

根据《中华人民共和国海域使用管理法》，应当报国务院审批的项目包括：①填海 50hm² 以上的项目用海；②围海 100hm² 以上的项目用海；③不改变海域自然属性的用海 700hm² 以上的项目用海；④国家重大建设项目用海；⑤国务院规定的其他项目用海。由于海洋牧场用海不涉及围填海，非国务院或国务院投资主管部门审批、核准的国家重大建设项目，因此，目前沿海各地海洋牧场的用海基本由省级及以下海洋行政主管部门审批。

沿海各地对海洋牧场用海的确权方式包括定向审批和招拍挂两种。对于由政府部门管理的公益性海洋牧场用海，全部采用定向审批。对于由企业管理的经营性海洋牧场用海，大部分采用定向审批，招拍挂的比例较小。

此外，由于海洋牧场是在先取得海域使用权并具有一定的工作基础后，才能申请国家级或省级示范区，因此最终批复的海洋牧场示范区名称与已确权用海的项目名称并不一致。加之，已确权用海的项目名称中一般并没有"海洋牧场"关键词，因此在国家海域使用动态监视监测管理系统中并不能直接查询出海洋牧场的相关用海信息。

2）用海类型

海洋牧场用海类型的一级类均为《海域使用分类》（HY/T 123—2009）中的渔业用海，二级类则涵盖了人工鱼礁、开放式养殖和围海养殖三种，且三种用海类型相互交织在一起。

海洋牧场的用海类型中，占比最大的为人工鱼礁用海和开放式养殖用海的耦合，其次为单纯的开放式养殖用海、人工鱼礁用海，极少数为围海养殖用海。

3）用海方式

海洋牧场的用海方式与用海类型是一一对应的，人工鱼礁养殖用海对应的是透水构筑物，开放式养殖用海对应的是开放式养殖，围海养殖用海对应的是围海养殖，三种用海方式也是相互交织在一起。

海洋牧场的用海方式中，占比最大的为透水构筑物和开放式养殖的耦合，其次为单纯的开放式养殖、透水构筑物，极少数为围海养殖。

4）用海面积

根据沿海各地已确权的海洋牧场权属资料，海洋牧场实际用海面积为几十公顷到几千公顷。

以山东省海洋牧场为例，面积最小的为青岛大公岛保护与开发利用示范项目，用海面积为 13.3405hm²；面积最大的为垦利康华底播型海洋牧场，用海面积为 5500hm²。用海类型为人工鱼礁和开放式养殖耦合型的海洋牧场中，透水构筑物用海面积占比为 1.0%～15.0%。

5）用海期限

根据《中华人民共和国海域使用管理法》第二十五条关于海域使用权最高期限的相

关规定，养殖用海最高期限为 15 年，公益事业用海最高期限为 40 年。

沿海各地的公益性海洋牧场的用海期限按公益事业用海审批，一般为 30 年、40 年；对于非公益性的海洋牧场的用海期限均按养殖用海审批，一般为 5 年、10 年、15 年。

6）海域使用金征收标准

对于公益性海洋牧场用海，根据《中华人民共和国海域使用管理法》及国家关于海域使用金减免管理相关文件的要求，如《海域使用金减免管理办法》《关于海域使用金减免管理等有关事项的通知》《关于调整海域使用金免缴审批权限的通知》，可获批免缴海域使用金。

对于非公益性海洋牧场用海，海域使用金征收金额按照用海方式及所在海域等别确定。对于透水构筑物用海，海域使用金按国家标准《海域使用金征收标准》《无居民海岛使用金征收标准》征收；对于其他开放式养殖用海，海域使用金按沿海各市制定的养殖用海使用金征收标准征收，如《威海市海域使用金征收使用管理办法》。

三、存在问题及原因

1. 含义应用过于宽泛，建设标准散乱

1）海洋牧场的概念差异

根据农业农村部和山东省的相关技术规范，国家和地方关于海洋牧场的概念不完全相同，存在一定的差异。

关于海洋牧场的构建原理是相同的，均是基于海洋生态学原理，并结合现代工程技术。

关于海洋牧场的建设目的存在差异，农业农村部以增殖养护渔业资源和改善海域生态环境为目的；而山东省仅以增殖渔业资源为目的，对改善海域生态环境的重视不足。

关于海洋牧场的人工设施存在差异，农业农村部以人工鱼礁为唯一的人工设施；而山东省则不限于人工鱼礁，同时将筏式设施、深水网箱、大型工船等新型养殖设施设备纳入范畴。

2）建设模式差异分析

由于概念存在差异，各地海洋牧场建设标准必定不会一致。根据农业农村部关于海洋牧场的概念，海洋牧场的建设模式应以为增殖放流的鱼类等生物提供栖息地为主要手段，开展渔业资源增殖、发展休闲渔业和生态修复。

山东省大部分的经营性海洋牧场是一种立体的水产养殖场，以人工鱼礁为依托开展海参、鲍鱼等海珍品的底播养殖，在人工鱼礁之间的开敞水域开展网箱养殖，在人工鱼礁上层水域开展筏式养殖，同时结合平台建设，在部分人工鱼礁或网箱养殖处开展休闲游钓。虽然这种海洋牧场建设模式充分利用了海域空间资源，提高了经济效益，但其对海域生态环境的影响与传统养殖模式基本无差别，从生态环境改善效果看，如果不考虑向深远海发展，这种海洋牧场仅是投放了部分人工鱼礁的开放式养殖区而已。

目前农业农村部尚未出台海洋牧场建设标准，《国家级海洋牧场示范区管理工作规范

（试行）》仅对海洋牧场的选址和规模进行了原则性要求。山东省虽然出台了海洋牧场建设标准，但对于海洋牧场改善海域生态环境的功能要求不足，由此导致一些单位和个人仍然以增殖经济价值较高的海产品为目的，对改善海域生态环境的考虑较少，把投放人工鱼礁简单等同于海洋牧场建设，重经济、轻生态的观念仍根深蒂固。

2. 规划编制草率，建设形式单一

海洋牧场是一项科学的系统工程，建设前需要开展认真深入的调查，并在此基础上作出科学规划。然而，某些地方海洋牧场的规划编制较为草率，缺乏科学的生态环境适宜性和生态承载力评估，对人工鱼礁投放选址、礁体类型选择、建设规模确定的分析不足，甚至抄袭的痕迹明显。由此导致部分人工鱼礁的选址和布局不合理，不仅影响了自身功能和效益的发挥，还可能变成新的海底暗礁隐患，挤压其他行业对海域空间资源的需求。各地海洋牧场建设趋同性较强，没有充分考虑当地的生态条件，建设形式比较单一，深度开发不足，一定程度上存在盲目、低质化发展的苗头。

3. 综合评价体系缺失，实施效果评估欠缺

海洋牧场建设往往把建设面积、鱼礁投放规模、放流苗种数量和投入资金作为主要评价指标，导致重视建设期投入、对项目的综合可行性分析不足、生态影响评价不完善，以及对海洋牧场生态效益的评估集中在局部海域，但局部生态系统的改变对整个海域生态环境的影响还不得而知。实施效果评估欠缺，海洋牧场的后续管理、开发利用和继续建设缺乏有效的决策依据。

4. 监管权责不明晰，各地管理部门多样

海洋牧场的建设和运营涉及政府、企业、渔民等多方利益主体，需要全面统筹、综合管理。一些地区存在重建设、轻管理的现象，后续监测和管理监督不到位，管理目标发生偏差，片面追求经济效益与短期利益，具体包括以下六个方面。

（1）海洋主管部门对海洋牧场用海缺乏直观有效的监管。海洋牧场并非单独的用海类型，而是涵盖在人工鱼礁、开放式养殖等用海类型之中，其申请用海的项目名称中往往并不能体现出"海洋牧场"。对于海域使用管理来说，管理的不是海洋牧场，而是人工鱼礁和开放式养殖。海域使用动态监视监测管理系统是海洋主管部门监管海域使用的基础手段，但海洋主管部门并不能通过海域使用动态监视监测管理系统查询出各海洋牧场的用海信息，导致不能直观地掌握各海洋牧场的用海信息。

（2）经营性海洋牧场处于谁建设、谁管理的状态，各地由政府出资建设的公益性海洋牧场的管理部门则是多样的。一些海洋牧场（主要为公益性海洋牧场）建设、经营和监管责任主体不明确，海洋牧场产权不清晰，导致管理混乱。

（3）部分海洋牧场项目申报批复建设内容与海域使用权证书确权的用海不一致，部分建设内容未取得相应海域使用权。这是由于海洋牧场项目需先取得海域使用权并具有一定的建设基础后，再申报国家级或省级海洋牧场示范区，申报成功后在国家补助资金的扶持下，再对海洋牧场进行扩建和完善（如增加人工鱼礁规模、增建平台等），由此导致最终的建设内容与取得的海域使用权不完全一致。

（4）公益性海洋牧场建成后，监管任务重，但管理队伍人手少，基层技术力量薄弱，管理装备和费用不足。县级渔业主管部门缺乏运营、评估礁区功能开发利用的能力，也无力利用牧场海域空间和生物资源进行适度的休闲渔业、生态养殖等开发利用，经济效益和社会效益难以体现。由于公益性海洋牧场没有经营性收入，后续的灯标维护、巡查管理、效果的跟踪评估等管理费用不足。

（5）由于缺少海洋牧场管理专项法律法规，执法部门只能对海洋牧场内出现的违规捕捞、非法养殖行为进行处罚，对于在公益性海洋牧场内破坏礁体、无序生产等严重影响海洋牧场建设和破坏生态环境的行为却不能予以处置，无法实现有效监管。

（6）海洋牧场中的海上平台、游艇、码头等与休闲旅游有关，但又涉及海事、安全生产，从职责上来说，应急管理、海事、文化旅游等部门都可以管，但目前国家政策没有明确规定，职责还没有划清。

5. 技术研发仍然相对滞后，技术力量分散

海洋牧场建设依赖人工鱼礁、增殖放流等技术体系，但缺乏相对独立的应用基础，缺乏通过长期监测对环境影响、生态效益和经济效益进行科学定量评价，特别是许多关键技术尚待研发。我国从事海洋牧场研究的专业机构总体不足，专业人才相对缺乏，技术力量分散，对海洋牧场建设缺少长期系统性的研究，海洋牧场的基础研究明显滞后于发展需求，难以有效支撑我国大规模海洋牧场建设、管理和开发利用。

6. 资金需求与实际支撑差距较大

海洋牧场建设在开放海域，而且工程建造、牧场管理和环境监测等成本很高，资金需求量较大。近年来，中央和地方各级政府陆续出台了针对海洋牧场建设的扶持政策方针，起到了一定作用，但海洋牧场需要一定规模和较长时间才能出效益，短期效益的不确定性使得社会资金较为谨慎。

7. 生态意识欠缺，对海洋生态的负面影响重视不足

1）挤压其他行业对海域空间资源的需求

如前所述，海洋牧场并非一个单独的用海类型，而是渔业用海中的人工鱼礁用海和开放式养殖用海的耦合，甚至仅为单纯的开放式养殖用海。例如，山东等地将网箱养殖、筏式养殖、底播养殖等开放式养殖也纳入了海洋牧场范畴。

根据我国 2018 年海域使用类型统计，全国渔业用海确权面积达 371 717.0499hm^2，占海域总确权面积的比例约为 92.25%。至 2018 年底，在 31 个二级用海类型中，开放式养殖用海确权面积比例最大，达到 82.34%。也就是说，开放式养殖占用了我国最多的近岸海域空间。海洋牧场（人工鱼礁用海和开放式养殖用海）占海域总确权面积的比例约为 23.38%，占渔业用海确权面积的 25.35%。

2）挤占天然渔业资源"三场一通道"

"三场一通道"即"产卵场、索饵场、越冬场和洄游通道"的简称，是经济鱼种生长与繁殖等生活史的总结，资料主要来自多年调查数据和渔业捕捞经验，对安排渔业生产

有重要作用，同时也是渔业资源保护和修复不可或缺的参考资料。

黄渤海区沿岸海域营养盐丰富、风浪较小，是鳀、黄姑鱼、带鱼、蓝点马鲛、小黄鱼、银鲳鱼、中国对虾、三疣梭子蟹等的产卵洄游场所，产卵场主要分布在莱州湾、辽东湾、烟台和威海近海等，渤海湾产卵场功能退化严重，石岛—青岛近海产卵场继续衰退，海州湾产卵场面积萎缩，向岸侧偏移。据研究，黄渤海区产卵场衰退是由于近海富营养化严重、营养盐结构失衡、生态灾害频繁发生等，生境丧失和洄游通道被堵塞也是重要原因。

与近海渔业资源和海洋捕捞业面临的困境不同的是，我国海水养殖业受环境因素的限制少、技术日渐成熟，加上政府的大力扶持，产量几乎呈现出逐年增长的态势。近20年的《中国渔业统计年鉴》数据显示，海水养殖产量平均增速达到4.63%。值得注意的是，2006年我国大量资金投向人工鱼礁、增殖放流、水生生物养护等渔业工程建设，我国养殖产量首次超过海洋捕捞产量，此后，海洋捕捞产量再未实现反超。

3）侵占海洋生态保护红线

海洋生态红线制度是指为维护海洋生态健康与生态安全，将重要海洋生态功能区、生态敏感区和生态脆弱区划定为重点管控区域并实施严格分类管控的制度安排。

2013年山东省率先发布了《山东省渤海海洋生态红线区划定方案（2013—2020年）》，率先在渤海建立实施了生态红线制度，2016年又发布实施了《山东省黄海海洋生态红线划定方案（2016—2020年）》，将渤海和黄海的自然保护区、海洋特别保护区、重要滨海湿地、重要河口生态系统、特殊保护海岛、重要砂质岸线及邻近海域、自然景观与历史文化遗迹、重要滨海旅游区和重要渔业海域等划定为海洋生态红线区，并进一步细分为禁止开发区和限制开发区。

山东省部分海洋牧场位于渤海、黄海划定的海洋生态红线内（包括限制开发区和禁止开发区），少数经营性的海洋牧场甚至位于海洋生态红线的禁止开发区内。

限制开发区的管控要求一般为：在确保海洋生态系统安全的前提下，允许适度利用海洋资源，鼓励实施与保护区保护目标一致的生态型资源利用活动，发展生态旅游、生态养殖等海洋生态产业；在生态与资源恢复区内，可以采取适当的人工生态整治与修复措施，恢复海洋生态、资源与关键生境。因此，海洋牧场位于限制开发区内是可行的。

禁止开发区包括两类红线区，即自然保护区禁止开发区和海洋特别保护区禁止开发区。自然保护区按照《中华人民共和国自然保护区条例》管理，在自然保护区的核心区和缓冲区，不得建设任何生产设施，无特殊原因，禁止任何单位或个人进入。海洋特别保护区按照《海洋特别保护区管理办法》管理，在重点保护区内，禁止实施各种与保护区无关的工程建设活动；在预留区内，严格控制人为干扰，禁止实施改变区内自然生态条件的生产活动和任何形式的工程建设活动。因此，以渔业生产和休闲旅游为主要目的的增殖型和休闲型海洋牧场不应占用海洋生态红线。

4）对海域自然属性的改变不可逆

海洋牧场的用海类型一般为人工鱼礁用海和开放式养殖用海的耦合。开放式养殖用海不改变海域自然属性，对海域生态环境的影响是可逆的，即在停止养殖活动后，海域生态环境可逐渐恢复。将人工鱼礁礁体投放到海域后，对海域自然属性的改变是不可逆的，投放的礁体基本无法清除，对海洋生态的影响与跨海桥梁等透水构筑物类似。

一是对海域水动力环境的影响。我国沿海各地常见的人工鱼礁礁体高度一般为2~3m，约为水深的1/10。人工鱼礁投放后，由于改变了所在海域的水深地形，增大了潮流的底部摩擦力，因此将不可避免地对所在海域近底层的潮流场产生一定影响，导致礁体周围流速减小。因此，大规模的人工鱼礁建设可能会对海湾或近岸海域的水动力条件产生明显影响，进而可能导致该海域水交换能力减弱、水质污染加剧和泥沙淤积严重等。

二是对原有底栖生境的破坏。人工鱼礁的投放，将改变海域自然属性，直接破坏占用海域内原有的底栖生境，造成部分底栖生物被直接掩埋。礁体投放期间，因扰动底质而产生的悬浮泥沙也会对所在海域的生物资源产生短期的不利影响。如果人工鱼礁投放于珍稀濒危物种集聚区，将会对原生的珍稀濒危生物资源造成严重损害。

5）对海域原有生物种群结构存在威胁

海洋牧场本质上是一种以人工手段为主对海洋渔业资源进行增殖和养护的工程措施。人工增殖放流会破坏海域原有的生态平衡，其影响后果在短期内难以察觉。

人工鱼礁建成后，虽然礁体附近的底栖生境将逐渐恢复，并产生显著的生物增殖效应；但由于增殖放流的苗种一般为海参、鲍鱼等人工培育的常见经济物种，因此不合理的增殖放流将可能改变该海域原有的生物种群结构，导致生物多样性减少，甚至造成野生物种生物基因资源的损失。

6）养殖污染影响

部分海洋牧场是通过在原有养殖区内投礁而建设的，主要用于海参、鲍鱼、贻贝等底播类海珍品的增殖，如辽宁、山东等地。此类海洋牧场仍可能采用与原有养殖模式相同的管理模式，即投放饵料、药物等，因此可能产生养殖污染，造成养殖过程所带来的氮、磷等污染物排放量超出海域的环境承载力和自净能力，最终导致海域的富营养化，还会导致海洋生态环境的破坏和异常。

需要说明的是，某些海洋牧场并不一定需要建设人工鱼礁和进行增殖放流。例如，有海草（藻）床和牡蛎礁的地方就不需要投放人工鱼礁；某些海洋牧场自然资源基础较好，通过生物资源养护和管理就可以实现恢复，也不一定需要增殖放流。该类海洋牧场基本不会对海洋环境造成不利影响。

海洋牧场对海洋生态的影响，归根结底是海洋牧场概念和标准的不统一，布局缺乏科学的统筹规划，强调经济效益而忽视了生态效益而造成的。

四、对策建议

1. 涉及海洋牧场的管理部门职责划分

根据2018年机构改革后国务院各部门的"三定"方案，涉及海洋牧场管理的部门职责划分如下。

（1）发展改革委：拟订并组织实施产业政策和价格政策；安排国家财政性建设资金；提出国民经济重要产业的发展战略和规划；研究并协调农业和农村经济社会发展的有关

重大问题；研究拟订资源节约综合利用规划，参与编制生态建设规划，协调生态建设和资源节约综合利用的重大问题。

（2）农业农村部：统筹研究和组织实施"三农"工作的发展战略、中长期规划、重大政策；指导休闲农业发展工作；负责渔业的监督管理；负责农业的投资管理；推动农业科技创新体系建设。

（3）生态环境部：负责环境污染防治的监督管理；负责生态环境准入的监督管理；负责生态环境监测工作；统一负责生态环境监督执法。

（4）自然资源部：负责自然资源有偿使用和合理开发利用；负责建立空间规划体系并监督实施；负责海洋开发利用和保护的监督管理工作；负责海洋观测预报、预警监测和减灾工作。

根据管理部门职责划分情况，涉及自然资源部管理职责的问题为：含义应用过于宽泛、规划编制草率、监管权责不明、海域使用管理针对性不足和生态影响重视不足。

2. 后续管理措施

针对以上涉及自然资源部管理职责的问题，提出下一步工作思路。

1）加强规划编制的协调性

一是强化国土空间规划的基础作用。海洋牧场发展规划要遵循国土空间总体规划，不得违背总体规划的强制性内容，其主要内容要纳入详细规划。二是在国土空间规划中强化海洋牧场建设的生态底线约束。人工鱼礁应远离岸线布置，避开重点河口和海湾，严禁侵占生态保护红线，严禁占用海草床、海藻床、珊瑚礁等原生底质区域，重点布置在农渔业功能区，避让航道、锚地、海砂开采等功能区。三是海洋牧场发展规划要增加生态影响评估章节。科学评估海洋牧场建设对近岸水动力环境和生态系统的影响，并在规划编制过程中征求自然资源部的意见。

2）调整优化海域使用管理政策

一是调整海域使用分类标准。以农业农村部出台海洋牧场认定办法及标准为前提和基础，明确海洋牧场与传统养殖业的界限，相应调整海域使用类型，在渔业用海中增加二级类海洋牧场用海。二是全面掌握海洋牧场用海信息。对已确权的渔业用海项目进行海洋牧场认定，据此核实、修改其用海信息中的海域使用类型，掌握全部海洋牧场的用海信息。三是清查整改海洋牧场用海的历史遗留问题。对于不符合国土空间规划生态底线约束的海洋牧场开展清查，督促地方政府逐步整改；对农业农村部已批复的海洋牧场示范区内的海上平台等具体建设项目用海开展清查，督促全部办理用海手续。四是加强海洋牧场的海域使用论证。严格审核人工鱼礁用海选址和用海面积的合理性，强化海洋牧场建设的生态影响评估。五是进一步规范海洋牧场海域使用金征收。对公益性海洋牧场的海域使用金给予减免，引导人工鱼礁节约集约用海，鼓励通过修复海藻床、海草床、珊瑚礁等原有生境来实现渔业资源的增殖和养护；同时，基于建立的价格监测评价机制，适时对人工鱼礁海域使用金征收标准进行动态调整。六是严格落实海洋牧场用海续期的规定。积极指引海洋牧场企业做好海域使用续期申请工作，保障海域使用权人的合法权益。

3）加强用海监督管理

一是落实海洋牧场的监管责任。县级以上人民政府自然资源主管部门应当加强对海洋牧场海域使用的监督检查。二是推进跨部门大数据整合共享。通过大数据共享平台，与农业农村部、生态环境部共享海洋牧场的建设情况、用海信息、生态环境监测和评估数据，以便于自然资源部实时掌握海域资源的开发利用情况和生态环境现状，开展海洋生态预警、灾害预防和风险评估。

第十节　海域资源节约集约利用

一、我国节约集约用海管理概述

1. 节约集约用海的含义

节约集约用海与节约集约用地仅一字之差，在一定程度上与节约集约用地具有相似性。一般认为，节约集约用海管理更多源于节约集约用地管理向海域管理的延伸。我国节约集约用海管理可追溯到2011年9月《围填海计划管理办法》提出的"节约集约用海"的基本原则。

1）节约集约用地的含义

依据2008年1月3日发布的《国务院关于促进节约集约用地的通知》，节约集约用地包含三层含义：一是节约用地，就是各项建设都要尽量节省用地，想方设法不占或少占耕地；二是集约用地，每宗建设用地必须提高投入产出的强度，提高土地利用的集约化程度；三是通过整合、置换和储备，合理安排土地投放的数量和结构，改善建设用地结构、布局，挖掘用地潜力，提高土地配置和利用效率。

根据这些内涵，节约集约用地是一种经济活动或经营管理方式。宏观上，节约集约用地涉及土地投入类型、结构和速度问题。从投入类型看，节约集约利用主要依靠技术进步和土地使用效率的提高来支持经济增长，强调对存量土地增加投入，提高土地利用产出和效率；粗放利用则是以土地高投入满足经济发展对土地的需求，支撑经济增长。从投入结构看，节约集约利用是以存量土地内涵挖潜为主的用地方式，强调土地结构和布局的系统协调性；粗放利用往往表现为以增量水平扩张为主的用地方式，各类用地之间的整合性较差，结构不合理。从投入速度看，节约集约利用属于质量效益型，注重土地投入的时序控制，注重提升已开发土地的集聚效益；粗放利用则是速度效益型，土地效益依附于土地扩张速度。

我国土地管理模式经历了不断优化升级的过程：一是土地初级集约利用，追求土地开发空间建设强度最大化，在市场、规划、技术条件许可下，初级利用存在不断追求高强度的动力，受制于法律、制度、规划的约束；二是土地次级集约利用，强调建设空间上要素的配置，追求产出效益最大化，是一个动态提升的过程；三是建设用地集约利用，在有限的土地资源上，尽可能提高其对建筑、人口、经济的容受能力和承载力，即土地初级利用、次级利用和总体利用的多重集约。

2）用海概念及其特性

用海是指人类根据海域的自然特点，按一定的经济、社会目的，采取一系列生物技术手段，对海域进行长期性或周期性的经营管理和治理改造，包含海域使用和海岸线使用。海域是"海的区域"的简称，包括水上、水下在内的一定海洋区域，是立体空间。海岸线理论上是一根线，但也可认为海岸线是沿靠土地的独特海域空间。《中华人民共和国海域使用管理法》第二条规定，海域是指内水及领海的水面、水体、海床和底土。海域和海岸线是实施海洋开发利用活动依托的空间客体，具有一定的固有特性，具体表现在以下 3 个方面。

（1）海域资源的流动性。除海底矿产及岛屿等资源外，大部分海域资源是流动的，海水、鱼类等资源的位置不断发生变化，是相互联结、相互影响的生态环境系统。正是由于海域资源特殊的流动性，在进行海域使用的过程中，开发活动对海洋造成的影响是随着海水的流动而扩散的（如悬浮泥沙），具有"牵一发而动全身"的特征。此外，海域资源的流动性还意味着任何个体都无法完全占有某一海域空间范围内的全部海域资源，相较于其他较为固定的自然资源，海域使用权划分更为复杂，给海域资源配置工作带来了一定的困难。

（2）海域条件的分异性。不同的海域在气象环境、水文环境、地质地貌等自然环境条件方面及所处区域社会经济条件方面都存在差异，这种差异即为海洋资源禀赋的差异，也使得不同海域适宜的开发利用方式、类型不同。此外，目前我国申请海域使用权需要明确用海类型及用海方式，无论是从具体的产业类型还是用海类型、用海方式来看，这种分异都导致了海域资源价值界定的复杂性。

（3）海岸线的独特空间性。海岸线资源是指沿靠土地的海域空间，具有陆域两重性，是人类开发海洋的重要依托。但此类海域空间相对稀有，并且人类活动对此类海域空间的需求较大，生态环境保护要求也相对较高。由于沿岸海域空间的稀缺性，我国海岸线保护和利用管理规定，要保障一定程度的自然岸线保有率。

3）节约集约用海的概念探讨

海域资源是海洋经济活动的重要载体，是一种稀缺资源。为保障国家能源、交通、工业等重大项目的用海需求，处理好产业用海规模扩张与海域资源保护的关系，必须改变粗放的用海方式，结合海域资源的特性，推进节约集约用海发展。节约集约用海是海洋生态文明建设的发展理念，也是科学配置与使用海域资源的重要手段。

海域节约集约利用包含集约用海与节约用海两个范畴，其中，前者以盘活存量和优化增量为目的，强调用海方式；后者以控制总量为目的，侧重用海结果。鉴于此，本书将节约集约用海定义为：在海域现有的自然、经济、技术和社会条件下，以合理布局、优化用海结构和可持续发展为前提，通过立体利用、标准控制、布局优化、市场化配置等手段，达到减少海域过度开发、提高海域资源利用效率的目的，同时兼顾经济效益、社会效益和生态环境效益。

2. 我国节约集约用海管理历程

我国在节约集约用海管理方面进行了多年的实践探索。2006 年 4 月 20 日国家海洋局发布《关于加强区域建设用海管理工作的若干意见》,不仅强化单个用海项目的管理,更要求对区域内的建设项目进行整体的规划和布局,确保科学开发和有效利用海域资源。2008 年,国家政策的规范和引导作用逐渐显现,项目用海、区域建设用海规划的逐步推进加快了海域利用的步伐,在一定程度上提高了海域利用效率。

21 世纪初我国迎来了围填海热潮,区域建设用海总面积快速增长,而有效海域利用面积的增长速度远远落后于区域建设用海面积的增长速度,一些地方出现围填海规模增长过快、海岸和近岸海域资源利用粗放、局部海域生态环境破坏严重、防灾减灾能力弱等问题,因此强化围填海管理势在必行。发展改革委或国土资源部与国家海洋局分别于2009 年、2010 年、2011 年下发了《国家发展改革委 国家海洋局关于加强围填海规划计划管理的通知》《国土资源部 国家海洋局关于加强围填海造地管理有关问题的通知》《国家发展改革委 国家海洋局关于印发〈围填海计划管理办法〉的通知》,提出坚持"在保护中开发、在开发中保护"的基本原则,提倡海域资源的优化配置和节约集约利用,对于加强围填海的管理和规划起到了积极作用。

为从严控制产业用海规模和占用岸线长度、提高海域开发利用效率及促进海岸线节约集约利用,各地出台了产业用海控制指标以控制用海项目规模。2013 年 11 月,河北省海洋局发布《河北省主要项目用海控制指标》;2015 年 1 月,广西壮族自治区海洋局发布《广西填海规模控制性指标(试行)》;2015 年 8 月,福建省海洋与渔业厅发布《福建省海洋产业用海控制指标办法(试行)》;2017 年 5 月,国家海洋局发布《建设项目用海面积控制指标(试行)》;2019 年 4 月,天津市规划和自然资源局发布《天津市建设项目用海规模控制指标》;2021 年 2 月,自然资源部发布《产业用海面积控制指标》(HY/T 0306—2021),江苏省自然资源厅发布《江苏省建设项目用海控制指标》。此外,山东省已编制完成《山东省项目用海控制指标(送审稿)》,广东省也正在开展产业项目用海控制指标编制工作。

3. 我国节约集约用海管理现状

1)用海控制指标

现有的用海控制指标政策文件大多对填海造地海域的开发利用行为进行约束,常见控制指标包括海域利用率、岸线变化比(海岸线利用效率)、生态空间面积占比、投资强度、容积率、建筑系数、行政办公及生活服务设施面积占比、开发退让距离、围填海成陆比例、绿地率等。近年来,随着各类型用海项目的增加,地方政府海洋管理经验更为丰富,用海控制指标的设定针对建设项目的类型更加细化,如《江苏省建设项目用海控制指标》规定了不同类型人工鱼礁的单位鱼礁投礁方量及间距,《天津市建设项目用海规模控制指标》规定了不同规模的石油管道场首站建设项目用海面积,《关于进一步规范海上风电用海管理的意见》规定了单个海上风电场外缘边线包络海域面积等。各省(区、市)用海控制指标文件涉及的填海造地指标如表 5-16 所示。

表 5-16 各省（区、市）用海控制指标文件涉及的填海造地指标

指标文件	控制指标									
	海域利用率	岸线变化比（海岸线利用效率）	生态空间面积占比	投资强度	容积率	建筑系数	行政办公及生活服务设施面积占比	开发退让距离	围填海成陆比例	绿地率
《产业用海面积控制指标》（HY/T 0306—2021）	√	√	√	√	√				√	
《河北省主要项目用海控制指标》				√	√	√	√	√	√	√
《广西填海规模控制性指标（试行）》				√	√	√	√			√
《福建省海洋产业用海控制指标办法（试行）》	√	√		√	√	√				√
《天津市建设项目用海规模控制指标》		√	√	√		√	√			
《山东省项目用海控制指标（送审稿）》								√		

"√" 代表文件涉及此项指标

2）用海布局优化

产业用海布局的优化可分为宏观和微观两个层面，宏观上对大范围内用海功能、方式及管控要求进行规划和设定，微观上对小范围内的重点区域、重点项目布局进行控制。

2015 年 8 月，国务院印发《全国海洋主体功能区规划》，依据主体功能将海洋空间划分为优化开发区域、重点开发区域、限制开发区域和禁止开发区域，以合理优化海洋空间利用格局、提高海洋空间利用效率和提升海洋可持续发展能力。2012 年 3 月，国务院批准了《全国海洋功能区划（2011—2020 年）》，划分了农渔业区、港口航运区、工业与城镇用海区、矿产与能源区、旅游休闲娱乐区、海洋保护区、特殊利用区和保留区八类海洋功能区，确定了渤海、黄海、东海、南海及台湾以东海域的主要功能和开发保护方向。各沿海省（区、市）编制的省级海洋功能区划，根据海域区位、自然资源、环境条件和开发利用要求，按照海洋基本功能区的标准，将海域划分为不同类型的海洋基本功能区。此外，我国各地出台的海洋生态红线保护规划、海洋生态红线划定方案中，生态红线区内包含 13 类空间，针对每一类空间都有基本管控要求。

微观上，各地出台的项目建设规划及详细规划对具体项目内部的布局作出了更加详尽的说明，在规划中强调了集约化、规模化的发展思路。例如，2022 年 5 月深圳市规划和自然资源局发布《深圳市小梅沙海域详细规划（公示稿）》，对区域内海岸带未来发展项目及活动设计了具有可操作性的系统规划方案，优化了海岸带空间利用，有助于实现高效的陆海统筹发展。具体建设项目可根据项目情况，从专业角度出发，以节约集约用海为原则，对项目用海的布置方式进行设计。

各类、各级规划与区划从空间和时间上限定海洋资源的利用方式，并不断进行周期性的更新调整，有效避免海洋资源被零散、无序利用，优化产业用海布局，形成集聚规模效益，从而实现节约集约用海。

3）闲置用海盘活

海域使用权人取得海域使用权一段时间内未进行海域开发利用的将被视为闲置用海行为，这种闲置用海行为会降低海域资源的利用效率。闲置用海的海域使用权一般可由政府采用强制收回或倒逼机制取得，后者可通过额外征收海域闲置费用实现。福建省于 2015 年发布了《福建省海域收储管理办法（试行）》，建立了海域收储制度，将闲置海域依法收回并纳入政府供应计划，由海洋主管部门统一组织供应；广西壮族自治区于 2017 年出台了《广西壮族自治区人民政府关于深化用海管理体制机制改革的意见》，为深化用海管理体制机制改革，提出"建立闲置用海盘活机制"，组织开展闲置用海排查与围填海后监测评估等工作，制定闲置用海处置管理办法，以招商引资、技术改造升级、扩大生产规模等方式，提高海域资源使用效率，盘活闲置用海资源。

4）海域立体确权

跨海桥梁、海底隧道、海上风电与海底数据中心的海底电缆管道等穿越距离较长的线性用海项目易与其他用海项目发生空间重叠、交叉，并且由于海域使用权具有排他性，海域"平面化"管理已无法解决日益尖锐的用海矛盾，亟须从立体角度对海洋资源进行配置。

目前，我国多个沿海地区出台了海域立体分层确权相关的政策意见，并进行了海域立体利用模式的探索实践。2014～2016 年，为解决跨海桥梁用海和核电站取水口用海重叠引起的分层用海需求与现行法律框架之间的冲突，连云港市、福鼎市建立了海域立体分层确权的试点。2019 年，中共中央办公厅、国务院办公厅印发《关于统筹推进自然资源资产产权制度改革的指导意见》，正式提出"探索海域使用权立体分层设权"。自 2020 年 5 月 1 日起施行的《深圳经济特区海域使用管理条例》以"海域使用权可以在海域的水面、水体、海床或者底土分别设立"为依据对用海申请进行审批，贯彻海籍的三维管理。河北省于 2020 年 12 月发布《河北省自然资源厅关于推进海域使用权立体分层设权的通知》，鼓励发展"风光渔"立体互补模式，建设相互之间互补性强、兼容性高的海上风电、光电、海水养殖等项目。2021 年 1 月 30 日起，浙江省宁波市象山县正式实施《象山县海域分层确权管理办法（试行）》，将海域使用权细分为水面使用权、水体使用权、海床使用权、底土使用权及综合使用权，在使用功能不相互排斥的前提下，分层次对同一海域不同的用海活动分别进行海域使用权登记，并通过三维界定海域分层界限，明确各权利主体的行为。

5）价格杠杆引导

2018 年，财政部、国家海洋局印发《关于调整海域、无居民海岛使用金征收标准的通知》，这是自 2007 年国家制定全国海域等别和海域使用金征收标准方案以来，对海域使用金征收标准进行的首次全面调整。此次海域使用金征收标准调整遵循了政策引领的原则，充分考虑不同产业对海域资源的需求，合理确定海域资源价格，引导海洋产业向深水远岸布局，节约集约利用海域资源。在具体的征收标准调整上，填海造地、非透水构筑物、盐田等对生态环境影响较大的用海海域使用金征收标准大幅提高，其中城镇建设填海造地用海海域使用金征收标准由原来的最高 180 万元/hm² 提高到 2700 万元/hm²。该通知规定，对占用自然岸线的用海，海域使用金按照征收标准的 120% 征收；对深水远岸人工岛建设的填海造地用海，海域使用金按照征收标准的 80% 征收。这些措施旨在发挥经济杠杆对管控围填海活动、保护自然岸线、引导用海向深水远岸布局的导向作用，从而优化海域利用空间布局，推动海洋产业结构调整和升级。

二、国内外节约集约用海案例

（一）国内典型案例

1. 海域立体利用

1）海上风电与海洋牧场融合发展模式

"海上风电+海洋牧场"是节约集约用海模式下的一种新型利用方式。该模式将风机基础设计为人工鱼礁，在生产清洁能源的同时在下层海域为生物提供良好的栖息场所和遮蔽空间。当前在海上风电与海洋牧场融合发展研究中，重点方向主要包括海洋牧场与海上风机融合布局设计、环境友好型海上风机研发与应用、增殖型风机基础研发与应用、环保型施工和智能运维技术的研发与应用、海洋牧场和海上风电配套设施研发与应用、海上风电对海洋牧场资源环境影响的观测与综合评价等。通过对海上风电与海洋牧场融合发展的技术研究，实现产业理念机制的交叉融合。

我国海洋牧场与海上风电产业融合理念和机制包括 3 个方面：一是空间融合，基于海上风机的稳固性，通过风机基础与各用途、各类型的平台、网箱、筏架、鱼礁等海洋牧场养殖设施的融合，在扩大海洋牧场养殖容量并降低运行维护成本的同时，实现海上风电空间与海面下渔业生产空间的立体耦合，达到空间资源节约集约利用的目的；二是结构融合，在技术层面上通过研发增殖型风机基础，结合生态型牡蛎壳海珍品礁、多层板式集鱼礁、抗风浪藻类绳式礁等，在风电场建设区域内打造海上风电与人工鱼礁相融合的新型构型，提高区域初级生产力，实现生态增殖；三是功能融合，季节性渔业生产高峰一般为春季到秋季，风力发电高峰为冬季，两者的错位互补可实现区域内渔业资源与风力资源生产时间的耦合，保证海域的高效常态化开发，在季节性渔业生产高峰期，海上风电可保障海洋牧场生产、监测和试验的电力供应，免除电力输运成本，提高海洋牧场的生产运行效率，在风力发电高峰期，将清洁风电并入建设区域电网，可缓解陆域用电压力、降低环境污染、保障居民的生产生活，进而实现兼顾清洁风电能源产出与渔业资源可持续开发的生产模式。海上风电与海洋牧场融合发展有如下 2 个典型案例。

（1）山东省"空间+结构"融合案例：山东省潍坊市昌邑海洋牧场与三峡 300MW 海上风电融合试验示范项目。2019 年，山东省人民政府印发了《山东省现代化海洋牧场建设综合试点方案》，提出探索海洋牧场与海上风电融合发展，在黄海、渤海组织开展融合发展试验，将海上风电底座"鱼礁化"。在此背景下，山东省首个海上风电试点示范项目——昌邑海洋牧场与三峡 300MW 海上风电融合试验示范项目开工建设，该项目装机容量 30 万 kW，总投资 50.26 亿元，计划通过风机基础预留固泊支撑、挂件、网箱立体、循环、通信、电源等海洋牧场相关设施，在风机塔座 50m 海域范围内，利用投礁的方式建设田园型、投礁型海洋牧场，以开展刺参、龙须菜、海湾扇贝、牡蛎、花鲈、许氏平鲉等经济生物的增养殖与海藻场的修复试验，帮助昌邑及其周边地区调整产业用海结构、提升海域使用效率。

（2）广东省"空间+结构"融合案例：广东省阳西青洲岛风电融合海域国家级海洋牧场示范区。2019 年 12 月，阳西青洲岛风电融合海域国家级海洋牧场建设规划获批，入选第五批国家级海洋牧场示范区名单，成为目前规模最大的国家级海洋牧场示范区，也是唯一一个风电融合的海洋牧场示范区，其建设项目将围绕人工鱼礁投放、深海网箱养殖、贝类底播增殖、鲍鱼沉箱养殖、牡蛎吊养增殖、休闲渔业平台建设和休闲渔业等方面展开。其建设和运行维护具备多维度资源共享与技术支撑的优势：一是通过海上风电基础的构筑，为网箱在内的养殖设施提供强有力的固泊支撑；二是通过海上风电基础及周边人工鱼礁群的构建，实现风电场海域的生态修复和生产活动；三是同时开展海洋牧场与海上风电运行维护，降低运行维护成本，提高综合管理效率。该项目是广东省海域立体利用发展的先行示范，向海域节约集约利用方式的探索又迈出了新的一步。

2）立体种养殖模式

海水立体种养殖是一种在海水水面上种植作物、在水面以下进行水生生物养殖的新型农业模式。一方面，海水养殖水体能够为海水蔬菜提供充足的营养，减少肥料使用，降低种植成本；另一方面，海水蔬菜能够在一定程度上净化水质，有效降低水体中氨氮、硝酸盐、亚硝酸盐、磷酸盐、重金属等的含量，减轻养殖尾水的富营养化，为水生动物提供更为适宜的栖息环境，从而提升海产品的质量和产量。

近海区域大规模海水养殖造成的生态环境压力不断加大，集约化经营已经成为海水养殖业纵深发展不可逆转的趋势。近年来，在农业农村部的主推下，国内的海水立体养殖业得到了快速发展，已逐渐演变为一种解决粗放用海问题的有效手段。海水立体养殖指的是，根据不同养殖物种间的共生互补原理，结合其对特定生存环境的依赖程度与海域各组成部分的不同属性，对海域空间作出合理的养殖安排。例如，在海水立体层面上，从高到低依次布局虾类、蟹类与刺参、贝类的苗种，构建虾、蟹、贝、参生态养殖空间，充分挖掘海洋生产潜力，提高经济效益与生态效益。立体种养殖的典型案例为辽宁省丹东市东港筏式养殖用海项目。

目前渔业用海是辽宁省丹东市海域的主导用海类型。东港筏式养殖用海项目位于辽宁省丹东市东港市海域，用海总面积约 0.6 万 hm^2，主要以筏式养殖的方式养殖牡蛎。项目所在海域下方存在权属未过期的底播贝类养殖项目，筏式养殖与底播养殖兼容。该项目在确保传统养殖用海稳定的前提下，对养殖空间进行了合理布局，有效地利用了岸线和海域空间，对于推动节约集约用海起到了良好的示范作用。

3）渔光互补模式

水上漂浮式光伏电站即利用光伏组件漂浮在水面进行发电的发电站，相比传统的光伏发电具有诸多优势：水体的冷却效应可以抑制光伏组件表面温度上升，而根据有关测算，电池板的发电量将随其温度的下降而显著提高，因此水上漂浮式光伏电站在组件配置相同的情况下将取得更高的效益；海面以上空间较为开阔，建筑物、构筑物的阴影对光伏发电效率制约有限，可采取相应措施有效避免。此外，水上漂浮式光伏电站在海域空间资源使用中仅占用海水表面，能够与海面以下的其他海洋开发活动兼容，继而提升单位面积海域的使用效率与综合产值。目前主要的开发融合模式是以广东省湛江市、浙江省宁波市宁海县、广西壮族自治区防城港市、江苏省启东市等地渔光互补项目为代表的光伏农业——在开展水产种养殖的海域建设光伏电站，充分利用海面上下的资源，发挥发电站的水体遮蔽作用，为鱼类创造良好的繁殖孵化环境，在发电的同时提高渔业产量。

目前我国水上漂浮式光伏电站技术尚不足以支撑大规模开发，多变的海洋天气增大了光伏电站的运行维护难度，光伏组件、浮体架台、电气设备等结构的耐腐蚀能力、使用寿命均有待进一步验证，但随着节约集约用海模式的推广和光伏技术的进步，水上漂浮式光伏发电技术的应用大有可为，开发利用前景整体向好。渔光互补的典型案例为山东省东营市曙光汇泰 49MW 渔光互补发电项目。

位于山东省东营市的曙光汇泰 49MW 渔光互补发电项目遵循"一水多用，多业并举"的原则，于海面布置光伏组件，利用太阳能进行光伏发电，另在光伏组件下的池塘开展海参养殖，让布置在上层的光伏组件为海参吸收有害光波。项目投产后，可达到年均 5888 万 kW·h 的上网电量与年均 75kg 的海参亩产量，在实现发电、渔业双丰收的同时，还间接减少了火力发电对环境的影响，因此该项目成为山东省推动海域高效可持续利用的节约集约用海典型案例。

2. 海上风电场海底电缆集中路由廊道

根据《江苏省海上风电场工程规划（2012—2020 年）（修编）》，到 2020 年江苏省海上风电规划总装机容量达 1475 万 kW，其中如东附近海上风电场规划场址有 20 余块，总装机容量上千万千瓦。自然资源部东海局提出集约节约用海，统一规划路由廊道和登陆点，避免资源浪费，统一建设海上升压站或换流站，集中人力物力，统一调查勘测和施工，并将如东作为试点，通过多方协调成功划设了海上风电场海底电缆集中路由廊道，完成了《如东县海上风电场集中送出路由通道和陆上集控中心规划方案》的编制。以如东的成功经验为参照，自然资源部东海局又于 2018 年 9～11 月分别召开了射阳、大丰、启东等海上风电布局较集中区域的路由集中协调会，设置了相应的海底电缆路由集中廊道。这种海底管线空间用途管制的探索，实现了江苏省近海海域空间资源的节约集约利用，也满足了江苏省海洋管理部门的集中管理要求。

（二）国外典型案例

欧洲多用途用海研究项目（The Multi-Use in European Seas，MUSES）是苏格兰海洋研究部门（Marine Scotland）在 2016 年 11 月向欧盟（EU）申请，并获得欧盟"地平线2020"（Horizon 2020）资助的为期 2 年的海洋综合管理方向的研究创新类项目。除了苏格兰海洋研究部门，该项目在欧洲范围内还有 10 个合作伙伴。该项目旨在探索欧洲多用途用海的可能性，指出在海洋监管运营、海洋环境保护、社会影响和法律法规等方面的突出问题，就如何克服现有障碍、降低多用途开发风险、最大限度地提高本地效益等方面提出切实可行的解决方案，在海洋环境、空间利用、海洋经济和社会效益等方面形成关于多用途用海的新理解。

这里的多用途用海与前文提到的海域立体利用的内涵相近。欧洲多用途用海研究项目报告指出，多用途用海即有意识地统筹联合使用地理位置相近的资源，它代表着通过多个用海类型的组合，实现资源从专有型向共享型的根本转变。在多用途用海实现过程中，这种共享型资源内涵不仅指海洋资源，还要延伸到海上平台、路由等基础设施。该项目还指出，不同的用海类型组合在空间、时间、配置和功能等方面的匹配程度均有所不同。项目发布的案例研究报告结合欧洲周边 7 个海域对多种用海类型组合进行了调查研究，建立了科学的评价体系并对其进行评分，给出了可行性建议，并形成提交了《欧洲多用途用海行动计划》（Ocean Multi-Use Action Plan），以推行海域资源高效合理的利用方式，缓解不断增长的海洋开发需求对海洋环境造成的压力。下面以 3 个案例对多用途用海研究展开介绍。

1. 滨海旅游业与海水养殖业组合发展模式

借助滨海旅游业与海水养殖业组合的发展模式，能够使沿海地区的旅游活动更加多元化，在同一区域范围内的海域空间中整合旅游活动与海水养殖活动，提高当地水产品对游客的吸引力和市场接受度，从而带动水产品附加值的提升，为水产养殖经营者提供额外的收入来源。这种组合具体体现形式包括海水养殖场地参观、海水养殖设施附近垂钓等，目前已在欧洲地中海区域和大西洋沿岸小规模实施。海水养殖场地参观项目的典型案例之一位于马耳他，以开放的蓝鳍金枪鱼养殖笼为场地设置了潜水项目。

由于海水养殖者普遍缺乏足够的服务经验，各个地区也普遍缺少相关的行业标准、指导方针和风险响应预案，因此该模式在推广及应用中存在一些障碍。项目研究成果针对以上问题提出了几点建议：①创建地方和区域网络与集群，促进海水养殖经营者、旅游业利益相关者和地方食品经营者之间的协同合作；②在规划新的海水养殖场时，探索开发新形式的多功能场所，建立配套的小型旅游基础设施；③为水产养殖经营者提供服务能力培训，以提高其服务水平；④开展海水养殖场参观活动，吸引更多劳动力从事海水养殖工作；⑤为海水养殖场内的旅游活动制定明确的法律法规、指导方针和行业标准。

2. 海上风电与滨海旅游业组合发展模式

海上风电与滨海旅游业组合发展模式在具体形式上包括海洋空间共享使用及陆海基础设施、运营活动的联合配套，目前在已建成海上风电的欧洲国家（主要临近北海和波罗的海）实现了广泛应用。部分国家在最初设计阶段就将海上风电开发与旅游活动相结合，将布局独特的风电场作为旅游景点和地标，用海上风电观光船开展游览，或在涡轮机周围设计特别的海上平台，作为潜水平台、餐馆及海豹等海洋动物的休息地，缓解了大西洋和地中海周边国家由海上风电建设和安装导致的用海冲突。除此之外，该组合发展模式还能够向当地居民提供额外的工作机会，为社会经济带来附加收益，不仅赋予海上风电这种单一的能源生产供应设备新奇的旅游体验，一定程度上降低了海上风电项目的获批难度，还间接减少了用于调节用海冲突或规划、项目审批推迟造成的相关成本。

复杂的许可证发放流程、高额的保险费及费用承担者界定不清是影响该用海类型组合推行的主要障碍，复杂的天气与潮汐条件、海上风电场较大的离岸距离、季节变化都会成为阻碍海上风电与滨海旅游业组合的不利因素。因此，若希望推广该模式，建议：①鼓励将现有案例中的发展经验推广至其他海上风电仍处于初步发展阶段的项目，让当地旅游相关管理部门参与海洋空间规划和海上风电规划的共同编制，并将海上风电与旅游融合发展的内容纳入地方经济发展规划；②支持尝试和发展可行的商业模式；③编制关于如何在海上风电经营者和旅游运营商之间建立协议的指南，作为海上风电开发指南的一部分。

3. 海上风电与海水养殖业组合发展模式

海上风电与海水养殖业组合发展模式一般有3种形式：①将鱼笼或贻贝、海藻附着线等装置直接连接到海上风力涡轮机所在平台；②开发新型风机基础，采用集成的多用途平台的形式，使风机基础兼容海水养殖；③在海上风电场范围内划定水产养殖的允许用海范围，如在海上风电场附近海域养殖贻贝。由于欧盟各国的近岸海域大多设立了海洋保护区，养殖空间相对缺乏，水产养殖产量无法达到既定目标。海上风电与海水养殖业组合发展模式能够将海水养殖转移到近海范围内，通过联合开发和共享运行维护来节约成本，无须单独开辟养殖用海空间，提高了用海效率，为欧盟各国的新型海上风电发展提供了一个有价值的发展模式。目前，大部分投资者在考虑项目选址时将北海周边的比利时、荷兰、德国和英国所辖海域作为首要目标，而波罗的海由于限制鱼类养殖，开展的项目更侧重于贻贝或海藻养殖。

海上风电与海水养殖业组合发展模式还存在诸多问题：针对处于生产运营阶段的风电项目，海上风电的运营商对兼容海水养殖的认同度成为该模式发展的最大影响因素；技术水平不高、模糊的项目审批程序、缺少政府规划和财政激励等一系列投资风险也使投资者望而却步。因此，尽管欧盟拥有多个海上风电与海水养殖融合研究项目，但实际投入建设的试点数量十分有限。

针对欧盟各国在海上风电与海水养殖融合发展中遇到的问题，《欧洲多用途用海行动计划》提出了几点建议：①简化审批政策与管理机制，在海洋空间规划编制进程中解决海上风电与海洋渔业相关部门之间的权力不平衡问题；②结合已有案例的经验，提高组合发展项目的所有相关参与者对机遇和利益的认识；③鼓励社会资本参与项目投资，解决小规模水产养殖者投资能力低的问题，为零售商和水产养殖公司提供财政激励政策。

采取多用途用海模式的意义在于更有效地利用海洋空间和资源，提升单位面积经济效益，通过海洋开发活动的组合降低对环境的影响，同时节约项目用海，为各国预留海洋发展空间。欧洲多用途用海研究项目在研究成果中指出：在组合发展模式推广过程中，应对项目开发建设、资金管理等方面的权责与关系进行明确优化，注重政策规划的引导作用。研究案例的多种组合发展模式对广东省节约集约用海发展具有一定借鉴意义。

三、节约集约用海建议

1. 推行混合分层利用，实现空间高效开发

（1）完善海域立体分层设权的管理机制。①在技术层面构建完善的三维海籍信息表达方法，制定用海项目的高程表达规范要求，捋顺二维海籍信息向三维海籍信息的过渡衔接工作。②遵循节约集约用海的原则编制国土空间规划，引入海域立体空间规划的概念，允许在同一海域的立体层面上设置多个功能，研究设置用海项目兼容清单，兼容功能不能影响主体功能的发挥，并且应优先安排资源和环境备择性窄的功能。③明确在海域分层设权管理中的项目审查原则，在进行用海批复、海域不动产登记时，对项目实际使用立体分层空间的标注方式提出规范性要求。④对未设定海域使用权的海域优先推行分层设权管理，对同一用海主体的立体开发项目进行统一的设计论证，简化海域使用权申请流程；对已设定海域使用权的海域，保障用海手续与海域分层设权管理体系相衔接，优先为原海域使用权人办理海域使用权登记，要求新用海单位和原海域使用权人充分协商并达成一致，避免产生海域使用权属纠纷。

（2）开展海域立体利用模式研究并鼓励推广。①鼓励发展大型深水网箱养殖、海洋立体农业。②海上风电项目海底电缆适当增加埋深，鼓励发展海上风电、光电和养殖融合项目，支持海上风电与海上制氢等融合发展。③近海深水区海上风电场可根据浅水区海缆送出情况与立体功能区的兼容功能先行选划海底电缆用海，构建区域海底电缆集中路由廊道。④将邻近片区零散的渔业用海项目交由授权的运营单位统一运作，解决渔民技术落后、管理混乱等造成的用海效率低下问题，从源头上提升用海主体节约集约用海的主观能动性。

2. 强化总量强度控制，节约利用海域资源

（1）制定推行用海总量强度控制相关的政策制度。①合理设定产业用海控制指标，将其作为用海项目审批的参考依据，重点关注海洋牧场、海上风电、港口、渔业基础设施等大型用海项目，保障建设项目节约集约用海。②协调区域内海上风电项目利益相关者的关系，统一规划海上送出工程输电电缆通道和登陆点，鼓励共用海上升压站等公用基础设施。③整合邻近项目码头，鼓励企业探索港口合作运作机制，提高已建码头区域同类项目的审批门槛，提高码头利用效率。④在重点用海项目所在区域的详细规划中融合节约集约用海要求，在详细规划中对项目用海总量强度进行针对性控制。

（2）鼓励用海单位从技术角度推进节约集约用海。①基于大数据、5G等新一代智能运行维护技术，实时反馈各港口空置泊位数、船舶动态信息，开展沿海港口锚地资源整合、归港船舶统一调度与信息资源共享，提高港口泊位综合利用率。②研发海上漂浮式光伏设备，重点考量组件长期在潮湿环境中的可靠性、浮台承载能力，推广海上漂浮式光伏发电与其他水下开发活动的兼容应用。

3. 市场主导、政府引导，倒逼低效用海退出

（1）发挥海域使用权市场的资源配置作用。①建立公平、公正、公开的海域出让市场环境，规范海域使用权流转的二级市场，完善海域使用权转让、出租、抵押的程序和市场规则，提高海域使用权市场化出让比例，扩大海域交易市场规模，优化产业结构。②建立科学的海域有偿使用制度动态调整机制，整合海域资源的动态监测数据，结合最新数据定期对海域有偿使用制度进行调整，对海域资源配置过程中出现的问题及时调控，引导资本自发性地流向高效的海洋开发利用方式。

（2）发挥政府引导作用。①建立"正向激励+反向倒逼"的资源要素差别化配置机制，围绕海洋产业准入、财政信贷、服务保障、科技创新、环保排污等方面，打造差别化用海政策体系，建立用海项目退出机制，淘汰低效用海，保留、引入高效用海，引导海域资源合理流动和高效配置。②推行海域使用权弹性年期出让方式，可根据项目类型分级分类设置参考出让年限，提高政府对海域资源的配置效率，对于低附加值产业项目长期占用海域的现象起到限制作用。例如，对于战略性新兴产业、先进制造业等鼓励类重大工业项目，以最高出让年限50年作为上限；其他一般类项目申请海域使用权时，适当降低原则出让年限。

4. 收储盘活闲置用海，释放海域空间资源

建立闲置用海调查与收储制度，定期开展闲置用海调查，对闲置用海的情况和产生原因进行认定核实，自然灾害等不可抗力或政府及有关机关造成海域闲置的，由海洋主管部门与海域使用权人协商处理；其他原因造成海域闲置的，海洋主管部门可视闲置时间予以罚款或收储，闲置时间不足2年的，向海域使用权人加征海域闲置费，若海域使用权人放弃海域使用权则无须缴纳海域闲置费，由海洋主管部门依规进行收储并予以补偿，闲置时间达2年的，依规进行无偿收储。

5. 建立健全监督机制，提升用海管理水平

加强海域使用审批与事中事后监管的有效衔接，实行全员全程监管，构建"政府负责、企业自查、群众监督"的用海管理新格局；灵活运用海域使用动态监视监测管理系统，掌握并更新海域、岸线的开发利用情况，及时发现处理闲置用海、违法违规用海、岸线不合理占用等问题；全面落实节约集约用海责任，根据各市县用海情况下达低效用海盘活指标，建立奖惩机制，对未完成计划指标的部门进行问责追责；建立低效用海数据库和项目监管系统，从范围界定、审批、项目实施、竣工验收、监管等方面实现封闭运行和实时跟踪管理。

下篇　规划实践篇

第六章

山东省海岸带规划实践

第一节　前　言

2021 年 7 月，为切实发挥海岸带专项规划对国土空间总体规划的辅助支撑作用，自然资源部办公厅印发通知，部署开展省级海岸带综合保护与利用规划编制，并同步发布《省级海岸带综合保护与利用规划编制指南（试行）》，要求加快推进省级海岸带规划的有关工作，指出有条件的市县可编制相应层级的海岸带规划，因地制宜细化规划内容，提高规划的针对性和可操作性。这标志着我国省级海岸带规划编制迈入新的阶段。

海岸带地区因具有独特的自然人文景观、便利的交通条件、丰富的海陆资源等，逐渐发展成为人口和经济的集聚地带。我国海岸带地区 11 个省（区、市）以约占陆地 13.5% 的国土面积，承载了全国 50% 以上的大城市、43% 的人口和 57% 的国内生产总值。但在经济高速发展的同时，沿海地区传统的开发模式对海岸带资源环境造成了严重损害，生物多样性退化、生态环境恶化、自然灾害频发、亲水空间不足等问题日益凸显。海岸带作为陆地向海洋过渡的关键区域，是陆海相互作用的交错地带，陆地与海洋各自的法律制度和规划之间缺乏充足有效的统筹协调机制，无法以最佳方式保护和利用海岸带，存在规划体系重叠的问题，也尚未形成充足有效的跨部门和跨辖区统筹协调机制，正因如此，海岸带成为国土空间治理的重要区域和落实陆海统筹战略的前沿阵地。

2019 年 5 月，《中共中央 国务院关于建立国土空间规划体系并监督实施的若干意见》明确海岸带规划为国土空间规划体系中的专项规划，聚焦陆海统筹关键问题的切入点。沿海地区真正开启了将陆地和海洋两大空间地理单元共同纳入"规划一张图"的探索实践。然而，由于缺少统一的规划技术标准，我国海岸带规划编制整体上仍处于初期摸索阶段，海岸带规划与国土空间规划的协同编制面临重大挑战，相关文件要求在省市权责划分方面并不明确，并且有关内容的落地性与操作性不强，还需继续探索和实践。本书基于海岸带高质量发展面临的现实困境与挑战，结合国家层面对于海岸带规划的有关要求和山东省海岸带规划试点编制的实际情况，阐述省级海岸带规划的编制思路、核心内容与省市权责划分的有关考虑，以期为我国省市海岸带规划乃至国土空间规划陆海统筹的落实提供有益参考，为提升陆海空间协同治理能力提供技术支撑。

第二节　海岸带高质量发展面临的现实困境与挑战

海岸带作为陆海相互作用的过渡地带，发生着频繁的物质交换和能量流动。与内陆地区相比，由于陆海相互作用和水体的自然特征，海岸带区域在处理"开发与保护、利用与储备"这两对主要矛盾时面临的情况更为复杂，也更具挑战性，在推动经济社会发展的同时，需更加重视对重要陆海生态环境和自然资源的保护，以实现区域可持续发展。长期以来，我国海岸带地区经济社会发展面临的现实困境与挑战主要体现在以下几个方面。

一是应对自然灾害和气候变化的恢复能力。自然灾害时刻威胁着城市建设和生态安全，沿海地区尤为如此，风暴潮、洪水、海岸侵蚀、海平面上升等致灾因素成为海岸带区域发展需要考虑的首要前提。当前，我国人口和经济向海集聚趋势日益凸显，同时这些地区人工堤防设施也在不断加高加大，造成岸段硬质化程度加大、沿海防护林减少、水环境恶化等问题，寄希望于人造无灾环境打造的增长方式，在延迟灾难发生的同时，也悄然放大了致灾因子，加剧了发生重大自然灾害的受灾程度。因此，海岸带区域需要明确考虑风暴潮、洪水、海平面上升、海岸侵蚀等自然灾害的潜在影响，做好自然环境保护和开发建设选址设计等应对天气和气候变化的准备工作，并将其合理纳入我国相关规划和管理实践工作，在提升灾后恢复能力的同时，确保相关政策和规则更加清晰，更具可预测性，以提升相关工作和项目开展的效率。

二是长远考虑开发活动对生态环境的综合影响。海岸带地区陆地和海洋复杂的相互作用决定了该区域发展更容易受到发展决策的累积和次生影响。例如，建设一个新码头对较大河口和较长岸线产生的影响较小，但如若深挖航道，则可能促使附近地区对码头的需求增加，继而造成更广泛的环境影响（累积影响），随着时间推移，船舶增加会造成拥堵和附加污染（次生影响）。因此，海岸带区域要长远考虑开发活动的综合影响，关注区域环境的敏感性和脆弱性，保护好宝贵的自然资源。

三是平衡好沿岸多用途间的竞争关系。保护和利用好现有岸线资源是海岸带区域关注的重要问题。人口和经济的趋海移动带来了持续的土地利用需求，沿海一线由于具有资源丰富、交通便利、景观优美等优势，更是成为各行业争夺的重点区域。当前由于房地产、酒店、零售、一般工业等开发活动对滨海用地的需求不断增长，海岸带区域赖水用途面临的竞争压力正逐年增大，有的甚至被迫转化为非赖水用途。不同于内陆，海岸带经济活动安排的主要特点是需要综合考虑陆上活动和海上活动的性质、强度，以及它们之间或它们内部的相互作用，因而需要采取尊重海岸带自然规律的综合方法来有效平衡好多用途间的竞争关系。

四是保障公众的亲水空间和权利。随着人们生活水平的日渐提高，休闲娱乐逐渐成为大众的日常行为。在可供选择的休闲场所中，海滨一向备受青睐。然而公众亲水需要诸多先决条件：一是拥有可供休闲游玩的高品质滨水空间；二是设有通向滨水空间的便捷通道及合适的交通设施；三是要有足够好的视野来观赏美景。然而，由于规划不当、监管不力、整治修复不足等诸多原因，我国海岸带部分地区滨水开敞空间狭小、近水通道缺乏、观赏视线被阻断、景观环境品质不高且碎片化严重等，严重损害了公众的亲水权利。因此，保障公众的亲水权利是影响海岸带区域发展的关键因素，必须在涉及滨海土地使用时加以考虑。

五是协调实现海岸带综合管理。海岸带地区涉及法律较多，且自然资源（海洋）、生态环境、农业农村、交通运输、文化和旅游等诸多部门在此拥有管理权限，加之国家、省、市、县各级政府所处管理层级和着眼点不同，决定了其处理问题的方式也存在差异。考虑到区域复杂的法规和管理网络，海岸带需在国家和地方管理框架下，进行多部门、多机构、多层级协调，并在一个清楚且可预测的过程中作出发展决策。

第三节　海岸带规划陆海统筹制度设计

十九大指出"坚持陆海统筹，加快建设海洋强国"，这为推动陆海统筹发展指明了方向。海岸带规划作为陆海统筹的切入点，既要充分发挥规划的基础性、战略性作用，又要切实提高陆海空间治理能力，支撑统一国土空间政策的落实，实现陆海规划的统筹、陆海经济产业的一体化调控、陆海生态环境的保护及海岸带综合管理。目前，"具体问题具体解决"是全球范围内编制海岸带规划的共识，从统一国土空间规划和国土空间用途管制角度来看，海岸带规划作为特殊区域和特定空间资源调配方面的空间性专项规划，需更加强调专业性、技术性，以推动陆海空间一体化发展为重点，提出在国土空间规划体系下解决海岸带地区资源、生态、环境、产业、人居等各类空间利用问题的新思路、新机制和新模式，提升规划的可操作性和针对性。

一、谋划空间整体策略

目前，有关各方对海岸带规划需要关注的领域基本达成共识，即在践行新发展理念的基础上，科学布局海岸带空间格局，推动海岸带资源节约集约利用，着力保护和改善陆海生态环境，优化海岸带产业布局，提升海洋防灾减灾能力，改善滨海人居环境和亲海空间，建立沿海现代空间治理体系，实现绿色发展、高质量发展和人海和谐发展。

基于上述认识和山东省海岸带规划的实践探索，本书提出陆海统筹的海岸带规划应对策略，即坚持问题导向，突出地方特色，在明确海岸带陆海生态安全格局、陆海城镇格局和陆海产业格局的基础上，划定海岸带核心管控的"区"与"线"，设置海洋灾害防御区、海岸建筑退缩线、地下水限采区和海砂资源禁采区，探索潮间带、海底、河口等特殊地理单元的特殊管控差异化制度，形成海岸带重点管控边界，解决陆海统筹中的关键问题与矛盾；同时，进一步从资源节约集约利用、生态环境保护与整治修复、产业布局优化、高品质滨海人居环境打造等方面，因地制宜开展专题研究，从而强化海岸带规划在重点领域的政策引导作用。

二、划定核心管控空间

1. 海洋灾害防御区

在沿海地区城市、港口和工业发展中，充分考虑海岸带生态系统在抵御海洋灾害中的重要作用，将海洋防灾减灾工作前置到空间规划阶段。风暴潮是海洋灾害的主要表现形式，包括温带风暴潮和台风风暴潮两大类。山东省是我国这两类风暴潮都较为严重的少数省份之一，不仅易受夏季北上台风风暴潮的侵袭，还易受主要发生在秋季、冬季和春季的温带风暴潮的危害，即山东省一年四季均可发生风暴潮，是我国北方沿岸风暴潮的多发区。

因此，山东省海岸带规划全面强化风暴潮自然灾害风险因素，一是在全面分析风暴潮历史数据的基础上，开展沿海地区风暴潮危险性和脆弱性分析与评估，完成风暴潮风险区划；二是将重点风险区域与有关开发计划区域叠置，科学制定不同区域的防御策略，提出不同风险等级下的人居安全保障要求。一方面，要加强防灾减灾及应急体系规划与建设，包括推进退养还滩、建设生态海堤、完善沿海防护林体系、建设避灾场所与应急通道等，恢复和提升海岸带抵御风暴潮等海洋灾害的天然能力。另一方面，高风险区域不适宜布局抗灾能力弱的养殖业、农业和脆弱性较高的土地利用方式，若已有布局，则应加强灾害预警，完善信息发布渠道；对于规划中的工业和其他永久性建设，应通过局部抬高地基、加高加宽堤坝等方式应对；风暴潮风险较大的岸段往往海浪侵蚀严重，如果岸段抗蚀能力较弱，则应严格限制港口和其他永久性建筑的建设。

2. 海岸建筑退缩线

人类活动和自然因素的双重作用致使海岸带生态环境更加敏感和脆弱，海洋灾害对沿海地区经济社会发展的威胁也与日俱增，因此，无论是从保护资源环境的角度还是从保护群众生命财产安全的角度，划定海岸建筑退缩线都势在必行。以减轻海洋灾害影响、保护生态系统完整性、维护公众亲海权利、打造高品质人居环境为目标，充分考虑海洋灾害风险、海岸生态系统及亲海空间需求，综合划定海岸建筑退缩线，可以有效保护近岸区域的生物及景观多样性，维护海岸带脆弱的生态系统和生境，并将风暴潮、海平面上升或海岸侵蚀等自然灾害的影响降至最低，从而实现沿海地区社会、经济、环境的和谐发展。

我国关于海岸建筑退缩线的划定和管理还处于起步阶段，范围如何划定、与相关规划怎样融合等都尚处摸索阶段。考虑到海岸带建筑退缩线既要强化刚性约束，又要保证一定的弹性空间以保障相关赖水产业向海发展，山东省海岸带规划根据海岸类型及环境特征，综合考虑海洋灾害、生态环境、亲海空间等要素，基于海岸线向陆一侧延伸一定的距离，划定海岸建筑核心退缩线和一般控制线。海岸线与核心退缩线之间的区域为核心退缩区，核心退缩线与一般控制线之间的区域为一般控制区。核心退缩线原则上采取"基础退缩距离+特定要素修正"的方法划定，即首先根据海岸类型和侵蚀速率分类确定基础退缩距离，实现退缩线全省覆盖，然后根据滨海道路、沿海防护林、亲海空间、海洋灾害影响、自然保护地等特定要素修正基础退缩距离，形成核心退缩线。一般控制线则为海岸线向陆一侧 1km 的界线。

在管控措施方面，既要加强对开发建设的引导和管控，又要考虑历史遗留问题，妥善处置退缩线内已有的建筑物。核心退缩区内，除军事、港口及其配套设施、安全防护、生态环境保护、市政、风景游赏及其他必需的公共服务设施和国家重大项目外，不得新建、改建、扩建建筑物，必须在核心退缩区内开展的建设，需经环境影响评价、海洋灾害影响评价及规划选址科学论证，原则上不得占用自然岸线。一般控制区内的新建建筑物应当与自然环境、整体风貌相协调，遵循低建筑容积率、低建筑密度、高绿化率的原则，严格控制建筑高度、体量，加强空间规划的管控，保护好海岸带地区的天际线、山脊线、海际线和景观视廊。对核心退缩区内已有建筑物和已取得合法用地手续但未开展建设的土地实行分类处置：对已取得合法手续的建筑物，采取"一事一议"的方式严格评估，依据对生态环境和城市风貌的影响程度确定是予以保留还是拆除修复；对未取得合法手续的建筑物原则上予以拆除，并开展整治修复工作；对已取得合法用地手续但尚未建设的项目，原则上不再实施，确需实施的要进行科学评估和论证，强化体量管控。此外，核心退缩区和一般控制区内存在自然保护地、滨海公园等敏感目标的，遵从管控强度不降低的原则。

3. 地下水限采区

海水入侵灾害是指由于自然或人为原因，海滨地区水动力条件发生变化，含水层中的淡水与海水（卤水）之间的平衡状态遭到破坏，导致海水或卤水沿含水层向陆地方向扩侵，影响入侵带内人、畜生活和工业、农业生产就地用水，使淡水资源遭到破坏的现象或过程。全球已有几十个国家和地区发现了海水入侵问题，引起了国际社会的普遍关注。海水入侵成为我国近30年来比较突出的环境灾害。山东省海岸带地区具有独特的地理位置、地质环境演化背景和对气候变化的敏感性，是我国乃至全球海（咸）水入侵的典型地区。山东省海岸带地区地下卤（咸）水资源呈条带状分布，主要包括3个地区，即黄河三角洲平原、莱州湾南岸地区及胶州湾沿岸地区，咸水资源分布于卤水资源的外围区域和其他滨海地区。由于具有可观的开发价值，山东省海岸带地区卤（咸）水资源开发利用程度较高，尤其是在局部地区开采较集中，卤水开采量远远超过了可开采量，已形成了地下卤水降落漏斗。

鉴于此，山东省海岸带规划根据海水入侵灾害的调查研究与地下卤（咸）水开发现状，在计算评价卤（咸）水资源开采潜力的基础上，结合卤（咸）水开采利用现状、技术经济条件及可能产生的环境地质问题，从资源可持续开发利用的观点出发，参照当地政府经济建设规划，对卤（咸）水资源进行开发利用区划，划定控制开采区和限制开采区，并进一步确定开采总量控制要求。

4. 海砂资源禁采区

近年来，随着沿海经济发展，建设步伐加快，多地砂石短缺现象较为严峻，对海砂的需求量激增。砂石高价、短缺诱发了屡禁不止的盗采海砂现象，一些转产转业的渔民也跟风造船采砂，甚至个别地方受到利益驱动，对非法采砂持默许态度，有的刻意绕开国家政策，通过假借航道、锚地等疏浚的方式取得砂源，致使"盗采、乱采、滥采"现象较为严重。而非法采砂船设备相对简陋，大都以插管虹吸式和链斗式方式采挖海砂，缺少相应环保设施，严重损坏海洋生物多样性、破坏滨海地形地貌和海洋生态环境，且极易造成砂质岸线侵蚀。因此，山东省海岸带规划通过划定禁采区进一步加强海砂开采管控，针对海岸带的沙滩及砂源保护区域科学划定海砂资源禁采区；针对海底的砂源保护提出原则性要求，即限制在距海岸线12n mile以内开采海砂；军事用海区、海底电缆管道保护范围、航道、锚地、海洋自然保护区、生态保护区、风景区和重要海洋生物的产卵场、索饵场、越冬场、栖息地等禁止开采海砂。

5. 潮间带、海底、河口等特殊空间管控区

在划定以上4种核心管控空间的基础上，进一步探讨潮间带、海底、河口等特殊地理单元的特殊管控差异化制度，尝试制定分类化、精细化的管控政策。

三、强化重点领域引导

海岸带是兼具海陆资源的生态区，是陆海统筹综合管理实施的关键地带，海岸带规划编制过程中要尤为关注海陆资源配置、陆海生态环境协同治理、陆海产业布局优化、滨海人居环境提升等问题。

1. 促进海岸带资源节约集约利用

基于海岸带资源的空间属性，将海岸带资源划分为滨海土地资源、海岸线资源、海域资源和海岛资源。通过资源开发利用与保护分析，找准问题、提出决策，实现节约集约利用海洋资源，提升海岸带资源优化配置能力和用途管制水平。

在滨海土地资源方面，一是探索实施海域-土地资源转换统筹管理制度：对于黄河口自然淤积稳定成陆且未有效利用区域，将其作为土地后备资源利用区优先用于现代农业发展与生态保护建设；对于莱州湾海岸带土壤盐碱化区域，在采取措施有效防范海水入侵的同时，探索盐碱土地多形式利用与质量提升；对于围填海存量资源，积极稳妥推进围填海历史遗留问题处置，引导符合国家产业政策的项目优先利用存量围填海。二是引导临海产业园区提升用地效率：调整优化区位临近、产业趋同、效益不高的园区，推进临海产业园区适度集中布局；强化园区建设用地开发利用强度、投资强度等指标的整体控制，提高容积率；处置园区闲置低效用地，依法依规收回淘汰类企业用地，释放存量用地空间。

在海岸线资源方面，一是落实自然岸线保有率制度，基于最新海岸线修测数据，依据当前自然岸线的保有量和《海岸线保护与利用管理办法》的要求，确定全省自然岸线保有率约束性指标，并进一步分解到沿海地级市，提出海岸线保护与利用管理对策，对自然岸线接近或超过保有率目标的，实施区域限批管控；二是落实岸线分类管理制度，按照严格保护、限制开发和优化利用类型，提出海岸线资源总量分配及管理方案，分段提出海岸线具体利用方案，以及对陆海衔接地带生产活动的管控要求，提高岸线利用的生态保护要求和产业准入门槛。

在海域资源方面，一是严格管控新增围填海，除国家重大项目外，全面禁止围填海，严禁人工促淤成陆。二是探索建立潮间带整体保护、适度利用管理制度和措施。作为滨海湿地最为重要的类型，潮间带滩涂对于人类乃至整个地球都有着不可估量的价值，其作用不可替代。应坚持以保护为主、保护与开发相协调的原则，对受损潮间带实施生态化改造，保护近海潮间带生物栖息地。探索完善潮间带空间准入制度，严格控制潮间带养殖规模，提高潮间带地区的准入要求、条件和标准，禁止高能耗、高污染、高排放的

项目进入潮间带区域。三是在海洋功能分区的基础上，推动水面、水体、海床和底土三维立体利用，鼓励兼容用海项目融合发展、立体发展，推进光伏发电项目使用立体确权海域，鼓励沿海各市因地制宜探索利用已确权的养殖用海、盐田用海区域，科学布局光伏发电项目。

在海岛资源方面，一是优化利用有居民海岛，节约集约利用海岛岸线、土地等资源，控制海岛及其周边海域利用规模和开发强度；二是严格管控无居民海岛，严格保护无居民海岛自然属性，严禁随意开发，开展无居民海岛清单式规划，逐岛（岛群）明确功能、管控要求和保护措施，划定无居民海岛禁止利用区；三是严格保护特殊用途海岛，禁止在领海基点保护范围内进行与保护无关的工程建设，以及其他可能改变海岛及其周边海域地形、地貌的活动。

2. 海岸带生态环境保护与修复

海岸带规划中生态保护与修复的重点内容是构筑海岸带生态保护网络，确定海岸带生态环境保护与修复目标、指标和重点任务，提升海岸带生态系统保护管理和污染防治水平，维护海岸带生态安全。

在构筑海岸带生态保护网络方面，陆海统筹的海岸带生态系统保护的重点在于打破陆海边界、要素边界和行政边界，实施"山水林田湖草沙"全要素保护与修复，维护生态系统结构与功能完整。山东省海岸带规划立足区域海岸带资源环境实际，优化构建包含生态保护红线、自然保护地、海岸带生态廊道、物种多样性的海岸带多层次、多中心的复合式生态保护网络，提升海岸带陆海生态连通性和生态系统服务功能，拓展海岸带绿色发展空间，强化海岸带生态安全保障能力。

在海岸带整治修复方面，一是推进自然岸线生态修复，如修复受损严重的沙滩，大力开展人工岸线环境整治与生态化建设，拓宽公众亲海空间，提升海岸景观价值；二是探索滨海湿地保护与修复新模式，恢复滨海湿地植被和滨海湿地景观原貌；三是持续推进"蓝色海湾"综合整治，全面推行"湾长制"，加强海湾管理和保护，实施流域、河口、海湾陆海一体化综合治理，促进海湾经济社会功能与自然生态系统功能协调发展，实现"水清、岸绿、滩净、湾美、物丰"的"蓝色海湾"治理目标；四是分类开展生态岛礁建设，严格保护海岛自然生态系统和珍稀濒危特有物种及其生境，建立绿色、高效的海岛保护与开发利用模式，形成基于生态系统的海岛综合管理格局，重点支持生态保育类、权益维护类和科技支撑类生态岛礁建设，遏制海岛生态系统退化趋势，提升海岛生态安全防护能力；五是全面加强沿海防护林体系建设，构建由消浪林带、基干林带和纵深防护林带组成的海岸带防护林体系，针对沿岸海防林窄带、残带和断带区域，制定科学的林木养护计划和措施，进行苗木科学补种和景观改造，提升海防林防风固沙与土壤改良的生态效益。

在陆海环境污染联防联控方面，一是建立近岸海域环境改善倒逼机制，坚持陆海统筹与流域系统控制，建立"海域-流域-陆域水环境控制单元"体系，加强入海河流和入海排污口综合整治，以近岸海域环境质量指标为约束，打破行政、部门管理限制，提出海域污染控制要求，加强区域之间、陆海之间的联防联治，实现从海域环境治理目标到陆域控制单元的对接，形成从源头到末端的全系统管理。以胶州湾、莱州湾为试点，加快入海污染物总量控制试点实施方案编制及其落地实施，研究制定各排污单元总量控制目标和削减目标，推进入海污染物源头减排和生态环境综合整治。二是防控陆源污染，对不达标工业直排污染源进行稳定达标排放改造，逐年降低海岸带地区化肥、农药使用量，提高城镇与乡村生活污水、畜禽养殖废水集中处理率。三是防治海上污染，依法建立并实施海上排污许可制度，清理整治海水养殖污染。例如，防治海洋工程建设项目、海洋倾倒废弃物对海洋环境的污染损害，强化对海洋石油勘探开发中含油污水和废弃物的处置；加强船舶与港口污染控制，沿海主要港口和中心渔港全部落实"一港一策"的污染防治措施。四是治理塑料垃圾，提出岸滩和近海海洋垃圾防控政策及新型污染物防控要求，建立和完善海上环卫制度。

3. 优化海岸带产业空间布局

海岸带规划重点考虑农渔业、陆海交通、沿海重工业、海洋可再生能源及海水淡化产业等的发展情况与用海用地空间需求，结合产业发展规划，提出海岸带地区产业总体布局，落定陆海统筹新旧动能转换方面的产业发展布局。

在农渔业布局方面，一是调控养殖向深水远岸布局，科学确定海水养殖总体规模，在保障传统渔民基本养殖用海的基础上，鼓励建设深远海大型智能化养殖渔场，开辟深远海养殖空间；二是结合资源环境承载力和生态修复需求，提出海洋牧场的规模总量和布局要求，保障一定比例的养护型海洋牧场，体现深水远岸布局和资源节约利用要求；三是优化渔港空间布局，既要保障渔港和渔港经济区用地用海的合理需求，又要严格控制渔港和渔港经济区建设用地用海面积，突破传统渔港建设模式，加快水域、岸线、陆域联合滚动开发，完善渔港配套设施和基本服务功能，延伸渔业产业链条，逐步实现"依港养港"。

在陆海交通布局方面，着眼于补齐山东省陆海交通运输环节的短板，使陆海空间运输通道畅通。一是根据地区产业结构明确港口功能定位，合理布局，科学明确港口岸线、土地、海域总体控制规模，避免盲目扩建。同时，坚持港口之间合理分工、协同合作、错位发展，提高沿海地区港口群的综合竞争力，加快建设世界一流的海洋港口，对不适应发展需求的老码头，实施退港还海、退港还岸，盘活岸线资源，增加城市生态空间和民众亲海空间。二是完善陆路交通基础设施建设，提高港口向陆运输能力，解决港口铁路联运"最后一公里"问题，强化港口、铁路运输通道衔接，带动腹地经济发展壮大，形成良性循环，实现港口城市与腹地的共同发展。

在沿海重工业布局方面，一是严格限制沿海新增钢铁项目，现有或新建钢铁冶炼项目立足现有基地组团发展、绿色发展，提升产业集中度；二是严控沿海新增煤电核电选址，实施燃煤发电项目总量控制，在符合标准的前提下充分利用现有核电站提高产能，采取核电站排水口离岸深水设置，减少核电站温排水用海面积；三是优化沿海石化产业布局，新建和迁建石化项目要布局在化工园区或以化工为主的产业集聚区，远离中心城区和人口密集区，与海岸线保持一定缓冲空间，注意与周边城市功能和景观融合；四是推进船舶和海工装备制造业集群化布局，加快全省沿海造船产能整合，提升高端产能比重和产业集中度。

在海洋可再生能源布局方面，一是支持海上风电产业规模化、生态化发展，建设山东半岛海上风电基地，助力"碳达峰"目标实现；推动海上风电深水远岸布局，探索"风光渔""风力+海洋能"产业融合发展模式。二是根据山东省不同类型海洋能资源分布、蕴藏量和区域开发条件，合理选划波浪能、潮汐能等海洋能利用空间，支持海洋能利用示范和海洋综合试验场建设。

在海水淡化产业布局方面，水资源短缺是山东省的基本省情，是山东省国民经济和社会发展的重要制约因素，加快发展海水淡化与综合利用是经略海洋和海洋强省建设的重大战略举措。山东省海岸带规划提出"以水四定"的水资源平衡等管控政策，确定缺水城市用水中淡化海水增加比例等约束性指标，确定"工业用水为主、市政供水为辅、海岛及远洋船舶供水全覆盖"的海水淡化用水目标，提出海水淡化工程项目数量和布局。

4. 提升海岸带滨海人居环境

人居环境主要包含自然系统、人类系统、社会系统、居住系统和支撑系统五大类内容，自然系统是指区域环境和生态系统、土地资源保护与利用、生物多样性保护与开发等，人类系统是指人的物质需求、生理、心理、行为相关的机制和理论分析等，社会系统是指公共管理、社会关系、人口趋势、文化特征、经济发展、健康福利等，居住系统是指住宅、社区设施、城市中心等，支撑系统是指公共设施、交通设施、市政设施、防灾设施等。山东省海岸带规划以与海岸带相关的人居环境为研究主体，统筹考虑海陆空间格局、开放空间、滨海风貌和文化景观等，着力构建海岸带城乡协调的发展格局，打造开放适宜的亲海空间，建设国际一流的精致海岸，保护与传承海洋文化。

在着力构建海岸带城乡协调发展格局方面，一是加快新型城镇化建设，以园区、城镇、都市区为主要形态，以高速公路、快速铁路、滨海公路、机场港口为依托，优化海岸带城镇和产业园区布局，塑造集聚集约的城镇化开发格局；积极培育重点镇、规模较小的园区和新城区，逐步形成职能定位明确、设施网络完善、规模集约发展的新增长极，缓解老城区资源环境压力，引导人口、产业向新城区有序集聚；协调相邻城镇间的竞合关系，强化跨区域城镇内部分工协作，加快基础设施共建共享，推进同城化，提升青岛、烟台两大都市区的核心地位，优化其内部空间布局，强化湾区差异化发展，提升区域整体竞争力。二是推动"美丽渔村""和美海岛"建设，根据海岸带不同地域的自然历史文化禀赋，体现区域差异性，提倡形态多样化，以发展有历史记忆、文化脉络、地域风貌、民族特点的特色渔村为目标，将"美丽渔村"分为历史文化型、生态风光型、民俗风情型和产业发展型四种不同的风貌类型。

在打造开放适宜的亲海空间方面，保障公众亲海需求不仅仅是简单地供给滨水开敞空间或者修建近水通道，其实质是保障公众亲近自然，注重人们融入自然的过程和在自然环境中的感受。因此，海岸带地区需协调好山、海、城、岛、林、田、河之间的关系，强化城市布局形态与自然山水的有机融合，系统性、高品质打造滨水空间。山东省海岸带规划重视沙滩、滨海公园、滨海广场等滨海开敞空间的优化设计，提出建立"分层次、成网络"的滨海绿道网系统和配建滨海绿道相关配套设施，全面提升亲海空间品质。

在建设国际一流的精致海岸方面，一是将海岸带按功能划分为城乡建设风貌段、产业特色风貌段、旅游景观风貌段、渔业特色风貌段、港口特色风貌段和生态保护风貌段六大类型，对六类岸段的用地及其比例进行合理划定，以此作为海岸带风貌分区的划分依据，并针对不同的风貌段类型提出相应的风貌指引要求。二是注重公众观景需求，打造滨海景观界面，将天际线、山脊线、海际线更大比例地留在公众视野中。天际线即城市与天地相交处的风景轮廓线，是建筑高度与建筑外形的视觉集合体。天际线的审美难以设定理想标准，更注重主观感受和视觉和谐。因此，滨海城市建设要运用"品质""和谐"的尺子来衡量，把握紧凑建设、集约发展的科学内涵，处理好"建"与"不建"，以及"建"与"如何建"的关系，引导规划设计在满足当前发展需要、体现城市特色的同时，留好留足未来发展的诗意空间。山脊线即山景轮廓线，水依山而美，沿海地区需注重打造山水间的高品质生活。山东省海岸带规划提出了保护山脊线的要求。首先，山体周边建设应与山体有一定的退距，退距外的建设用地也应分区管控和引导其建筑高度和体量，在涉及鸟类栖息地保护的区域，建筑物高度应符合鸟类飞行通道的高度要求；其次，城市建设要结合河流、道路、绿地、田野等，增加或预留通山廊道，塑造通山透绿的山景风貌；最后，需要注重生态保护及观景眺望的体验，通过山水或山海之间建筑的高度引导，预留重点山体的大尺度山水或山海视线廊道。海际线的打造要注重从陆看海和从海看陆两个角度。从陆看海，要保持海上景观的高品质性，合理管控和引导水上活动，打造水天一色的魅力景观。从海看陆，要注重岸边风貌的打造，一方面合理布局沿岸产业活动，避免挖砂采礁、高污染性、重化工、危化品等产业无序占用优质岸线；另一方面以生态修复、退缩线控制、滨水天际线塑造、滨水建筑风貌导控等为重点，打造山水一体、产城相融、湾岛串联、自然与人文和谐的岸线景观。

在保护与传承海洋文化方面，一是明确山东省海岸带地区的海洋文化保护与传承格局；二是按照原真性、完整性、最低干预和可持续原则，保护滨海地区陆域和海域海洋文化遗产，并探索在海洋文物集中海域划定水下文化遗产保护区；三是通过提供海洋文化承载体、提高海洋文化传承意识、创新海洋文化宣传途径、实现海洋文化内涵价值等，传承海洋文化。

第四节　海岸带规划省市权责划分的考虑

在山东省海岸带规划的试点实践过程中，省市关于海岸带规划管理的权责划分逐渐成为关注重点和实施关键，具体探讨如下。

一、省市权责划分的思路

国土空间规划体系改革之前，由于不同层级政府在财权、事权和空间发展权确立上存在矛盾，因此规划上下级目标不一致、上级规划战略性不足和地方规划操作性不强并存，规划责任落实不足，政策体系传导失准。

当前作为国土空间规划体系的涉海专项规划，海岸带规划亟须根据一级政府、一级事权的分级管理要求，明确职权划分，区分海岸带各级规划管控内容及措施，既要保障上级规划精神的刚性传导，又要保持下级规划调控空间发展的活力与弹性。

根据当前的规划改革精神，沿海地区可探索编制省、市两级海岸带规划。省级海岸带规划是贯彻落实国家意志和空间战略，并传导至市级海岸带规划的关键环节，具有承上启下的重要作用，应与省级事权相匹配，做到有限目标、重点突破，突出空间布局规制，重点开展跨行政区协调，侧重原则性、指向性和总量控制指标的设置，划定省市空间尺度政策和管控边界，给市级海岸带规划留下空间事权。随着空间层次的降低、地域空间的变窄、规划问题的细化，客观上要求市级海岸带规划注重实效性和操作性，体现地方特色，重点落实用途管制，分解和落实省级海岸带规划中的总体指标，具体落地落图。

二、省市海岸带规划编制侧重点

海岸带规划的编制主体一般为省、市两级人民政府，省级海岸带规划和市级海岸带规划在重点管控边界、空间格局、陆海空间布局、资源节约集约利用、海岸带生态保护、优化海岸带生产空间布局和提升人居环境品质等重点内容上的侧重点均有所不同，具体分析见表6-1。

表 6-1 省市海岸带规划重点方向与重点内容

海岸带规划重点内容		海岸带规划重点方向	
		省级海岸带规划	市级海岸带规划
重点管控边界	海洋灾害防御区	以沿海县（市、区）为单位确定风险等级，提出海洋灾害防御区划定方法和原则性的管制要求	具体划定辖区内的海洋灾害防御区，明确管制要求
	海岸建筑退缩线	制定海岸建筑退缩线划定方法，把海岸建筑退缩线与海岸线之间的带状区域划分为重点控制区和一般控制区，审核市级海岸建筑退缩线成果	划定辖区内的海岸建筑退缩线，明确重点控制区和一般控制区的范围及边界，提出不同区域或类型退缩线管控要求，颁布实施海岸建筑退缩线制度
	地下水限采区	划定地下（卤）水资源禁止开发区和限制开发区，提出管控要求	细化管控要求
	海砂资源禁采区	划定海砂（沙滩）资源禁采区，提出管控要求	细化管控要求
空间格局	生态安全格局	确定全省海岸线、滨海湿地、海岛、海湾等重要生态系统保护与修复空间格局；划定陆域流域水环境控制单元和海洋环境管理分区，确定陆源污染控制和环境质量目标	确定全市"山水林田湖草沙"各类生态空间分布，划定重要生态廊道；落实水环境控制单元和海洋环境管理分区管控要求
	产业分布格局	明确海岸带产业功能板块空间布局，强化重点产业布局引导，明确港口、海上风电、海水养殖、产业园区等产业空间引导与限制格局	依据整体空间发展愿景与主要岸段功能定位构建本市蓝色产业带与重点产业分布格局
	人居环境格局	构建由滨海宜居城市、海洋特色城镇及"美丽渔村""和美海岛"组成的滨海特色城乡居民点体系，并分类提出引导措施	提出滨海城镇区域协调和空间优化方案

续表

海岸带规划重点内容		海岸带规划重点方向	
		省级海岸带规划	市级海岸带规划
陆海空间布局	陆海一体化保护	科学确定省级陆海一体化保护空间，提出管制要求	落实省级陆海一体化保护空间，选划市级陆海一体化保护空间，细化管制要求
	陆海一体化利用	原则性提出陆海一体化利用空间的管制要求	划定辖区内陆海一体化空间，明确管控要求
资源节约集约利用	海岸带陆域（围填海成陆）	确定自然淤积成陆区域、滨海盐碱地、存量围填海的利用方向和高效利用对策	确定自然淤积成陆区域、滨海盐碱地和存量围填海的开发利用计划和具体用途
	海岸线资源	划定严格保护岸线，提出管控要求；对限制开发岸线和优化利用岸线提出划定原则及基本管控要求；明确全省和各市大陆自然岸线保有率控制目标	落实省级严格保护岸线的管控要求；划定限制开发岸线和优化利用岸线，提出详细管控要求；明确各县（市、区）的自然岸线保有率控制目标
	海域资源	划定潮间带范围，提出潮间带整体保护措施、海域空间资源节约集约利用对策，明确省级重点保护区域、管控政策及海域空间立体使用的策略	明确潮间带保护与利用方向，优化海域使用结构，明确生态脆弱、敏感和自净能力弱的海域及其保护与利用管控措施
	海岛资源	开展海岛清单式规划，确定海岛禁止利用区划定方法，提出有居民海岛、无居民海岛和领海基点海岛相应的管理和保护要求	开展辖区内海岛清单式规划，划定本市海岛禁止利用区，并细化管理和保护要求
海岸带生态保护	生态保护网络	优化构建"屏-廊-点"陆海一体化的生态保护网络架构，提出海岸带生态保护网络建设总体目标和重点工程	构建本市生态保护网络架构，明确海岸带生态保护与修复重点区域、目标及管控要求，提出海岸带生态保护网络建设总体方案
	生态整治修复	明确海岸带生态环境整治修复目标、指标，重点确定海岸线整治修复岸段分布和长度指标、重要滨海湿地保护和修复的面积指标及退养还滩的分布区域	分解落实上级规划确定的海岸带生态环境整治修复目标、指标，明确海岸线整治修复和重要滨海湿地保护与修复重点工程的建设内容、时序和修复目标
	陆海环境污染联防联控	划定陆海环境管控单元，分类分级确定陆源污染控制和环境改善目标，制定陆海环境污染分区分级管控策略，确定重点区域陆海环境污染综合整治重点工程和任务目标，对重要河口、海湾提出水质保护目标，明确岸滩和近海海洋垃圾差异化防控要求，提出陆海污染联防联控区域协同共治机制和重点工作	对重点区域提出入海污染物总量控制的河湾联治行动总体方案
优化海岸带生产空间布局	农渔业布局	科学确定全省海水养殖总体规模，提出海洋牧场的规模总量和布局要求，优化渔港空间布局，提出农渔业相关管控措施	明确本市海水养殖总体规划和海洋牧场规模总量、布局，细化农渔业管控措施

续表

海岸带规划重点内容		海岸带规划重点方向	
		省级海岸带规划	市级海岸带规划
优化海岸带生产空间布局	陆海集疏运布局	明确规划期内港口用海总量，提出岸线转型的相关指导性措施	明确本市港口用海总量及空间分布，细化本市港口岸线转型的指导性措施，并通过具体项目落实省级港口产业空间管控要求
	沿海重工业布局	提出钢铁、石化、煤电、核电、船舶制造等滨海布局的管控要求	细化本市沿海重工业布局的管控要求
	能源利用布局	划定风电重点发展区域，明确海上风电陆海两侧离岸布局引导政策	根据本市发展实际，确定本市风电海岸带布局政策与分布空间
	海水淡化布局	确定缺水城市用水中淡化海水增加比例等约束性指标，提出全省海水淡化工程项目数量和布局	提出以水定城的水资源平衡等具体管控政策
提升人居环境品质	城乡协调发展	建立包含都市区和"滨海特色小镇""美丽渔村""和美海岛"的海岸带城乡开发格局	确定本市城乡开发格局，以及本市都市区和"滨海特色小镇""美丽渔村""和美海岛"的发展计划与管控要求
	亲海空间	提出亲海岸线、亲海空间及滨海绿道网络的布局要求和建设引导措施	落实亲海岸线和亲海空间布局及建设控制措施，合理规划滨海绿道网络，提出滨海绿道的建设方案
	精致海岸	提出滨海天际线、观海通廊和重点管控地区的控制区域及控制要求	明确重点管控地区边界和观海通廊布局，明确滨海天际线、滨海界面、观海通廊和重点管控地区的管控措施
	传承海洋文化	建立省海洋文化保护与传承格局，提出海洋文化保护与传承措施	明确本市海洋文化保护与传承格局，结合水下文物分布划定海洋文化保护线，对滨海历史文化资源富集区域制定整体保护措施

第五节 小 结

　　作为目前国土空间规划体系下海洋领域唯一的空间规划，海岸带规划是海岸带区域空间治理的主要手段，直接影响沿海城市空间布局、产业规划、生态环境、基础设施建设等重大领域，在落实陆海统筹、衔接海洋空间管理等方面发挥着重要作用。

　　当前，在沿海地区海岸带规划编制实践中仍存在较多的技术空白，尤其是海岸带规划编制的核心内容、地方海岸带规划的权责划分等尚不明确，不利于海岸带专项规划的传导与实施。本书尝试从制度设计角度，提出了海岸带规划的空间应对策略，并以一级政府、一级事权的分级管理为基本原则，主要从重点管控边界、空间格局、陆海空间布局、资源节约集约利用、海岸带生态保护、优化海岸带生产空间布局和提升人居环境品质几个方面明确了省、市两级政府在海岸带规划编制中的重点方向与重点内容，以期理清海岸带规划的内在逻辑、引导方式和深化方向，协调陆域与海域的资源开发和生态保护，为沿海地区可持续发展提供规划支撑。

第七章

烟台市海岸带规划实践

第一节 规划背景

　　海洋与海岸带是统筹海陆发展、建设海洋经济大市的空间载体，是烟台市宜业宜居宜游城市建设的核心板块，也是对外展示现代化国际滨海城市风貌和活力的重要窗口。随着海洋强国、陆海统筹等战略的持续深化，国家、省、市在海洋与海岸带方面出台了诸多新的规定和要求。2018 年 11 月，《中共中央 国务院关于建立更加有效的区域协调发展新机制的意见》在"推动陆海统筹发展"专节强调，要"编制实施海岸带保护与利用综合规划"。十九大报告、《中华人民共和国国民经济和社会发展第十四个五年规划和2035 年远景目标纲要》均提出，要坚持陆海统筹，加快建设海洋强国。自 2020 年以来，随着《烟台市海岸带保护条例》的施行，以及烟台市国土空间总体规划、烟台市海岸带保护与利用规划初步方案的形成，烟台市海洋与海岸带的开发、利用、保护、修复及管理均有了新的要求，陆海统筹的空间规划体系初步形成。

　　目前，现有规划成果中涉及海洋与海岸带空间开发、保护的约束与指引内容较为薄弱，缺少针对海岸带地区空间战略与格局、海洋分区管控、资源节约集约利用、生态环境保护、海岸带产业布局、人居环境优化等特定问题的细化、深化和补充。在此情况下，有必要在加强与同级国土空间总体规划衔接的前提下，结合烟台市海洋与海岸带管理现实需求，对烟台市海洋与海岸带的科学保护、有序利用进一步深化研究。

　　基于此，烟台市海洋与海岸带专项规划以保护为前提，以生态为底色，严格落实海岸带各类开发控制要求，保护河口湿地、优质沙滩、基岩山体、海防林、自然保护地、历史文化等生态与人文资源，统筹协调保护与开发利用，优化功能布局、空间结构，实现烟台市全域海岸带有度、有节律的可持续发展。

第二节 自然环境与社会经济发展情况

一、海洋与海岸带自然状况

　　烟台市地处山东半岛中部，辖芝罘、福山、莱山、牟平、蓬莱 5 个区，以及莱州、招远、龙口、海阳、莱阳、栖霞 6 个县级市。烟台市位于山东省沿海经济带的核心区段，东连威海市，西接潍坊市，西南与青岛市毗邻，北濒渤海、黄海，与我国的辽东半岛及日本、韩国、朝鲜隔海相望，位于环太平洋经济圈和东北亚经济圈交汇处，是"一带一路"倡议重点建设港口城市、环渤海经济圈和胶东经济圈内重要节点城市、中国首批 14 个沿海开放城市之一。

1. 自然地理

烟台市属于暖温带大陆性季风气候，与同纬度内陆地区相比具有雨水适中、空气湿润、气候温和的特点，可谓冬无严寒、夏无酷暑。全市年平均气温为 13.6℃，全年平均降水量为 651mm。烟台市四季分明，各季气候各具特色。

烟台市地形为低山丘陵，山丘起伏和缓，沟壑纵横交错，山地占 36.62%，丘陵占 39.70%，平原占 20.78%，洼地占 2.90%。低山区位于市域中部，主要由大泽山、艾山、罗山、牙山、磁山、蛤山卢山、山昔山、昆嵛山、玉皇山、招虎山等构成，山体多为花岗岩，海拔在 500m 以上，最高峰为昆嵛山，海拔 922.8m。丘陵区分布于低山区周围及其延伸部分，海拔 100～300m，起伏和缓，连绵逶迤，山坡平缓，沟谷浅宽，沟谷内冲洪积物发育，土层较厚。

海岸地貌主要分为岩岸和沙岸两种，是以断裂上升和海积作用为主形成的。从莱州市的虎头崖至牟平区的东山北头，多是曲折的岩石海岸，海蚀地貌显著，岛屿罗列，港湾众多，是天然的旅游胜地。沙质海岸发育着滨海平原，宽 3～5km，有刁龙嘴沙坝、屺姆岛和芝罘岛连岛沙坝，滩涂资源丰富。

烟台市中小型河流众多，长度在 5km 以上的河流有 121 条，其中流域面积在 300km² 以上的有五龙河、大沽河、大沽夹河、王河、界河、黄水河和辛安河 7 条。主要河流以绵亘东西的昆嵛山、牙山、艾山、罗山、大泽山所形成的"胶东屋脊"为分水岭，南北分流入海。向南流入黄海的有五龙河、大沽河；向北流入黄海的有大沽夹河和辛安河；流入渤海的有黄水河、界河和王河。

2. 海洋空间资源

烟台市海域空间广阔，拥有莱州湾、龙口湾、庙岛湾、套子湾、芝罘湾、四十里湾、丁字湾 7 个主要海湾，海湾面积约 3600km²。现有滩涂资源 341km²，0m 等深线以内滩涂面积为 284km²，其中硬质滩面积为 17km²，主要分布在蓬莱区、海阳市、芝罘区；软质滩面积为 267km²，主要分布在莱州市、海阳市，可养殖面积达 230km²。

烟台市共有海岛 230 个，岛屿面积约 67.98km²，岛屿海岸线总长度约 272.54km。近海海域分布有庙岛群岛、崆峒岛、养马岛、千里岩岛等大小 81 个面积在 500m² 以上的基岩海岛，有居民海岛共 15 个，其中蓬莱区的南长山岛是全省面积最大的海岛，面积为 14.1km²。

大陆海岸线共 798.65km，离岸 3km 以内可建万吨级以上泊位的大陆海岸线约为 227km；约三分之二的海岛岸线可作为港口深水岸线储备资源。大陆深水岸线资源主要集中在开发区八角岸段、蓬莱港至栾家口港岸段、芝罘湾岸段、龙口湾屺姆岛岸段、莱州港至海庙港岸段等北部沿海区域，可建设综合性、多功能的现代化港口群，是山东半岛沿海地区建设大型深水港的理想港址。

3. 海洋生物资源和渔业资源

烟台市地处北温带，沿岸众多河流入海，营养盐丰富，饵料生物充足，是多种经济鱼虾的产卵场、索饵场和洄游通道，也是我国的优势水产品主产区。海洋生物资源主要有鱼类、虾蟹类、头足类、贝类和其他生物资源 5 类 504 种，其中具有较高经济价值的鱼类有 70 余种、头足类近 10 种，另有海参、海胆和石花菜等其他生物资源 20 余种。

近海渔业生物品种有 200 多种，有捕捞价值的有 100 余种，主要养殖品种包括烟台海参、烟台鲍鱼、烟台扇贝、烟台对虾、烟台海肠、烟台大菱鲆和名优海水鱼类、海带，因此烟台是全国重点渔区和优势水产品主产区。

4. 滨海旅游资源

烟台市山清水秀，气候宜人，有丰富的自然景观和人文景观，尤其是夏季，海风拂面，清爽怡人，山花烂漫，沁人心脾，海光山色，交相辉映，既是避暑纳凉之胜地，又是各地游客旅游观光的理想境地。烟台市内旅游景区众多，有国家 5A 级旅游景区 3 处、4A 级旅游景区 19 处、3A 级旅游景区 50 处，获"中国优秀旅游城市"称号。

烟台市海洋旅游资源以海滨和近海岛屿为主，拥有众多天然沙滩浴场、近海水域海岛、海岸海蚀地貌丰富独特，海岸沿线拥有蓬莱历史文化、烟台山开埠文化、庙岛妈祖文化、秦皇东巡、徐福东渡、海上丝绸之路、东海神庙等海洋文化旅游资源，是开展综合性海洋观光和休闲度假旅游的理想目的地。

5. 矿产资源

烟台市拥有煤矿、卤水、黄金等多种矿产资源，储量丰富，易于开采。其中莱州市地下卤水可析盐 2.1 亿 t；龙口市海域煤区累计查明资源储量 9 亿 t 以上，可采储量达 6 亿 t 以上；莱州市三山岛海底金矿资源量达 470t 以上。

6. 海洋可再生能源

烟台市南部沿海年平均潮差为 2.39m，属二类潮汐能资源区。登州水道、长山水道、老铁山水道附近海域潮流能、波浪能资源条件优越。南隍城岛和北隍城岛之间潮流流速约为 2.4m/s，属二类潮流能；北隍城岛海区平均波高为 0.7m，多年平均波浪能密度为 3.75kW/m^2，属二类波浪能区。南长山岛、砣矶岛、北隍城岛和千里岩岛等地的风能密度为 235.1～309.4W/m^2，崆峒岛和养马岛等地风能开发条件较为优越。

7. 海洋灾害

烟台市海洋灾害频发，主要灾害有台风、赤潮、风暴潮、海水入侵等，海洋灾害每年都带来巨大经济损失。

海水入侵曾是影响烟台市生态环境的一大问题，不仅在全省十分突出，在全国也具有较大影响。近年来，烟台市愈发重视海水入侵问题，严格控制地下水开采，但海水入侵问题依然存在。具体来看，海水入侵的范围主要分布于莱州市、龙口市、海阳市等的沿海平原、夹河口至牟平区的辛安河口及沁水河口一带。海水入侵如不加以防止，易引发地下水污染、土壤污染等次生环境问题。

二、海洋生态环境现状

根据《2020 山东省生态环境状况公报》，结合《2016 年烟台市海洋环境公报》可以看出，烟台市海域污染较重的区域出现四类和劣四类海域，主要集中在莱州湾及丁字湾附近海域，主要海湾环境质量如下。

莱州湾：2020 年，莱州湾海域冬季、春季、夏季和秋季四个航次优良水质海域面积比例分别为 72.4%、63.1%、80.6% 和 61.8%；劣于四类海水水质的海域主要分布在湾西南部小清河口海域。

套子湾：2020 年，套子湾海域水质较好，冬季、春季、夏季和秋季四个航次优良水质海域面积比例均为 100%，不存在超标海域。

丁字湾：2020 年，丁字湾海域冬季、春季、夏季和秋季四个航次优良水质海域面积比例分别为 49.6%、99.5%、4.4% 和 13.3%；劣于四类海水水质的海域主要分布在靠近河口的海域，主要超标要素为无机氮。

三、海洋经济发展情况

2020 年，烟台市地区生产总值达 7816.42 亿元，在首批 14 个沿海开放城市中位列第八，综合经济实力排名在第二梯队。

烟台市是我国首批海洋高技术产业基地试点市、海洋经济创新发展示范市、"一带一路"倡议的重要节点城市。2019 年，烟台市海洋生产总值达 1808 亿元，占地区生产总值的比例达 23.6%，位居山东省第二、全国沿海地级市前列。2020 年，烟台市海洋经济大市建设取得新突破，全年全市海洋经济增长率为 6%。

1. 海洋渔业

烟台市是全国渔业大市，自 20 世纪 90 年代以来，烟台市在全国率先提出建设"海上烟台"和创建"海洋经济强市"的发展战略，渔业经济实现持续快速发展，为全市经济社会发展作出了重要贡献，渔业因此成为全市国民经济的战略性产业。近几年，烟台市水产养殖业一直保持着旺盛的发展活力，加快了"海上粮仓"建设，不仅推动了水产养殖业产业结构优化稳定升级，还促进了烟台市水产行业的经济效益显著提高。

烟台市是全国重要的渔业基地，海洋渔业年产值、水产品年产量均居全国前列，水产品年出口量约占全国的 1/15。近十多年来，烟台市海水产品总量基本维持在 180 万吨左右，占水产品总量的约 98%。海洋捕捞量大致呈逐年降低态势，海水养殖产量大致呈增长态势。截至 2020 年底，烟台市共拥有省级以上海洋牧场示范区 37 个、国家级海洋牧场示范区 17 个。

2. 海洋交通运输业

烟台港是山东省沿海的主要港口，是国家综合交通运输体系的重要枢纽，也是国家能源运输系统的重要组成部分，是烟台市外向型经济发展的窗口。"十三五"时期，烟台市港口规模不断扩大，累计完成港口固定资产投资 62.94 亿元，新建生产性泊位 24 个，全部为万吨级以上泊位，新增通过能力货物 5666 万 t、滚装车 46 万辆、旅客 328 万人次；新建、改建陆岛交通泊位 16 个，新建、扩建航道 3 条，新建、改建防波堤 3 条。

进入"十三五"时期以来，烟台港吞吐量稳步上升，由 2015 年的 3.30 亿 t 增长至 2019 年的 3.86 亿 t，在全国沿海港口中的排名由 2015 年的第 10 位上升到第 8 位；完成旅客吞吐量 1221 万人，居全国沿海港口第 3 位。烟台港已成为国家布局铝矾土、油品、滚装车、煤炭、矿石、集装箱运输的重要节点和重要的旅客集散枢纽。2019 年烟台港铝矾土吞吐量为 1.3 亿 t，"十三五"时期年均增长 13.6%，是全国铝矾土进口第一港；滚装车吞吐量为 193 万辆，为烟大航线、蓬长航线人员和物资运输提供了坚实保障；商品车吞吐量为 42 万辆，是全国第三大商品车出口港；油品吞吐量为 4600 万 t，"十三五"时期年均增长 13.8%；集装箱吞吐量为 310 万 TEU[①]，是渤海湾重要的内贸集装箱中转枢纽。

3. 旅游业

2020 年，烟台市接待国内外游客 5349.9 万人次，实现旅游总收入 624.4 亿元。烟台市国家级旅游度假区有 2 处，省级有 8 处；A 级旅游景区有 76 处，其中 5A 级旅游景区有 2 处，4A 级有 19 处（表 7-1），3A 级有 50 处，2A 级有 5 处；旅游星级宾馆饭店有 69 家，其中五星级有 6 家，四星级有 19 家；各类旅行社有 251 家，其中出境游组团社有 20 家。

表 7-1　烟台市 5A 级和 4A 级景区

序号	等级	景区名称
1	AAAAA	蓬莱阁旅游区
2	AAAAA	龙口南山景区
3	AAAA	张裕酒文化博物馆
4	AAAA	烟台金沙滩海滨公园
5	AAAA	蓬莱海洋极地世界
6	AAAA	烟台市牟氏庄园
7	AAAA	养马岛旅游度假区
8	AAAA	毓璜顶公园
9	AAAA	烟台山旅游景区
10	AAAA	烟台张裕国际葡萄酒城
11	AAAA	艾山温泉度假村
12	AAAA	烟台市中粮君顶酒庄
13	AAAA	烟台海阳省级旅游度假区
14	AAAA	招远罗山黄金文化旅游区
15	AAAA	昆嵛山国家森林公园
16	AAAA	烟台市长岛旅游景区
17	AAAA	烟台市招虎山景区

---

① TEU 为国际标准箱单位

续表

序号	等级	景区名称
18	AAAA	大基山旅游景区
19	AAAA	烟台磁山温泉小镇
20	AAAA	烟台海昌渔人码头旅游景区
21	AAAA	栖霞太虚宫景区

4. 海工装备制造业

烟台市作为一个工业大市、海洋经济大市，海工装备产业的发展已积累了雄厚的基础，具备得天独厚的优势。烟台市船舶及海工装备基地成为全球四大深水半潜式平台建造基地之一、全国五大海工装备建造基地之一，国内交付的半潜式钻井平台80%在烟台市制造。中集来福士、杰瑞集团、蓬莱巨涛重工、中柏京鲁船业等骨干企业在国内同行业占据领先地位。2019年烟台市海工装备产业实现产值约650亿元，同比增长10%以上，发展速度和发展质量大幅提升。烟台市的发展优势主要体现在以下三个方面。

一是烟台市拥有一流的船舶及海工装备企业。烟台市现有规模以上船舶及海工装备企业26家，形成了以中集来福士、杰端集团、蓬莱巨涛重工、中柏京鲁船业、大宇造船为骨干的海工装备及配套企业群。

二是烟台市拥有一流的海工产品。烟台市是全球四大深水半潜式平台建造基地之一，是山东省高端装备产业（船舶及海工装备）制造基地，海洋平台、油田装备、特种船舶研发制造水平国内领先，我国第一艘自主建造的半潜式钻井平台、世界第一艘30万桶圆形储油加工船、世界第一条半潜式游艇专用运输船、全球最大功率压裂车等多个国内外第一均建于烟台市，烟台制造的海工产品已成功走向30多个国家和地区，获得了国际主流市场的高度认可。

三是拥有一流的研发队伍。烟台市现有海工装备研发人员1000余人，建成了国内唯一的国家级海洋石油钻井平台研发（实验）中心。世界顶级的挪威船级社、美国船级社和国际知名供应商、欧美著名设计公司等机构目前均已入驻烟台市，省级油田固压设备工程技术研究中心和实验室等创新平台已在烟台市投入使用，并与中国海洋大学、哈尔滨工程大学、中国石油大学等知名院校建立了长期合作关系，海工装备领域科研水平达到国内领先。

5. 海洋生物医药业

近年来，烟台市海洋药物与生物制品业快速发展。2012～2015年，烟台市海洋生物医药产值年均增速超过50%，是增速最快的海洋产业。2016年，烟台市海洋生物医药产值超过百亿元。目前，烟台市生物医药产业集群被纳入国家级战略性新兴产业集群，培育了绿叶制药、东诚药业、瑞康医药、荣昌制药等多家生物医药领军企业，推进重大疾病防治药物原始创新，成为中国北方重要的生物"药谷"，东诚药业、山东国际生物科技园等的海洋创新药物研发攻关力度不断加大，海洋功能性食品、制品和化妆品等关键领域得到突破发展。

6. 海水淡化及综合利用业

近年来，烟台市海水淡化和综合利用业加速起势，海水淡化能力不断提升。莱州华电、开发区八角电厂、海阳核电、长岛海岛海水淡化等22个项目投入运营，海水淡化能力达到8.2万t/d，居全省第二位。金正环保、招金膜天等龙头企业在海水淡化技术和设备生产等方面达到国内甚至国际领先水平。中集来福士启动全球首个海上海水淡化平台研制项目，推进海水淡化、海工装备、海洋风电等产业融合发展。

四、海洋空间开发利用现状

截至2019年底，烟台市已确权用海面积共计20余万公顷，其中，渔业用海占比较高，占用海总面积的90%以上。近岸用海类型多样化，随着离岸距离的增加，用海类型趋于单一。

烟台市共有海岛230个，其中有居民海岛有15个，无居民海岛有215个，岛屿面积约67.98km²，岛屿海岸线总长度约272.54km。有居民海岛以旅游娱乐和农林牧渔为主导功能，无居民海岛开发以农林牧渔用岛、旅游娱乐用岛、工业交通用岛和公共服务用岛为主。

烟台市大陆海岸线总长798.65km。渔业岸线主要分布于莱州市、蓬莱区、牟平区和海阳市；交通运输岸线主要分布于莱州市、龙口市、蓬莱区、福山区、芝罘区和海阳市；工业岸线主要分布于莱州市、海阳市；旅游娱乐岸线主要分布于龙口市、蓬莱区、福山区、莱山区；未利用岸线主要分布于莱州市、龙口市、蓬莱区、福山区、莱山区、海阳市；造地工程岸线主要分布于龙口市、福山区、牟平区、海阳市；特殊利用岸线主要分布于莱州市、招远市、龙口市、芝罘区、莱山区、牟平区、海阳市、莱阳市。

第三节　机遇、挑战及主要规划内容

一、机遇

当前和今后一段时期，我国发展仍然处于重要战略机遇期，但机遇和挑战都有新的变化，总体上机遇多于挑战。当今世界正经历百年未有之大变局，新一轮科技革命和产业变革深入发展，和平与发展仍然是时代主题。同时，面对气候变化等全球性挑战，未来的国土空间治理将更加重视生态文明建设，尊重自然规律、经济规律和社会规律，更好地应对未来的不确定性，高起点、高标准谋划发展蓝图。

烟台市依海而生、向海而兴，海洋是烟台市发展之本，也是提升城市竞争力的鲜明特色和深厚底蕴。随着海洋强市战略的持续推进，烟台市充分把握山东省新旧动能转换综合试验区、山东省自由贸易试验区及胶东经济圈核心区建设的重大机遇，在海洋生态文明建设和海洋经济新旧动能转换两个关键领域取得了积极进展。烟台市海洋经济国内领先，海洋渔业、海工装备制造、海洋生物医药、海洋文化旅游、海洋交通运输、海水淡化及综合利用六大产业实现了突破式发展；海洋牧场建设全国领先，各类海洋牧场建设面积达到 200 万亩。海洋生态环境持续改善，2020 年近海海域水质优良比例达到 100%；科技创新能力显著提升，在海洋油气开发、海洋牧场建设、海洋新能源等领域取得一批重要的产业技术创新成果；作为"一带一路"倡议重点建设港口城市、环太平洋经济圈和东北亚经济圈交汇处，以及环渤海经济圈、胶东经济圈内重要节点城市，在"双循环"新发展格局下，烟台市未来发展将面临更多机遇。

二、挑战

1. 沿海城市竞争进一步加剧

随着陆地资源环境约束趋紧，沿海城市纷纷把拓展蓝色发展空间作为提升城市竞争力的重要途径，加快布局海洋产业，加大对海工装备、海洋生物医药、海水淡化、海洋牧场等现代海洋产业的支持力度，推动港口集群发展，使沿海地区海洋经济陷入同质化竞争，海洋科技、海洋专业人才竞争也进一步加剧。

2. 陆海统筹的空间格局尚未形成

整体谋划新时代海岸带空间开发保护格局是落实陆海统筹、推动区域协调发展的重要前提。在当前空间开发利用活动主要集中在近岸、深远海开发不足的情况下，海洋经济的持续发展需要进一步整合全市的岸线、海域和海岛空间资源，立足现有产业基础，协调"陆地-近岸-近海-远海"开发秩序、推动陆海产业联动、加快港口功能优化调整、强化陆源污染管控。

3. 海岸带空间资源供给压力进一步加大

目前烟台市大陆自然岸线保有率已逼近管控目标，海湾和近岸海域等优质海洋空间已被开发殆尽，部分海洋空间利用活动将退出已划定生态保护红线。无居民海岛的开发利用，也将面临更为严格的限制和管控。海岸带地区一方面面临着优质海洋空间资源日益稀缺的严峻形势，另一方面又承担着为经济高质量发展谋求发展空间的压力。如何以有限的空间资源承载海洋强市建设的蓝图，是烟台市海洋与海岸带管理面临的重大挑战。

4. 全球气候变化威胁海岸带国土空间安全

全球变暖导致海平面上升，预计未来 30 年渤海沿海海平面将上升 60～180mm，黄海沿海海平面将上升 50～160mm。高海平面将进一步加剧风暴潮、海岸侵蚀、海水入侵等海洋灾害，影响沿海地区经济社会发展。这就要求烟台市系统谋划部署，深化海洋资源领域革新，发展"蓝碳"经济，保护与修复滨海"蓝碳"生态系统，稳步提升海洋碳汇能力。

5. 塑造高品质的滨海生活空间需持续发力

塑造以人为本高品质的空间是本轮国土空间规划改革的重要使命。提升滨海一带国土空间品质既是"古今仙境胜地，国际海湾名城"的基本要求，又是发展滨海旅游、吸引人才的重要保证，对完善滨海一带基础设施、陆岛交通、环境治理、城市设计、空间管控等提出了更高要求。

6. 海岸带综合管理水平需进一步提升

烟台市海岸线漫长，海湾、河口、海岛众多，海岸带开发利用强度大，海洋开发、生态保护与修复、环境治理等任务艰巨，且涉及自然资源、生态环境、发展改革、农业农村、文化和旅游等诸多部门。2018 年国务院机构改革后，涉海的部门职责尚未完全理顺，不利于海岸带地区生态、社会、经济的协调发展。从长期来看，以《烟台市海岸带保护条例》为基础，以海洋与海岸带专项规划为依据，实施以生态系统为基础的综合管理是海岸带资源环境可持续发展的必由路径。

三、主要规划内容

立足陆海空间的连通性、资源的互补性、生态的互通性和产业的互动性，统筹海洋空间规划分区与用途分类，科学谋划海域、海岛和海岸带保护、利用与修复，并以海岸带为重点构建陆海一体化的空间发展格局，统筹协调海岸带资源节约集约利用、生态保护与修复、产业布局优化、人居环境品质提升等开发保护活动，实现海岸带有度、有节律的可持续发展（图 7-1）。

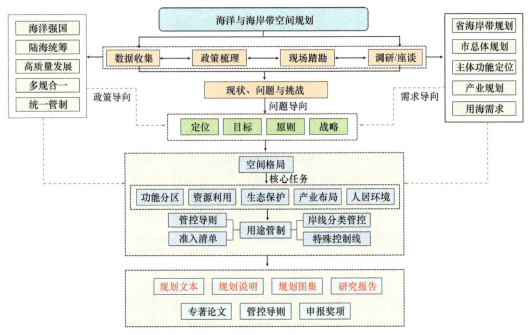

图 7-1　规划内容与技术路线

1. 海岸带基础分析与评价

结合规划范围内自然资源、地理要素及开发利用现状，分析海岸带地区资源节约集约利用、生态环境保护与修复、产业布局优化、人居环境品质提升等方面存在的突出问题及海岸带保护与利用面临的形势与挑战。

2. 目标与战略

落实国家、省重大战略部署，统筹烟台市海洋与海岸带生态保护、资源利用、产业布局等要求，突出海洋高质量发展的要地，强化与烟台市国土空间规划的协调衔接，综合确定海洋与海岸带发展定位；研究确定规划近期、远期发展目标，提出预期性和约束性规划指标；针对海洋与海岸带开发保护存在的重大问题及面临的形势与挑战，结合区域自然资源禀赋和经济社会发展阶段，落实陆海统筹、生态文明、高质量发展、海洋强市等重大战略，提出烟台市海岸带开发保护的空间发展战略。

3. 空间格局

立足烟台市自然地理格局、资源禀赋、环境承载力和开发程度，全面落实山东省国土空间总体规划确定的主体功能区定位，结合规划目标，突出生态文明建设和海洋高质量发展，研究面向生态、资源、产业、人居等的陆海统筹战略，提出陆海协调、人海和谐的海洋与海岸带空间开发新格局。

4. 规划分区与管控规则

根据海域区位、自然资源和自然环境等属性，按照《烟台市海岸带保护条例》的要求，衔接国土空间总体规划，划定海岸带严格保护区、限制开发区和优化利用区，提出分类管控要求；基于"双评价"结果，继承和优化海洋功能区划分区体系，考虑用途管制实施和功能区内部资源优化配置的需求，划定海洋功能三级区，并结合新时期国土空间用途管制的整体要求，逐一制定分区单元管控规则。

5. 资源节约集约利用

落实《海岸线保护与利用管理办法》，根据自然岸线保有率管控目标，衔接烟台市国土空间总体规划和海岸线修测成果，按照严格保护、限制开发和优化利用类型分类提出海岸线管控要求；基于第三次国土调查、围填海现状调查和海域使用权属资料，梳理围填海历史遗留问题，提出存量围填海开发利用计划和用途；完善开发利用类无居民海岛空间准入制度及开发保护要求。

6. 海岸带生态环境保护与修复

分析研究海岸带生态系统服务功能，划定重点保护与修复区域，落实"蓝色海湾""生态岛礁"和生态安全屏障植被修复等重大修复工程，明确生态保护和修复的目标及管控要求，明确自然保护区、海洋公园的控制边界和相应的开发要求；重点提出重要滨海湿地保护和修复面积的指标，分解到各区、市，提出退养还滩的面积和分布区域；提出陆源污染管控策略，对重要河口、海湾提出水质要求；提出岸滩和近海海洋垃圾防控政策，以及新型污染物防控要求。

7. 海洋产业布局引导

研判海岸带产业发展现状和变化趋势，结合产业发展规划，提出海岸带地区产业总体布局；根据城市发展总体定位，优化港城空间格局，提出港口功能调整方向；结合渔业资源实际，提出海洋牧场的空间引导与管控要求。

8. 滨海人居环境提升

以改善海岸景观、优化亲海空间、为市民亲近海洋创造良好的环境为目的，落实亲海岸线和亲海空间的具体布局及保护策略；根据海岸带自然禀赋及环境特征，综合考虑海洋灾害影响、生态环境保护和公众亲海空间需求，基于新修测海岸线，向陆一侧延伸一定的距离，明确划定中心城区海岸建筑退缩线（核心退缩线）并制定管控措施；初步划定各区（市）海岸建筑退缩线（核心退缩线）并制定管控措施，提出各区（市）对核心退缩线进行细化和修正的技术要求；以保障海岸带地区人民的生命财产安全、优化海洋资源开发利用和促进社会经济的可持续发展为目的，明确海洋灾害防御的重点任务、措施和保障能力。

第四节　规 划 原 则

全面贯彻党的十九大和十九届二中、三中、四中、五中全会精神，紧紧围绕统筹推进"五位一体"总体布局和协调推进"四个全面"战略布局，牢固树立"创新、协调、绿色、开放、共享"新发展理念，围绕 2035 年远景目标，加快推进海洋领域新旧动能转换，积极应对全球气候变化，落实国家碳达峰、碳中和重大部署，发挥公众参与在国土空间治理中的重要作用，塑造以人为本的高品质海岸带国土空间，实现海岸带空间开发保护质量更高、效率更高、更加协调、更可持续。规划编制主要遵循以下原则。

1. 陆海统筹，协调发展

以规划为引领，推动陆海在空间布局、资源利用、环境保护、产业布局、人居环境等全方位协同发展，实现陆海一体化生态保护和整治修复。明确湾区发展定位，推动形成分工合理、功能互补、错位发展的海洋产业协同发展新格局。

2. 生态优先，绿色发展

严守生态保护红线，加强围填海管控，严格限制占用自然岸线，减少人类活动对海洋生态系统的干扰。协调好海岸带开发与保护的关系，鼓励生态化用海方式，支持"蓝碳"产业发展。

3. 节约集约，高效利用

优化用海布局，协调近岸海洋开发利用冲突，引导产业集聚发展，鼓励海洋空间立体分层使用，加快围填海历史遗留问题处理，形成节约集约内涵式用海模式。

4. 以人为本，提升品质

以满足新时期人民群众对美好生活的向往为目标，加强海岸开发建设管控，因地制宜打造亲海空间和城市景观，提高滨海开放空间的可达性，提升"仙境海岸"城市形象。

第五节　规划方案

一、规划范围

　　烟台市海洋与海岸带专项规划范围为沿海县级行政区管理的陆域和海域，在此基础上，突出自然特色，基于管控内容划出核心区域。陆域核心区域为：自海岸线向陆一侧至临海第一条公路或者主要城市道路，其中第一条公路或者主要城市道路临近海岸线的，应当适当增加控制腹地至 200～300m；在河道入海口地区，向河道护堤外增加腹地至 500m 等距线；未建成区内原则上不小于 1km；自然保护地、河口、湿地、沿海防护林等区域超出上述范围的，应当按照保持独立生态环境单元完整性的原则整体划入。海域核心区域为：自海岸线向海一侧至烟台市行政管辖海域边界。规划重点研究自海岸线向海一侧至第一条主要航道（航线）内边界和庙岛群岛周边的烟台市管辖海域。

　　基于以上思路，海岸带陆域核心区域面积约 596.82km²，占规划范围陆域面积的 4.9%，包含自海岸线向陆一侧至临海第一条公路或者主要城市道路的近岸陆域，包括港口陆域、临港产业区、旅游度假区、风景名胜区等利用空间，以及沿海防护林、滨海湿地、辛安河健康主题公园等保护空间；海岸带海域核心区域面积约 5940.6km²，占规划范围海域面积的 50.85%，包含自海岸线向海一侧至第一条主要航道（航线）内边界的近岸海域，包括港口水域、近岸海域增养殖区、游憩用海区、工业用海区等利用空间，莱州浅滩、套子湾、烟台山、丁字湾等重要滩涂湿地生态保护空间，以及庙岛群岛周边的烟台市管辖海域。

　　根据《烟台市海岸带保护条例》的要求，对海岸带核心区域实施以下管控。

　　（1）禁止非法开采海岸带范围内的砂石资源。

　　（2）规范养殖用地、用海管理，清理非法海水养殖，科学规划近海养殖，合理布局陆域工厂化养殖。

　　（3）科学使用化肥、药物等养殖投入品，禁止使用国家禁用渔药等有毒有害物质，排放养殖污水应达到规定排放标准，不得将养殖废弃物弃置海域、岸滩。

　　（4）向海域排放陆源污染物，必须严格执行国家或者地方规定的标准和有关规定。

　　（5）加强入海河流管理，防治污染，使入海河口水质处于良好状态。

　　（6）加强对海水入侵、海岸侵蚀、海滩污染等生态破坏或者功能退化区域进行综合治理和生态修复。重点安排沙滩修复养护、近岸构筑物清理与清淤疏浚整治、滨海湿地植被种植与恢复、海岸生态廊道建设等工程。

　　（7）控制外来物种入侵，防治有害生物，保护海岸带特有生物种质资源和重要经济生物物种。

　　（8）加强海岸带垃圾管理和污染防治工作，维护海岸带环境卫生，提高海上垃圾打捞、处理处置能力。

　　（9）除必需的公共服务设施外，禁止改变沙滩自然属性建设建筑物、构筑物；禁止擅自圈占沙滩和礁石。

　　（10）加强海岸防护设施、沿海防护林、沿海城镇园林和绿地的建设，防止海水入侵和海岸侵蚀。

（11）禁止毁坏海岸防护设施、沿海防护林、沿海城镇园林和绿地。

二、目标、战略与格局

1. 规划目标

综合考虑海岸带在支撑海洋经济高质量发展、生态文明建设、城市形象展示、实现"双碳"目标、落实陆海统筹、严格用途管控等方面的地位和核心工作，提出烟台市海洋与海岸带专项规划的目标为：以生态文明建设引领海岸带地区高质量发展，把海洋与海岸带建设成陆海协调、人海和谐、富有竞争力和可持续发展的空间载体，把烟台市打造为国内领先的海洋经济强市和现代化国际滨海城市。海洋与海岸带专项规划具体包括以下目标：逐步形成"一带两域，陆海统筹；三区七湾，协同发展"的海岸带保护与利用总体格局；海岸带生态环境持续改善；海洋资源利用效率全面提高；海洋经济综合实力显著增强；滨海人居环境品质大幅提升；海岸带综合管理体制机制更加完善（图7-2）。

支撑海洋经济高质量发展的空间载体	生态文明建设的重要组成部分	展示城市形象的重要名片
·海洋是高质量发展的战略要地 ·空间资源紧缺是高质量发展面临的严峻挑战 ·要以高质量空间供给支撑高质量发展	·海洋生态文明的关键在于形成并维护人与海洋的和谐关系 ·要把海洋生态文明建设纳入海洋开发总布局	·古今交融、山情海韵 ·仙境海岸、鲜美福地
实验"双碳"目标的有效路径	落实陆海统筹的核心区域	规划与用途管制实施的特殊区域
·有效提升"蓝碳"生态系统的质量和稳定性 ·推进"蓝碳"工程项目实施	·陆海相互作用最强烈的过渡地带 ·陆海协同开展资源利用、生态保护、环境治理、防灾减灾	·海岸带规划是国土空间规划的专项规划 ·实行海岸带综合管理

图 7-2　烟台市海岸带的功能定位

2. 空间发展战略

烟台市海岸带的空间发展战略为：全面落实中共中央、国务院、山东省、烟台市重大决策部署，落实国家安全战略、区域协调发展战略和主体功能区战略，在烟台市海洋与海岸带专项规划中深化生态安全、高质量发展、陆海统筹三大战略。其中，生态安全战略包括划定并严守生态保护红线，加强"蓝碳"生态系统保护与修复，持续推进"蓝色海湾"整治行动和海岸带保护与修复工程，筑牢海岸带生态安全屏障；高质量发展战略包括培育壮大海洋经济发展新动能，做大做强六大海洋产业，形成带动力强、支撑力强的现代海洋产业体系；陆海统筹战略包括推动海洋经济海陆双向拓展，明确分工、推进湾区协同发展，协调推进生态保护、资源利用和经济发展。

3. 空间格局

海岸带发展的空间格局为：一带两域，陆海统筹；三区七湾，协同发展。其中，"一带"是指海岸带，"两域"是指陆域和海域，"一带两域，陆海统筹"是从纵向维度提出的，重点强调陆海统筹；"三区七湾，协同发展"是从横向维度提出的，重点强调区域协同。东部高质量发展核心区主要指中心城区的海岸带范围，西部创新活力区包括龙口市、招远市、莱州市的海岸带区域，南部生态旅游区包括海阳市、莱阳市的海岸带区域。

三、海洋空间分区及管控

依据《省级国土空间规划编制指南（试行）》《市级国土空间总体规划编制指南（试行）》《自然资源部办公厅关于落实海洋"两空间内部一红线"及开展相关试点工作的函》《省级海岸带综合保护与利用规划编制指南（试行）》等技术文件和"双评价"结果，开展海洋空间三级分区（表 7-2），并制定管控规则。

表 7-2　新时期海洋空间分区体系

海洋空间一级分区	海洋空间二级分区		海洋空间三级分区
海洋生态空间	海洋生态保护区		—
	海洋生态控制区		—
海洋开发利用空间	海洋发展区	渔业用海区	渔业基础设施用海区
			增养殖用海区
			捕捞用海区
		交通运输用海区	港口用海区
			航运用海区
			路桥隧道用海区
		工矿通信用海区	工业用海区
			盐田用海区
			固体矿产用海区
			油气用海区
			可再生能源用海区
			海底电缆管道用海区
		游憩用海区	风景旅游用海区
			文体休闲娱乐用海区
		特殊用海区	军事用海区
			水下文物保护区
			海洋倾倒用海区
			其他特殊用海区
		海洋预留区	—

"—"代表无此项内容

1. 海洋生态保护区

海洋生态保护区除满足国家特殊战略需要的有关活动外，仅允许对生态功能不造成破坏的有限人为活动。

对于海洋自然保护地核心区的海洋生态保护区，允许以下人为活动。

（1）必要的科研监测保护设施用海。

（2）必要的用于防灾减灾的已建海堤加固工程用海。

（3）保护对象为水生生物、候鸟的海洋自然保护区，科学划定的航行区域涉及的航道用海。

（4）人为活动完全退出前的过渡期内，沿海居民保留生活必需的少量养殖用海。

（5）人为活动完全退出前的过渡期内，沿海居民修缮生产生活及供水设施涉及的海堤加固工程用海。

（6）经批准水面无修建设施的跨海桥梁、海底隧道用海。

（7）根据我国相关法律法规和我国与邻国签署的国界管理制度协定（条约）开展的边界通视道清理，以及界务工程的修建、维护和拆除工作用海；根据中央统一部署在未定界地区开展旨在加强管控和反蚕食斗争的各种活动用海。

符合上述条件的用海活动，除中共中央、国务院、中央军委直接批准的外，用海方式禁止填海、围海。

对于其他海洋生态保护区，允许以下人为活动。

（1）沿海居民保留生活必需的少量养殖用海。

（2）沿海居民修缮生产生活及供水设施涉及的海堤加固工程用海。

（3）自然资源、生态环境监测和执法设施用海。

（4）经批准的科学研究观测设施用海。

（5）经批准的考古调查和文物保护设施用海。

（6）适度的参观旅游及相关的必要公共设施用海。

（7）必须且无法避让、符合县级以上国土空间规划的海堤、桥梁、隧道、管线等用海。

（8）已有海堤等水利、交通运输等设施的加固用海。

（9）战略性矿产油气资源基础地质调查和矿产油气远景调查等矿产油气资源用海。

（10）确实难以避让的军事设施建设项目及重大军事演训活动用海。

（11）符合现行法律法规的国家重大战略项目用海。

符合上述条件的用海活动，用海方式原则上不得为填海、围海，禁止采挖海砂等改变海域自然属性的用海方式。

2. 海洋生态控制区

海洋生态控制区原则上严禁随意开发，不得擅自改变岸线、地形地貌及其他自然生态环境原有状态。区内经评价对生态环境不产生破坏的前提下，可有条件地适度开发。同时，要加强用海活动监督与环境监测，严格限制保护区内影响、干扰保护对象的用海活动，维护、恢复、改善海洋生态环境和生物多样性，保护自然景观，提高保护水平。

3. 渔业用海区

渔业用海区以实现渔业资源可持续利用为发展目标，将用于渔业基础设施建设、海水增养殖、捕捞生产等的海洋空间统一划定为渔业用海区。烟台市渔业用海区主要包括渔业基础设施用海区、增养殖用海区和捕捞用海区（表7-3）。

表 7-3　烟台市渔业用海区管控规则

渔业用海区	管控规则		
	空间准入	利用方式	保护要求
渔业基础设施用海区	主要用途为渔业基础设施用海	严格限制改变海域自然属性。禁止填海造地，限制非透水构筑物的规模	保护海洋环境和砂质岸线。加强海洋环境监测和综合治理，防治渔港和养殖废水污染，渔港改扩建工程需严格论证，避免对毗邻生态保护区产生影响。海水水质不劣于三类标准，海洋沉积物质量和海洋生物质量均不劣于二类标准
增养殖用海区	主要用途为增养殖用海	严格限制改变海域自然属性。禁止填海造地，鼓励开放式用海	保护种质资源和砂质岸线。加强海洋环境监测和综合治理，合理控制海水养殖密度，加强渔业资源养护，防治养殖废水污染，防止海域富营养化。海水水质不劣于二类标准，海洋沉积物质量和海洋生物质量均不劣于一类标准
捕捞用海区	主要用途为捕捞用海	严格限制改变海域自然属性。禁止填海造地，鼓励开放式用海	保护传统渔业资源的产卵场、索饵场和洄游通道。保护海洋生物多样性，严格控制水下施工、海砂开采等用海活动。合理控制海水养殖密度，加强渔业资源养护，严格执行休渔制度。海水水质不劣于二类标准，海洋沉积物质量和海洋生物质量均不劣于一类标准

4. 交通运输用海区

交通运输用海区以维护通航安全、提高运输效率为发展目标，将用于码头、港池、锚地、航道及其他生产配套的海洋空间统一划定为交通运输用海区。烟台市交通运输用海区主要包括港口用海区、航运用海区和路桥隧道用海区（表7-4）。

表 7-4　烟台市交通运输用海区管控规则

交通运输用海区	管控规则		
	空间准入	利用方式	保护要求
港口用海区	主要用途为港口用海	允许适度改变海域自然属性，非必要不得填海造地，港口内工程用海鼓励采用多突堤式透水构筑物方式，集约高效利用岸线和海域空间	维持港口水深地形条件稳定，保护海洋环境。加强环境综合治理，防治港口与船舶污染。港口建设应减少对海洋水动力环境、岸滩及海底地形地貌的影响，防止海岸侵蚀。禁止投放人工鱼礁，维护海域水深地形条件。海水水质不劣于四类标准，海洋沉积物质量和海洋生物质量均不劣于三类标准

续表

交通运输用海区	管控规则		
	空间准入	利用方式	保护要求
航运用海区	主要用途为航运用海	允许适度改变海域自然属性，用海方式为专用航道、锚地或开放式用海	维持航道水深地形条件稳定，防止航道淤积。保障港口航运用海，加强航道航行安全和各类船舶管理，禁止进行与港口航运无关、有碍航行安全的活动，航道及两侧缓冲区内禁止养殖。防治海上溢油等污染事故。海水水质不劣于三类标准，海洋沉积物质量和海洋生物质量均不劣于二类标准
路桥隧道用海区	主要用途为路桥隧道用海	允许适度改变海域自然属性，鼓励采用非透水构筑物用海方式	维持海洋水动力环境条件稳定，保护跨海大桥安全。严禁建设其他永久性建筑物。禁止海砂开采、爆破作业等影响跨海大桥和行车安全的用海活动，区内及周边区域用海活动应避免跨海大桥桥墩基础设施受冲刷。海水水质不劣于三类标准，海洋沉积物质量和海洋生物质量均不劣于二类标准

5. 工矿通信用海区

工矿通信用海区以实现海洋资源集约高效利用为发展目标，将用于船舶工业、海工装备制造业、海洋盐业、海洋化工业等的海洋空间统一划定为工矿通信用海区。烟台市工矿通信用海区主要包括工业用海区、盐田用海区（表 7-5）。

表 7-5　烟台市工矿通信用海区管控规则

工矿通信用海区	管控规则		
	空间准入	利用方式	保护要求
工业用海区	主要用途为工业用海	允许适度改变海域自然属性，非必要不得填海造地，鼓励采用人工岛、多突堤、区块组团等用海方式，突出节约集约用海原则，合理控制开发利用规模，优化空间布局	保护近岸海洋生态环境。加强环境治理及动态监测，严格实行污水达标排放。实行陆源污染物入海总量控制制度，进行减排防治。优化围填海海岸景观设计，按要求开展围填海项目生态保护与修复。海水水质不劣于三类标准，海洋沉积物质量和海洋生物质量均不劣于二类标准
盐田用海区	主要用途为盐田用海	允许适度改变海域自然属性，非必要不得填海造地，控制围海规模	保护滩涂湿地生态系统。加强海洋环境质量监测，对区内已有海水养殖活动、渔港污染情况进行动态监测和综合治理，减少海水污染，保障海盐质量。防止对滩涂湿地造成破坏。海水水质不劣于二类标准，海洋沉积物质量和海洋生物质量均不劣于一类标准

6. 游憩用海区

游憩用海区以实现滨海旅游资源可持续利用、满足公众亲海需求为发展目标，将用于旅游景区开发、海上文体娱乐活动场所建设等的海洋空间统一划定为游憩用海区。烟台市游憩用海区主要包括风景旅游用海区和文体休闲娱乐用海区（表7-6）。

表 7-6　烟台市游憩用海区管控规则

游憩用海区	管控规则		
	空间准入	利用方式	保护要求
风景旅游用海区	主要用途为风景旅游用海	严格限制改变海域自然属性。禁止填海造地，禁止建设与旅游无关的永久性建筑物，必要的旅游基础设施宜采用透水构筑物形式	保护自然景观和沙滩。合理控制旅游开发强度，严格控制岸线附近的景区建设工程，不得破坏自然景观，严格控制占用沙滩和沿海防护林。保持岸线形态、长度和邻近海域底质类型的稳定，对侵蚀岸段进行合理整治，逐步恢复自然生态环境。加强海洋环境质量监测。妥善处理生活垃圾。海水水质不劣于二类标准，海洋沉积物质量和海洋生物质量均不劣于二类标准
文体休闲娱乐用海区	主要用途为文体休闲娱乐用海	严格限制改变海域自然属性。禁止填海造地，禁止建设与休闲娱乐无关的永久性建筑物，必要的基础设施宜采用透水构筑物形式	保护自然景观和海洋生态环境。合理控制旅游开发强度，不得破坏自然景观。妥善处理生活垃圾，避免对毗邻生态保护区产生影响。海水水质不劣于二类标准，海洋沉积物质量和海洋生物质量均不劣于一类标准

7. 特殊用海区

特殊用海区以满足军事或其他特殊活动用海需求为发展目标，将用于军事、污水达标排放、倾倒等的海洋空间统一划定为特殊用海区。烟台市特殊用海区仅包括其他特殊用海区，具体管控要求如下。

（1）**空间准入**：主要用途为以排污倾倒为目的的其他特殊用海。

（2）**利用方式**：严格限制改变海域自然属性，用海方式为污水达标排放。

（3）**保护要求**：保护海洋自然生态系统、砂质海岸，维持海洋水动力环境条件稳定。严格限制与本区功能无关的工程建设，限制占用砂质岸线，防止海岸侵蚀。加强海洋环境质量监测，确保污水达标排放，避免对毗邻生态保护区产生影响。海水水质不劣于四类标准，海洋沉积物质量和海洋生物质量均不劣于三类标准。

8. 海洋预留区

海洋预留区是为重大项目用海用岛预留的控制性后备发展区域，具体管控要求如下。

（1）**空间准入**：严禁随意开发，确需开发利用的应按程序调整预留区的功能。

（2）**利用方式**：严格限制改变海域自然属性。

（3）**保护要求**：保护海洋自然生态系统，不得擅自改变岸线、水深、地形地貌及其他自然生态环境原有状态。海水水质不劣于二类标准，海洋沉积物质量和海洋生物质量均不劣于一类标准。

在海洋空间功能分区的基础上，按照《烟台市海岸带保护条例》的要求，将海岸带分为严格保护区、限制开发区和优化利用区，实行分类保护，分别确定功能定位、发展方向和管控要求。其中，纳入严格保护区的区域包括优质沙滩、典型地质地貌景观、海滨风景名胜区的核心景区、重要滨海湿地、候鸟栖息地和越冬地、自然保护区和海洋特别保护区、沿海防护林带、领海基点海岛保护范围、水产种质资源保护区，以及其他自然形态保持完好且生态功能与资源价值显著的区域；纳入限制开发区的区域包括传统渔场、海水养殖区、未列入严格保护区的自然岸线所在的海岸带区域，以及其他自然形态保持基本完整、生态功能与资源价值较好、开发利用程度较低的区域；纳入优化利用区的区域包括城镇建设用海区、重点产业园区、产业集聚地、港口区、海洋工程和资源开发区及其他重点开发的区域。

对于严格保护区，除国防安全需要外，禁止构建永久性建筑物、开采海砂、设置排污口等损害海岸地形地貌和生态环境的活动。对于限制开发区，严格控制改变海岸带自然形态和影响生态功能的开发利用活动，预留未来发展空间，严格海域使用审批。对于优化利用区，应当节约利用海岸带资源，保持海岸线的自然形态稳定，集中布局确需占用海岸线的建设项目，严格控制占用岸线长度，合理控制建设项目规模。

四、资源节约集约利用

1. 围填海有效利用

坚持生态优先，集约利用，针对围填海工程的实际情况，因地制宜，分类处置，妥善处理围填海历史遗留问题。对于已批未完成项目，可继续填海，但应统筹安排生产、生活、生态空间，严格限制围填海用于房地产开发、低水平重复建设旅游休闲娱乐项目及污染海洋生态环境的项目，评估继续填海对生态环境的影响，提升岸线资源利用效率。对于房地产开发、旅游休闲娱乐项目及污染海洋生态环境的项目，尚未完成围填海的不再继续填海。对于不符合审批流程的项目，项目整体未围未填和围而未填的，不再继续填海；项目已部分填海的，允许适度填海，最大限度控制填海面积。

2. 海域立体分层使用

对于海域空间，立体分层使用是提高节约集约利用水平的有效途径，也是十八大以来，国家和地方不断探索、并逐渐成熟的用海模式。目前，国家、省、市、县层面均有相关政策出台，各地立体分层使用海域的案例也不断涌现。针对烟台市海洋空间开发的现实情况，规划提出从两方面推动海域立体分层使用。

一是推动沿海滩涂渔光互补发电项目立体分层使用海域。完善海域立体分层确权管理制度，鼓励因地制宜利用已确权的养殖用海，科学布局和建设光伏发电项目，提高已利用滩涂的空间利用效率。

二是推动海上风电与海水养殖（海洋牧场）、港口航运及其他用海活动立体分层使用海域。提前考虑渤中风电基地（烟台海域）、长岛风电基地、半岛南风电基地及配套海底电缆建设与所在区域海洋空间利用活动立体分层使用海域，协调用海矛盾，提高空间利用效率。

同时，也要加强海域立体分层使用的管控，实行海域立体分层确权的区域，应确保两种及以上的用海活动均应符合海洋空间分区管控规则，不影响海域主导功能；要保障海底电缆和海上风电安全，保障港口、养殖等用海活动的秩序。

3. 自然岸线保护与岸线分类管控

根据海岸线自然资源条件和开发利用需求，将烟台市海岸线划分为严格保护、限制开发和优化利用 3 个类别，具体管控要求见表 7-7。

表 7-7　烟台市海岸线分类管控要求

海岸线分类	海岸线构成	管控要求
严格保护岸线	优质沙滩、典型地质地貌景观、重要滨海湿地等所在岸线	除国防安全需要外，禁止构建永久性建筑物、围填海、开采海砂、设置排污口等损害海岸地形地貌和生态环境的活动；不明显影响岸滩动态平衡条件下，允许适当的透水构筑物用海、开放式用海等活动；对部分生态功能受损岸段，可开展沙滩养护、湿地修复等提升海岸生态功能的整治修复活动
限制开发岸线	自然形态保持基本完整、生态功能与价值较好、开发利用程度较低的岸线	岸线的开发利用以海岸生态廊道建设、滨海旅游景观设计、海岸资源开发的生态化改造与利用及岸滩环境改善为主；严格控制占用自然岸线，禁止裁弯取直；注重节约储备，为未来区域产业结构调整、经济社会发展和自然岸线保有率提升预留空间
优化利用岸线	港口航运、临海工业等所在岸线	允许适度改变海岸线自然属性，节约、高效利用海岸线；严格控制占用自然岸线和顺岸式填海，禁止裁弯取直，减少对水动力条件和冲淤环境的影响；新形成的岸线应当进行生态建设，营造植被景观，促进海岸线自然化和生态化

五、生态环境保护与修复

1. 生态恢复与修复

结合烟台市海岸带生态受损特征，坚持保护优先，以自然恢复为主，重点开展海岸线整治修复、海岛整治修复、海湾整治修复、滨海湿地恢复、生物多样性恢复五类修复工程。

1）海岸线整治修复

结合海岸线的自然属性及受损情况，海岸线整治修复包括砂质岸线修复及人工岸线生态修复等。前者需结合退养还滩等措施拆除围占砂质岸线的养殖设施，恢复与重建滨海沙滩；对于因填海工程导致水动力改变而出现退化的沙滩，可开展水动力研究，采用在适当位置构筑丁坝的形式进行修复。后者具体包括清理岸滩违章建筑、垃圾、废弃工程设施，退堤还海，逐步恢复岸线原始景观，实施沙滩、湿地等岸滩养护和生态修复工程，建设海岸生态防护绿地，加快构建海岸线生态廊道。

2）海岛整治修复

实施"生态岛礁"整治修复工程，重点加强北长山岛、大黑山岛、养马岛、大钦岛、小钦岛、南隍城岛、北隍城岛、崆峒岛、麻姑岛、砣矶岛等有居民海岛修复，以及高山岛、千里岩岛、土埠岛等无居民海岛修复，重点对海岛开展海岛岸线恢复、海岛景观整治与滨海廊道建设工程，增加海岛自然岸线长度，促进海岛旅游产业发展。

3）海湾整治修复

结合"蓝色海湾"整治修复工程，重点修复莱州湾东部、套子湾、四十里湾、龙口湾、庙岛湾、凤城东部海湾等，实施海湾空间整理、清淤疏浚、海岸侵蚀防护等整治修复工程，规范海湾开发利用秩序，改善海湾生态环境，提升海湾开发利用价值。

4）滨海湿地恢复

重点对龙口市泳汶河口、黄水河口，莱山区逛荡河口、辛安河口，海阳市羊角泮西汊与马河港，莱阳市俚岛以南滩涂、五龙河口等受损的自然河口湿地生态系统进行治理，实施柽柳、碱蓬、芦苇、海草等湿地植被恢复工程，整治河口水体污染，修复河口湿地环境，提升河口湿地生态功能，改善湿地生境，恢复河口湿地滩涂的原始景观。提高滨海湿地绿化水平，维护海洋生物多样性，逐步恢复"水清岸绿"的生态景观。

5）生物多样性恢复

生物多样性恢复包括鸟类栖息地营造和恢复海洋生物栖息地两项工作。一是在丁字湾等重要鸟类栖息地，实施"南红北柳"生态工程，通过种植鸟类食源植物（如慈姑、泽泻等）等吸引更多的鸟类栖息。二是加强崆峒列岛刺参、蓬莱牙鲆黄盖鲽等国家级水产种质资源保护区建设，增殖保护品种的种质资源，增加海洋生物量和多样性。

2. 海岸带污染防控

1）实施海域环境分区管控

烟台市划定海域环境管控单元117个，包括优先保护单元55个、重点管控单元28个和一般管控单元34个。

优先保护单元包括海洋生态保护红线、海洋水产种质资源保护区等重要海洋生态功能区。该区域重点维护生态系统健康和生物多样性。涉及海洋生态保护红线的优先保护单元根据国家和山东省最新批复动态调整。

重点管控单元包括工业或城镇建设用海区、港口区、矿产与能源区、特殊利用区、排污混合区、围填海区等开发利用强度较高的海域，以及水动力条件较差、水质超标和存在较大风险源的海域。该区域重点提升海洋环境质量，强化陆海统筹，优化空间开发利用格局。

一般管控单元是除上述海域以外的区域。该区域重点以维护海洋生态环境质量为导向，执行海洋生态环境保护的基本要求，合理控制开发强度。

2）制定生态环境准入清单

建立生态环境准入清单，严格落实生态环境法律法规规定，以及国家、省和重点区域（流域）环境管理政策（表7-8）。

表 7-8 生态环境准入清单

	准入项目	限制准入项目	禁止准入项目
城市面源污染防治单元	准入与片区功能定位一致的商业金融项目、信息服务项目、文化创业产业项目、配套公共设施项目等	限制主导产业定位以外的其他产业，进入产业应符合低能耗、低水耗、低污染、低风险要求	禁止废水排放量大、清洁生产水平低于国内清洁生产先进水平的项目，禁止新（扩、改）建增加重金属污染物排放的工业项目
城市污染重点防治单元	准入与片区功能定位一致的高新技术项目、国家鼓励类项目、符合循环经济发展要求的项目、片区配套公共设施项目等	—	禁止污染控制困难、污染因素难以控制和易引起污染纠纷的新建、扩建项目，以及可能排放剧毒物质和持久性有机污染物的新（扩）建工业项目等
农村面源污染防治单元	准入乡村旅游项目、配套公共服务设施项目、基础设施建设项目、现代化农业项目等	—	禁止施用剧毒、高毒农药；禁止毁林、毁草、烧山、天然草地垦植；禁止在山顶、山脊及25°以上陡坡地开垦种植和建设；禁止占用天然湿地、天然林地
生态修复保育单元	准入有利于保护生态环境的生态旅游项目、风景游览设施项目及配套服务设施项目，但应严格控制游客容量	限制准入其他与风景名胜保护和游赏无关的项目，严格控制建设范围、规模和建筑风貌	禁止准入开山采石项目，加大封山育林力度，逐渐消除裸露土层

"—"代表无此内容

3. 强化重点污染源及污染区域的综合环境治理

针对重点污染源和污染区域，因地制宜、因类施策。针对海水养殖污染防控，一是合理确定养殖容量，将养殖密度控制在水体承载力以内，使养殖污染物不至于超过水体自净能力；二是推广先进养殖技术，支持发展工厂化循环水养殖技术，积极拓展深水网箱等海洋离岸养殖，推动海水养殖向规模化、集约化和产业化方向发展；三是加强渔用投入品使用管理，开发和研制质量高、稳定性好、诱食性好、吸收性好、饲料系数低的全价配合饲料，推动海水养殖业的健康发展；四是科学控制物种移植引进和药物滥用，在引种时必须考虑引进种与本地生物种群的相互关系，必须建立健全引种管理体制，同时，要正确看待转基因生物，严格控制药物滥用。

针对入海排污口管控，一是对严格保护范围内的直排口采取措施逐步退出；二是加强对现有入海排污口的管理，对现有排污口做好相关备案，开展实时监测、污染溯源，根据需求制定整治方案；三是需要特殊保护的区域内不得新建入海排污口，其他区域新建排污口实行离岸排放，有条件的采取深海设置，并且新建排污口应符合用途管制分区和海洋环境保护要求，不得损害相邻海域的功能；四是对莱州湾、芝罘湾等重点海域的城镇污水处理设施优先实施改造；五是鼓励发展生态化养殖方式，降低海水养殖废水排放量。

针对海上废弃物倾倒管控，一是加强倾废监管，需要向海洋倾倒废弃物的单位，应事先向主管部门提出申请，填报倾倒废弃物申请书，并附报废弃物特性和成分检验单；

二是倾倒物必须符合我国海洋倾废管理条例的要求，禁止将放射性物质、高度持久性和毒性的合成有机化合物倾倒入海；三是合理安排倾倒季节与频率，避免在鱼虾繁殖期进行倾倒，避免集中、大量倾倒，确保倾倒区周围水体能自净和恢复；四是建立全程监控系统，对倾倒活动进行全程监控。

针对近岸海域垃圾污染防控，一是开展沿海近岸垃圾污染源整治，对入海河流的生活垃圾、建筑垃圾进行清理和整治，加强贝壳等养殖废弃物治理；二是建立海上、滩涂垃圾的清捞、清运和处置体系，结合"湾长制"，发动岸线的使用单位、管理单位或其他直接用海单位共同减少近海海漂生活垃圾；三是提升海域垃圾污染防治的常态化能力，落实"湾长制"，强化海岸及海域的环境卫生维护责任，加强对营运单位和游客的宣传教育与监督，禁止向海域抛撒、倾倒、排放垃圾，从源头做到垃圾不入海。

针对港口码头污染防控，一是加强交通港口污染防控，各港口码头建设相应的船只垃圾接收系统，严禁各类船只在海上倾倒垃圾，禁止码头污水直排入海，完善船舶对压载水、洗舱水的集中处理设施；二是加强渔港渔船污染防控，加强对含油污水、洗舱水、生活污水、生活垃圾、渔业垃圾等的清理整治，推进污染防治设施建设和升级改造，提高渔港污染防治监督管理水平。

六、产业布局优化

通过对烟台市已有海洋经济规划、涉海产业规划及海洋经济发展问题的梳理，确定了"一核两翼、七湾联动""以陆促海、以海带陆"的海洋产业空间格局。

1. "一核两翼、七湾联动"的横向格局

"一核"范围包括芝罘区、莱山区、福山区、牟平区、蓬莱区 5 个行政区，以及高新区、开发区和长岛海洋生态文明综合试验区 3 个功能区，该区域集中布局新产业、新技术、新业态、新模式等"四新"经济，兼顾海洋科教服务、滨海文化旅游、港口航运服务等海洋服务业，统筹建设烟台市海洋高质量发展核心区。

"两翼"范围为黄海丁字湾沿岸（南翼）和渤海莱州湾沿岸（西翼），其中南翼重点发展滨海旅游、现代渔业、海工装备制造、海水淡化、海洋新能源等海洋战略性新兴产业；西翼重点发展海水养殖、海工装备制造、海洋文化旅游、港口物流、水产品加工、海洋矿业等海洋产业，以及石化、海洋新材料等临港产业。

在此基础上，进一步明确 7 个重点湾区的产业发展方向，具体如下。

（1）芝罘湾区重点打造现代航运中心与文化旅游服务业集聚区：以芝罘湾港区城市化改造为契机，进一步完善区域内的交通路网和生活配套等建设；推动港口与临港工业、物流、商贸服务融合发展，积极化解城区交通、港口发展空间受限的矛盾；优化提升海岸景观，积极开发海上旅游线路，打造"海上芝罘"夜游品牌。同时，进一步加强该区域空间管控：严格控制陆源污染，优先改造城镇污水处理设施；保护砂质岸线与防护林，严格限制自然岸线占用；实施海岸带整治修复，改善海湾环境；保护无居民海岛。

（2）四十里湾区重点打造滨海休闲度假区与海洋科技创新集聚区：擦亮海洋科技底色，推进东部海洋高新区、养马岛旅游度假区、莱山海岸文旅示范区等园区建设，推进

现代化海洋牧场建设。同时，进一步加强该区域空间管控：加强赤潮灾害防控，开展海湾空间整治、清淤疏浚、海岸侵蚀防护等整治修复工程，改善海湾生态环境。

（3）蓬莱湾区重点打造环渤海地区客运中心和滚装集散地、国际海岛旅游度假区、船舶与海工装备制造集聚区：重点发展现代港口物流、海洋文化旅游、船舶与海工装备制造业；启动蓬莱东港区建设，规划建设好后方临港产业区，实现港产城融合发展；推进长岛港区、蓬莱西港区陆岛码头及客运枢纽升级改造，支撑海岛旅游经济发展。同时，进一步加强该区域空间管控：合理控制旅游开发强度，保护自然景观和自然岸线；加强港口和临港产业园区排污管控，避免岸线低效重复利用。

（4）套子湾区重点打造海洋经济创新发展集聚区：加快建设中国（山东）自由贸易试验区烟台片区、国际招商产业园、中韩/中日合作产业园；有序建设近岸海洋牧场，以科技创新推动海洋牧场与海洋水产种业、休闲娱乐、海工装备制造融合发展；推进西港区建设，有序承接芝罘湾港区货运功能转移。同时，进一步加强该区域空间管控：保护海洋生态红线和渔业资源产卵场；实施岸滩综合整治修复，有序拆除临岸养殖设施，加强沙滩保护与垃圾清理，防止海岸侵蚀；合理规划和修建护岸、滨海步道。

（5）龙口湾区重点打造能源中转与临港化工产业集聚区：加快龙口港区建设，发展临港化工、海工装备制造、现代渔业和滨海文化旅游，加快处置围填海历史遗留问题；坚持节约集约，优化临港工业布局，提高围填海土地和岸线利用效率；协调好港口航运、临港产业与海水养殖、滨海旅游及生态保护的关系。同时，进一步加强该区域空间管控：加强港口及临港工业园区污水排放管控及处置，确保污水达标排放；实施砂质海岸综合整治修复，清理近岸构筑物，加强沙滩修复与养护，建设生态景观廊道；加强围填海管控，避免岸线低效利用。

（6）太平湾区重点打造海洋牧场及盐化工产业集聚区：重点建设生态高效海洋牧场、海上风电和海水淡化项目，合理投放人工鱼礁，发展特色休闲渔业，推进海洋牧场与旅游、文化、体育产业融合发展。同时，进一步加强该区域空间管控：保护滩涂湿地，严格限制开发建设占用；加强渔业资源养护，合理控制养殖密度，防治海水养殖污染。

（7）丁字湾区重点打造生态休闲与现代渔业集聚区：加快莱阳滨海生态新城与海阳现代渔业示范区建设，重点发展现代渔业、休闲度假、海洋生物医药及海洋新能源产业。同时，进一步加强该区域空间管控：严格控制改变海岸自然形态和影响海岸生态功能的开发利用活动，实施退塘还海、退养还滩和水质污染治理工程，恢复丁字湾湿地功能。

2. "以陆促海、以海带陆"的纵向格局

在垂直岸线方向上，由陆至海，分别强化陆域链条延伸区、近岸产业协调区、近海优化利用区的产业功能，以实现陆海产业融合互动，具体如下。

陆域链条延伸区的发展重点是引导非赖水产业向陆域纵深布局：以港口为依托，加快临港产业园区建设，支持海工装备制造、海洋化工发展；鼓励科技创新，培育壮大涉海生物医药企业；通过生态景观廊道、旅游交通廊道等载体，推动滨海向内地辐射发展；依托海洋牧场建设，拓展水产品精深加工产业链，引导水产品加工业集聚发展。

近岸产业协调区的发展重点是协调产业用海冲突，提高空间利用效率：优先保护自然岸线和海洋生态空间，协调开发与保护的矛盾；优化近岸港口、临港产业、城镇建设

布局，加强空间管控，避免同质化发展；完善渔港设施，打造集冷链物流、初级加工、精深加工、渔船修造等于一体的现代渔业产业基地，提升综合服务能力；支持围海养殖、盐业项目与光伏发电项目立体分层使用海域；加强港口、航道、锚地等禁养区管理，保障通航安全；保护滨海景观，引导重要岸段的海水养殖有序退出。

近海优化利用区的发展重点是拓展发展空间，提升资源开发利用能力：推进海水养殖向离岸深水发展，开展"人工鱼礁+增殖放流+藻场移植"海洋生态修复，将海洋牧场与休闲渔业有机结合，实现多元化发展，推进长岛、崆峒岛、养马岛等旅游基础设施建设，打造高端海岛旅游产品。

七、滨海人居环境提升

1. 划定单元，推进岸段陆海协同发展

为优化人居环境，进一步细化功能分区，将烟台中心城区划分为14个功能单元，从东向西分别是东部海岸森林保护区、生态旅游功能区、文化会展功能区、休闲旅游度假区、开埠文化休闲区等。

（1）东部海岸森林保护区：应加强对海洋资源环境的保护，严控围填海工程，严格保护及修复自然岸线，减少建设活动，控制人流量。

（2）生态旅游功能区：结合辛安河、鱼鸟河、沁水河入海口良好的自然本底，将龙湖区段定位为集湿地涵养、养生度假、旅游观光、科普教育等功能于一体的河口生态片区，拥河望岛、环境怡人。

（3）文化会展功能区：结合体育公园、国际博览中心，打造集体育娱乐、文化会展、休闲观光等多种功能于一体的特色旅游消费目的地。

（4）休闲旅游度假区：打造滨海休闲、美食游览互动体验打卡目的地，与中心城区共建烟台全域旅游的文化核心；建立从上古神话延续至当代科技的文化体系，以当代科学技术传承发扬古代神话，打造高科技主题乐园。

（5）开埠文化休闲区：依托开埠文化主题的烟台山-朝阳街历史街区、海防文化主题的旅游大世界——东炮台景区，定位为烟台国际旅游名城的核心展示区与海陆旅游服务中心。

（6）文化博览与科技创新区：定位为面向世界的魅力之湾、引领未来的都市之心，着力打造成旅游环境系统优化、资源要素全面整合、基础设施完善、充分彰显滨海特色的重要窗口区域和示范板块。

（7）套子湾商务休闲区：集商务办公、商业服务、旅游休闲、文化创意、娱乐、居住及客运滚装运输、国际游轮码头等功能于一体的综合功能片区。

（8）金沙滩旅游休闲区：以高端滨海休闲度假和沙滩运动为主要特色的旅游休闲片区，积极创建国家级旅游度假区；依托万米金沙滩打造北方最大的海水浴场，建设沙滩运动基地和沙滩嘉年华、沙滩拓展营地。

（9）八角产业服务区：远期发展为开发区副中心，以商务商业、文体娱乐、滨海休闲和生态居住四大功能为主的现代化产业服务中心。

（10）西部临港产业区：以铁矿石、煤炭等大宗散货和液体化工品运输为主，兼顾一

般散杂货运输，逐步发展成为烟台港大宗散货的主要转运基地，并为船舶、电力等各类临港产业发展提供必要的运输服务。

（11）潮水新兴产业区：定位为科技创新、滨海特色小镇，重点结合周边地区升级改造进行特色风情小镇建设，彰显和推广海洋习俗、海洋文化，塑造多主题的文化体验区。

（12）蓬莱新港产业区：依托现有港口发展国际物流产业。

（13）八仙居休闲度假区：以八仙居、蓬莱阁为依托，加强滨海景观风貌改造，整治提升滨海旅游度假功能，塑造核心景区国际高端旅游区。

（14）蓬莱西港物流区：依托现有港口发展物流产业。

2. 打造高品质亲海空间

在现有海岸风景名胜、自然人文景观、优质沙滩等亲海空间及配套设施基础上，结合公众需要及滨海一带旅游发展方向，围绕海岸带规划建设内容，提出不同类型亲海空间的管控要求。

（1）优质开放沙滩主要位于都市休闲旅游区及生态休闲旅游区范围内。立足资源禀赋和生态优势，以生态修复、保育为重点，节约集约利用滨海沙滩资源，保持滨海沙滩的自然形态、长度和邻近海域底质类型的稳定，进一步拓展海滨休闲旅游功能。

（2）滨海浴场主要位于都市休闲旅游区范围内。保护海水浴场及其周边海域的生态环境，完善配套和安全设施，发挥游泳健身主体功能。海水浴场及周边建设的公厕等服务配套设施应当将污水排入城镇污水管网，禁止在海水浴场内非法采挖海砂、养殖捕捞、停靠渔业船舶等。

（3）滨海公园广场主要位于都市休闲旅游区范围内。严格保护滨海公园的水体、沙滩、植被、地形地貌等生态环境，不得改变公园生态系统的基本功能，不得超出资源的再生能力或者给野生植物物种造成永久性损害，不得破坏野生动物的栖息环境。支持滨海公园建设事业的科学技术研究工作，加强对滨海公园文化的有效保护和对自然资源的科学利用，提升滨海公园的品质和活力。

（4）亲海岸线串联优质开放式沙滩、滨海浴场、滨海公园广场及沿海旅游景点，建设滨海绿道，构建沿海蓝色旅游走廊、山海城观光带。

第八章

荣成市海岸带规划实践

第一节　规划基本情况

荣成市位于山东半岛最东端，三面环海，与韩国、日本隔海相望，是中国距离韩国最近的地区，是华北地区及山东省的重要出海通道，也是东北亚经济圈的重要节点，具有沟通环渤海和长江三角洲两大经济圈及面向日本、韩国扩大开放的区位优势。荣成市是全国重点渔业县市，具有十分宝贵的海域资源，其海洋产业是全市国民经济的支柱产业和最具发展潜力的行业。

荣成市海岸属基岩港湾型，地貌、底质类型复杂。沿海岸线蜿蜒曲折，岬湾相连，岩礁星布，浅海滩涂广阔，水产资源十分丰富，已发现的浅海和滩涂生物有 394 种，主要经济生物近百种，其中牙鲆鱼、鲈鱼、对虾、鹰爪虾、黄花鱼、带鱼、鲅鱼、鲳鱼、乌鱼、鲍鱼、海参、海胆、魁蚶、扇贝、牡蛎、海带、裙带菜等皆为远近闻名的海珍品。

荣成市沿海深水良港多，港湾腹地广阔，距国际主航道最近处仅 5n mile，拥有石岛港、龙眼港 2 个国家一类开放口岸、10 个对外开放作业港、8 处商港、12 个万吨级以上码头，拥有各类渔港码头 106 处、渔船 9800 余艘，远洋捕捞产量达 11.1 万 t；全市养殖面积为 47.2 万亩，养殖品种共 30 多个，海带养殖面积为 14.6 万亩，养殖产量约占全国的 42.4%，158 个产品通过国家无公害水产品认证；规划建设了总投资 1158 亿元、装机容量约 800 万 kW 的石岛湾核电站。

海洋是荣成市最大的优势、最宝贵的财富、最重要的发展空间，荣成市高度重视海洋事业，海洋开发不断深入，海洋产业发展迅猛，传统渔业加快转型升级，船舶修造业快速发展，港口物流、滨海旅游、新能源等产业不断壮大，海洋经济是荣成市国民经济的重要支柱和最具发展潜力的增长点。

荣成市作为山东半岛蓝色经济区建设的核心区，海洋的重要性十分突出。山东半岛蓝色经济区建设，科学适度用海，集中集约用海，搭建独具优势的陆海统筹新平台，扩展区域经济的发展空间，发展蓝色经济，是荣成市经济发展的必然选择。

科学制定并严格实施海洋与海岸带专项规划，是在新形势下荣成市深化海洋管理制度的重要举措，有利于陆海统筹和海岸带综合管理，拓展蓝色经济空间，推动新旧动能转换在空间上落地，促进海洋资源环境保护，有利于海岸带资源的优化配置和节约集约利用，推动高质量发展的"海洋攻势"，为海洋强国战略实施和海洋强市建设作出应有贡献。

第二节 自然环境与社会经济发展情况

一、海洋资源现状

1. 地理位置

荣成市位于山东半岛最东端，南、北、东三面濒临黄海，南至苏山岛，北至鸡鸣岛，东至成山头，西到长会口，与韩国、日本隔海相望，是沿海经济开放城市。海域面积约5000km²，浅海滩涂面积约100km²，邻近烟威、石岛、连青石等渔场，是多种鱼虾产卵、索饵、越冬洄游的优良场所。

2. 海岸带与海岛地形地貌

荣成市海岸按物质组成可分为砂质海岸和基岩海岸，这两类海岸相间分布，以基岩海岸为主。基岩海岸属于基岩岬湾海岸，砂质海岸属于沙坝-潟湖海岸。荣成市全域海岸可分为三大段：①沙坝-潟湖海岸，自茅子草口至河口村，以砂质海岸为主；②蚀退基岩岬湾海岸，河口村至龙须岛属于基岩海岸，岬湾相间；③以沙坝-潟湖为内湾的基岩岬湾海岸，龙须岛至靖海湾为岬湾相间的岬湾海岸。

荣成市近海海底为水下浅滩，不同区域的宽度和特征差异较大。北部海域水下浅滩从养马岛至成山头一带，呈带状绕岸分布，宽度为1～2km；东部海域水下浅滩北起成山头，南至石岛湾，由各个海湾的湾底和岬角附近的海底组成，浅滩的外缘水深达20m；南部海域水下浅滩呈带状分布，底质为黏土质粉砂，靠近岸边有砾砂、粗砂；西部海域水下浅滩主要为靖海湾东部的海底，底质为黏土质粉砂；在北部、东部和南部水下浅滩之外，存在一个绕荣成市的海底堆积平原，海底地形开阔平坦。

荣成市的岛屿属基岩岛，岩体裸露或半裸露，发育了海蚀平台、海蚀崖、海蚀柱、海蚀洞、砾石滩和沙滩等众多的地貌类型。

3. 气候

荣成市属于温带大陆性季风性湿润气候，因三面环海，海洋性气候特点表现突出，具有四季分明、气候温和、冬少严寒、夏无酷暑、降水集中的特点。年均气温约11.3℃，与同纬度的内陆相比，冬季气温高，夏季气温低，春季气温低于秋季气温。总体来说，荣成市气候宜人，具有发展度假旅游业的天然优势。

荣成市海陆风的特点比较明显，6～10月每月有海陆风的天数达9～14d，其他月份较少出现；夏季还受台风侵袭的影响，据1949～1982年的统计资料，受台风影响的次数平均每年2.1次，但台风中心登陆的极少。

4. 岸线资源

荣成市沿海岸线蜿蜒曲折，海岸线近500km，拥有众多港湾、基岩岬角、海岛和浅海滩涂，海岸沿线分布有龙眼湾、马栏湾、荣成湾、临洛湾、俚岛湾、桑沟湾、黑泥湾、石岛湾、王家湾等较大海湾14个，以及鸡鸣岛、海驴岛、镆铘岛、苏山岛等大小海岛115个。

5. 海洋渔业与生物资源

荣成市海域处于寒流暖流交汇地带，是世界上公认的最适宜海洋生物生长的纬度地区，海洋渔业与生物资源十分丰富，发现的浅海和滩涂动物有 394 种，主要经济生物近百种，其中牙鲆鱼、鲈鱼、对虾、鹰爪虾、黄花鱼、带鱼、鲅鱼、鲳鱼、乌鱼、鲍鱼、海参、海胆、魁蚶、扇贝、牡蛎等皆为远近闻名的海珍品。动物中，鱼类主要有大黄鱼、小黄鱼、梭鱼、鲅鱼、鲳鱼、鲻鱼、黑鲷、许氏平鲉、六线鱼、牙鲆、鳀鱼、鲅鳒等 100 余种；虾蟹类主要有鹰爪虾、中国对虾、日本对虾、毛虾、大蝼蛄虾、脊尾白虾、三疣梭子蟹、日本鲟、寄居蟹；贝类主要有栉孔扇贝、皱纹盘鲍、贻贝、泥蚶、魁蚶、毛蚶、扁玉螺、红螺、菲律宾蛤仔、文蛤、日本镜蛤、中国蛤蜊、四角蛤蜊、栉江珧、青蛤、竹蛏、长蛸、乌贼、柔鱼等；棘皮类主要有刺参、马粪海胆、紫海胆等；其他类有海蜇、海葵等。

海洋植物资源主要为藻类，有石花菜、羊栖菜、海带、裙带菜、鹿角菜、大叶藻、江蓠、紫菜、鼠尾藻、海萝、海黍子等。

6. 港口资源

荣成市沿海从北到南分布有龙眼湾港区、蜊江港区、石岛湾港区、靖海湾港区、凤凰尾作业区港区等。现有商港 8 处，分别为龙眼港、马山港、蜊江港、石岛港、石岛新港、朱口港、荣喜港和好当家港，已建成万吨级以上泊位 18 个、5000t 级泊位 8 个、3000t 级泊位 5 个，泊位总长 6182km，最大靠泊能力 5 万 t。石岛港、龙眼港为国家一类开放口岸，石岛港也是台湾海峡两岸海运直航港口。

7. 海岛资源

荣成市共有 115 个海岛，包括 2 个有居民海岛鸡鸣岛和镇锣岛、113 个无居民海岛。

荣成市大部分海岛面积较小，无居民海岛总面积 851 073m²，平均面积 7532m²；面积最大的是苏山岛（469 704m²），面积最小的是蛤蟆岛（4m²），500m² 以下的海岛有 75 个。海岛海拔较低，主要为构造基岩岛。海岛距离大陆海岸较近，大多数小于 10km。

8. 旅游资源

荣成市旅游资源丰富，自然景观独特，具备了国际公认的"阳光、沙滩、海水、空气、绿色"5 个旅游资源基本要素，拥有石岛湾、好运角两处省级旅游度假区，国家 4A 级景区 3 处、国家 3A 级景区 8 处，五星级酒店 1 家、四星级酒店 5 家、三星级酒店 7 家，旅行社 16 家，其中出境社 3 家，国家级农业示范点 1 个，省级休闲工农业旅游示范点 29 个，省级旅游特色村 20 个，省级旅游强镇 9 个，省级精品采摘园 5 家，五星级好客人家农家乐 1 家、四星级好客人家农家乐 36 家。

荣成市主要景点包括：被誉为"中国好运角""中国最美的八大海岸之一"的成山头国家 4A 级景区；一寺连三国、情系中日韩的石岛赤山国家 4A 级景区；滨海旅游度假天堂、温泉养生胜地的那香海国家 4A 级景区；全国村办最大的放养式野生动物园西霞口野生动物世界；大东胜境九顶铁槎山；道教发祥地之一、"五虎圈阳"之地圣水观；被誉为"中华第一大奇石"的花斑彩石；城市会客厅樱花湖体育公园；伟德山、槎山两处国家级森林公园；《爸爸去哪儿》实景拍摄地鸡鸣岛。

二、海洋生态环境现状

1. 海洋环境质量

荣成市近岸海域环境状况总体较好。2017 年，近岸海域水质基本符合二类海水水质标准，部分海域水质符合一类海水水质标准，能够满足功能区海域使用要求。国家级水产种质资源保护区环境状况良好，区内生物多样性处于一般状态，保护生物资源量和质量相对稳定。成山头省级海洋自然保护区状况良好，水质总体符合一类海水水质标准。海水增养殖区环境状况良好，养殖生物生长状况稳定，但是海水中磷酸盐含量偏低，在一定程度上限制了海洋初级生产。荣成市滨海公园适宜和较适宜游泳天数占 88%，导致不适宜游泳的主要因素是降雨、风浪较大、水温气温较低。2017 年，荣成市近岸海域未发现规模性赤潮和水色异常现象。

2. 海洋保护区

荣成市拥有国家级海洋保护区 1 个、省级海洋保护区 1 个，以及其他海洋保护区若干个。

1）山东荣成大天鹅国家级自然保护区

山东荣成大天鹅国家级自然保护区位于山东半岛最东边，在荣成市的东部，濒临黄海。荣成大天鹅自然保护区始建于 1985 年，1992 年经威海市人民政府批准为市级自然保护区，2000 年经山东省人民政府批准保护区由市级晋升为省级，2007 年 4 月国务院正式批准建立山东荣成大天鹅国家级自然保护区。保护区内地貌类型多样，有浅海、海滩、丘陵、岛屿，沿海海湾众多，潟湖湿地十分典型，为鸟类提供了良好的生境，是大天鹅和其他珍稀鸟类越冬栖息、生存繁衍的理想场所。由于地理位置优越，自然环境独特，生物资源多样，每年有万余只大天鹅来此越冬，已成为我国最大的大天鹅集中越冬栖息地，被国内外专家学者誉为"东方天鹅王国"，是世界上四大天鹅栖息地之一，具有较高的保护和科研价值，在国内外均有重大的影响。

2）荣成成山头省级自然保护区

荣成成山头省级自然保护区位于荣成市成山镇，于 2002 年 12 月 30 日经山东省人民政府批准成立，总面积为 6015.39hm^2，其中核心区面积为 2142hm^2，缓冲区面积为 2418hm^2，实验区面积为 1455.39hm^2，成山头位于我国海岸线的最东端，海域位置独特，被誉为"中国的好望角"，是著名的国家级风景名胜区。该海域生物资源十分丰富，拥有海洋植物 148 种、海洋动物 422 种，是我国北方海洋生物多样性的储存库。区内还有全国少有的典型沙嘴、奇特的海蚀柱和海蚀洞等海蚀地貌，以及受到国内外地质学家高度重视的柳夼红层等自然遗迹，具有很高的地质、地貌和海洋气候变迁的科研价值，保护区以海洋和海岸生态系统、海湾生态系统、海岛生态系统为主要保护对象。

3. 水产种质资源保护区

荣成市先后建成国家级水产种质资源保护区4个、省级水产种质资源保护区5个，是刺参、鲍鱼、海胆及多种经济鱼、虾、贝、藻的自然生态繁衍区。

桑沟湾国家级水产种质资源保护区。桑沟湾国家级水产种质资源保护区总面积为1072.9hm²，主要保护对象为魁蚶。魁蚶俗名大毛蛤、赤贝、血贝，属浅海贝类，是出口创汇的优良品种。

荣成湾国家级水产种质资源保护区。荣成湾国家级水产种质资源保护区总面积为2165hm²，其中核心区面积为997hm²，实验区面积为1168hm²，主要保护对象为栉孔扇贝和紫海胆。

荣成楮岛藻类国家级水产种质资源保护区。荣成楮岛藻类国家级水产种质资源保护区总面积为471.66hm²，其中核心区面积为266.22hm²。

月湖长蛸国家级水产种质资源保护区。月湖长蛸国家级水产种质资源保护区位于荣成市成山镇月湖水域，规划总面积373.69hm²，其中核心区面积为116.59hm²，实验区面积为257.10hm²。

4. 滨海湿地

根据《全国湿地资源调查技术规程（试行）》中的湿地分类标准，荣成市近海与海岸湿地包括5个类型，分别为浅海水域、岩石海岸、沙石海滩、河口水域、海岸性咸水湖，总面积达32 715.58hm²（表8-1），占荣成市湿地总面积的70%以上。滨海湿地是陆地生态系统和海洋生态系统的交错过渡地带，具有显著的生态系统多样性，是荣成市重要的生态保护屏障，是鸟类南迁北移的重要中转站和越冬栖息地，是鱼类的重要繁育场所，是维持海洋鱼类生物多样性的关键区域，具有重要的保护和科研价值。其中，荣成市东部的天鹅湖是世界四大天鹅越冬栖息地之一，天然的潟湖和湿地、适宜的温度、丰富的大叶藻植物等为大天鹅过冬提供了自然条件，每年有万余只大天鹅来此越冬，是世界上已知最大的大天鹅越冬种群栖息地。

表 8-1 荣成市滨海湿地类型及面积 （单位：hm²）

湿地类型	浅海水域	岩石海岸	沙石海滩	河口水域	海岸性咸水湖
面积	28 003.21	1 600.61	1 354.36	484.64	1 272.76

荣成市浅海水域湿地主要分布于沿海浅海区域；岩石海岸湿地主要分布在大渔岛村海滩、镆铘岛海滩、马栏耩海滩、青龙嘴海滩、褚家村海滩、俚岛海滩、草岛寨海滩、姜岛海滩、烟墩角海滩等区域；沙石海滩湿地主要分布在鸡鸣岛、灰树村、八河港、朱口村、蜊江港、瓦屋石、天鹅湖等区域；河口水域湿地主要分布在沽河河口；海岸性咸水湖湿地主要包括荣成市月湖、八河港及朝阳港附近的咸水湖。

三、海洋经济发展

1. 海洋渔业

海洋渔业一直以来都是荣成市的优势所在，各项指标多年保持全国县市首位，是"全国第一渔业大县""中国海带之乡"和全国著名的名优养殖基地，是海洋食品加工的直接前向关联产业，区域格局中渔业地位突出。渔业总产值、产量等各项指标占威海市的比重均在 50% 左右，特别是海水捕捞占比超过 60%。

1）海水养殖

2014～2018 年，荣成市海水养殖产量均超过 110 万 t，总收入均超过 600 万元（表8-2）。2018 年，荣成市海水养殖产量达 114 万 t，实现总收入 875 亿元，总收入增长 6.7%，海水养殖产量继 1982 年之后连续 36 年蝉联全国县市首位。

表 8-2　2014～2018 年荣成市海水养殖产量及总收入

年份	海水养殖产量（万 t）	总收入（亿元）
2014	120	672
2015	122	719
2016	115	770
2017	114	820
2018	114	875

近年来，荣成市按照新旧动能转换和建设海洋强市部署要求，充分挖掘现代渔业三产属性，全面开启海洋牧场建设，并将其作为推动渔业供给侧结构性改革、促进海洋一二三产业融合发展的抓手，努力实现发展方式转变、产业结构优化、经济效益提升的目标。目前荣成市海洋牧场规模、数量居全国前列、全省首位。

截至 2020 年，荣成市共培植国家级海洋牧场示范区 8 家、省级海洋牧场示范区 13 家，数量和规模均居全省县市首位（表 8-3）。2019 年，为了配合荣成市马拉松赛事活动，5 月 3～4 日，在鸡鸣岛组织了山东"渔夫垂钓"矶钓赛（约 20 人），在西霞口组织了山东"渔夫垂钓"全国海钓精英邀请赛，向国内国际宣传展示了荣成"自由呼吸、自在荣成"的城市形象和海洋牧场建设成果，提升了"到荣成有鱼钓"的海洋牧场休闲渔业品牌知名度，进一步推动了休闲海钓产业的发展；6 月 6 日，在楮岛海洋牧场举办了主题为"养护水生生物资源 促进生态文明建设"的 2019 年全国"放鱼日"同步增殖放流活动（山东）暨"放鱼养水 养护生态"党员志愿者主题活动·碧水责任百万网友公益大行动；10 月 19～20 日在西霞口举办了 2019·山东"渔夫垂钓"第七届"西霞口"杯全国海钓精英邀请赛（矶钓）。2019 年，荣成市休闲渔业吸纳游客 66 万人次，实现直接门票收入 2400 多万元。

表8-3　荣成市海洋牧场建设现状（截至2020年）

序号	海洋牧场	获批年份
1	山东省荣成市北部海域国家级海洋牧场示范区	2015年
2	山东省荣成市爱莲湾海域国家级海洋牧场示范区	2015年
3	山东省俚岛东部海域鸿源国家级海洋牧场示范区	2017年
4	山东省荣成市桑沟湾海域国家级海洋牧场示范区	2016年
5	山东省荣成市南部海域好当家国家级海洋牧场示范区	2016年
6	山东省荣成市临洛湾海域烟墩角国家级海洋牧场示范区	2018年
7	山东省荣成市荣成南部海域马山国家级海洋牧场示范区	2018年
8	山东省荣成市王家湾海域人和国家级海洋牧场示范区	2020年
9	山东省荣成靖海湾海域鑫弘国家级海洋牧场示范区	2020年
10	山东省荣成鸡鸣岛东兴国家级海洋牧场示范区	2020年

截至2020年，荣成市共有水产健康养殖示范场23个（部级18个、省级5个）、省级渔业资源修复增殖站23个、国家级及省级原良种场10个，带动全市各育苗场繁育鱼类、刺参、名优贝类等优质品种200亿单位以上，2019年增殖放流中国对虾、三疣梭子蟹等优质苗种1.9亿单位。

2）远洋渔业

目前，荣成市共拥有农业农村部远洋渔业资质企业19家，专业远洋渔船有317艘，渔船总功率达37.1万kW，总吨位达22.2万t。其中，鱿鱼钓渔船有90艘、金枪鱼延绳钓鱼船有86艘、拖网渔船有97艘、围网渔船有28艘、远洋渔业辅助运输船有16艘，年运载能力达到24万t（图8-1）。2018年共外派远洋作业渔船288艘，完成总产量30万t，实现产值39亿元，回运自捕水产品22.5万t，回运比例达75%。2019年上半年，全市共派出各类远洋作业渔船272艘，实施远洋作业项目14个，完成总产量14.6万t，实现收入18.4亿元，回运自捕水产品10.9万t，回运比例达75%。远洋渔船规模、捕捞产量、收入继续名列全国县市首位。

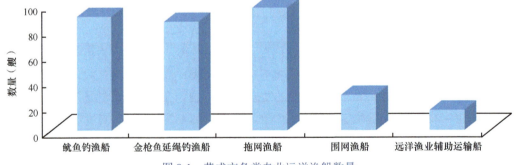

图8-1　荣成市各类专业远洋渔船数量

目前，荣成市远洋渔业重点推进沙窝岛国家远洋渔业基地及加纳、斐济群岛、乌拉圭等海外渔业基地建设；稳步推进南极磷虾产业项目建设，预计下半年开工建造南极磷虾专业捕捞加工船1~2艘；加快更新改造老旧远洋渔船，2019年6家远洋渔业企业的21艘渔船共获得国家更新改造远洋渔船补助资金12 180万元。

2. 滨海旅游业

2017 年，荣成市接待海内外游客 1160 万人次，旅游总收入 100 亿元，比 2016 年分别增长 15% 和 13%。截至 2017 年底，荣成市国家 2A 级及以上旅游景区如表 8-4 所示。

表 8-4　荣成市国家 2A 级及以上旅游景区（截至 2017 年底）

景区名称	级别
成山头风景区	AAAA
赤山风景区	AAAA
那香海景区	AAAA
槎山风景区	AAA
圣水观景区	AAA
荣成市博物馆	AAA
荣成市金石湾艺术园区	AAA
荣成市成山森林公园	AAA
荣成市东楮岛风景区	AAA
樱花湖体育公园	AAA
甲子山庄	AAA
花斑彩石景区	AA

3. 港口航运业

荣成市现有港口经营资质单位 15 家，包括商港 8 家、舾装码头 5 家、陆岛交通码头 2 家。全市已开通石岛新港至韩国仁川、石岛新港至韩国群山、龙眼港至韩国平泽 3 条国际客滚班轮航线；已开通石岛新港至日本关东、关西、东京、名古屋等全集装箱航线；已开通石岛新港至青岛集装箱外贸内支线；已开通龙眼港至霞口滩、朝阳角至鸡鸣岛、海驴岛环岛游、鸡鸣岛环岛游、霞口滩海上观光游 5 条海上观光旅游航线。2010～2017 年，荣成市港口货物吞吐量逐年提高，2017 年突破 2500 万 t；2018 年受传统产业转型升级和节能减排等政策影响，煤炭、矿石、鱼粉等大宗货物进出口量大幅降低，港口货物吞吐量降至 365.8 万 t，下降了 85.5%，2019 年港口吞吐量为 410 万 t，增长了 12.1%（表 8-5，图 8-2）。2010～2017 年，全市港口集装箱吞吐量均在 25 万 TEU 以上，2018 年受龙眼港至韩国平泽航线停航的影响，港口集装箱吞吐量降至 20 万 TEU，下降了 25.1%，2019 年集装箱吞吐量为 21 万 TEU，增长了 5%；2018 年全市港口客运量为 64 万人次，2019 年港口客运量达 123 万人次，增长了 92.2%。

表 8-5　2010～2019 年荣成市港口货物和集装箱吞吐量

年份	港口货物吞吐量（万 t）	集装箱吞吐量（万 TEU）
2010	1609.8	25.1
2011	1900	30
2012	2050	32.7
2013	2216	35

续表

年份	港口货物吞吐量（万 t）	集装箱吞吐量（万 TEU）
2014	2316	35.6
2015	2360	36.5
2016	2455	34.9
2017	2530	26.7
2018	365.8	20
2019	410	21

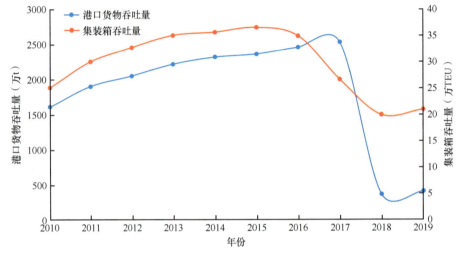

图 8-2　荣成市 2010～2019 年港口货物和集装箱吞吐量走势图

4. 海洋生物食品行业

2017 年，荣成市海洋生物食品行业拥有规模以上企业 267 家，完成海洋食品加工量 275 万 t，行业集群规模突破 1300 亿元，占全市规模以上工业经济总量的 45%，跻身中国产业集群品牌 50 强，成为全国最大的冷冻调理食品、海带食品、海产罐头食品生产基地，先后获得"中国海洋食品名城""中国绿色食品城""国家级海洋牧场示范区""中国海洋保健食品开发示范基地""中国海洋产品集散基地""全国海水健康养殖示范区""国家级功能食品加工科技兴海示范基地"等称号。

2017 年，荣成市拥有海洋食品企业 746 家，年加工能力达 290 万 t，海洋生物食品产业完成总产值 1380 亿元。海洋食品产业形成了冷冻调理食品、海藻食品、即食海洋食品、海产罐头食品、海洋保健食品、海洋珍品、海洋生物制品、海鲜调味品、冻鲜/干腌制海产品、海鲜面食十大系列海洋优势产品。

5. 海洋船舶工业

多年来，荣成市坚持修造并举、错位发展，在巩固修船和现代渔船建造规模的同时，主攻大型客滚船、多用途重吊船、海巡执法船等特种船型，重点开发豪华邮轮、游艇等高附加值船型，拥有黄海造船、三星重工等规模以上企业 46 家，现已形成五大造船板块，造船能力达 72 万载重吨。2018 年生产整船 26.7 万载重吨、船段 19.8 万载重吨，其中客滚船、重吊船分别占全国市场的 70% 和 80%。5 万 t 以上干船坞有 6 个，其中 30 万 t 有 1 个，20 万 t 有 1 个。修造船及零部件产业实现销售收入 104.2 亿元。

四、海域开发利用现状

根据海域使用权确权登记数据，截至 2019 年 5 月，荣成市海域开发利用总规模为 200 720.46hm²。其中，渔业用海面积最大，接近 20 万 hm²，确权面积占比超过 99%；其次是工业用海，确权面积 854.10hm²，确权面积占比仅 0.426%；再次是交通运输用海，确权面积 328.54hm²，确权面积占比仅 0.164%；旅游娱乐用海确权面积 2.34hm²，面积占比低于 0.1%（表 8-6）。荣成市渔业用海对荣成市海岸线基本呈包围形势，在近岸和近海均有分布；其他类型用海基本靠近海岸线。

表 8-6　荣成市海域使用结构（截至 2019 年 5 月）

序号	海域使用类型一级类	确权面积（hm²）	面积占比（%）
1	渔业用海	199 535.48	99.410
2	工业用海	854.10	0.426
3	交通运输用海	328.54	0.164
4	旅游娱乐用海	2.34	0.001
	总计	200 720.46	100

与山东省沿海地级市相比，荣成市海域开发利用面积处于较高水平。作为一个县级市，荣成市海域开发利用总规模和渔业用海规模超出了青岛、东营、烟台、潍坊、日照、滨州等地级市，用海强度（已确权用海面积÷海域总面积×100%）高达 57%。

五、无居民海岛开发利用现状

荣成市无居民海岛大多处于未开发状态，已利用海岛以水产养殖和旅游观光为主，少量海岛上建有公共服务设施，总体来说，无居民海岛开发利用较少，层次较低，利用效率不高。

水产养殖为无居民海岛周边主要经济活动。五岛、鹁鸽岛、瓦子石岛等海岛周边具有一定规模的海水养殖，多数岛上建有养殖看护的临时性建筑。

无居民海岛开展旅游观光正逐步增多。海驴岛、花斑彩石岛等进行了基础的旅游观光开发。

大王家岛、海驴岛、连岛、苏山岛建设有海上航标及测量标志设施，为海上交通及科学研究发挥了必要的支撑作用。

六、海岸线开发利用现状

根据海岸线开发利用现状，将荣成市海岸线划分为渔业岸线、工业岸线、港口岸线、旅游岸线、城乡建设岸线、未利用岸线 6 类。根据 2017 年海岸线调查统计结果，渔业岸线总长 331 619.4m，荣成市北部、东部和南部大部分岸线均属于此类；工业岸线总长 11 562.5m，主要分布在俚岛湾、临洛湾、石岛湾、王家湾等处；港口岸线总长 20 125.5m，主要分布在荣成湾、俚岛湾、石岛湾、王家湾等处；旅游岸线总长 17 639.9m，主要分布在桑沟湾、石岛湾等处；城乡建设岸线总长 24 752.3m，主要分布在桑沟湾、王家湾等处；未利用岸线 55 402.6m，主要分布在茅子草口以东部分区域、养鱼池湾、爱莲湾与桑沟湾之间、桑沟湾、王家湾及其邻近区域、朱口西圈、靖海湾等处。

第三节　陆海统筹的突出问题及主要规划内容

一、问题分析

1. 近海生态环境保护不容忽视

养殖规模扩大对海洋生态环境构成潜在威胁。沿荣成市海岸，大面积的养殖海域比比皆是。由于规模庞大，养殖品种遭受病毒威胁的概率增大，一旦发生急性传染疾病，就极有可能对经济和生态造成重大损失。

临岸工业企业发展对海岸和海洋环境造成破坏。目前，在荣成市海岸区域，布局建设了 40 多家修造船企业，还有一批渔业加工企业。这些企业占据了大量的原始岸线，围填了大量海湾和海域空间，工业废水对近岸海洋生态环境形成了巨大压力。

2. 港口发展相对落后

荣成市沿海港口发展存在的主要问题包括：港口规模小、大型和专业化泊位少、综合服务能力不足、港区分工不明确、岸线利用散乱等。近年来，随着荣成市地方经济和对外贸易的高速发展，港口规划建设和管理水平亟待提高：一是整合港口资源，科学规划、合理利用港口岸线，明晰各港口功能定位，避免重复建设和同质化竞争；二是规划建设液化天然气（LNG）、冷冻水产品、集装箱、客滚等大型专业化泊位，适应国内外航运船型的发展变化，提高港口综合服务能力，服务和促进辖区产业转型升级；三是加快推进港口机械化、智能化改造，全面推行节能减排和港区环境治理，有效缓解港口发展对海岸生态环境造成的压力。

3. 滨海旅游单一

荣成市旅游以景点观光为主，高度依赖自然和人文景观资源，度假产品缺乏或缺少休闲度假、深度体验、"旅游+产业"等模式。此外，荣成市旅游配套设施不足，现有中高端酒店较少，缺乏知名品牌，低端快捷酒店占多数，且多数酒店主题类似，未与当地文化进行有效结合。

4. 科技支撑能力不足

虽然荣成市海洋科技整体水平处于全国县级市前列，但其优势主要体现在水产育苗和养殖上，对于一些新兴产业的开发，科技滞后于生产的矛盾比较突出。水产品加工手段落后，多以"原料"直销，既降低了水产品增值水平，又不利于"品牌"打造，一定程度上削弱了市场竞争力。

5. 多数涉海企业规模偏小，管理落后

荣成市在海洋渔业和修造船业领域拥有众多企业，但多数规模较小，生产经营分散，集约程度低，资源缺乏整合，制约了产业升级和竞争力提升。在众多涉海企业中，很多为家族式经营，在发展初期具有很好的凝聚力，但随着企业逐渐壮大，弊端也逐渐显现。一是管理上可能存在随意性、家长制，权力的家族式集中给企业内部管理留下隐患；二是家族式企业容易排斥外来资源和活力，使得企业难以吸收外部人才，限制了企业往更高层次上的发展；三是家族内部矛盾可能会演化为企业内部矛盾，致使企业经营遭受重创，甚至破产解体；四是决策机制不完善，家族企业具有决策独断性特点，这是许多企业初期取得成功的保证，但随着企业的壮大，潜在的风险也在加大，一次失败就可能断送一个企业。

6. 近海渔业资源衰退

渔业资源衰退是全国沿海都存在的普遍性问题，对于荣成市以海洋渔业为主的农业经济结构，影响则更为明显。由于资源衰退，近海捕捞业受到最直接的影响，捕捞量下降，渔民减收，政府财税收入减少，渔民转产转业压力陡增。野生渔业资源衰退引发的供给不足，还会影响高品质海水产品的市场供给，拉低了市场上所售渔业产品的总体质量。

二、主要规划内容

荣成市是沿海重要城市，是中国距离韩国最近的地区。海岸带和海域空间资源丰富，是荣成市经济发展的重要空间载体。保护和利用好海岸带资源对发挥荣成市的海洋优势，提升荣成市在海洋强市战略中的作用具有重要意义。荣成市海岸带是珍贵的不可复制的自然财富，是荣成市地方特色和魅力所在，对荣成市的建设和发展具有重要的意义。

在国土空间规划改革前，国内既有的海岸带相关规划大多侧重海岸带生态和风貌保护的指引，但是针对底线管控的落实缺乏有效的空间管控手段与实施机制保障。根据本轮国土空间规划"五级三类"的体系，总体规划涉及海岸带空间开发保护约束与指引的内容较为薄弱，因此，在加强与同级国土空间总体规划衔接的前提下，海洋与海岸带专项规划应重点落实以下具体要求。

一是要明确海洋与海岸带专项规划的功能定位。荣成市海洋与海岸带专项规划是县级国土空间规划体系下的专项规划，是国土空间规划的有机组成部分，是对国土空间规划在海岸带区域针对特定问题的细化、深化和补充，指导相关行业规划，并与其他相关专项规划保持同位衔接。

二是要强化海洋与海岸带专项规划在落实陆海统筹和"多规合一"中的作用。规划应重点考虑陆海统筹视角下的资源节约集约利用、生态环境保护和空间合理性的相对关系，提出解决区域内资源保护与利用问题的管控措施和约束指标，为海岸带地区资源保护与利用、生态保护与修复、灾害防御等提供管理依据，为海岸带产业与滨海人居环境

布局优化提供空间指引，为海岸带地区实施用途管制提供基础依据。

三是坚持问题导向，强化空间管制。通过基础调研和专题研究，摸清海岸带各种底数，以"区""线"的形式，突出海岸带空间的禁、限、用等属性，重点解决陆海统筹的突出问题和矛盾，将海洋空间用途分区及管控规则、海岸建筑退缩线、海砂开采管控区、地下水开采管控区、海洋灾害防御区等作为海洋与海岸带专项规划的核心管控制度。

1. 现状基础研究

结合规划范围内自然资源、地理要素及开发利用现状，分析海岸带地区资源节约集约利用、生态环境保护与修复、产业布局优化、人居环境品质提升等方面存在的突出问题，结合省级和市级战略，分析荣成市海岸带保护与利用面临的形势和挑战，并确定规划的重点任务。

2. 目标与战略

落实国家、省、市重大战略部署，统筹荣成市海岸带保护、开发、利用、修复，结合荣成市海岸带资源环境条件、社会经济发展水平、产业基础发展趋势，综合确定总体发展定位。研究确定规划近期、远期发展目标，提出预期性和约束性规划指标。针对海岸带开发与保护存在的重大问题及面临的形势，结合自然资源禀赋和经济社会发展阶段，协调保护和开发的关系，提出荣成市海岸带开发保护的总体策略。

3. 构建陆海统筹空间格局

立足荣成市自然地理格局、资源禀赋和生境本底，全面落实全国海岸带规划区域指引、山东省国土空间总体规划确定的主体功能区定位，结合规划目标，实施面向生态、产业、资源、人居环境等的陆海统筹战略，形成陆海协调、人海和谐的海洋空间开发新格局，从宏观上明确保护重点和发展方向。综合考虑荣成市海岸带生态资源本底，重点保护海岸带自然生态敏感地区（如河口、湿地），构建以岸线为中轴、以自然生态单元为基础的海陆一体化生态安全格局。

4. 规划分区与海洋功能分区

统筹考虑海岸线两侧海域和陆域的保护与利用，科学确定海岸带资源空间利用格局，科学划定"两空间内部一红线"，确定重点海洋空间发展区；根据海域区位、自然资源和自然环境等属性，基于"双评价"结果，继承和优化海洋功能区划分区体系，落实山东省海岸带分区要求，结合新时期海洋空间管控要求及产业用海需求等，划定海洋功能三级区，逐区明确海洋空间管控规则。

5. 构建海岸带生态屏障

严守生态保护红线和自然保护地范围，落实海岸带生态保护红线管控要求，落实自然保护地保护和管理要求，实现对生态保护红线与自然保护地的陆海统筹管理。加强流域海域分区防控，加强入海排污口管理；严格防控海上污染，如海水养殖、船舶排污、海上倾倒等；明确陆源污染物排海总量控制，提出海岸带城市生活、生产空间的倒逼机制建议，落实流域海域分区防控制度；提出海洋垃圾清理和微塑料排海防控措施。梳理海岸带生态保护、整治与修复工作的管理制度、建设计划、重点工程、存在问题等，落实重要滨海湿地保护和修复面积等管控指标，落实海洋生境修复面积和目标等管控指标。

6. 节约集约利用海岸带资源

落实《海岸线保护与利用管理办法》，根据自然岸线保有率管控目标，衔接荣成市国土空间总体规划和海岸线修测成果，按照严格保护、限制开发和优化利用类型分类提出海岸线管控要求；基于第三次国土调查、围填海现状调查和海域使用权属资料，梳理围填海历史遗留问题，提出存量围填海开发利用计划和用途；完善开发利用类无居民海岛空间准入制度及开发保护要求。

7. 引导海洋产业优化布局

研判荣成市海岸带产业发展现状和变化趋势，结合产业发展规划，以陆海统筹为原则提出海岸带地区产业总体布局，以科技创新为导向重塑海岸带地区产业区域分工，推动陆海产业功能衔接、要素合理配置。根据城市发展总体定位，优化港城空间格局，提出港口功能调整方向；结合渔业资源实际，提出海洋牧场的空间引导与管控要求。

8. 塑造高品质滨海城市空间

以改善海岸景观、优化亲海空间、为市民亲近海洋创造良好的环境为目的，落实亲海岸线和亲海空间的具体布局及保护策略；衔接威海市海岸建筑退缩线划定结果，结合荣成市实际，进一步细化海岸建筑退缩线管控措施；以保障海岸带地区人民的生命财产安全、优化海洋资源开发利用和社会经济可持续发展为目的，明确海洋灾害防御的重点任务、措施和保障能力。

9. 规划传导落实

落实省级、市级海岸带保护与利用规划的约束性指标、刚性管控要求、重要引导，同时与县级国土空间总体规划衔接，对国土空间规划在海岸带区域的特定问题进行细化、深化和补充。

10. 规划实施保障

提出保障规划实施的配套政策建议。研究制定海岸带资源配置、工程建设审批等政策，规范海岸带保护与利用。开展海岸带资源环境保护法治建设，加强对海岸带、海洋生态红线的监督管理。推动海岸带立法，对海岸带资源利用、生态保护、规划管理进行统一立法，建立健全海岸带综合管理制度。

第四节　规　划　原　则

规划编制要全面贯彻落实党的十九大精神，进一步推进生态文明建设，推进陆海统筹协调发展，践行陆海一体化国土意识和海岸带区域协调发展战略。规划编制主要遵循以下原则。

1. 改革创新、全局谋划

深化自然资源管理体制改革的要求，创新规划机制体制，探索规划与立法协同、省市县规划协同、专项规划与总体规划协同，从全局谋划，使空间规划切实保障海洋领域新旧动能转换，推动海洋经济高质量发展。

2. 陆海统筹、分区管控

强化运用陆海相互作用的科学认知，协调匹配海陆主体功能定位、空间布局、开发强度、发展方向和管制原则等，构建主体功能清晰的海岸带基础空间格局，明晰海岸带空间用途管制，加强部门、行业和区域统筹，共同促进海陆一体化发展和保护。

3. 生态优先、绿色发展

树立和践行"绿水青山就是金山银山"的理念，坚持"山水林田湖草沙"是一个生命共同体，促进海岸带地区陆海一体化生态保护和整治修复，谋划"水清、岸绿、滩净、湾美、岛丽"的海洋生态文明新格局，提升海岸带生态质量。深化海岸带资源科学配置与管理，加强海岸带资源节约集约利用，形成人海和谐的新模式。

4. 坚持导向，强化实施

坚持问题导向和需求导向，充分考虑荣成市海岸带区域资源环境和经济社会发展的差异及需求，重点关注海洋发展的不平衡、不充分问题，通过规划编制和实施切实解决海岸带地区空间治理面临的问题和困难，并制定切实可行的保障措施，提高规划的操作性和针对性。

第五节　陆海统筹方案

陆海统筹理念符合国土空间规划陆海一体化、相互作用的客观规律。陆地和海洋两大系统在空间上连续分布、交互影响，陆海间自然要素的流动没有明确界线，陆海间自然资源的利用没有显著区分。编制沿海地区国土空间规划，必须立足"陆海一盘棋"基本理念与"陆海一体化"基本规律，打通陆地与海洋、潮上与潮下、岸内与岸外。一是立足陆海空间的互联性，在同一规划框架下以不同深度规划为依托，实施"从山顶到海洋"全流域、全要素规划。二是立足海陆资源的互补性，最大限度发挥各自的比较优势，统筹陆域与海洋资源开发保护导向，保障国家能源资源安全。三是立足陆海生态的互通性，将"山水林田湖草沙"生命共同体理念运用到以海岸带为核心的沿海空间治理，实施生态系统综合管理，推动可持续发展。四是立足陆海产业的互动性，沿海产业规模与布局要同步考虑陆地和海洋的发展潜力及资源环境承载力，更加重视超载地区、产能过剩地区"以海定陆"，推动内陆优势技术结合海洋需求与沿海特色"引陆下海"。

一、海洋空间规划"多规合一"

1. 海洋空间规划"多规合一"的难点

1）规划分区名称相同而内涵、范围不同

《山东省海洋主体功能区规划》将山东省沿海县级行政单元划分为优化开发、重点开发、限制开发和禁止开发四类区域，荣成市全域海洋空间均属于限制开发区；《荣成市海域使用规划（2013—2020）》将全市海域划分为禁止开发海域、限制开发海域、适宜开发海域和重点开发海域四类；《山东省黄海海洋生态红线划定方案（2016—2020 年）》将山东省海洋生态红线区分为禁止开发区和限制开发区。

尽管上述各项规划都涉及禁止开发和限制开发两类区域，但实际上，相同名称的含义和范围并不一致。就限制开发区来讲，《山东省海洋主体功能区规划》中的限制开发区为荣成市全部海域；《荣成市海域使用规划（2013—2020）》中的限制开发区包括南大湾特殊利用区、仙人桥北文体休闲娱乐区、桑沟湾滨海休闲娱乐区、石岛湾文体休闲娱乐区、荣成朱口东圈风景旅游区、荣成东近海保留区、荣成宁津保留区、镇锣岛保留区、张濛港保留区；《山东省黄海海洋生态红线划定方案（2016—2020 年）》中的限制开发区包括荣成荣成湾限制区、荣成烟墩角限制区、荣成八河港河口生态限制区、荣成斜口流滨海湿地限制区、荣成湾渔业海域限制区、荣成大小王家岛海岛限制区、荣成苏山岛群海岛限制区、荣成爱莲湾砂质岸线限制区、荣成朱口东圈滨海旅游限制区、荣成朱口西圈滨海旅游限制区等区域。

2）各涉海规划部门盘根错节

同全国其他沿海省、市、县一样，荣成市涉海管理体系复杂，海洋空间规划管理部门数量众多且交错重叠。例如，发展改革部门负责投资审批、核准及备案；环境保护部门负责指导、协调和监督海洋环境保护工作，并负责管理海岸工程环境审批；海洋部门承担海洋环境保护的主要职责，负责海域使用审批、海岛使用审批、海洋工程环境审批和大多数海洋空间规划编制与实施；交通部门核准与通航安全有关的岸线使用和水上水下施工作业，对港口和航道规划具有主要话语权。由此可见，涉及海洋空间事权的行政管理存在明显交叉，导致各涉海部门彼此冲突和推卸责任的现象时有发生。此外，由于多规管控空间重叠且并存及内容交错，审批部门众多，审批效率低，政府对于如何落实规划无所适从。

3）部分海洋生态保护红线划定不合理

目前，荣成市的海洋生态红线划定依据 2016 年印发的《山东省黄海海洋生态红线划定方案（2016—2020 年）》，生态红线的划定对严格生态环境评价、提高资源节约集约利用水平和综合开发水平、最大程度减少对海域生态环境的影响具有重要意义，在执行过

程中坚持科学分区、分类管控，制定差别化管控措施，实施针对性管理，生态红线的划定有力地保障了海洋生态安全、促进了人海和谐、有利于建设海洋生态文明，推动了全市海洋经济和社会可持续发展。

但在海洋生态保护红线制度日常执行过程中仍存在部分问题，主要体现在未尊重现实用海情况、未考虑历史遗留问题。例如，多个生态保护红线区划定范围位于传统养殖区内，生态保护红线的管控要求导致传统养殖升级转型困难重重，甚至直接导致无法转型升级。同时，荣成市渔港码头众多，在生态保护红线划定时未充分考虑这些历史遗留问题，将数量众多的渔船停靠码头、养殖作业码头划入了生态保护红线区。渔业作业生态的特殊性及海浪的长期侵蚀，导致这些码头破损且无法修复。此外，由于位于生态保护红线区内，《中华人民共和国海域使用管理法》实施前已形成的渔港码头合法化困难重重，亟待开展和落实生态保护红线的调整工作。

2. 海洋空间规划分区总体要求与原则

1）对接城市发展目标与战略

海洋空间规划的"多规合一"首先要从空间规划的根源着手，明确空间规划的战略目标。《荣成市新旧动能转换重大工程总体方案》中，明确"立足丰富的海洋资源以及海洋牧场、远洋渔业、海洋生物科技、海洋高端装备制造、现代海洋服务业、现代物流、滨海休闲旅游、海洋新能源等产业优势，确定荣成市的定位是：海洋经济先行区、全域旅游示范区、新兴产业聚集区、服务模式创新区"。

在当前荣成市实施的各项涉海规划中，由于各项规划重点不同，目标战略也存在差异。因此，在进行"多规合一"的过程中要把握好规划的战略方向，考虑经济、社会、文化、生态等多个方面，以海洋主体功能区规划为基础，结合海域使用规划、无居民海岛规划等众多规划进行战略部署，并做适当调整使之符合长远目标，融合成为内容合理、结构清晰的规划体系。

2）有利于各级、各类规划承接和传导

国土空间规划应注重实效性和操作性，体现地方特色，以引导发展为主，重点是落实用途管制。因此，荣成市海洋空间规划分区应承接和传导省级国土空间规划意图，并对本行政区域国土空间规划的保护与利用作出总体安排和综合部署。应根据市县主体功能区定位及其管制制度，结合国土空间规划战略意图确定的主要功能导向划分规划分区，并应明确各分区的核心管控目标、政策导向与管制规则。此外，还要针对不同分区对应的国土空间规划用途设立对应的管理规定，实现国土空间规划政策的有效传导与差异化管理。

3）陆海全域覆盖、不叠加、不交叉

陆海国土空间规划分区应遵循陆海全域覆盖、不叠加、不交叉的基本原则，并应符合下列规定：①应明确主要功能导向，将规划管制意图相同的关键资源要素划入同一分区，同时应明确各分区对应的主要国土用途，以及用途管制制度准入的国土用途；②当分区划分出现叠加或交叉的情况时，应依据管制规定从严选择规划分区的类型，或在确

保不损害保护资源的前提下选择更有利于实现规划意图的分区类型。

4）实现"多规合一"

以海洋功能区划和海岛保护规划的方法内容为骨架，开展海洋国土空间分区。根据《中华人民共和国海域使用管理法》和《中华人民共和国海岛保护法》，海洋功能区划和海岛保护规划是海洋空间用途管制及实施行政许可的法定依据。自然资源部明确，新的国土空间规划体系建立后，各地不再新编与报批海洋功能区划和海岛保护规划，相关规划成果统一按照"多规合一"的要求纳入同级国土空间规划。海洋功能区划和海岛保护规划的主要内容与评价方法有其科学性，应在海洋国土空间详细分区中予以保留和继承，作为空间分区的基本依据。

5）陆海空间统一和衔接

海洋与陆地自然生态空间都是"山水林田湖草沙"生命共同体的重要组分，海陆国土空间相依、命脉相连、功能相融，根据海陆一体化、陆海联动发展战略，统筹陆地和海洋国土保护、开发与管理规划，实现各类自然资源统筹管理、统一监管和规划，是实现国家"山水林田湖草沙"整体保护、系统修复、综合治理的关键环节。在此基础上，要建立不同层级能够全覆盖的国土空间划分体系，重要任务之一是保障系统协调。因此，新的空间分区要进一步涵盖各类国土空间，形成更协调合理的一级分区，不能有大规模交叉。

3. 海洋空间规划分区与管控

依据《山东省市县国土空间总体规划编制导则（试行）》，围绕目标战略和开发保护格局，以国土空间的保护与修复、开发与利用两大空间管控属性为基础，按照事权清晰、主导功能明确、陆海统一分区的原则，将市域国土空间划分为生态保护区、生态控制区、农田保护区，以及城镇发展区、农业农村发展区、海洋发展区、矿产能源发展区。涉及海洋空间的包括生态保护区（海洋部分）、生态控制区（海洋部分）和海洋发展区。

在一级区中，既有仅包含陆地国土空间的分区，如城镇发展区、农业农村发展区，又有仅包含海洋国土空间的分区，如海洋发展区，还有既包含陆地又包含海洋的分区，如生态保护区、生态控制区。

将可利用无居民海岛进一步分为：农林牧渔用岛、旅游娱乐用岛、工业仓储用岛、公共交通用岛。

1）优先划定非开发建设区

在资源环境承载力和国土空间开发适宜性评价的基础上，优先划定不能开发建设的范围——海洋生态保护区和海洋生态控制区。其中，海洋生态保护区是指具有自然属性、以提供生态服务或生态产品为主导功能的海洋区域，涵盖需要保护的湿地、滩涂、岸线、海域、无居民海岛等。

对于海洋生态保护区，按照《关于划定并严守生态保护红线的若干意见》《生态保护红线划定指南》《海洋生态红线划定技术指南》等划定并依据相应的管理办法进行管理，应按严格保护、禁止开发区域进行管理，实行最严格的准入制度，严禁任何不符合主体功能定位的开发活动，任何单位和个人不得擅自占用或改变原海洋空间用途，严禁围填海行为。

对于海洋生态控制区，采取"名录管理+约束指标+分区准入"相结合的方式细化管理规定，以保护为主，并开展必要的生态修复，应依法依规按照限制开发的要求进行管理，在不降低生态功能、不破坏生态系统的前提下，依据国土空间规划和相关法定程序、管制规则，允许适度开发利用。

2）划定海洋发展区

渔业用海区。渔业用海区指适于拓展渔业发展空间和开发海洋生物资源，供渔港和育苗场等渔业基础设施建设、海水增养殖及捕捞生产的海域。对于渔业用海区，采用"分类管理+用海准入"的方式进行管理。渔业用海区应加强渔业资源养护，控制养殖密度，严格限制改变海域自然属性；渔港及远洋基地建设应合理布局，节约集约利用岸线和海域空间；确保传统养殖用海稳定，支持集约化海水养殖和现代化海洋牧场发展；防治海水养殖污染，防范外来物种侵害，保持海洋生态系统结构与功能的稳定。

交通运输用海区。交通运输用海区指主要适于开发利用海上交通运输资源，供港口、航道、锚地、路桥建设的海域。对于交通运输用海区，采用"分类管理+用海准入"的方式进行管理。交通运输用海区应深化港口岸线资源整合，优化港口布局，合理控制港口建设规模和节奏；堆场、码头等港口基础设施及临港配套设施建设用围填海应集约高效利用岸线和海域空间；维护沿海主要港口、航运水道和锚地水域功能，保障航运安全；港口的岸线利用、集疏运体系建设等要与国土空间总体规划做好衔接；港口建设应减少对海洋水动力环境、岸滩及海底地形地貌的影响，防止海岸侵蚀；在跨海桥梁等路桥用海范围内严禁建设其他永久性建筑物。

工矿通信用海区。工矿通信用海区指以临海工业利用、矿产能源开发和海底工程建设为主要功能导向的海域和无居民海岛。对于工矿通信用海区，采用"分类管理+用海准入"的方式进行管理。工矿通信用海区应突出节约集约用海原则，合理控制开发利用规模，优化空间布局；重点安排国家产业政策鼓励类产业用海，鼓励海水综合利用，严格限制高能耗、高污染和资源消耗型工业项目用海；落实环境保护措施，严格实行污水达标排放，避免工业生产造成海洋环境污染，新建核电站、石化等危险化学品项目应远离人口密集的城镇。

游憩用海区。游憩用海区指适于开发利用滨海和海上旅游资源，可供旅游景区开发和海上文体娱乐活动场所建设的海域。对于游憩用海区，采用"分类管理+用海准入"的方式进行管理。游憩用海区开发建设要合理控制规模，优化空间布局，有序利用海岸线、海湾等重要旅游资源；严格落实生态环境保护措施，保护海岸自然景观和沙滩资源，避免旅游活动对海洋生态环境造成影响；保障现有城市生活用海和旅游休闲娱乐用海，禁止非公益性设施占用公共旅游资源。

海洋预留区。海洋预留区是规划期内为重大项目用海用岛预留的后备发展区域。对于海洋预留区，规划期内应加强管理，严禁随意开发，不得擅自改变岸线、地形地貌及其他自然生态环境原有状态，确需开发利用的，应按程序调整预留区的功能。

4. 无居民海岛分类与管控

根据荣成市无居民海岛分布、资源、环境、保护与开发、社会经济发展现状等实际情况，将荣成市无居民海岛分为特殊保护、一般保护、适度利用和生态修复四类。特殊保护海岛有 27 个，其中领海基点海岛有 6 个，面积共 474 820m²，生态保护海岛有 21 个，面积共 128 705m²；一般保护海岛有 57 个，面积共 10 841m²；适度利用海岛有 28 个，其中旅游娱乐用岛有 9 个，面积共 194 984m²，工业仓储用岛有 2 个，面积共 5915m²，农林牧渔用岛共 15 个，面积共 8299m²，公共交通用岛有 2 个，面积共 8588m²；生态修复海岛有 1 个，面积为 18 921m²。

1）特殊保护海岛

特殊保护海岛包括领海基点海岛和生态保护海岛两种主要类型。其中，领海基点海岛指领海基点所依存的无居民海岛或低潮高地；生态保护海岛指位于国家和地方自然保护区、海洋特别保护区内需严格保护生态环境的海岛，以及尚未成立保护区但具有重要生态价值的海岛。

对于特殊保护海岛，禁止领海基点海岛开展炸礁、围填海、填海连岛、采挖海砂等可能造成海岛生态系统破坏及自然地形、地貌改变的活动；生态保护海岛不得建设任何生产设施，无特殊原因，禁止任何单位或个人进入。

2）一般保护海岛

一般保护海岛指目前不具备开发利用条件，或者难以判定其用途的无居民海岛。对于一般保护海岛，在不影响海岛生态稳定的前提下，可适度开展观光旅游和渔业生产活动；严禁堆弃固体垃圾和固体废弃物，不得在海岛建造永久性建筑物或设施；加强巡航执法检查，防止海岛自然资源遭到破坏，防止人为采石、挖砂、伐木等对海岛岛体及其周边海洋环境的破坏行为。

3）适度利用海岛

适度利用海岛指规划期内允许适度开展开发利用活动的无居民海岛，包括旅游娱乐、公共交通、工业仓储、农林牧渔四种类型。

对于旅游娱乐用岛，在保护的基础上拓展旅游开发，兼顾公共服务、农林牧渔业等功能。

对于公共交通用岛，集中集约用岛，严格控制用岛规模，保护交通、导航设施。

对于工业仓储用岛，集中集约用岛，严控规模建筑物数量，清洁生产，加强灾害应急管理。

对于农林牧渔用岛，合理确定开发利用规模，鼓励发展休闲渔业、观光农业。

4）生态修复海岛

生态修复海岛指需要进行生态修复的海岛。对于生态修复海岛，要充分考虑海岛自然属性，坚持以自然恢复为主，开展整治修复，不得实施与修复活动无关的开发建设活动，不得造成海岛及其周边海域生态系统破坏。

二、陆海环境统筹治理

1. 以海定陆，加强陆源污染物总量控制

全面推行"湾长制"，坚持环境治理与生态修复并重，推进海、陆、河系统治理，推进工业、农业、生活一体化治理，切实增强海湾自净及修复能力。坚持"治湾先治河"的理念，注重以海定陆，构建海河衔接、陆海统筹的协同治理格局，实现流域环境和海域环境的同步改善。

（1）实施污染物入湾总量控制，加强源头治理，深入排查入湾污染源，明确海湾污染防治目标和任务，统筹推进海陆污染治理。

（2）加强沿湾污水处理设施规划与建设，全面推进污水处理厂建设，加快沿湾配套管网建设和改造；修订排水专业规划，优化入湾排污口布局，确保尾水达到一级 A 排放标准。

（3）加强沿湾工业污染防治，严格环境准入，依法淘汰落后产能，集中治理工业集聚区污染，确保工业废水集中处理、达标排放。

（4）加强沿湾城镇生活污染防治，全面排查入湾河道的黑臭水体，调查摸清污染来源，实施综合治理，从源头上解决污水直排和垃圾入湾、入河的问题。

（5）加强沿湾农村生产生活污染防治，推进"美丽乡村"建设，加快农村环境综合整治，控制农业面源污染。

（6）加强港口船舶污染防治，提高船舶环保设施水平，增强港口码头污染防治能力，加快污水、垃圾接收、转运及处理处置设施建设，提高港口码头水污染事故防范及应急处置能力。

2. 统一划定陆海生态红线

将陆域生态保护红线和海洋生态保护红线的划定成果统筹整合，形成全市生态保护红线"陆海一张图"。统筹考虑月湖、养鱼池湾大天鹅等鸟类及其栖息地保护要求，划定陆海衔接的生态保护红线。

3. 保护海岸带典型生态系统

加强对浅海、岩石海岸、沙石海滩、河口、潟湖等各类滨海湿地的保护与修复，增大市域内滨海湿地保护面积，提高湿地保护率；着眼于湿地生态系统功能提升，大力实施湿地生态保护与修复工程，恢复和提升湿地生态系统的整体功能；严格控制湿地周边旅游设施、养殖设施建设，严格审批围垦和填海项目，保护沿海岸线自然状态，维持堤岸生态功能，保护和恢复鸟类栖息生境，控制和减少污染物排放。同时，在有效保护资源的前提下，开展湿地生态宣传教育，适度发展生态旅游业。

4. 保护自然景观和原始地貌

加强对沙滩、基岩海岸的保护，严格限制周边的生产建设活动，禁止新增围海养殖、采挖砂石、筑堤晒盐等，禁止倾倒废弃物、垃圾等行为，因地制宜选择海岸防护、人工

补沙、植被固沙等手段加强受损砂质岸线修复。

三、联防联控，构筑城市安全屏障

1. 营造沿海防护林

不断完善沿海防护林体系建设，新建基干林带，对防护林基干林带进行合龙、补植，加固沿海生态屏障，提升海岸线的生态景观效果。造林树种必须适应流沙环境，耐干旱、耐瘠薄、耐盐碱，抗海风、海雾、海浪，病虫害少，生长快，有较好的生态效益和较高的经济价值。

根据《全国沿海防护林体系建设工程规划（2016—2025 年）》，实施老化基干林带更新改造项目，包括抗病抗风优良树种选育、老化基干林带逐步更新改造，以及不同区域更新改造示范区建设。对基干林带树种平均年龄达到防护成熟龄规定标准的，或死亡木（含濒死木）比重占单位面积株数 20% 以上的，或因老化稀疏保留林木的林分郁闭度低于 0.4 的，在不破坏沿海基干林带原有生态功能的前提下，按照立地特点配置抗逆性强的优良更新树种，采用块（带）状皆伐更新模式、林冠下造林模式和择伐补造、抚育改造等措施，逐步实施更新改造，营建多树种混交、林分结构稳定的防护林带，全面提升沿海基干林带的林分质量和生态功能，有效发挥基干林带绿色屏障的防护作用。

2. 建设防潮设施

依据国家防洪标准及荣成市的人口规模，规划确定城市防潮标准为 50 年一遇，设防等级为 Ⅱ 级。大型、中型码头处于重点防护岸段，加强防护工程设施建设，防浪墙墙顶高程 4.99m。

四、陆海产业统筹发展

1. 优化功能布局，引导海洋产业集群发展

抓住以荣成市为主体建设威海海洋经济示范区的机遇，以"六大园区"建设为抓手，吸引资源、产业、人才集聚，实现陆海产业融合互动、湾区错位发展，构建北、中、南各具特色的产业体系。

好运角幸福产业园：以旅游、文化、体育、健康、养老"五大幸福产业"融合发展为抓手，打造沿海经济新的增长极。

经济开发区食品药品经济园：形成以海洋食品药品、农产品、大宗海洋商品交易为主的加工、交易、储藏、物流综合园区。

核能利用国际创新示范园：打造以核技术工艺热应用、食品辐照、放射诊疗、海水淡化等专项研究为重点的新能源研发应用基地。

石岛国家级冷链物流基地：以海洋捕捞、冷冻调理食品、鲜活水产品交易、仓储和物流为主导产业，全力打造集水产品加工、包装、配送、报检、通关于一体的现代化冷链物流基地。

海洋高新园：聚焦发展海洋生物科技产业，以海洋产业融合发展为特色，融合各类要素资源，示范带动全市海洋产业发展。

沙窝岛国家远洋渔业基地：依托沙窝岛中心渔港、沙窝岛国家远洋渔业基地的优势，形成以远洋水产品交易、储藏、加工为主的物流综合园区。

2. 延伸产业链条，推动陆海多维开发

探索海洋产业融合创新模式，实现融合发展上档升级，陆域、海岸、近海、远洋联动，推动海洋多维开发。构建陆海空间良性互动、陆海经济一体化发展的新格局。

陆域：积极吸引滨海游客，加快牧云庵、车脚河、东墩、东楮岛等村精品民宿，培植东楮岛、鸡鸣岛、东墩等独具胶东特色的海草房村落；完善交通运输网络，降低物流成本，扩大推广海洋生物医药产品销售。

海岸：加大标准化池塘、工厂化池塘改造力度，加强养殖良种化培育基地建设；完善渔港设施，打造集冷链物流、初级加工、精深加工、渔船修造等于一体的现代渔业产业基地，提升综合服务能力；打造海洋生物医用食品、海洋生物新材料、海洋生物医药三大产业集群，实现规模化发展。

近海：开展"人工鱼礁+增殖放流+藻场移植"海洋生态修复，将海洋牧场与休闲渔业有机结合，实现多元化发展。

远洋：积极搭建远洋渔业发展平台，重点抓好荣成市农业对外开放合作试验区、沙窝岛国家远洋渔业基地、俚岛海科境外农业合作示范区建设。

3. 陆海品质统筹提升

推进海岸带公共服务设施建设。结合海洋文化禀赋与功能定位，打造海洋博物馆、海上科技馆、海洋展览馆等大型公共文化设施，彰显海洋城市特色，依托海洋牧场产业、石岛湾核电站、成山林场等打造研学基地。

加强海洋历史文化保护。保护和修复成山头遗址、槎山千真洞、海草房等文化遗产，弘扬传统海洋文化。加快编制历史文化名村和传统村落保护规划，打造沿海村落历史文化保护带，保护沿海历史文化名村、传统村落传统肌理，保留传统建筑，注重保护与旅游的开发。

全线贯通各具特色的环海绿道。结合沙滩、沿海防护林、基岩等不同岸线特质，因地制宜地创造丰富多样的环海绿道体系，串联公园、自然保护区、风景名胜区、农业生产基地、历史古迹等。高标准打造好运角环海骑道、市区环海骑道、石岛环海骑道3条骑行路线，提高承办国际自行车赛事的能力。

构建活力共享的海上活动空间。加快赛事旅游开发，打造充满活力的海上运动之城：依托西霞口、桑沟湾等休闲渔业/海钓基地承接国家级海钓赛事；依托那香海、滨海公园承接沙滩排球、帆船/帆板等运动赛事。打造休闲体验活动，提升滨海旅游魅力：依托桑沟湾、西霞口等海洋牧场，发展海水养殖观光、采摘、海中渔家乐等精品体验项目。

五、陆海基础设施统筹建设

1. 明确港口功能定位

龙眼湾港区：以石油及其制品、集装箱、客货滚装运输为主，兼顾周边地区的件杂货运输；利用港口资源，加大招商引资力度，推进港口新旧动能转换，形成协作联动的区域港口发展格局。

蜊江港区：蜊江老港区逐步退出货运功能，向城市生活和旅游服务等功能转变，保留救助站码头；蜊江新港区规划码头岸线长 10 000m，作为预留港口发展区。

石岛湾港区：以集装箱、客货滚装运输和水产品进出口为主，逐步发展成为大型综合性港区；依托港口资源，打造物流仓储、海洋装备、LNG 进口、船舶维修、水产品精深加工、商品贸易等临港产业聚集区。

2. 建设渔港经济区

以石岛中心渔港、沙窝岛中心渔港为基础，重点支持新建龙须岛一级渔港，推动形成集渔业生产、远洋渔业、渔船修建、休闲旅游等于一体的渔港经济区。

石岛中心渔港：依托石岛冷链物流园区，打造集鱼类产品、冷冻调理食品加工、鲜活海珍品交易、仓储和物流等服务功能于一体的渔港经济区。

沙窝岛中心渔港：依托沙窝岛国家远洋渔业基地，将渔港建设与精深加工、交易市场、综合服务融合，打造远洋捕捞、加工、销售三产融合的渔港经济区。

龙须岛一级渔港（规划）：完善基础设施，提高港区防台风能力，提高对过往北黄海辽东渔船及西进山东省和河北省渔船的综合保障能力；融入好运角旅游度假区，推动形成集自然风光、人文景观、海上游乐、休闲度假等于一体的渔港经济区。

第九章

崖州湾海洋空间详细规划实践

第一节 规划背景

十八大以来，中共中央高度重视海洋事业发展，把建设海洋强国融入"两个一百年"奋斗目标，《中华人民共和国国民经济和社会发展第十四个五年规划和 2035 年远景目标纲要》进一步明确提出我国要积极拓展海洋经济发展空间，坚持陆海统筹、人海和谐、合作共赢，协同推进海洋生态保护、海洋经济发展和海洋权益维护，加快建设海洋强国。

海洋空间规划是实现蓝色经济可持续发展的重要方式，在国际范围内被广泛认可和应用。相对于陆域规划"总体规划-管控图则-城市设计"的精细化管理体系，我国目前的海洋空间规划依旧处于较为宏观的层次，多重视流程管理，存在具体用途管控的局限性。

崖州湾位于海南省三亚市西南侧，自然资源环境优渥，海域条件良好，建设有崖州湾科技城和南山深水港等重要高新城区和基础设施，有利于承载国家深海发展战略，是建设海南自由贸易试验区和中国特色自由贸易港的重要支撑。目前，崖州湾已入驻了大量科研院所，涉海专业门类丰富，涉及海洋渔业、海洋生态修复、海工装备与能源、海洋环境监测等重点技术领域。各入驻单位存在大量用海需求，使崖州湾海域的稀缺性进一步凸显，给海洋空间资源配置带来极大挑战。

基于崖州湾科技城片区的用海现状与管理困境，为贯彻落实《中共中央 国务院关于支持海南全面深化改革开放的指导意见》，加快推进海南自由贸易试验区先导性项目，合理安排项目用海、提高用海效率，开展崖州湾科技城海洋空间详细规划编制探索。

第二节 海洋资源环境与社会经济发展情况

一、海洋资源状况

三亚市位于海南岛的最南端，东邻陵水黎族自治县，西接乐东黎族自治县，北毗保亭黎族苗族自治县，南临南海。三亚市是海南省南部中心城市和交通枢纽，是我国东南沿海对外开放"黄金海岸线"上最南端的对外贸易重要口岸，向东经菲律宾至西太平洋，向南经澳大利亚至南太平洋，向西南经中南半岛至印度洋及大西洋，是"21 世纪海上丝绸之路"的重要战略节点城市。三亚市毗邻南海，深海资源丰富，具有发展深海产业的先天优势，同时作为保护南海诸岛的后方基地，其战略位置在国防上具有十分重大的意义。崖州湾科技城位于海南省三亚市西南侧，湾顶有宁远河注入，河口区有崖城，为古崖州治所，海湾因此得名。崖州湾科技城是支撑三亚市建设南海港口的重要板块，是构建三亚市南海战略基地、海洋产业基地的重要区域，是三亚市全市产业升级的"西部增长极"。

1. 海洋空间资源

三亚市崖州区海岸东起郎坟村东侧，西至梅西村，海域面积约 1206km²，岸线长约 54km。崖州湾东起南山港东侧南山角，西至梅西村，海域面积约 640km²。崖州湾海域角头岭至盐灶河口岸段，沿岸基本为沙滩，沙滩以上为海岸防护林带，在防护林带后，分布有较多的养殖池塘。整个测区较为平坦，除潮间带地形变化较大外，水下部分自岸向海逐渐变深，近岸部分坡度较大，离岸区域坡度较小。

崖州湾拥有东锣岛和西鼓岛两个海岛。东锣岛位于三亚市崖州区梅西村附近海域，岛屿北侧与陆地梅山角头鼻隔海相望，最近距离约 3km，距三亚市 50n mile。东锣岛是国家海洋局公布的首批 176 个可开发利用的无居民海岛之一，主导功能定位为旅游娱乐用岛。东锣岛岸线总长 1350m，其中基岩岸线长 1091m，约占总岸线长度的 81%，砂质岸线长 259m，约占总岸线长度的 19%。

西鼓岛为基岩岛，曾名西洲、西岛，位于海南省三亚市崖城镇，北距角头湾海岸 5.20km，岸线长度为 907m，最高点高程为 79.0m。西鼓岛地势南高北低，由花岗岩构成，表层为燥红土，长有乔木、灌木和草丛，岛上无淡水。西鼓岛为无居民海岛，是领海基点海岛，岛南部山顶有 1996 年设立的中华人民共和国领海基点方位碑，其东侧为海南海事局于 1977 年设立的灯塔，该灯塔是海南环岛西南航线上的重要助航标志，采用太阳能供电。

2. 海洋产业资源

崖州湾是三亚市五大名湾中的第二大海湾，也是三亚市最佳日落观赏点。崖州湾是海南岛海上门户，是一处天然的历史博物馆，记录了中国古代陆地与海洋的文化坐标。崖州湾海岸东端现已开发建设南山、大小洞天两个 5A 级文化旅游区，是三亚市文化旅游的特定区域。崖州湾科技城历史悠久、文物古迹丰富、风貌保存完整，拥有历史文化名镇崖州镇、国家级历史文化名村保平村，文物保护单位有 23 处，已列级非物质文化遗产有 22 项，主要分布于宁远河沿线及南山风景区内，还包括崖州民歌、黎族棉纺织染绣技艺等丰富的非物质文化遗产。

崖州湾附近海域渔业资源丰富，是鱼、虾、贝类等产卵、索饵的重要场所。据相关调查结果，崖州湾的鱼类有 10 目 45 科 99 种，主要的鱼类有眼斑拟鲈、纵带鲱鲤、红鲬、台湾玉筋鱼、多齿蛇鲻、日本瞳鲬、长体银鲈、大头狗母鱼、黄斑光胸鲾、短吻丝鰺、条纹眶棘鲈、黑边布氏鲾、细纹鲾和日本金线鱼等。除鱼类外，甲壳类为重要的类群，数量较大，在海洋渔业中占有重要地位。

港口建设是海洋交通运输业后续发展的重要依托，目前崖州湾海域主要已建港口为南山港和崖州中心渔港。南山港位于崖州湾内，陆路距三亚市 40 余千米。南山港是三亚市唯一承载对外开放海运交通运输业务的海港。与传统货运港口相比,南山港是一个综合性港区,以海洋科考为主,同时兼顾货运需求,未来南山港将是集货运、科考、维修、基地保障等功能于一体的综合性港口。公共货运码头区规划形成岸线总长 2131m,布置 0.3 万~5 万 t 级泊位 8 个,码头通过能力为 1280 万 t。崖州中心渔港位于崖州湾宁远河口西侧,东临保港村,西至盐灶河,紧临 G98 海南环岛高速公路,距三亚市区约 50km,是我国距南海渔场最近的国家中心渔港,是海南渔场作业船舶停泊、避风、卸载、补给最便捷的基地,是我国南海最重要的水产品集散港。

3. 海洋生态资源

浮游植物优势种为颤藻、席藻和覆瓦根管藻;浮游动物优势种为肥胖箭虫、微刺哲水蚤和长尾类幼体;底栖生物优势种为细螯虾、滑指矶沙蚕和背蚓虫;潮间带生物优势种为平轴螺、楔形斧蛤和日本花棘石鳖;鱼类优势种为横带长鳍天竺鲷、眼斑拟鲈和多鳞短额鲆;头足类优势种为中国枪乌贼和短穗乌贼;甲壳类优势种为逍遥馒头蟹、须赤虾、矛形梭子蟹;鱼卵优势种为舌鳎、鲕;仔鱼优势种为鰕虎鱼;稚鱼优势种为黄斑鳐。

崖州湾海域蕴含珍贵的珊瑚礁资源,主要分布在南山南侧、东锣岛和西鼓岛礁石基底附近,造礁石珊瑚平均覆盖度为 6.33%,软珊瑚覆盖度为 10.57%,主要优势种有粗糙菊花珊瑚、精巧扁脑珊瑚、二异角孔珊瑚、灯芯柳珊瑚等。藻类和大型底栖生物相对较少,覆盖率不到 1%。候鸟以蒙古沙鸻和白鹭为优势种,调查数量超过 3000 只。沿岸防护林主要为人工种植的橡胶树、相思木及木麻黄等,用以防御自然灾害及保护后方杧果、槟榔生产。

二、海洋生态环境状况

1. 自然环境现状

崖州湾海域地处热带季风气候区,全年气温变化较小,平均气温 26.2℃。降水量充足,主要集中在 5~10 月,多年平均降水量为 1392mm。湿度较高,年均相对湿度达 78%。风向以 E 向、NE 向和 ENE 向居多,平均风速 2.4m/s,最大瞬时风速达 45m/s。年均雷暴日数为 63d,主要发生在 8 月和 9 月。热带气旋主要发生在 7 月。2010~2018 年风暴潮仅一次超出当地蓝色警戒水位,为 275cm。

三亚市海域表层海水平均水温为 29.6℃,底层海水平均水温为 29.3℃,上下水层温差较低,仅有 0.3℃。崖州湾及其附近海域海表温度总体呈现西北高、东南低的趋势,由西北向东南附近海域温度逐步降低。表层海水平均盐度为 33.339,底层海水平均盐度为 33.449。表层海水盐度与离岸距离相关,还受宁远河的冲淡水影响,整体特征表现为离岸盐度稍高于近岸盐度。潮汐为 NW—SE 向的不规则全日潮,平均潮差 0.87m。潮流流速表现为远岸大于近岸,最低潮流流速为 69cm/s,最大流速为 234cm/s。余流流向总体表现为自东向西,受南山岬角的影响,向岸凹进。波浪以东南向的风浪为主。盐灶河口近岸含沙量最大,为 $12.0 \times 10^{-3} kg/m^3$,落潮输沙量小于涨潮输沙量。海水平均透明度为 2.2m,总体表现为远岸海水透明度大于近岸海水透明度。

崖州湾海域位于海南岛西南，属于北部湾与南海相接的部分。该区域地貌包括砂质海滩、基岩海滩、水下侵蚀-堆积岸坡和人工地貌。地势总体北高南低，水下沙粒远岸粗、近岸细。海底水深 0～56m，含岛屿东锣岛、西鼓岛、养生园、公庙坡、八菱坡及麒麟坡。盐灶河口以西岸线受潮流影响，侵蚀严重；月亮岛港池内岸段因水动力交换条件差，呈现淤积状态；宁远河口以东岸段为侵蚀岸段。

2. 环境质量现状

根据自然资源部第一海洋研究所在项目所在海域进行的春季调查，调查海域水体 pH 为 8.07，表层水油类浓度均为未检出，悬浮物平均浓度为 25.7mg/L，水体平均溶解氧（DO）含量为 6.96mg/L，水体平均化学需氧量（COD）为 1.00mg/L，活性磷酸盐平均浓度为 0.0035/L，无机氮平均浓度为 0.0476mg/L，铜平均浓度为 1.070μg/L，铅平均浓度为 0.758μg/L，锌平均浓度为 2.896μg/L，镉平均浓度为 0.085μg/L，铬平均浓度为 0.201μg/L，砷平均浓度为 1.1μg/L，汞浓度低于检出限 0.007μg/L。根据《海水水质标准》（GB 3097—1997），各因子中活性磷酸盐及个别站位的重金属铅和锌超过了一类海水水质标准，但其符合二类海水水质标准。总体而言，调查海域海水水质状况良好。沉积物各项因子符合一类标准要求。崖州湾海域海洋生物丰富，初级生产力为 1240.00mg C/(m²·d)，高于南海的平均水平 [夏季（390±340）mg C/(m²·d)，冬季（550±410）mg C/(m²·d)]。

三、海洋空间开发利用现状

截至 2020 年 1 月 1 日，崖州湾附近海域已批准开发利用的海域总面积为 1123.0997hm²，共计 21 宗，见表 9-1。

表 9-1　崖州湾海域各用海类型用海及占用岸线一览表

用海类型	用海面积（hm²）	用海面积所占比例（%）	占用岸线（m）	占用岸线所占比例（%）
旅游娱乐用海	223.8662	19.93	8605	77.75
交通运输用海	92.7637	8.26	926	8.37
渔业用海	806.4698	71.81	1537	13.89

从用海类型来看，崖州湾附近海域主要是渔业用海、旅游娱乐用海和交通运输用海。其中，渔业用海面积最大，为 806.4698hm²，占崖州湾附近海域批准用海总面积的 71.81%，其次为旅游娱乐用海，为 223.8662hm²，占崖州湾附近海域批准用海总面积的 19.93%，交通运输用海面积为 92.7637hm²，占崖州湾附近海域批准用海总面积的 8.26%。

从占用岸线来看，旅游娱乐用海占用岸线 8605m，占所有批准项目总占用岸线的 77.75%；渔业用海占用岸线 1537m，占所有批准项目总占用岸线的 13.89%；交通运输用海占用岸线 926m，占所有批准项目总占用岸线的 8.37%。这主要是与项目用海性质有关，渔业用海虽然面积最大，但大部分是不占用岸线的，旅游娱乐用海大部分项目需要依托后方陆域开展，相应占用岸线比例是最大的。

第三节　产业发展定位

一、崖州湾战略定位

　　崖州湾总体发展定位为"两区、三地"。"两区"是指生态文明的展示区、产城融合的先行区;"三地"是指拓展蓝色经济的产业地、承载农业硅谷的开放地、培育产学研的聚集地。

　　生态文明的展示区。体现绿色发展,保护南海千年文明的崖州古城与国家级风景名胜区南山风景区,建设"海绵镶嵌、绿色组团、绿色形象、生态风光"的生态未来城市展示区。

　　产城融合的先行区。体现共享和协调发展,联动环南海和大三亚经济圈,着力构建以深海科技、南繁科技、科教研发为龙头的创新驱动型产业体系,打造产城融合发展先行区。

　　拓展蓝色经济的产业地。以海洋科技为支撑,以海洋高新技术产业为突破口,加快海洋资源综合开发,优化利用海洋油气资源、海洋生物资源、海洋生物产品、海洋新材料和医药产品,共建联合实验室、科创基地、国际技术转移中心,培育海洋科技总部。

　　承载农业硅谷的开放地。建设具有全球影响力的国际南繁科研育种基地、国家热带农业科学中心的农业硅谷,充分发挥南繁育种的科技优势,建设农业技术研发交流推广平台,探索建立全球动植物种质资源引进中转基地。

　　培育产学研的聚集地。深化产教、校企合作,打造企业、高校及科研院所深入合作的"产学研"平台,引进国际深远海领域科研机构、高校科研院所等前沿科技资源,推进农业对外合作科技支撑与人才培训基地建设,配置资源共享型实验室、公共技术服务平台及中小企业创新创业服务中心。

二、产业定位与依托空间

　　三亚市以旅游业、现代服务业和高新技术产业为主导,以热带特色高效农业为支撑的现代产业体系引领经济实现跨越式升级。优化提升现代城市空间格局:按照"中优、东精、西拓、北育、南联"统筹全市资源配置,其中"西拓"即做强西翼拓展区——崖州湾重点发展高新技术产业,搭建国家深海、南繁、热带农业科研和种质资源中转四大平台,培育构筑深海南繁创新型的科技新城。

　　崖州湾依托"三城一港一基地"(深海科技城、南繁科技城、科教城、南山港和全球动植物种质资源引进中转基地),重点发展深海科技、科教研发及南繁科技三大主导产业,引领多业态融合发展,构成现代产业体系。协同发展南山佛教文化旅游、历史文化旅游及现代海洋渔业,推动产业升级发展(图9-1)。

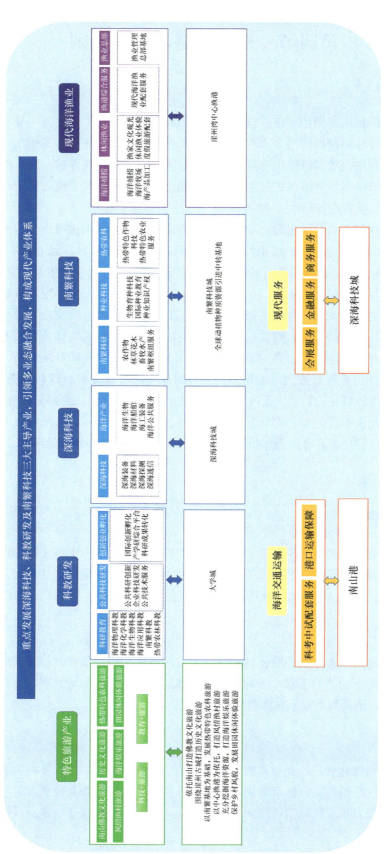

图 9-1 崖州湾产业定位与依托空间

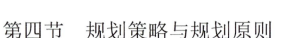

第四节　规划策略与规划原则

一、规划策略

一是注重厚植用海绿色底色。以"绿水青山就是金山银山"为理念,妥善处理海洋资源开发利用与环境保护的关系,严格落实相关保护要求,守好生态保护红线、环境质量底线、资源利用上线。以崖州湾海岸线、珊瑚礁等生物多样性保护、海洋渔业资源养护等为重点,严格落实生态保护与治理修复措施,建立严格的项目准入机制,加强海洋空间节约集约、生态高效利用。

二是注重保障重点领域用海。承载国家和海南省战略要求,按照规划用海、集约用海、生态用海、科技用海、依法用海的原则,通过用海选址指导、划定集中用海区域、做好与周边其他用海协调等多种方式强化对重点领域用海项目的空间服务保障。

三是注重深挖功能兼容潜力。在确保用海安全、合理控制开发强度的基础上,充分遵循各类用海的活动规律,科学发挥多种用海方式具有的独特"时空性"特征,探讨用海类型存在多种共存的可能,通过二维空间功能协调、三维空间立体开发等方式深挖海域使用兼容潜力,构建近海-远海、海陆空一体化的多维度海域空间开发格局。

四是注重探讨疏密有致的用海格局。结合海洋空间特征及对海洋利用强度的分析,针对海洋空间管控单元的划定,采取近密远疏的方法,提出创新用海单元划分的新方法。

五是强化用海制度创新。充分发挥崖州湾科技城管理局权限,依法完善规划编制和监督机制、用途管控制度等,为崖州湾海域开发和管理创造良好的政策环境。

二、规划原则

1. 生态优先

牢固树立尊重自然、顺应自然、保护自然的理念,落实海洋生态文明建设要求,妥善处理发展和安全、保护和开发的关系,严守生态保护红线,强化自然岸线、无居民海岛等严格保护,守住自然生态安全边界,助力建立生态蓝色的魅力海湾。

2. 陆海统筹

准确把握海陆生态系统的整体性和海陆开发利用活动的关联性,综合考虑陆域用地和功能组团对海洋功能的需求,统筹协调海陆功能分区,促进空间管理、资源环境保护等全方位协同,谱写海陆双重导向的用海新格局。

3. 节约集约

强化用海精细化管理,充分遵循各类用海的活动规律,科学发挥多种用海方式具有的独特"时空性"的特征,统筹运用功能分区、空间准入、三维立体兼容等手段提高海域利用效率,探索形成区域节约集约用海新模式,拓展承载国家战略重点及经济发展要素的能力。

4. 以人为本

将海域空间保护与利用和促进经济社会发展、提升生活质量、保障生命财产安全相结合，促进民生福祉，改善人居环境，扩大公众亲海空间，提供优质生态产品，不断提升人民群众的获得感、幸福感与安全感。

5. 改革创新

解放思想、与时俱进，围绕海洋空间管理过程的问题和目标，加快形成政府主导、多方参与的长效管理机制，带动海洋空间管理体系与政策机制改革，加快构建系统完备、科学规范、运行有效的海洋空间管理特色化制度体系。

第五节　规划基本方案

一、规划范围

规划范围东起南山港东侧南山角，西至梅西村。规划范围面积约 640km²，规划岸线长约 51km。

二、规划目标

构建科学有序的海洋空间管理新秩序。科学合理指导崖州湾海域使用，加强对海域用海的整体管理，严格控制、合理地进行海域资源的开发，对海域建设项目进行整体规划和合理布局，充分发挥崖州湾的区域优势和资源优势，维护用海秩序、保护海洋环境。

建设多业态深度融合的现代产业体系。保障深海科技、科教研发及南繁科技三大主导产业的用海空间，兼顾海洋旅游、港口航运和现代海洋渔业的用海需求，推动产业升级发展，建设多业态深度融合发展的现代产业体系。

打造人海和谐的滨海空间开发新格局。坚持生态优先，强调陆海统筹、河海联动、人海和谐，塑造紧凑有序的生产空间、自然人文共生的生态开敞空间，构建崖州湾科技城"生态绿+海洋蓝"的美丽画卷。

三、功能分区

1. 功能分区原则

继承和优化原则。基于国土空间规划分区体系，继承和优化海洋功能区划，从保护和利用两类目标出发，结合"两空间内部一红线"成果，将海洋空间划分为生态保护区、生态控制区和海洋发展区，并将海洋发展区进行进一步细分，实现岸线向海一侧功能分区全覆盖。

功能协调原则。依据陆海生态系统的整体性和开发利用活动的关联性，识别陆海一体化保护和利用空间，统筹产业空间布局和基础设施建设，尽可能地避免海域使用与土地利用的冲突，以及相邻功能区之间功能的干扰、重叠，实现海陆功能协调、资源互补。

备择性原则。备择性广的行业让位于备择性窄的行业，次要矛盾让位于主要矛盾，不可持续性开发让位于可持续性开发，优先保证确需功能性使用海洋或海岸的各种可持续性开发利用活动的用海。

2. 功能分区情况

继承和优化海洋功能区划分区体系，结合新时期海洋空间管控要求及产业用海需求等，将崖州湾海洋发展区细分为渔业用海区、交通运输用海区、工矿通信用海区、游憩用海区、特殊用海区、海洋预留区等功能区（表9-2）。

表 9-2   崖州湾海洋功能区类型

目标	一级区	二级区
保护与保留	海洋生态保护区	海洋生态保护区
	海洋生态控制区	海洋生态控制区
开发与利用	海洋发展区	渔业用海区
		交通运输用海区
		工矿通信用海区
		游憩用海区
		特殊用海区
		海洋预留区

生态保护区。依据三亚市国土空间总体规划，整合具有特殊重要生态功能或生态敏感脆弱、必须强制性严格保护的海洋自然区域，统一划入生态保护区，即统一划入海洋生态保护红线范围。近岸海域生态保护红线按照国家法律法规、规章和《海南省生态保护红线管理规定》实行严格管理。根据海洋生态红线的不同类型，分区、分类制定相应的管控措施，其中自然保护区按照《海洋自然保护区管理办法》《自然资源部 国家林业和草原局关于做好自然保护区范围及功能分区优化调整前期有关工作的函》实行管理，并参照《海南省珊瑚礁保护规定》《海南省红树林保护规定》实行保护和修复。其他的海洋生态保护红线区域，在符合生态保护红线管控的总体要求前提下，可以开展适当的人类活动，对于某些特定时段有特殊要求的区域，则增加特定时段管控措施。

生态控制区。依据三亚市国土空间总体规划，将未划入生态保护红线的，并且经资源环境承载力和国土空间开发适宜性评价确定的生态保护"极重要"和"重要"的区域，全部划入生态控制区。

渔业用海区。以崖州中心渔港为载体发展现代海洋渔业，发展重点包括海洋捕捞、风情渔村、渔港综合服务及渔业总部；在现有海洋牧场和深水网箱养殖发展的基础上，进一步发展深水网箱养殖和吊养、贝类底播养殖，推进近海养殖向深远海网箱养殖转型升级；兼顾旅游发展，开展生态养殖观光等休闲渔业活动。

交通运输用海区。南山港货运码头承接三亚老港区货运功能的转移，逐步发展成为三亚港的综合性港区；依托南山港深海公共科考码头和海事码头，为南繁、深海科研、南海维权和开发服务等提供保障。

工矿通信用海区。保障东锣岛旅游开发电力需求，三亚市崖州区梅西村南岸陆地端至东锣岛北侧铺设海底电缆进行电力输送；保障未来海上风电及海洋可再生能源电力登陆，选划适当区域铺设海底电缆管道。

游憩用海区。以崖州湾砂质岸线和近岸水域、月亮岛周边水域和东锣岛为重点，探索"旅游+教育""旅游+科技""旅游+渔业"等发展模式，建设管理规范的公共海水浴场和游艇码头、项目齐全的水上运动娱乐乐园、高端海岛休闲度假区和教育科研旅游基地。

特殊用海区。以深海科技城、大学城和南繁科技城为陆域载体，在科研教学海域开展海洋生物资源保护与修复、深海观测探测系统集成、海上作业及运动性能测试、特定试验及设施装备测试等科研教学活动，旨在将崖州湾科技城全面建成国家深海海洋产业新区、深海科技城深海创新中心、南繁科技城农业硅谷、国际种业中心、大学城产学研聚集地。

海洋预留区。海洋预留区是指规划期内为重大项目用海用岛预留的控制性后备发展区域。规划范围内主要为宁远河口形成的冲积海岛。

四、用海分类

参考《国土空间调查、规划、用途管制用地用海分类指南（试行）》和《海域使用分类》（HY/T 123—2009），结合有关用海活动的用海特征，拓展三级与四级用海分类，并根据有关文件要求和地方管理实际，设定各类用海的管控措施（表9-3）。

表9-3　崖州湾用海分类表

一级类	二级类	三级类	四级类
渔业用海	渔业基础设施用海	渔业码头用海	—
		渔业港池用海	—
		渔港航道用海	—
		其他渔业基础设施用海	—
	增养殖用海	开放式养殖用海	筏式养殖用海
			普通网箱养殖用海
			深水网箱养殖用海
			深远海网箱养殖用海
			底播养殖用海
		人工渔礁用海	—
工矿通信用海	工业用海	海水综合利用用海	—
		船舶工业用海	—
		其他工业用海	—
	盐田用海	—	—
	固体矿产用海	—	—
	油气用海	—	—

一级类	二级类	三级类	四级类
工矿通信用海	可再生能源用海	海上风电用海	—
		潮流能及波浪能发电用海	—
		其他可再生能源用海	—
	海底电缆管道用海	—	—
交通运输用海	港口用海	—	—
	航运用海	航道用海	—
		锚地用海	—
	路桥隧道用海	—	—
游憩用海	风景旅游用海	—	—
	文体休闲娱乐用海	浴场用海	公共浴场用海
			配套浴场用海
			城市功能配套用海
		游乐场用海	非动力游乐场用海
			有动力游乐场用海
			体育训练比赛用海
			海上演艺游乐场用海
		旅游设施用海	旅游码头用海
			游乐设施建设用海
			旅游服务配套设施建设用海
			海底观光场所用海
特殊用海	军事用海	—	—
	其他特殊用海	科研教学用海	科研教学公共配套用海
			生物资源/生物技术科研教学用海
			设备装备/特定试验科研教学用海
			设施装备/运动性能科研教学用海
			材料装备/特定试验科研教学用海
		排污倾倒用海	—
		海岸防护工程用海	—
其他海域	—	—	—

"—"代表无此内容

五、陆海统筹

　　根据自然资源条件和开发程度，将规划范围内海岸线划分为严格保护、限制开发和优化利用 3 个类别，严格保护岸线 12.7155km，限制开发岸线 10.1365km，优化利用岸线 28.6595km。结合自然地理单元进行岸线分段和编号，分类分段明确管控要求，强化岸线两侧陆海统筹管控，实现岸线精细化管理。对于需陆海一体化保护和利用的空间，对区域内的生态环境保护、整治修复和开发利用活动统筹谋划，明确发展指引和协调管控要求。

六、环境保护

规划海域内水质根据《海水水质标准》（GB 3097—1997）中的分类，沉积物质量根据《海洋沉积物质量》（GB 18668—2002）中的分类，海洋生物质量根据《海洋生物质量》（GB 18421—2001）标准中的分类确定。在规划海域内航行的船舶应执行《船舶水污染物排放控制标准》（GB 3552—2018）和《沿海海域船舶排污设备铅封管理规定》的相关要求，禁止船舶向沿海海域排放油类污染物。含油废水、生活污水经隔油池或化粪池处理后纳入市政污水管网进入城市污水处理厂，排入市政污水管网的污水执行《污水排入城镇下水道水质标准》（GB/T 31962—2015）的相关标准，经污水处理厂达标处理后排放或回用，执行《城镇污水处理厂污染物排放标准》（GB 18918—2002）的一级标准。施工噪声排放执行《建筑施工场界噪声排放标准》（GB 12523—2011）中的相关规定，运营期噪声排放执行《工业企业厂界环境噪声排放标准》（GB 12348—2008）中的2类标准。

七、公共服务

结合崖州湾科技城海域利用现状、发展需求和规划布局，完善海上通信、安全救助等公共服务设施，提高海域综合开发潜力。

通信方面，加快建设海洋信息通信网，积极发展海上无线通信系统，完善海上移动通信基站、水下通信设施，通过海底通信电缆铺设和海岛无线中继站建设，增强海域广播电视传输和通信能力，实现全海域信号覆盖。在东锣岛建设无线中继站，实现无线移动通信畅通。推广船载卫星通信系统，形成海洋信息感知和传输网络系统。

安全救助方面。设立科学的环境监测、预报和预警系统。建立崖州湾及其附近海域的海水水质、空气质量、水文气象等海洋环境监测、预报及自然灾害预警系统，不断增加监测和预报项目，提高监测精度和延长预报时效，防止海域环境污染与破坏，做好防灾减灾、抗灾救灾工作，最大限度减少自然灾害造成的损失。

构建完善的安全救援体系。一是明确航道和救援航路；二是完善海上救援制度；三是加快海上搜救基础设施建设；四是建立、健全救援人员培训体系；五是建立医疗安全保障体系，保障医疗安全所需物质技术资源。

八、保障措施

法治保障方面，严格执行国家、海南省、三亚市和有关海域使用的政策、法律、法规、条例，提高执法人员的素质和执法水平，依法严厉查处非法使用海域的行为。根据《中华人民共和国海域使用管理法》等法律、法规的规定，制定编制《崖州湾科技城海域使用管理办法》等指导性文件，细化海域使用的法律、法规。

管理保障方面，用海必须符合国家海域使用相关法律、法规；开发利用海洋资源必须对海域使用进行统一规划管理，控制海域使用权属的相对统一性，实行用海区域的海域使用权属单一制；认真做好海域使用论证、海洋环境影响评估、海域使用规划及审批工作，严格管理围海、填海等改变海域自然属性的用海活动，加强用海申请开发的管理。

社会保障方面，宣传海洋空间详细规划及相关法律、法规，深入进行海洋发展战略及有关方针、政策的宣传教育，增强公众海洋国土意识和海洋可持续发展观念，为实施海洋空间详细规划营造和谐的社会氛围，提高各类用海者合理开发利用海洋的自觉性。开展海洋空间详细规划编制和实施管理的技术培训，提高海洋管理队伍的管理水平。

参 考 文 献

阿姆斯特朗, 赖纳. 1986. 美国海洋管理. 林宝法, 郭家梁, 吴润华, 译. 北京: 海洋出版社.

白华, 韩文秀. 2000. 复合系统及其协调的一般理论. 运筹与管理, 9(3): 1-7.

白永秀. 2013. 市场在资源配置中的决定性: 计划与市场关系述论. 改革, (11): 5-16.

曹英志, 王世福. 2014. 我国海域资源配置基本类型探析. 前沿, (z2): 97-98.

曹忠祥. 2012. 我国海洋经济发展的现状、问题与对策. 中国经贸导刊, (34): 36-38.

曹忠祥, 高国力. 2015. 我国陆海统筹发展的战略内涵、思路与对策. 中国软科学, (2): 1-12.

曹忠祥, 刘保奎, 王丽. 2015. 广西陆海统筹发展调查与思考. 海洋开发与管理, 32(3): 53-57.

常玮, 吕宛育, 袁佳欣, 等. 2020. 陆海统筹背景下渔港生态化-活力环存量更新方法研究——以厦门闽台中心渔港为例. 城市建筑, 17(1): 22-30.

常玉苗, 蔡柏良. 2012. 陆海统筹视野下的江苏海洋产业竞争力评价. 海洋经济, 2(6): 35-40.

陈君. 2018. 江苏滨海港区陆海统筹发展实现路径分析. 国土与自然资源研究, (5): 39-41.

陈利根. 2002. 国外 (地区) 土地用途管制特点及对我国的启示. 现代经济探讨, (3): 67-70.

陈小玲, 李冬, 陈培雄, 等. 2010. 渔业活动对东海海域海底光缆安全的影响. 海洋学研究, 28(2): 72-78.

成长春. 2012. 坚持陆海统筹 构建江苏海洋经济优势调查报告. 海洋开发与管理, 29(9): 120-128.

程久苗. 2000. 试论土地用途管制. 中国农村经济, (7): 22-25.

程志远. 2013. 海底电缆抛石保护层抗锚害能力的理论与试验研究. 华中科技大学博士学位论文.

段君伟. 2008. 我国海岸带综合管理机制之探究. 法制与社会, (20): 170-171.

范学忠, 袁琳, 戴晓燕, 等. 2010. 海岸带综合管理及其研究进展. 生态学报, 30(10): 2756-2765.

方春洪, 刘堃, 滕欣, 等. 2018. 海洋发达国家海洋空间规划体系概述. 海洋开发与管理, 35(4): 51-55.

方正平, 马延辉. 2009. 船舶触碰跨海大桥事故的调查和思考. 中国水运月刊, 9(8): 38-41.

冯多, 赵万里. 2020. 辽宁沿海经济带融入 "一带一路" 的路径探析. 海洋开发与管理, 37(8): 38-42.

高立洪. 2005. 挪威水资源管理着眼可持续发展. 浙江水利科技, (2): 98.

高伟. 2010. 海洋空间资源性资产产权效率研究. 中国海洋大学博士学位论文.

管松, 刘大海. 2019. 美国海岸带管理项目制度及对我国的启示. 环境保护, (13): 64-67.

郭雨晨. 2020. 英格兰东部海洋空间规划及其对我国的启示. 海洋开发与管理, 37(2): 19-25.

何显明. 2008. 市场化进程中的地方政府行为逻辑. 北京: 人民出版社.

贺蓉. 2008. 欧盟海洋综合政策发展对我国海岸带管理的启示. 中国海洋大学学报 (社会科学版), (3): 91-93.

侯西勇, 徐新良. 2011. 21 世纪初中国海岸带土地利用空间格局特征. 地理研究, 30(8): 1370-1379.

胡象明. 2000. 论政府政策行为的价值取向. 政治学研究, (2): 38-45.

黄康宁, 黄硕琳. 2010. 我国海岸带综合管理的探索性研究. 上海海洋大学学报, (2): 246-251.

黄卫挺. 2012. 土地利用年度计划必须成为硬约束. 宏观经济管理, (7): 16-17.

黄征学, 蒋仁开, 吴九兴. 2019. 国土空间用途管制的演进历程、发展趋势与政策创新. 中国土地科学, 33(6): 1-9.

基德, 普莱特, 弗里德. 2013. 海洋规划与管理的生态系统方法. 徐胜, 等, 译. 北京: 海洋出版社.

纪学朋, 黄贤金, 陈逸, 等. 2019. 基于陆海统筹视角的国土空间开发建设适宜性评价——以辽宁省为例. 自然资源学报, 34(3): 451-463.

江文斌, 贾欣, 袁翡翡. 2012. 海域空间三维多层产权研究. 农业经济与管理, (3): 83-89.

姜海, 李成瑞, 王博, 等. 2014. 土地利用计划管理绩效分析与制度改进土地利用计划管理绩效分析与制度改进. 南京农业大学学报 (社会科学版), (2): 73-79.

姜海, 徐勉, 李成瑞, 等. 2013. 土地利用计划考核体系与激励机制. 中国土地科学, (3): 55-63.

姜玉环, 方珑杰. 2009. 中国海岸带管理法的完善思路: 以美国为借鉴. 中国海洋法学评论, (2): 84-90.

焦思颖. 2019. 统一行使所有国土空间用途管制职责: 访自然资源部国土空间用途管制司司长江华安. 国土资源, (1): 22-24.

金志丰, 王健健, 张宝, 等. 2016. 陆海统筹下沿海滩涂生态系统健康评价研究. 国土资源情报, 187(7): 51-56.

李金红, 邵琨, 白涌泉. 2019. 谨防海洋牧场建设一哄而上借势圈海. http://www.jjckb.cn/2019-01/10/c_137732282.htm.

李晋. 2017. 围填海计划管理研究. 北京: 海洋出版社.

李景光. 2014. 国外海洋管理与执法体制. 北京: 海洋出版社.

李景光, 阎季惠. 2010. 英国海洋事业的新篇章——谈 2009 年《英国海洋法》. 海洋开发与管理, (2): 5.

李娟. 2019. 中国生态文明制度建设 40 年的回顾与思考. 中国高校社会科学, (2): 33-42, 158.

李梦, 胡宝清, 范航清, 等. 2017. 基于耦合协调度模型的广西沿海地区陆海统筹度评价. 海洋开发与管理, 34(7): 33-39.

李威. 2014. 空间利用权: 土地分层与空间分层的立体利用. 中国社会科学院研究生院学报, (4): 87-91.

李孝娟, 傅文辰, 缪迪优, 等. 2019. 陆海统筹指导下的深圳海岸带规划探索. 规划师, 35(7): 18-24.

李欣, 叶果. 2020. 国土空间规划视角下的海岸带管控分区和利用研究——以青岛胶州湾为例. 城市建筑, 17(30): 24-27.

李彦平, 李晨钰, 刘大海. 2020. 海域立体分层使用的现实困境与制度完善. 海洋开发与管理, 37(9): 3-8.

李彦平, 刘大海. 2019. 基于立体化开发的海域资源配置方法研究. 海洋环境科学, 38(3): 435-440.

李彦平, 刘大海. 2020a. 海域空间用途管制的现状、问题与完善建议. 中国土地, (2): 22-25.

李彦平, 刘大海. 2020b. 基于生态文明价值导向的海岸带空间用途管制的思考. 环境保护, 48(21): 31-35.

李彦平, 刘大海, 刘伟峰, 等. 2019. 海洋空间利用年度计划内涵研究与制度框架构建. 海洋经济, 9(2): 3-11.

李彦平, 刘大海, 罗添. 2021. 国土空间规划中陆海统筹的内在逻辑和深化方向——基于复合系统论视角. 地理研究, 40(7): 1902-1916.

李彦平, 刘大海, 欧阳慧敏, 等. 2017. 中国海域使用贡献率测算研究. 海洋开发与管理, 34(6): 7-11.

李彦平, 魏金龙, 刘大海. 2021. 英国海岸带综合管理体制改革及启示——以《英格兰海岸带协议》为例. 中国土地, (7): 55-58.

梁钧平, 王立彦. 1993. 两种资源配置机制的分析. 思想政治工作研究, (4): 44-45.

梁霄. 2015. 我国城市化进程中土地用途管制完善研究. 华中师范大学硕士学位论文.

林静柔, 高杨. 2020. 基于精细化理念的海岸线管控思考与探讨. 海洋开发与管理, 37(6): 60-64.

林磊, 刘百桥, 孟伟庆, 等. 2015. 中国大陆 1990—2013 年海岸线资源开发利用特征变化. 自然资源学报, (12): 2033-2044.

林磊, 刘东艳, 刘哲, 等. 2016. 围填海对海洋水动力与生态环境的影响. 海洋学报, 38(8): 1-11.

林小如, 吕一平, 王绍森. 2020. 基于时空弹性与陆海统筹的海岸带土地利用模式——以厦门市翔安区为例. 城市发展研究, 27(5): 10-17.

林小如, 王丽芸, 文超祥. 2018. 陆海统筹导向下的海岸带空间管制探讨——以厦门市海岸带规划为例. 城市规划学刊, (4): 75-80.

刘百桥, 孟伟庆, 赵建华, 等. 2015. 中国大陆 1990—2013 年海岸线资源开发利用特征变化. 自然资源学报, (12): 2033-2044.

刘大海. 2013. 亟须加强对海岸线资源的综合管控. 中国海洋报, 2013-04-01(A3).

刘大海. 2014. 海陆资源配置理论与方法研究. 北京: 海洋出版社.

刘大海, 管松, 邢文秀. 2019. 基于陆海统筹的海岸带综合管理: 从规划到立法. 中国土地, (2): 8-11.

刘大海, 李彦平. 2019. 陆海统筹, 完善空间准入制度. 中国自然资源报, 2019-04-15(6).

刘大海, 李彦平, 李晓璇, 等. 2019. 自然资源管理改革基本逻辑下海洋自然资源年度利用计划的思考. 海洋开发与管理, 36(1): 23-29.

刘大海, 李彦平, 熊丛博. 2022. 海洋空间利用年度计划制度的提出与体系构建探讨. 海洋开发与管理, 39(7): 126-132.

刘刚强. 2021. 乳山市陆海统筹发展研究. 住宅与房地产, (5): 35-36.

刘洪滨. 2006. 韩国海岸带综合管理概况. 太平洋学报, (9): 91-93.

刘江宜, 任文珍, 张洁, 等. 2021. 基于陆海统筹的海岛生态资产价值评估研究——以广西涠洲岛为例. 生态经济, 37(6): 32-37, 43.

刘俊奇. 1999. 试论市场与政府的关系. 学术月刊, (6): 19-25.

刘劭春, 王颖. 2019. 福建省海洋经济及其对区域经济的影响. 海洋开发与管理, 36(4): 66-70.

刘卫国. 1997. 海岸带与海、陆系统间的关系. 地球信息, (2): 57-58.

刘晓星. 2015. 海洋产业开发何其粗放？环境经济, (z6): 49.

柳俊峰. 2004. 中央和地方政府的利益博弈关系及对策研究. 西南交通大学学报 (社会科学版), (3): 68-72.

楼东, 谷树忠, 钟赛香. 2005. 中国海洋资源现状及海洋产业发展趋势分析. 资源科学, 27(5): 20-26.

陆冠尧, 朱玉碧, 潘科. 2005. 国外及中国台湾地区土地用途管制制度研究比较. 中国农学通报, 21(8): 452.

罗超, 王国恩, 孙靓雯. 2018. 中外空间规划发展与改革研究综述. 国际城市规划, 33(5): 117-125.

罗时龙, 蔡锋, 王厚杰. 2013. 海岸侵蚀及其管理研究的若干进展. 地球科学进展, 28(11): 1239-1247.

罗政军. 2008. 中国农用地用途管制研究. 东北大学硕士学位论文.

马随随. 2014. 临海产业用海的岸线利用效率测算. 盐城师范学院学报 (人文社会科学版), 34(5): 7-11.

马玉芳, 闫晶晶, 沙景华, 等. 2020. 陆海统筹背景下唐山市资源环境承载力综合评价. 中国矿业, 29(1): 23-29.

马振刚, 许学工, 李黎黎, 等. 2020. 环渤海海岸带陆海统筹功能区划研究. 河北北方学院学报 (自然科学版), 36(1): 52-60.

满德如. 2017. 珠海市陆海统筹 "一张图" 发展策略研究. 东莞: 2017 中国城市规划年会.

满德如. 2018. 珠海市陆海统筹发展策略研究. 住宅与房地产, (12): 11.

毛博华, 刘雪斌, 李月琴. 2015. 陆海统筹基础设施建设对区域经济影响实证分析——以舟山群岛新区为例. 安徽农业科学, 43(15): 277-280.

梅夏英. 2009. 土地分层地上权解析. 中国国土资源报, 2009-03-20(6).

宁吉喆. 2018. 贯彻新发展理念 推动高质量发展. 求是, (3): 29-31.

潘新春, 张继承, 薛迎春. 2012. "六个衔接": 全面落实陆海统筹的创新思维和重要举措. 太平洋学报, 20(1): 1-9.

裴元秀. 1985. 计划管理原理产生和发展的三个阶段. 中州学刊, (5): 10-13.

祁帆, 高延利, 贾克敬. 2018. 浅析国土空间的用途管制制度改革. 中国土地, (2): 30-32.

乔延龙, 殷小亚, 孙艺, 等. 2018. 天津市海洋生态文明建设研究. 海洋开发与管理, 35(6): 71-75.

秦正茂, 樊行, 周丽亚. 2018. 陆海统筹语境下的城市海洋环境治理机制探索——以深圳为例. 特区经济,
(7): 56-58.

曲波. 2011. 中国城市化和市场化进程中的土地计划管理研究. 北京: 经济管理出版社.

单樑. 2021. 韧性城市导向下的陆海统筹规划设计方法探索——以深圳市海洋新城详细规划为例. 成都:
2020/2021 中国城市规划年会暨 2021 中国城市规划学术季.

时影. 2018. 利益视角下地方政府选择性履行职能行为分析. 甘肃社会科学, (2): 244-249.

史晓琪. 2017. 英国《海洋与海岸带准入法》评析——兼论对中国海洋法制借鉴. 世界海运, 40(3): 6.

宋国明. 2010. 英国海洋资源与产业管理. 国土资源情报, (4): 5.

宋军继. 2011. 山东半岛蓝色经济区陆海统筹发展对策研究. 东岳论丛, 32(12): 110-113.

田颖, 耿慧志. 2019. 英国空间规划体系各层级衔接问题探讨——以大伦敦地区规划实践为例. 国际城市
规划, (2): 8.

王波, 倪国江, 韩立民. 2018. 向海经济: 内涵特征、关键点与演进过程. 中国海洋大学学报 (社会科学
版), (6): 27-33.

王东宇. 2014. 新时期我国海岸带规划管制与规划引导探析——以山东省海岸带规划为例. 规划师,
30(3): 55-62.

王东宇, 马琦伟, 崔宝义, 等. 2014. 海岸带规划. 北京: 中国建筑工业出版社: 19-21.

王厚军, 丁宁, 岳奇, 等. 2021. 陆海统筹背景下海域综合管理探析. 海洋开发与管理, 38(1): 3-7.

王辉, 刘桂梅, 刘钦政, 等. 2013. 海洋生态动力学模型研究及应用. 中国科技成果, (22): 56-57.

王克强, 刘红梅, 胡海生. 2011. 中国省级土地利用年度计划管理制度创新研究——以 A 市为例. 中国行
政管理, (4): 80-84.

王淼, 江文斌. 2011. 海域多层次利用中使用权分层确权初探. 中国渔业经济, 29(4): 47-51.

王淼, 李蛟龙, 江文斌. 2012. 海域使用权分层确权及其协调机制研究. 中国渔业经济, 30(2): 37-42.

王淼, 赵琪, 范圣刚. 2013. 海域空间层叠利用的立体功能区划研究. 中国渔业经济, 31(5):59-62.

王泉力, 李杨帆. 2018. 新时代生态环境建设中陆海统筹发展对策研究——以厦门为例. 中国环境管理,
10(6): 87-91, 106.

王文寅. 2003. 不确定性、国家计划与公共政策. 经济问题, (11): 22-24.

王文寅. 2006. 国家计划与规划. 北京: 经济管理出版社.

王燕霞. 2012. 土地分层利用中的法律问题研究. 河北法学, 30(7): 101-107.

王雨濛. 2010. 土地用途管制与耕地保护及补偿机制研究. 华中农业大学博士学位论文.

卫云龙. 2014. 基于陆海统筹的南通市工业主导产业选择与布局研究. 安徽农业大学硕士学位论文.

文超祥, 刘健枭. 2019. 基于陆海统筹的海岸带空间规划研究综述与展望. 规划师, 35(7): 5-11.

文超祥, 刘希. 2014. 国外海岸带规划的借鉴. 城乡规划, (3): 22-26.

文超祥, 吕一平, 林小如, 等. 2020. 跨系统影响视角下海岸带空间规划陆海统筹的内容和方法. 城市规
划学刊, (5): 69-75.

吴次芳, 谭永忠, 郑红玉, 等. 2020. 国土空间用途管制. 北京: 地质出版社.

吴吉春, 吴永祥, 林锦, 等. 2018. 黄渤海沿海地区地下水管理与海水入侵防治研究. 中国环境管理,
10(2): 91-92.

夏晖, 郑轲予. 2021. "陆海统筹" 视角下的渔业港口规划实践——以青岛市为例//中国城市规划学会.
面向高质量发展的空间治理: 2021 中国城市规划年会论文集. 北京: 中国建筑工业出版社: 649-657.

谢婵媛, 曹庆先. 2021. 广西陆海统筹保护发展新格局对策研究. 环境生态学, 3(9): 33-37.

谢天成. 2012. 环渤海经济区发展中的陆海统筹策略探析. 北京行政学院学报, 78(2): 83-87.

邢文秀, 刘大海, 刘伟峰, 等. 2018. 重构空间规划体系: 基本理念、总体构想与保障措施. 海洋开发与管理, (11): 3-9.

邢文秀, 杨湘艳, 刘大海. 2021. 基于水资源依赖程度的海岸带空间用途定义和管理研究——美国的经验及借鉴. 国际城市规划, 186(4): 31-42.

熊国平, 沈天意. 2021. 陆海统筹国土空间规划研究进展. 城乡规划, (4): 21-25.

徐丽红. 2012. 陆海统筹与黄河三角洲生态经济关系考辨. 滨州学院学报, 28(4): 30-34.

徐鲁豪. 2020. 基于陆海统筹的滨海城市海岸带生态修复研究——以烟台市海岸带生态修复为例//中国城市规划学会. 面向高质量发展的空间治理: 2020 中国城市规划年会论文集. 北京: 中国建筑工业出版社: 946-956.

徐敬俊. 2019. 海域空间自然资源的立体分布特征与其资产化管理路径探索. 太平洋学报, 27(4): 95-108.

徐伟, 王晗, 刘大海. 2015. 海洋产业填海项目控制指标及集约评价研究. 北京: 海洋出版社.

许敬, 胡继连. 2009. 水资源用途管制制度研究. 山东农业大学学报 (社会科学版), (1): 40-44.

许学工, 梁泽, 周鑫. 2020. 黄河三角洲陆海统筹可持续发展探讨. 资源科学, 42(3): 424-432.

薛志华. 2020. 海洋主体功能区的理论基础及管控策略论析. 边界与海洋研究, 5(5): 54-66.

严金明, 王晓莉, 夏方舟. 2018. 重塑自然资源管理新格局: 目标定位、价值导向与战略选择. 中国土地科学, 32(4): 1-7.

严卫华. 2015. 南通统筹陆海发展的政策体系及创新研究. 海洋经济, 5(1): 39-44.

杨保军, 陈鹏, 董珂, 等. 2019. 生态文明背景下的国土空间规划体系构建. 城市规划学刊, (4): 16-23.

杨凤华. 2013. 陆海统筹与中国海洋经济可持续发展研究——基于循环经济发展视角. 科学经济社会, 31(1): 82-87.

杨庆媛. 2018. 土地经济学. 北京: 科学出版社.

杨羽頔, 孙才志. 2014. 环渤海地区陆海统筹度评价与时空差异分析. 资源科学, 36(4): 691-701.

姚瑞华, 张晓丽, 严冬, 等. 2021. 基于陆海统筹的海洋生态环境管理体系研究. 中国环境管理, 13(5): 79-84.

于连莉, 郭晓林, 宋军. 2020. 青岛市国土空间 "双评价" 的实践与思考. 规划师, 36(6): 5-12.

于永海, 王鹏, 王权明, 等. 2019. 我国围填海的生态环境问题及监管建议. 环境保护, 47(7): 17-19.

余燕. 2015. 南通着力构建陆海统筹综合配套改革试验区升级版的思考. 中外企业家, (34): 37-40.

虞卓华. 2016. 国土资源陆海统筹利用研究——以浙江舟山群岛新区为例. 绍兴文理学院学报 (自然科学), 36(1): 86-89.

袁旭梅, 韩文秀. 1998. 复合系统的协调与可持续发展. 中国人口·资源与环境, 8(2): 51-55.

岳奇, 赵梦, 徐伟. 2015. 海域使用排他的类型、特征及计算方法研究. 海洋环境科学, 34(2): 206-210.

岳奇, 赵梦, 徐伟. 2016. 略论海洋功能区划兼容性的内涵、特征及判定方法. 中国海洋大学学报 (社会科学版), (3): 32-36.

曾国安. 2004. 管制、政府管制与经济管制. 经济评论, (1): 93-103.

翟洪波, 赵中南, 张又水, 等. 2014. 森林资源资产用途管制制度改革研究. 林业资源管理, (6): 16-20.

翟仁祥, 石哲羽. 2021. 陆海统筹视角下江苏加快海洋经济强省建设的对策研究. 江苏海洋大学学报 (人文社会科学版), 19(5): 12-20.

翟伟康, 王园君, 张健. 2015. 我国海域空间立体开发及面临的管理问题探讨. 海洋开发与管理, 32(9): 25-27.

翟伟康, 张建辉. 2013. 全国海域使用现状分析及管理对策. 资源科学, 35(2): 405-411.

张鸿. 2009. 刚性规划下的弹性利用. 中国土地, (9): 55.

张惠荣, 赵瀛, 杨红, 等. 2013. 象山港滨海电厂温排水温升特征及影响效应研究. 上海海洋大学学报, 22(2): 274-281.

张建平. 2018. 我国国土空间用途管制制度建设. 中国土地, (4): 12-15.

张灵杰. 2001a. 美国海岸带综合管理及其对我国的借鉴意义. 世界地理研究, 10(2): 42-48.

张灵杰. 2001b. 试论海岸带综合管理规划. 海洋通报, 20(2): 58-65.

张萍, 李晓清. 2018. 江苏沿海开发中的陆海统筹策略探析. 特区经济, (8): 141-142.

张强. 2000. 论系统边界. 哲学研究, (7): 37-40.

张秋明. 2008. 比利时海洋空间管理的演进与经验. 国土资源情报, (7): 27-32.

张全景, 欧名豪, 王万茂. 2008. 中国土地用途管制制度的耕地保护绩效及其区域差异研究. 中国土地科学, 22(9): 10-15.

张偲. 2014. 我国海域利用对于海洋经济增长的影响研究. 中国海洋大学硕士学位论文.

张偲. 2015. 我国海域有偿使用制度的实施与完善. 经济纵横, (1): 33-37.

张亚文. 2020. 湛江市陆海统筹的管理体制创新研究. 广东海洋大学硕士学位论文.

张延昉. 2011. 我国土地用途管制制度实施中的不足及完善对策. 郑州大学硕士学位论文.

张杨, 黄发明, 林燕鸿, 等. 2021. 基于陆海统筹理念的围填海生态修复规划研究——以福建可门工业园区为例. 海洋湖沼通报, 178(1): 56-62.

张瑜, 王淼. 2015. 海洋空间资源管理研究综述. 中国渔业经济, 33(1): 106-112.

张玉洁, 林香红, 张伟, 等. 2016. 基于陆海统筹的北海市海洋经济发展布局优化研究. 海洋经济, 6(1): 33-37.

赵梦, 岳奇, 徐伟, 等. 2016. 海域立体确权可行性研究. 海洋开发与管理, 33(7): 70-73.

赵民, 程遥, 潘海霞. 2019. 论"城镇开发边界"的概念与运作策略——国土空间规划体系下的再探讨. 城市规划, (11): 31-36.

赵培培, 窦明, 董四方, 等. 2016. 我国地下水资源用途管制制度框架设计. 人民黄河, 38(7): 39-43.

赵琪, 王淼, 范圣刚. 2014. 层叠用海兼容性评估方法与模型研究. 中国渔业经济, 32(1): 89-95.

郑冬梅. 2013. 福建海峡蓝色经济试验区建设的陆海统筹战略研究. 中共福建省委党校学报, 391(1): 67-74.

郑苗壮. 2019. 认识海岸带保护利用的矛盾冲突. 中国海洋报, 2019-02-26(2B).

周国华, 彭佳捷. 2012. 空间冲突的演变特征及影响效应: 以长株潭城市群为例. 地理科学进展, 31(6): 717-723.

周璞, 刘天科, 靳利飞. 2016. 健全国土空间用途管制制度的几点思考. 生态经济, 32(6): 201-204.

周秦. 2018. 新区域战略格局下的江苏陆海统筹路径研究. 苏州: 2018(第十三届) 城市发展与规划大会.

周书明. 2013. 青岛胶州湾海底隧道总体设计与施工. 隧道建设, 33(1): 38-44.

周姝天, 翟国方, 施益军. 2018. 英国最新空间规划体系解读及启示. 现代城市研究, (8): 69-76, 94.

周伟. 2017. 海南国际旅游岛建设的"陆海统筹"与"蓝绿互动". 海南大学学报 (人文社会科学版), 35(5): 142-148.

周伟, 袁国华, 罗世兴. 2015. 广西陆海统筹中资源环境承载力监测预警思路. 中国国土资源经济, 28(10): 8-12.

周鑫, 陈培雄, 相慧, 等. 2020. 国土空间规划编制中的海洋功能区划实施评价及思考. 海洋开发与管理, 37(5): 19-24.

朱跃. 1993. 市场和计划是当代社会资源配置的两种形式. 理论导刊, (5): 27-29.

Agardy T. 2012. 区划海洋: 提高海洋管理成效. 李双建, 等, 译. 北京: 海洋出版社.

Álvarez-Romero J G, Pressey R L, Ban N C, et al. 2015. Advancing land-sea conservation planning: Integrating modelling of catchments, land-use change, and river plumes to prioritise catchment management and protection. PLoS ONE, 10(12): e0145574.

Bowling T. 2013. Sustainable working waterfronts toolkit. Working waterfronts and the CZMA: defining water-dependent use. Mississippi: National Sea Grant Law Center, University of Mississippi.

Chang Y, Lin B H. 2016. Improving marine spatial planning by using an incremental amendment strategy: The Case of Anping, Taiwan. Marine Policy, 68: 30-38.

Coccoli C, Galparsoro I, Murillas A, et al. 2018. Conflict analysis and reallocation opportunities in the framework of marine spatial planning: A novel, spatially explicit Bayesian belief network approach for artisanal fishing and aquaculture. Marine Policy, 94: 119-131.

Coffen S. 2000. Submarine cables: A challenge for ocean management. Marine Policy, 24(6): 441-448.

Davis E C. 2001. Preserving municipal waterfronts in Maine for water-dependent uses: tax incentives, zoning, and the balance of growth and preservation. Western historical quarterly, 93(3): 535-537.

Department for Business, Innovation and Skills. 2013. Review of Coastal Projects and Investments. https://www.gov.uk/government/organisations/department-for-business-innovation-skills.

Department for Environment, Food and Rural Affairs. 2011. A description of the marine planning system for England. https://www.gov.uk/government/publications/the-marine-planning-system-for-england.

Department for Environment, Food and Rural Affairs. 2019. A coastal concordat for England. https://www.gov.uk/government/publications/a-coastal-concordat-for-england/a-coastal-concordat-for-england-revised-december-2019.

Douvere F. 2008. The importance of marine spatial planning in advancing ecosystem-based sea use management. Marine Policy, 32(5): 762-771.

Edward J. Bloustein School of Planning and Public Policy of Rutgers. 2018. Resilience planning for water dependent uses: how-to-guide for costal waterfront communities identifying community assets. http://rutgers.maps.arcgis.com/sharing/rest/content/items/bbf16ade7e6d4da6b1eda7964ac39b85/data#page=1.

GBRMPA. 2009. Great Barrier Reef Outlook Report 2009: In Brief. Canberra: Great Barrier Reef Marine Park Authority.

Jiao J, Wang K. 2014. The orthogonal test analysis of the minimum buried depth of a shallow shield tunnel. Modern Tunnelling Technology, 51(3): 138-143, 151.

Kenneth W, Matt A. 1998. Preserving waterfronts for water dependent uses. MD: NOAA.

Lei M. 1997. Study on integrated accounting for natural resource & economy. Journal of Systems Science & Systems Engineering, 6(3): 257-262.

Makino A, Beger M, Klein C J, et al. 2013. Integrated Planning for land-sea ecosystem connectivity to protect coral reefs. Biological Conservation, 165(3): 35-42.

Marine Management Organisation. 2011. Maximising the socio-economic benefits of marine planning for English coastal communities. https://www.gov.uk/government/publications/marine-planning-socio-economic-study.

Marine Management Organisation. 2015. Marine plan for the east inshore and east offshore marine areas. https://www.gov.uk/government/publications/east-inshore-and-east-offshore-marine-plans.

Marine Management Organisation. 2021. Marine planning and development. https://www.gov.uk/guidance/marine-plans-development.

Massachusetts Executive Office of Environmental Affairs. 1977. Massachusetts coastal zone management program. https://www.govinfo.gov/app/details/CZIC-ht393-m4-m39-1977-v-1.

NOAA. 1976. State of Washington coastal zone management program final environmental impact statement. https://www.govinfo.gov/app/details/CZIC-gc1010-w3-u5-1976.

NOAA. 1977. State of Oregon coastal management program final environmental impact statement. https://

www.govinfo.gov/app/details/CZIC-tc224-o7-n37-1977.

NOAA. 1978. Final environmental impact statement Maine's coastal program. https://www.govinfo.gov/app/details/CZIC-ht393- m35-f55-1978.

NOAA. 2009. Smart growth for coastal and waterfront communities. Washington: NOAA: 6-45.

NOAA Budget Office. 2020. FY2020 NOAA congressional justification. https://www.corporateservices.noaa.gov/~nbo/.

NOAA, American Samoa Development Planning Office. 1980. Final environmental impact statement and proposed coastal management program for the territory of American Samoa. https://www.govinfo.gov/app/details/CZIC-ht395-a3-u55-1980.

NOAA, California Coastal Commission. 1977. United States Department of Commerce combined state of California coastal management program and revised draft environmental impact statement. https://www.govinfo.gov/app/details/CZIC-ht393-c2-u58-1977.

NOAA, Commonwealth of Virginia's Council on the environment. 1986. United States Department of Commerce final environmental impact statement and the Virginia coastal resources management program. https://www.govinfo.gov/app/details/CZIC-ht393-v6-u55-1986.

NOAA, Department of Environmental Protection of New Jersey. 1980. New Jersey coastal management program and final environmental impact statement. https://www.govinfo.gov/app/details/CZIC-td194-56-n5-n47-1980.

NOAA, Department of Natural Resources of Puerto Rico. 1977. Puerto Rico coastal management program and draft environmental impact statement. https://www.govinfo.gov/app/details/CZIC-td194-5-n38-1977.

NOAA, Florida Department of Environmental Regulation. 1981. Final environmental impact statement of the proposed coastal management program for the state of Florida. https://www.govinfo.gov/app/details/CZIC-td194-56-f6-n27-1981.

NOAA, Guam Bureau of Planning. 1979. Final environmental impact statement and coastal management program for the territory of Guam. https://www.govinfo.gov/app/details/CZIC-td194-58-g85-f56-1979-v-3.

NOAA, Hawaii Office of State Planning. 1990. Hawaii coastal zone management program. https://www.govinfo.gov/app/details/CZICht393-h3-h38-1990.

NOAA, Louisiana Department of Natural Resources. 1980. Final environmental impact statement and the Louisiana coastal resources program. https://www.govinfo.gov/app/details/CZIC-ht393-l8-f53-1980.

NOAA, Mississippi Department of Wildlife Conservation. 1983. Mississippi coastal program. https://www.govinfo.gov/app/details/CZIC-ht393-m7-m5-1983.

NOAA, New Hampshire Office of State Planning. 1982. Final environmental impact statement and the New Hampshire coastal program ocean and harbor segment. https://www.govinfo.gov/app/details/CZICht393-n4-f5-1982.

NOAA, New York Department of State. 1982. Final environmental impact statement and the New York coastal management program. https://www.govinfo.gov/app/details/CZIC-td194-56-n7-n37-1982-v-1.

NOAA, South Carolina Coastal Council. 1979. Final environmental impact statement proposed coastal management program for the state of South Carolina. https://www.govinfo.gov/app/details/CZIC-ht393-s6-f56-1979.

Osthoff D, Heins E, Grabe J. 2017. Impact on submarine cables due to ship anchor-soil interaction. Geotechnik, 40(4): 265-270.

Pittman J, Armitage D. 2016. Governance across the land-sea interface: a systematic review. Environmental Science and Policy, 64: 9-17.

Salgado K, Martinez M L. 2017. Is ecosystem-based coastal defense a realistic alternative? Exploring the Evidence. Journal of Coastal Conservation, 21(6): 837-848.

Silva R, Martínez M L, van Tussenbroek B I, et al. 2020. A framework to manage coastal squeeze. Sustainability, 12(24): 1-21.

Sorensen J. 2000. Baseline 2000 Background Report: Second Interation. Boston: Urban Harbors Institute: 64-65.

Stoms D M, Davis F W, Andelman S J, et al. 2005. Integrated coastal reserve planning: Making the land-sea connection. Frontiers in Ecology and the Environment, 3(8): 429-436.

Thary D, Frank M. 2015. Belgium: marine spatial planning and the protection of the marine environment in the Belgian Part of the North Sea. Belgian Official Gazette.

Tiffany C S. 2010. Can coastal management programs protect and promote water-dependent uses? Coastal Management, 38(6): 665-680.

Tuda A O, Stevens T F, Rodwell L D. 2014. Resolving coastal conflicts using marine spatial planning. Journal of Environmental Management, 133: 59-68.

Tyldesley D. 2004a. Coastal land marine spatial planning framework. The Joint Nature Conservation Committee.

Tyldesley D. 2004b. Making the case for marine spatial planning in Scotland. Marine Nature Conservation Working Group.

Villa F, Tunesi L, Agardy T. 2010. Zoning marine protected areas through spatial multiple-criteria analysis: the case of the Asinara Island National Marine Reserve of Italy. Conservation Biology, 16(2): 515-526.

Woo J, Kim D, Na W B. 2015. Damage assessment of a tunnel-type structure to protect submarine power cables during anchor collisions. Marine Structures, 44: 19-42.

Yoon H S, Na W B. 2013. Anchor drop tests for a submarine power-cable protector. Marine Technology Society Journal, 47(3): 72-80.

Zaucha J, Gee K. 2019. Maritime Spatial Planning: Past, Present, Future. Cham: Palgrave Macmillan.